L'Esprit moderne
dans la littérature française

L'Esprit moderne
dans la littérature française

Reinhard Kuhn
Brown University

New York
OXFORD UNIVERSITY PRESS
London   Toronto   1972

PREFACE

The texts comprising any anthology are in the first instance a reflection of the editor's literary preferences. At the same time they must be more than that if the collection is to avoid being a mere sampler of one individual's likes. The following texts were chosen not only because they are among my favorites but also in order to represent a coherent if untraditional introduction to modern French literature.

By arranging the selections according to theme rather than chronologically, I have hoped to demonstrate both the wide diversity and the underlying unity of French literature since 1800. In order to avoid the one-sidedness which is the almost inevitable by-product of a choice by necessity both arbitrary and subjective, I have asked six leading scholars to give their individual interpretations of each of the themes represented. The hoped-for result should be a cohesive and at the same time multi-faceted vision of this period.

Today, however, it is no longer sufficient simply to present an introduction to a literary period. Thus my goals will only have been fulfilled if this reader provides the teacher of introductory and intermediate literature courses with a tool whereby he can help the student to discover that even in an age in which social and political questions seem to take precedence over everything else, French belles-lettres remain as meaningful as they have always been. For French literature is relevant, not in the superficial and overused sense of that expression but in a deeper way. It is relevant to the eternal problems of which contemporary dilemmas and turmoil are but the passing manifestations. Properly understood, these texts can help the reader gain a new perspective on the spiritual crisis of the present. It is only the attainment of such an understanding that can lead from war and madness to peace.

REINHARD KUHN
Brown University

ACKNOWLEDGEMENTS

Permission to use copyright materials is hereby gratefully acknowledged:

To Editions Gallimard for permission to use: Guillaume Apollinaire's "Chevaux de frise," from *Œuvres poétiques* (1956); André Breton's "Tournesol," from *Poésie et autre* (1960); Albert Camus's *Jonas*, from *Théâtre-Récits-Nouvelles* (1962); René Char's "Berceuse pour chaque jour," from *Poèmes et proses choisis* (1957); Paul Eluard's "L'Amoureuse" and "Couvre-Feu," both from *Œuvres complètes* (1968); Michel de Ghelderode's *Le Cavalier bizarre*, from *Théâtre, volume II* (1952); André Gide's *La Tentative amoureuse*, from *Romans* (1958); Eugène Ionesco's *Délire à deux*, from *Théâtre, volume II* (1953); Marcel Proust's *La Confession d'une jeune fille*, from *Les Plaisirs et les jours* (1928); and Jean-Paul Sartre's *Erostrate*, from *Le Mur* (1939).

To Editions Calmann-Lévy for Anatole France's *Gestas*, from *L'Etui de nacre* (1892).

To Christian Bourgois Editeur for Fernando Arrabal's *Guernica*.

To Georges Borchardt, Inc. for Samuel Beckett's *imagination morte imaginez*, from *Têtes mortes* (1967) and Jean Giraudoux's *Adieu à la guerre*.

CONTENTS

ix

L'Esprit moderne
dans la littérature française

1
DE LA GUERRE

«Pardonne-moi, ô guerre, de t'avoir
— toutes les fois où je l'ai pu, —
caressée . . .»

GIRAUDOUX

«Le poète troyen est mort... La parole est au poète grec», prophétise Cassandre alors que les portes de la guerre s'ouvrent lentement pour nous signaler que la Guerre de Troie aura lieu. *Le poète grec* : l'idée de nation, de supériorité collective, de cause juste est à la base non seulement de la guerre elle-même mais des chants qui la célèbrent. Et il n'y a que l'épopée, chant national et guerrier s'il en fut, qui puisse chanter les armes et l'Homme dans toute leur horreur, dans toute leur gloire. Voilà pourquoi on appelle les films de guerre à grand écran des films épiques. Réalisé pour un public naïf, xénophobe et bagarreur, le cinéma verse un peu d'héroïsme au coeur des citadins : couleur de sang, c'est quand même de la couleur dans des vies grises et monotones. Le poète grec chante la colère d'Achille, son cadet romain chante les exploits d'Enée, *Turoldus* entonne la *Chanson de Roland*. Ils y croient, à la violence, à la guerre, à l'héroïsme *parce qu'ils ne l'ont pas vécu*, cette mort dans l'âme. Et voilà le mystère dévoilé : la poésie sacrée et guerrière exprime toujours l'idée du temps passé; une nostalgie des héros comme il n'en existe point aujourd'hui par les temps médiocres que nous vivons. Pour Homère, Achille était plus grand que le public à qui il chantait *l'Iliade*; le barde aveugle n'a rien vu de ce qu'il raconte, de ce qu'il invente plutôt. Virgile chante ses prétendus ancêtres, non ses contemporains. Et Villon de dire ouvertement ce qui n'était qu'implicite dans la

3

Picasso. *Guernica* (mural), 1937. Oil on canvas, 11′6″ × 25′8″. On extended loan to The Museum of Modern Art, New York, from the artist.

Chanson de Roland: «Mais où est le preux Charlemagne ?» Cela jusques aux poètes nationaux d'aujourd'hui :

> Du fond de son sac à malice
> Mars va sans doute à l'occasion
> En sortir une un vrai délice
> Qui me fera grosse impression
> En attendant je persévère
> A dir' que ma guerr' favorit'
> Cell' mon colon que j'voudrais faire
> C'est la guerr' de quatorz' dix huit.
>
> (Georges Brassens)

Si Voltaire avait raison de citer en approuvant M. de Malézieu qui avait écrit «Les Français n'ont pas la tête épique» (et l'auteur de *la Henriade* devait s'y connaître), était-ce parce que le Français, depuis Roland, n'est pas guerrier ? Il n'y a rien de plus creux qu'une épopée ratée comme *la Franciade* de Ronsard :

> Rien n'est si laid que la froide jeunesse
> D'un fils de Roy, qui se roüille en paresse.
> Tel n'était pas Hector, le père tien,
> Qui des Troyens fut jadis le soutien :
> Armes, chevaux, et toute guerre active
> Furent ses jeux, et non la vie oisive...

Ou bien était-ce parce que le Français a justement une tête, parce qu'il reste raisonneur et moqueur en gardant son fonds de réalisme ? S'il célèbre mal les gloires de la guerre, il en lamente bien en revanche les horreurs, comme dans les *Tragiques* de D'Aubigné :

> Sous un inique Mars, parmi les durs labeurs
> Qui gâtent le papier et l'encre de sueurs,
> Au lieu de Thessalie aux mignardes vallées
> Nous avortons ces chants au milieu des armées,
> En délassant nos bras de crasse tous rouillés
> Qui n'osent s'éloigner des brassards dépouillés.
> Le luth que j'accordais avec mes chansonnettes
> Est ores étouffé de l'éclat des trompettes.

La France moderne n'a pas perdu que des batailles, elle a surtout perdu des guerres (même celles qu'elle semble avoir gagnées comme celle que préfère Brassens). Or la littérature de la défaite ne fait que renforcer et la tendance caricaturale des réalistes (voir les contes de Maupassant) et l'essentielle nostalgie des chanteurs épiques. La morne plaine de Waterloo semble presque éclatante dans la perspective de Hugo — Napoléon le grand n'est plus, il n'y a que Napoléon le petit, l'expiation des volées orgueilleuses de l'Aigle. Et Vigny d'écrire, dans le premier chapitre de *Servitude et grandeur militaires* : «[je fus] spectateur plus qu'acteur, à mon grand regret. Les événements que je cherchais ne vinrent pas aussi grands qu'il me les eût fallu... Au moment où j'écris, un homme de vingt ans de service n'a pas vu une bataille rangée. J'ai peu d'aventures à vous raconter, mais j'en ai entendu beaucoup.» Chaque année lui apportait l'espoir d'une guerre. Mais en vain — il ne peut que regretter son «inutile amour des armes.» La distance dans le temps si nécessaire à la célébration des «mâles coutumes de l'Armée» est admirablement exprimée par la structure même du récit dans *Laurette ou le cachet rouge.* Le narrateur rencontre, sur la grande route d'Artois et de Flandre, le vieux Commandant qui, à son tour, raconte l'histoire du cachet rouge ; à l'intérieur de son récit à lui il écoute le jeune homme (le manque de noms propres exprimerait une tendance allégorique qui renforce le côté légendaire) et Laure se raconter leur histoire. Finalement, le narrateur écoute un vieux capitaine d'infanterie décrire la mort du Commandant (à Waterloo) et celle de Laure (trois jours plus tard). Rien n'est donc vécu directement dans cette série d'anecdotes encadrées en abîme. Les intentions cornéliennes de Vigny (il veut «détourner de la tête du Soldat cette malédiction que le citoyen est prêt à lui donner» en chantant la gloire du devoir, de l'obéissance, du sacrifice, et de l'abnégation) sonneraient faux au lecteur moderne s'il n'y avait pas un réseau de symboles mystérieux et une poésie nostalgique de grandeurs révolues. Tout ce qui représente l'ordre actuel des choses est dérisoire et laid comme la mer bourbeuse et jaune de la route : le vieux Commandant (Vigny pensait-il au *Don Juan* de Mozart et au *Commendatore*, cet autre «père nourricier»?) se voit réduit à conduire une charrette, lui qui avait été commandant d'un brick de guerre ; le nom de Laure aux résonances pétrarquistes se dégrade en Laurette (*Lorette*) — son mari, après tout, est poète, ayant été condamné pour trois couplets satiriques sur le Directoire. Mais si le Commandant incarne l'héroïsme du temps passé, le passé qu'il a connu, lui, est loin d'être héroïque : commandant d'un brick, oui, mais qui porte le nom de *Marat*;

sous les ordres du «Directoire de la vermine,» d'un «gouvernement d'assassins qui profiterait de l'habitude qu'a un pauvre homme d'obéir aveuglément....» A bord du bateau, le jeune couple : lui, dix-neuf ans, et déporté à la Guyane pour avoir cru «à leur liberté de la presse», victime donc des temps modernes et médiocres; elle, dix-sept ans, — «mon devoir [était] de vous suivre à la Guyane». Ils forment ensemble l'emblème de l'innocence. A travers les yeux du Commandant on les voit jouer comme des enfants, prier les larmes aux yeux; et toujours il les appelle «petits amis», «petite femme», «jeune homme». Ne sachant pas la condamnation qui pèse sur son mari, Laure se réjouit d'aller à Cayenne : «je verrai des sauvages, des cocotiers comme ceux de *Paul et Virginie*» (ce roman de Bernadin de Saint-Pierre qui fut pour les romantiques comme le tableau de l'innocence des enfants sauvages et loin du Babylone qu'était Paris). Mais il n'en sera rien.

Ce qui reste de plus original dans la nouvelle de Vigny se trouve dans l'extraordinaire mysticité attachée à la couleur *rouge*. Les ordres néfastes du Directoire à l'égard du jeune poète-déporté se trouvent dans une lettre scellée de trois cachets rouges, au milieu desquels il y en avait un démesuré. Ouvrir cette lettre sera un rite presque liturgique ne pouvant être exécuté qu'au premier degré de latitude nord, du 27° au 28° de longitude. A mesure que le bateau approche du lieu fatal, le cachet devient comme le symbole de la menace sanglante qui pèse sur ceux que le Commandant appelle tendrement «mes deux amoureux» :

> ... nous restâmes tous trois le nez en l'air à regarder cette lettre, comme si elle allait nous parler. Ce qui me frappa beaucoup, c'est que le soleil, qui glissait par la claire-voie, éclairait le verre de la pendule et faisait paraître le grand cachet rouge, et les autres petits, comme les traits d'un visage au milieu du feu.

Il y a, bien sûr, la fusion du temps menaçant et du sang mais surtout je mettrais l'accent sur l'ambiance presque religieuse qui règne dans cette vision et qui sera renforcée un peu plus tard lorsque le Commandant aperçoit une «petite ligne rouge» presque sous ses pieds et finit par trouver Laure à genoux, éclairée par une petite lampe, avec «ses grands yeux bleus mouillés comme ceux d'une Madeleine». En fait, les trois personnages semblent communier dans du sang. Au moment où il aborde son récit de la mort du jeune homme, la peau jaune de la figure du Commandant devient «d'un rouge foncé» et il tire de sa poche un mouchoir rouge dans lequel il se met à pleurer «comme un enfant». Et il raconte : Laure voit son mari fusillé tomber à la mer — au moment du feu, elle avait porté «la main à

sa tête comme si une balle l'avait frappée au front»; maintenant elle avait
«le front rouge et le visage tout pâle». Laure survit à son mari mais par une
réversibilité de sainte elle assume la blessure du défunt. On la voit dans la
charrette du Commandant comme dans une procession médiévale : «son
front rouge; ses joues creuses et blanches». On l'entend soupirer «ôtez-moi
ce plomb» parce qu'elle croit toujours sentir une balle dans sa tête. Et le
vieux Commandant a compris une nouvelle acception du *Devoir*. Nous
passons de l'héroïsme aveugle à la Corneille à la mysticité de la charité
chrétienne, celle d'un père vivant dans l'abnégation avec Laurette devenue
folle dans sa manie de croire que le vieux Commandant est son père.
L'attitude du narrateur subira une modification sensible au cours du récit du
Commandant. Il avait cru que «l'honneur c'est la poésie du devoir»; il
finira, mystérieuse intuition, par comprendre que les rangs pauvres et
dédaignés de l'Armée recèlent des «hommes de caractère antique» qui
partagent avec les malheureux «le pain noir qu'ils payent de leur sang».
Image liturgique s'il en fut et qui jette une lumière étrange et trouble sur
l'idée de *Servitude et grandeur militaires*.

Il faudrait donc ne parler que des métamorphoses de la guerre dans la
littérature non-épique. La plupart de nos contemporains seraient d'accord
avec Jean Giraudoux qui regrette la guerre parce qu'il se retrouve désormais «sans rien qui double ou aiguise mes sens». La guerre, c'est comme
l'inévitable crise politique et métaphysique dans les tragédies de Racine qui
met tout en question, qui vous oblige à vous définir vis-à-vis de l'être et du
non-être, qui vous sort du rythme quotidien du tramway, travail, déjeuner
(comme disait Camus) pour soulever le tragique «Pourquoi?». Et auquel il y a
parfois des réponses surprenantes comme celle de Paul Eluard. Dans un
poème d'une extraordinaire simplicité l'oppression de la guerre (et de
l'Occupation) est exprimée par des participes passés (indiquant l'immobilité
et la passivité) : *gardée, enfermés, barrée, matée, affamée, désarmés, tombée*;
tous avec le verbe *être*. La résignation devant le destin, l'impuissance de
l'individu face aux grandes forces de l'Histoire sont exprimées par la phrase
répétée *Que voulez-vous*. Mais la réponse de l'Homme paraît aussi inévitable
à cause de cette même répétition et qui finit par amener : *Que voulez-vous
nous nous sommes aimés*. Encore une fois le verbe *être* et un participe passé
mais cette fois-ci devenus actifs! devenus verbe réfléchi exactement comme
le couple qui se détourne du monde extérieur, de la guerre, pour n'agir que
sur lui-même comme le sujet *nous*. Et par une magie dont ne disposent
que les très grands poètes, le titre *couvre-feu* devient paradoxal : on accepte

le couvre-feu dans la ville occupée puisque le feu intérieur de l'amour ne s'éteint pas mais brûle d'une flamme ardente.

L'acte même de produire des métamorphoses au moyen de l'imagination poétique est à la base d'un des plus grands poèmes de guerre de Guillaume Apollinaire. Au début, un processus de contrastes constants entre le paysage extérieur du champ de bataille et le paysage intérieur inventé par le poète. A l'extérieur, pendant le blanc et nocturne novembre, des arbres déchiquetés et vieillissant, ou bien est-ce des chevaux de frise entourés de vagues de fils de fer; des fleurs mortes, des fleurs de neige; à l'intérieur, au printemps, un coeur renaissant, un arbre fruitier, des fleurs de l'amour, des vagues de la Méditerranée, un paysage méridional qui reflète la passion brûlante du poète. Le chant épouvantable des obus cède au chant d'amour. Le tournant du poème se trouve dans les métamorphoses même du langage : une expression figurée, *cheval de frise*, mais qui désigne maintenant un objet prosaïque et horrible, est reprise pour être déformée à son tour : *chevaux muets | Non chevaux barbes mais barbelés | Et je les anime tout soudain | En troupeau de jolis chevaux pies. Je les anime*, c'est là la fonction magique du poète et désormais il semble oublier le champ de bataille pour procéder aux métamorphoses de la femme, de Madeleine. Avec une excitation sexuelle croissante, et dans ce que l'on appelait autrefois le blason du corps féminin, il la transforme : *yeux|sources, bouche|roses, seins|double colombe|Paraclet, visage|bouquet de fleurs.* L'aboutissement de cette extase (et c'est là une image érotique consacrée) marque un retour à la métamorphose de la guerre : une fusée explose comme une fleur s'épanouit (les obus comme fleurs se retrouvent partout dans la poésie de guerre d'Apollinaire) et ses lumineuses étincelles, une pluie de larmes amoureuses, fondent en un ensemble unitaire la guerre, l'amour, l'érotisme, la joie et la douleur du solitaire poète.

Les tentatives de métamorphose d'un Giraudoux nous montrent par contre que si le grand dramaturge reste un moraliste spirituel et profond dans la grande tradition française, il n'a jamais su suivre le chemin ardu de la poésie. Ses métaphores sont un vain effort d'intégrer l'expérience de la guerre, de l'informe, à un monde familier et moins déconcertant : *comme dans le paquebot qui heurte une banquise, comme vers un nouveau point qui lâche dans une couture, comme un jeune taureau, comme les plateaux d'une balance folle, comme on frappe fort le baromètre pour qu'il fasse plus beau, comme une coque tombée d'un arbre, comme le voyageur qui tire une liane au matin remue toute la forêt,* etc. L'effet factice produit par ces comparaisons, au lieu de consacrer l'échec de l'*Adieu à la guerre*, constitue, à mon avis, son intérêt. Car nous y voyons une intelligence des plus subtiles en plein travail, luttant, elle, contre la tentation de l'inexprimable, contre la nostalgie de ce que la plupart des hommes abhorrent, la guerre. La paix, c'est la solitude ; l'homme se regarde dans ce miroir de poche qui remplace le périscope dans lequel se profilait l'ennemi. Maintenant, c'est lui, avec ses faiblesses et son ennui, qui sera son propre ennemi. D'où cette nostalgie. Mais la guerre pour celui qui lui dit adieu, comment était-elle ? Des réveils incessants, donc une vue de la terre et des hommes à une heure inaccoutumée ; des moments privilégiés de solidarité nationale, démocratique, de vraie fraternité sans distinction de classes sociales (comparer à ce sujet le grand film de Jean Renoir, *La Grande Illusion*) ou d'origines régionales. On n'est donc pas très loin de la fraternité virile d'un Saint-Exupéry ou d'un Malraux quoique le contexte héroïque fasse défaut. Mais si le morceau commence par un retour à la maison familiale et un au revoir aux parents, il se termine en revanche par un adieu à la guerre et le bonjour aux déjeuners de dimanche, par un adieu à la fraternité de l'Histoire guerrière liant le soldat français à Annibal, à Vercingétorix et par une réintégration aux promenades dominicales.

C'est un des miracles de la création littéraire que le morceau le plus déconcertant, par sa technique comme par sa vision, de ce chapitre soit celui qui semble le plus vrai, le plus humain et le plus actuel. Arrabal, né au Maroc espagnol mais qui vit à Paris et écrit en français, s'inspire dans *Guernica* du grand tableau de Picasso (au Musée d'Art Moderne de New-York) qui dépeint sous forme grotesque les souffrances d'un village basque sous les bombardements des avions allemands au service de Franco pendant la guerre civile en Espagne. Nous y trouvons quelques-unes des traditions du théâtre de l'absurde (l'enterrement progressif de Lira, le langage décousu). Mais le plus intéressant sans aucun doute est la juxtaposition d'éléments hétérogènes comme dans un montage par Picasso. Cela produira un puissant effet de simultanéité et de complexité. Nous voyons au premier plan Lira à moitié enterrée déjà dans les décombres de sa maison bombardée, et à ses côtés son mari ridicule et vantard, l'incarnation du *machismo* grotesque de l'Homme espagnol — il ne parle que d'obscénités et de scatologie alors que sa femme se dépérit, elle qui représente la souffrance des innocents. Il pense pouvoir l'aider à se dégager de sa misère mais il ne pense qu'à lui, à ses projets, à leur passé, à sa dignité (quelles seront ses dernières paroles ? peut-il encore faire venir un notaire pour rédiger un testament ?). La question : *Regarde s'ils ont abattu l'arbre* revient comme le refrain d'une chanson folklorique qui hante Lira ; l'arbre, c'est la liberté, l'espoir d'un renouveau, la continuité du Pays Basque aux racines profondes, le symbole même de la renaissance de Guernica des cendres de la guerre. L'arbre inspirera l'hymne qui terminera la pièce.

Mais la complexité de la guerre, sa cruauté, l'incapacité de l'écrivain à l'exprimer font aussi partie de ce tableau sous forme de dessin politique : une mère et son enfant (tirés de la *Guernica* de Picasso) apparaissent plusieurs fois mais finalement la mère réapparaît sans enfant — encore un innocent de tué ; au loin, on entend les bombes qui explosent et les maisons qui s'écroulent comme celle de Lira ; un écrivain prépare un roman et parle le langage élevé et ridicule des rhéteurs tout en ne pensant qu'à l'éventuel film qu'on pourrait tirer de son roman sur «ce peuple héroïque et paradoxal,... sa capacité de souffrance» (c'est comme si Arrabal voulait se moquer des autres auteurs inclus dans ce chapitre) ; un journaliste crayonne ses observations sur un bloc-notes ; un officier indifférent joue avec des menottes ou mange un sandwich. Voilà la cruauté de la guerre ! La pièce pourrait se terminer en mélodrame avec l'enterrement du vieux couple basque. Mais il n'en sera rien dans ce que Arrabal appelle *le théâtre panique*, un théâtre de rites mais fait de matières hétérogènes comme la vie. La pièce se dissoudra en conte de fée folklorique : de l'endroit précis où Fanchon et Lira ont disparu s'élèvent deux ballons de couleur qui représentent leur ascension au ciel hors d'atteinte des fusillades de l'officier. Et au dernier moment, un ultime contraste entre la poésie du peuple et la prétention de l'intellectuel : le peuple chante l'immortalité de l'arbre de Guernica alors que l'écrivain nous redit son intention de faire de tout ceci «un roman étonnant». Mais l'étonnant a été la pièce si bizarre et pourtant si profonde de Fernando Arrabal.

ALBERT SONNENFELD
Princeton University

ALFRED DE VIGNY
Servitude et Grandeur Militaires

HISTOIRE DU CACHET ROUGE

Vous saurez d'abord, mon enfant,[1] que je suis né à Brest;[2] j'ai commencé par être enfant de troupe, gagnant ma demi-ration et mon demi-prêt[3] dès l'âge de neuf ans, mon père étant soldat aux gardes. Mais, comme j'aimais la mer, une belle nuit, pendant que j'étais en congé à Brest, je me cachai à fond de cale d'un bâtiment marchand[4] qui partait pour les Indes; on ne m'aperçut qu'en pleine mer, et le capitaine aima mieux me faire mousse que de me jeter à l'eau. Quand vint la Révolution,[5] j'avais fait du chemin,[6] et j'étais à mon tour devenu capitaine d'un petit bâtiment marchand assez propre, ayant écumé la mer quinze ans. Comme l'ex-marine royale, vieille bonne marine, ma foi! se trouva tout à coup dépeuplée d'officiers, on prit des capitaines dans la marine marchande. J'avais eu quelques affaires de flibustiers[7] que je pourrai vous dire plus tard : on me donna le commandement d'un brick de guerre nommé *le Marat*.[8]

1. *This tale is the first in the collection* Servitude et Grandeur Militaires. *In the introductory chapters the young narrator describes his encounter with an old officer leading a mule-drawn cart. The officer, in his own rough and familiar style, tells the story of «*le cachet rouge*». It is a cold and rainy day and both men are following Louis XVIII into exile.* 2. **Brest:** *a military port in Brittany.* 3. **ma demi-ration et mon demi-prêt:** my minor's ration and pay. 4. **à fond de cale d'un bâtiment marchand:** in the hold of a merchant vessel. 5. **la Révolution:** *the French Revolution of 1789.* 6. **j'avais fait du chemin:** I had made progress. 7. **affaires de flibustiers:** pirate adventures. 8. **le Marat:** *named after Jean-Paul Marat, a leader of the French Revolution, who was assassinated by Charlotte Corday in 1793.*

Le 28 fructidor[9] 1797, je reçus l'ordre d'appareiller pour Cayenne.[10] Je
devais y conduire soixante soldats et un *déporté* qui restait des cent quatre-
vingt-treize que la frégate la *Décade* avait pris à bord quelques jours auparavant. J'avais ordre de traiter cet individu avec ménagement, et la première
5   lettre du Directoire[11] en renfermait une seconde, scellée de trois cachets
rouges, au milieu desquels il y en avait un démesuré. J'avais défense d'ouvrir
cette lettre avant le premier degré de latitude nord, du vingt-sept au vingt-
huitième de longitude, c'est-à-dire près de passer la ligne.[12]

Cette grande lettre avait une figure toute particulière. Elle était longue
10 et fermée de si près que je ne pus rien lire entre les angles ni à travers
l'enveloppe. Je ne suis pas superstitieux, mais elle me fit peur, cette lettre.
Je la mis dans ma chambre sous le verre d'une mauvaise petite pendule
anglaise clouée au-dessus de mon lit. Ce lit-là était un vrai lit de marin comme
vous savez qu'ils sont. Mais je ne sais, moi, ce que je dis : vous avez tout au
15 plus seize ans, vous ne pouvez pas avoir vu ça.

La chambre d'une reine ne peut pas être aussi proprement rangée que
celle d'un marin, soit dit sans vouloir nous vanter. Chaque chose a sa petite
place et son petit clou. Rien ne remue. Le bâtiment peut rouler tant qu'il
veut sans rien déranger. Les meubles sont faits selon la forme du vaisseau
20 et de la petite chambre qu'on a. Mon lit était un coffre. Quand on l'ouvrait,
j'y couchais ; quand on le fermait, c'était mon sofa, et j'y fumais ma pipe.
Quelquefois c'était ma table ; alors on s'asseyait sur deux petits tonneaux qui
étaient dans la chambre. Mon parquet était ciré et frotté comme de l'acajou,
et brillant comme un bijou : un vrai miroir! Oh! c'était une jolie petite
25 chambre! Et mon brick avait bien son prix aussi. On s'y amusait souvent
d'une fière façon,[13] et le voyage commença cette fois assez agréablement,
si ce n'était... Mais n'anticipons pas.

Nous avions un joli vent nord-nord-ouest, et j'étais occupé à mettre cette
lettre sous le verre de ma pendule, quand mon *déporté* entra dans ma
30 chambre ; il tenait par la main une belle petite de dix-sept ans environ. Lui
me dit qu'il en avait dix-neuf ; beau garçon, quoiqu'un peu pâle et trop
blanc pour un homme. C'était un homme cependant, et un homme qui se
comporta dans l'occasion mieux que bien des anciens n'auraient fait : vous

9. *During the French Revolution a*
new calendar was instituted. **Fructidor**
was the month between the middle of
August and the middle of September.
10. *capital of French Guyana.* **11.** *the*
French revolutionary government,
which ruled from 1795 until it was
overthrown by Napoleon in 1799. **12.**
la ligne: the equator. **13. d'une**
fière façon: in a good way.

allez le voir. Il tenait sa petite femme sous le bras; elle était fraîche et gaie
comme une enfant. Ils avaient l'air de deux tourtereaux. Ça me faisait plaisir
à voir, moi. Je leur dis :

«Eh bien, mes enfants! vous venez faire visite au vieux capitaine; c'est
gentil à vous. Je vous emmène un peu loin; mais tant mieux, nous aurons   5
le temps de nous connaître. Je suis fâché de recevoir madame sans mon
habit; mais c'est que je cloue là-haut cette grande coquine de lettre. Si vous
vouliez m'aider un peu?»

Ça faisait vraiment de bons petits enfants. Le petit mari prit le marteau,
et la petite femme les clous, et ils me les passaient à mesure que je les   10
demandais; et elle me disait : «*A droite! à gauche, Capitaine!*» tout en riant,
parce que le tangage faisait ballotter ma pendule. Je l'entends encore d'ici
avec sa petite voix : «*A gauche! à droite, Capitaine!*» Elle se moquait de
moi. — «Ah! je dis, petite méchante! je vous ferai gronder par votre mari,
allez.» Alors elle lui sauta au cou et l'embrassa. Ils étaient vraiment gentils,   15
et la connaissance se fit comme ça. Nous fûmes tout de suite bons amis.

Ce fut aussi une jolie traversée. J'eus toujours un temps fait exprès.
Comme je n'avais jamais eu que des visages noirs à mon bord, je faisais venir
à ma table, tous les jours, mes deux petits amoureux. Cela m'égayait.
Quand nous avions mangé le biscuit et le poisson, la petite femme et son   20
mari restaient à se regarder comme s'ils ne s'étaient jamais vus. Alors je me
mettais à rire de tout mon cœur et me moquais d'eux. Ils riaient aussi avec
moi. Vous auriez ri de nous voir comme trois imbéciles, ne sachant pas ce
que nous avions. C'est que c'était vraiment plaisant de les voir s'aimer
comme ça! Ils se trouvaient bien partout; ils trouvaient bon tout ce qu'on   25
leur donnait. Cependant ils étaient à la ration comme nous tous; j'y ajoutais
seulement un peu d'eau-de-vie suédoise quand ils dînaient avec moi, mais
un petit verre, pour tenir mon rang. Ils couchaient dans un hamac, où le
vaisseau les roulait comme ces deux poires que j'ai là dans mon mouchoir
mouillé. Ils étaient alertes et contents. Je faisais comme vous,[14] je ne   30
questionnais pas. Qu'avais-je besoin de savoir leur nom et leurs affaires, moi,
passeur d'eau![15] Je les portais de l'autre côté de la mer comme j'aurais
porté deux oiseaux de paradis.

J'avais fini, après un mois, par les regarder comme mes enfants. Tout le
jour, quand je les appelais, ils venaient s'asseoir auprès de moi. Le jeune   35

---

14. *The young narrator was very*   *interruption.* **15. passeur d'eau:**
silent and let the old man speak without   ferry-man.

homme écrivait sur ma table, c'est-à-dire sur mon lit; et quand je voulais, il m'aidait à faire mon *point*[16] : il le sut bientôt faire aussi bien que moi; j'en étais quelquefois tout interdit. La jeune femme s'asseyait sur un petit baril et se mettait à coudre.

5   Un jour qu'ils s'étaient posés comme cela, je leur dis :
«Savez-vous, mes petits amis, que nous faisons un tableau de famille comme nous voilà? Je ne veux pas vous interroger, mais probablement vous n'avez pas plus d'argent qu'il ne vous en faut, et vous êtes joliment délicats tous deux pour bêcher et piocher comme font les déportés à Cayenne. C'est
10   un vilain pays; de tout mon cœur, je vous le dis; mais moi, qui suis une vieille peau de loup desséchée au soleil, j'y vivrais comme un seigneur. Si vous aviez, comme il me semble (sans vouloir vous interroger), tant soit peu d'amitié pour moi, je quitterais assez volontiers mon vieux brick qui n'est qu'un sabot[17] à présent, et je m'établirais là avec vous, si cela vous convient.
15   Moi, je n'ai pas plus de famille qu'un chien, cela m'ennuie; vous me feriez une petite société. Je vous aiderais à bien des choses; et j'ai amassé une bonne pacotille de contrebande[18] assez honnête, dont nous vivrions, et que je vous laisserais lorsque je viendrais à tourner de l'œil,[19] comme on dit poliment.»

Ils restèrent tout ébahis à se regarder, ayant l'air de croire que je ne disais
20   pas vrai; et la petite courut, comme elle faisait toujours, se jeter au cou de l'autre, et s'asseoir sur ses genoux, toute rouge et en pleurant. Il la serra bien fort dans ses bras, et je vis aussi des larmes dans ses yeux; il me tendit la main et devint plus pâle qu'à l'ordinaire. Elle lui parlait bas, et ses grands cheveux blonds s'en allèrent sur son épaule; son chignon s'était défait comme un
25   câble qui se déroule tout à coup, parce qu'elle était vive comme un poisson : ces cheveux-là, si vous les aviez vus! c'était comme de l'or. Comme ils continuaient à se parler bas, le jeune homme lui baisant le front de temps en temps et elle pleurant, cela m'impatienta :
«Eh bien, ça vous va-t-il? leur dis-je à la fin.
30   — Mais... mais, Capitaine, vous êtes bien bon, dit le mari; mais c'est que... vous ne pouvez pas vivre avec des *déportés*, et...» Il baissa les yeux.
«Moi, dis-je, je ne sais ce que vous avez fait pour être déporté, mais vous me direz ça un jour, ou pas du tout, si vous voulez. Vous ne m'avez pas l'air d'avoir la conscience bien lourde, et je suis bien sûr que j'en ai fait bien
35   d'autres que vous dans ma vie, allez, pauvres innocents. Par exemple, tant

---

16. à faire mon point: to take my bearings. **17. un sabot:** (*fam.*) old tub. **18. une bonne pacotille de** contrebande: goods taken on board by seamen for private sale. **19. à tournerde l'oeil:** (*vulg.*) to croak.

que vous serez sous ma garde, je ne vous lâcherai pas, il ne faut pas vous y attendre; je vous couperais plutôt le cou comme à deux pigeons. Mais, une fois l'épaulette de côté, je ne connais plus ni amiral ni rien du tout.[20]

— C'est que, reprit-il en secouant tristement sa tête brune, quoiqu'un peu poudrée, comme cela se faisait encore à l'époque, c'est que je crois qu'il   5
serait dangereux pour vous, Capitaine, d'avoir l'air de nous connaître. Nous rions, parce que nous sommes jeunes; nous avons l'air heureux, parce que nous nous aimons; mais j'ai de vilains moments quand je pense à l'avenir, et je ne sais pas ce que deviendra ma pauvre Laure.»

Il serra de nouveau la tête de la jeune femme sur sa poitrine :   10

«C'était bien là ce que je devais dire au capitaine; n'est-ce pas, mon enfant, que vous auriez dit la même chose?»

Je pris ma pipe et je me levai, parce que je commençais à me sentir les yeux un peu mouillés, et que ça ne me va pas, à moi.

«Allons! allons! dis-je, ça s'éclaircira par la suite. Si le tabac incommode   15
madame, son absence est nécessaire.»

Elle se leva, le visage tout en feu et tout humide de larmes, comme un enfant qu'on a grondé.

«D'ailleurs, me dit-elle en regardant ma pendule, vous n'y pensez pas, vous autres; et la lettre!»   20

Je sentis quelque chose qui me fit de l'effet. J'eus comme une douleur aux cheveux quand elle me dit cela.

«Pardieu![21] je n'y pensais plus, moi, dis-je. Ah! par exemple, voilà une belle affaire! Si nous avions passé le premier degré de latitude nord, il ne me resterait plus qu'à me jeter à l'eau. Faut-il que j'aie du bonheur, pour que   25
cette enfant-là m'ait rappelé cette grande coquine de lettre!»

Je regardai vite ma carte de marine, et, quand je vis que nous en avions encore pour une semaine au moins, j'eus la tête soulagée, mais pas le cœur, sans savoir pourquoi.

«C'est que le Directoire ne badine pas pour l'article obéissance! dis-je.   30
Allons, je suis au courant cette fois-ci encore. Le temps a filé si vite que j'avais tout à fait oublié cela.»

Eh bien, Monsieur, nous restâmes tous trois le nez en l'air à regarder cette lettre, comme si elle allait nous parler. Ce qui me frappa beaucoup, c'est que le soleil, qui glissait par la claire-voie, éclairait le verre de la pendule et faisait   35

---

20. *One of the central themes, that of duty, is here introduced. As long as he is captain and they are his prisoners, he* *will not let them escape.* **21. Pardieu!** a mild oath.

paraître le grand cachet rouge et les autres petits, comme les traits d'un visage au milieu du feu.

«Ne dirait-on pas que les yeux lui sortent de la tête? leur dis-je pour les amuser.

5 — Oh! mon ami, dit la jeune femme, cela ressemble à des taches de sang.[22]

— Bah! bah! dit son mari en la prenant sous le bras, vous vous trompez, Laure; cela ressemble au billet de *faire part* d'un mariage. Venez vous reposer, venez; pourquoi cette lettre vous occupe-t-elle?»

10 Ils se sauvèrent comme si un revenant les avait suivis, et montèrent sur le pont. Je restai seul avec cette grande lettre, et je me souviens qu'en fumant ma pipe je la regardais toujours, comme si ses yeux rouges avaient attaché les miens, en les humant comme font des yeux de serpent. Sa grande figure pâle, son troisième cachet, plus grand que les yeux, tout ouvert, tout béant

15 comme une gueule de loup... cela me mit de mauvaise humeur; je pris mon habit et je l'accrochai à la pendule pour ne plus voir ni l'heure ni la chienne de lettre.

J'allai achever ma pipe sur le pont. J'y restai jusqu'à la nuit.

Nous étions alors à la hauteur des îles du cap Vert.[23] Le *Marat* filait, vent

20 en poupe, ses dix nœuds sans se gêner. La nuit était la plus belle que j'aie vue de ma vie près du tropique. La lune se levait à l'horizon, large comme un soleil; la mer la coupait en deux et devenait toute blanche comme une nappe de neige couverte de petits diamants. Je regardais cela en fumant, assis sur mon banc. L'officier de quart[24] et les matelots ne disaient rien et regardaient

25 comme moi l'ombre du brick sur l'eau. J'étais content de ne rien entendre. J'aime le silence et l'ordre, moi. J'avais défendu tous les bruits et tous les feux. J'entrevis cependant une petite ligne rouge presque sous mes pieds. Je me serais bien mis en colère tout de suite; mais, comme c'était chez mes petits *déportés*, je voulus m'assurer de ce qu'on faisait avant de me fâcher.

30 Je n'eus que la peine de me baisser, je pus voir par le grand panneau dans la petite chambre, et je regardai.

La jeune femme était à genoux et faisait ses prières. Il y avait une petite lampe qui l'éclairait. Elle était en chemise; je voyais d'en haut ses épaules

22. *The foreboding expressed here is a literary device which Stendhal was to use in* Le Rouge et le Noir: *the sunlight passing through a stained glass window and shining onto a font seems to transform the holy water into blood, hinting* at the tragic conclusion of the novel. 23. **îles du cap Vert:** The Cape Verde islands, *a Portuguese possession west of* Senegal. 24. **l'officier de quart:** the officer of the watch.

nues, ses petits pieds nus et ses grands cheveux blonds tout épars. Je pensai
à me retirer, mais je me dis : «Bah! un vieux soldat, qu'est-ce que ça fait?»
Et je restai à voir.

Son mari était assis sur une petite malle, la tête sur ses mains, et la regardait prier. Elle leva la tête en haut comme au ciel, et je vis ses grands   5
yeux bleus mouillés comme ceux d'une Madeleine.[25] Pendant qu'elle priait,
il prenait le bout de ses longs cheveux et les baisait sans faire de bruit.
Quand elle eut fini, elle fit un signe de croix en souriant avec l'air d'aller
en paradis. Je vis qu'il faisait comme elle un signe de croix, mais comme s'il
en avait honte. Au fait, pour un homme c'est singulier.   10

Elle se leva debout, l'embrassa, et s'étendit la première dans son hamac,
où il la jeta sans rien dire, comme on couche un enfant dans une balançoire.
Il faisait une chaleur étouffante : elle se sentait bercée avec plaisir par le
mouvement du navire et paraissait déjà commencer à s'endormir. Ses petits
pieds blancs étaient croisés et élevés au niveau de sa tête, et tout son corps   15
enveloppé de sa longue chemise blanche. C'était un amour, quoi!

«Mon ami, dit-elle en dormant à moitié, n'avez-vous pas sommeil? Il est
bien tard, sais-tu?»

Il restait toujours le front sur ses mains sans répondre. Cela l'inquiéta un
peu, la bonne petite, et elle passa sa jolie tête hors du hamac, comme un   20
oiseau hors de son nid, et le regarda la bouche entr'ouverte, n'osant plus
parler.

Enfin il lui dit :

«Eh! ma chère Laure, à mesure que nous avançons vers l'Amérique, je
ne puis m'empêcher de devenir plus triste. Je ne sais pourquoi, il me paraît   25
que le temps le plus heureux de notre vie aura été celui de la traversée.

— Cela me semble aussi, dit-elle; je voudrais n'arriver jamais.»

Il la regarda en joignant les mains avec un transport que vous ne pouvez
pas vous figurer.

«Et cependant, mon ange, vous pleurez toujours en priant Dieu, dit-il;   30
cela m'afflige beaucoup, parce que je sais bien ceux à qui vous pensez, et je
crois que vous avez regret de ce que vous avez fait.

— Moi, du regret! dit-elle avec un air bien peiné; moi, du regret de t'avoir
suivi, mon ami! Crois-tu que, pour t'avoir appartenu si peu, je t'aie moins
aimé? N'est-on pas une femme, ne sait-on pas ses devoirs à dix-sept ans?   35
Ma mère et mes sœurs n'ont-elles pas dit que c'était mon devoir de vous

25. **Madeleine**: *Saint Mary Magdalene, the symbol of repentance.*

suivre à la Guyane? N'ont-elles pas dit que je ne faisais là rien de surprenant?
Je m'étonne seulement que vous en ayez été touché, mon ami; tout cela est
naturel. Et à présent je ne sais comment vous pouvez croire que je regrette
rien, quand je suis avec vous pour vous aider à vivre, ou pour mourir avec
5   vous si vous mourez.»

Elle disait tout cela d'une voix si douce qu'on aurait cru que c'était une
musique. J'en étais tout ému, et je dis :

«Bonne petite femme, va!»

Le jeune homme se mit à soupirer en frappant du pied et en baisant une
10 jolie main et un bras nu qu'elle lui tendait.

«Laurette, ma Laurette! disait-il, quand je pense que si nous avions
retardé de quatre jours notre mariage, on m'arrêtait seul et je partais tout
seul, je ne puis me pardonner.»

Alors la belle petite pencha hors du hamac ses deux beaux bras blancs,
15 nus jusqu'aux épaules, et lui caressa le front, les cheveux et les yeux, en lui
prenant la tête comme pour l'emporter et le cacher dans sa poitrine. Elle
sourit comme un enfant, et lui dit une quantité de petites choses de femme,
comme moi je n'avais jamais rien entendu de pareil. Elle lui fermait la
bouche avec ses doigts pour parler toute seule. Elle disait, en jouant et en
20 prenant ses longs cheveux comme un mouchoir pour lui essuyer les yeux :

«Est-ce que ce n'est pas bien mieux d'avoir avec toi une femme qui t'aime,
dis, mon ami? Je suis bien contente, moi, d'aller à Cayenne; je verrai des
sauvages, des cocotiers comme ceux de Paul et Virginie,[26] n'est-ce pas?
Nous planterons chacun le nôtre. Nous verrons qui sera le meilleur jardinier.
25 Nous nous ferons une petite case pour nous deux. Je travaillerai toute la
journée et toute la nuit, si tu veux. Je suis forte; tiens, regarde mes bras; —
tiens, je pourrais presque te soulever. Ne te moque pas de moi; je sais très
bien broder, d'ailleurs; et n'y a-t-il pas une ville quelque part par là où il
faille des brodeuses? Je donnerai des leçons de dessin et de musique si l'on
30 veut aussi; et si l'on y sait lire, tu écriras, toi.»

Je me souviens que le pauvre garçon fut si désespéré qu'il jeta un grand
cri lorsqu'elle dit cela.

«Ecrire! — criait-il, — écrire!»

Et il se prit la main droite avec la gauche en la serrant au poignet.

35 «Ah! écrire! pourquoi ai-je jamais su écrire? Ecrire! mais c'est le métier

---

26. Paul et Virginie: *the two child*
protagonists of Bernardin de Saint-
Pierre's novel Paul et Virginie, *which*
is a celebration of simplicity and the
return to nature.

d'un fou... — J'ai cru à leur liberté de la presse! — Où avais-je l'esprit?
Eh! pourquoi faire? pour imprimer cinq ou six pauvres idées assez médiocres,
lues seulement par ceux qui les aiment, jetées au feu par ceux qui les
haïssent, ne servant à rien qu'à nous faire persécuter! Moi encore, passe;
mais toi, bel ange, devenue femme depuis quatre jours à peine! qu'avais-tu   5
fait? Explique-moi, je te prie, comment je t'ai permis d'être bonne à ce point
de me suivre ici? Sais-tu seulement où tu es, pauvre petite? Et où tu vas, le
sais-tu? Bientôt, mon enfant, vous serez à seize cents lieues de votre mère
et de vos sœurs... et pour moi! tout cela pour moi!»

Elle cacha sa tête un moment dans le hamac; et moi d'en haut je vis   10
qu'elle pleurait; mais lui d'en bas ne voyait pas son visage; et quand elle le
sortit de la toile, c'était en souriant pour lui donner de la gaieté.

«Au fait, nous ne sommes pas riches à présent, dit-elle en riant aux éclats;
tiens, regarde ma bourse, je n'ai plus qu'un louis[27] tout seul. Et toi?»

Il se mit à rire aussi comme un enfant :   15

«Ma foi, moi, j'avais encore un écu,[28] mais je l'ai donné au petit garçon
qui a porté ta malle.

— Ah bah! qu'est-ce que ça fait? dit-elle en faisant claquer ses petits
doigts blancs comme des castagnettes; on n'est jamais plus gai que lorsqu'on
n'a rien; et n'ai-je pas en réserve les deux bagues de diamants que ma mère   20
m'a données? cela est bon partout et pour tout, n'est-ce pas? Quand tu
voudras nous les vendrons. D'ailleurs, je crois que le bonhomme de capitaine
ne dit pas toutes ses bonnes intentions pour nous, et qu'il sait bien ce qu'il y
a dans la lettre. C'est sûrement une recommandation pour nous au gouverneur de Cayenne.   25

— Peut-être, dit-il; qui sait?

— N'est-ce pas? reprit sa petite femme; tu es si bon que je suis sûre que
le gouvernement t'a exilé pour un peu de temps, mais ne t'en veut pas.»

Elle avait dit ça si bien! m'appelant le bonhomme de capitaine, que j'en
fus tout remué et tout attendri; et je me réjouis même, dans le cœur, de ce   30
qu'elle avait peut-être deviné juste sur la lettre cachetée. Ils commençaient
encore à s'embrasser; je frappai du pied vivement sur le pont pour les faire
finir.

Je leur criai :

«Eh! dites donc, mes petits amis! on a l'ordre d'éteindre tous les feux du   35
bâtiment. Soufflez-moi votre lampe, s'il vous plaît.»

27. louis: *a gold coin of the period.*   **28. écu:** *a silver coin of the period.*

Ils soufflèrent la lampe, et je les entendis rire en jasant tout bas dans l'ombre comme des écoliers. Je me remis à me promener seul sur mon tillac en fumant ma pipe. Toutes les étoiles du tropique étaient à leur poste, larges comme de petites lunes. Je les regardais en respirant un air qui sentait frais
5 et bon.

Je me disais que certainement ces bons petits avaient deviné la vérité, et j'en étais tout regaillardi. Il y avait bien à parier qu'un des cinq Directeurs[29] s'était ravisé et me les recommandait; je ne m'expliquais pas bien pourquoi, parce qu'il y a des affaires d'Etat que je n'ai jamais comprises, moi; mais
10 enfin je croyais cela, et, sans savoir pourquoi, j'étais content.

Je descendis dans ma chambre, et j'allai regarder la lettre sous mon vieil uniforme. Elle avait une autre figure; il me sembla qu'elle riait, et ses cachets paraissaient couleur de rose. Je ne doutai plus de sa bonté, et je lui fis un petit signe d'amitié.

15 Malgré cela, je remis mon habit dessus; elle m'ennuyait.

Nous ne pensâmes plus du tout à la regarder pendant quelques jours, et nous étions gais; mais, quand nous approchâmes du premier degré de latitude, nous commençâmes à ne plus parler.

Un beau matin je m'éveillai assez étonné de ne sentir aucun mouvement
20 dans le bâtiment. A vrai dire, je ne dors jamais que d'un œil, comme on dit, et, le roulis me manquant, j'ouvris les deux yeux. Nous étions tombés dans un calme plat, et c'était sous le 1° de latitude nord, au 27° de longitude. Je mis le nez sur le pont : la mer était lisse comme une jatte d'huile; toutes les voiles ouvertes tombaient collées aux mâts comme des ballons vides. Je dis
25 tout de suite : «J'aurai le temps de te lire, va!» en regardant de travers du côté de la lettre. J'attendis jusqu'au soir, au coucher du soleil. Cependant il fallait bien en venir là : j'ouvris la pendule, et j'en tirai vivement l'ordre cacheté. — Eh bien, mon cher, je le tenais à la main depuis un quart d'heure, que je ne pouvais pas encore le lire. Enfin je me dis : «C'est par trop
30 fort![30]» et je brisai les trois cachets d'un coup de pouce; et le grand cachet rouge, je le broyai en poussière.

Après avoir lu, je me frottai les yeux, croyant m'être trompé.

Je relus la lettre tout entière; je la relus encore; je recommençai en la prenant par la dernière ligne et remontant à la première. Je n'y croyais pas.
35 Mes jambes flageolaient un peu sous moi, je m'assis; j'avais un certain

---

29. *The ruling council of the government consisted of five* **Directeurs.**   **30. C'est par trop fort!** It's too much!

tremblement sur la peau du visage; je me frottai un peu les joues avec du rhum, je m'en mis dans le creux des mains, je me faisais pitié à moi-même d'être si bête que cela; mais ce fut l'affaire d'un moment; je montai prendre l'air.

Laurette était ce jour-là si jolie que je ne voulus pas m'approcher d'elle :   5
elle avait une petite robe blanche toute simple, les bras nus jusqu'au col, et ses grands cheveux tombants comme elle les portait toujours. Elle s'amusait à tremper dans la mer son autre robe au bout d'une corde, et riait en cherchant à arrêter les goémons, plantes marines semblables à des grappes de raisin, et qui flottent sur les eaux des Tropiques.   10

«Viens donc voir les raisins! viens donc vite!» criait-elle; et son ami s'appuyait sur elle, et se penchait, et ne regardait pas l'eau, parce qu'il la regardait d'un air tout attendri.

Je fis signe à ce jeune homme de venir me parler sur le gaillard d'arrière. Elle se retourna... Je ne sais quelle figure j'avais, mais elle laissa tomber sa   15
corde; elle le prit violemment par le bras et lui dit :

«Oh! n'y va pas, il est tout pâle.»

Cela se pouvait bien; il y avait de quoi[31] pâlir. Il vint cependant près de moi sur le gaillard; elle nous regardait, appuyée contre le grand mât. Nous nous promenâmes longtemps de long en large sans rien dire. Je fumais un   20
cigare que je trouvais amer, et je le crachai dans l'eau. Il me suivait de l'œil; je lui pris le bras : j'étouffais, ma foi, ma parole d'honneur! j'étouffais.

«Ah çà! lui dis-je enfin, contez-moi donc, mon petit ami, contez-moi un peu votre histoire. Que diable avez-vous donc fait à ces chiens d'avocats qui sont là comme cinq morceaux de roi?[32] Il paraît qu'ils vous en veulent fière-   25
ment! C'est drôle!»

Il haussa les épaules en penchant la tête (avec un air si doux, le pauvre garçon!) et me dit :

«O mon Dieu! Capitaine, pas grand'chose, allez : trois couplets de vaudeville[33] sur le Directoire, voilà tout.   30

— Pas possible! dis-je.

— O mon Dieu, si! Les couplets n'étaient même pas trop bons. J'ai été arrêté le 15 fructidor et conduit à la Force,[34] jugé le 16, et condamné à mort d'abord, et puis à la déportation par bienveillance.

---

31. il y avait de quoi: *there was every reason.*   **32. cinq morceaux de roi**: *a derogatory reference to the government. The five Directeurs were nothing but* *fragments of a monarch.*   **33. couplets de vaudeville**: *satirical verses.*   **34. la Force**: *a former Paris prison, used during the Revolution and closed in 1850.*

— C'est drôle! dis-je. Les Directeurs sont des camarades bien susceptibles :
car cette lettre que vous savez me donne ordre de vous fusiller.»

Il ne répondit pas, et sourit en faisant une assez bonne contenance pour un
jeune homme de dix-neuf ans. Il regarda seulement sa femme et s'essuya le
front, d'où tombaient des gouttes de sueur. J'en avais autant au moins sur
la figure, moi, et d'autres gouttes aux yeux.

Je repris :

«Il paraît que ces citoyens-là n'ont pas voulu faire votre affaire sur terre,
ils ont pensé qu'ici ça ne paraîtrait pas tant. Mais pour moi c'est fort triste :
car vous avez beau être un bon enfant, je ne peux pas m'en dispenser;
l'arrêt de mort est là en règle, et l'ordre d'exécution signé, paraphé, scellé;
il n'y manque rien.»

Il me salua très poliment en rougissant.

«Je ne demande rien, Capitaine, dit-il avec une voix aussi douce que de
coutume; je serais désolé de vous faire manquer à vos devoirs. Je voudrais
seulement parler un peu à Laure, et vous prier de la protéger dans le cas où
elle me survivrait, ce que je ne crois pas.

— Oh! pour cela, c'est juste, lui dis-je, mon garçon; si cela ne vous déplaît
pas, je la conduirai à sa famille à mon retour en France, et je ne la quitterai
que quand elle ne voudra plus me voir. Mais, à mon sens, vous pouvez vous
flatter qu'elle ne reviendra pas de[35] ce coup-là; pauvre petite femme!»

Il me prit les deux mains, les serra et me dit :

«Mon brave capitaine, vous souffrez plus que moi de ce qui vous reste à
faire, je le sens bien; mais qu'y pouvez-vous? Je compte sur vous pour lui
conserver le peu qui m'appartient, pour la protéger, pour veiller à ce qu'elle
reçoive ce que sa vieille mère pourrait lui laisser, n'est-ce pas? pour garantir
sa vie, son honneur, n'est-ce pas? et aussi pour qu'on ménage toujours sa
santé. — Tenez, ajouta-t-il plus bas, j'ai à vous dire qu'elle est très délicate;
elle a souvent la poitrine affectée jusqu'à s'évanouir plusieurs fois par jour;
il faut qu'elle se couvre bien toujours. Enfin vous remplacerez son père, sa
mère et moi autant que possible, n'est-il pas vrai? Si elle pouvait conserver
les bagues que sa mère lui a données, cela me ferait bien plaisir. Mais si on
a besoin de les vendre pour elle, il le faudra bien. Ma pauvre Laurette!
voyez comme elle est belle!»

Comme ça commençait à devenir par trop tendre, cela m'ennuya, et je me
mis à froncer le sourcil; je lui avais parlé d'un air gai pour ne pas m'affaiblir;

---

35. elle ne reviendra pas de: she won't survive.

mais je n'y tenais plus. «Enfin, suffit! lui dis-je, entre braves gens on s'entend de reste. Allez lui parler, et dépêchons-nous.»

Je lui serrai la main en ami, et, comme il ne quittait pas la mienne et me regardait avec un air singulier : «Ah çà! si j'ai un conseil à vous donner, ajoutai-je, c'est de ne pas lui parler de ça. Nous arrangerons la chose sans   5 qu'elle s'y attende, ni vous non plus, soyez tranquille; ça me regarde.

— Ah! c'est différent, dit-il, je ne savais pas... cela vaut mieux, en effet. D'ailleurs, les adieux! les adieux! cela affaiblit.

— Oui, oui, lui dis-je, ne soyez pas enfant, ça vaut mieux. Ne l'embrassez pas, mon ami, ne l'embrassez pas, si vous pouvez, ou vous êtes perdu.»   10 Je lui donnai encore une bonne poignée de main, et je le laissai aller. Oh! c'était dur pour moi, tout cela.

Il me parut qu'il gardait, ma foi, bien le secret : car ils se promenèrent, bras dessus, bras dessous, pendant un quart d'heure, et ils revinrent au bord de l'eau reprendre la corde et la robe qu'un de mes mousses avait repêchées.   15

La nuit vint tout à coup. C'était le moment que j'avais résolu de prendre. Mais ce moment a duré pour moi jusqu'au jour où nous sommes, et je le traînerai toute ma vie comme un boulet.»

Ici le vieux Commandant fut forcé de s'arrêter. Je me gardai de parler, de peur de détourner ses idées; il reprit en se frappant la poitrine :   20

«Ce moment-là, je vous le dis, je ne peux pas encore le comprendre. Je sentis la colère me prendre aux cheveux, et en même temps je ne sais quoi me faisait obéir et me poussait en avant. J'appelai les officiers, et je dis à l'un d'eux :

«Allons, un canot à la mer... puisque à présent nous sommes des bour-   25 reaux! Vous y mettrez cette femme, et vous l'emmènerez au large jusqu'à ce que vous entendiez des coups de fusil; alors vous reviendrez.» Obéir à un morceau de papier! car ce n'était que cela enfin! Il fallait qu'il y eût quelque chose dans l'air qui me poussât. J'entrevis de loin ce jeune homme... oh! c'était affreux à voir!... s'agenouiller devant sa Laurette et lui baiser les   30 genoux et les pieds. N'est-ce pas que vous trouvez que j'étais bien mal-heureux?

Je criai comme un fou : «Séparez-les! nous sommes tous des scélérats! — Séparez-les... La pauvre République est un corps mort! Directeurs, Direc-toire, c'en est la vermine! Je quitte la mer! Je ne crains pas tous vos avocats;   35 qu'on leur dise ce que je dis, qu'est-ce que ça me fait?» Ah! je me souciais bien d'eux, en effet! J'aurais voulu les tenir, je les aurais fait fusiller tous les

cinq, les coquins! Oh! je l'aurais fait; je me souciais de la vie comme de
l'eau qui tombe là, tenez... Je m'en souciais bien!... une vie comme la
mienne... Ah bien, oui! pauvre vie... va!...»

5   Et la voix du Commandant s'éteignit peu à peu et devint aussi incertaine
que ses paroles; et il marcha en se mordant les lèvres et en fronçant le sourcil
dans une distraction terrible et farouche. Il avait de petits mouvements
convulsifs et donnait à son mulet des coups du fourreau de son épée, comme
s'il eût voulu le tuer. Ce qui m'étonna, ce fut de voir la peau jaune de sa
figure devenir d'un rouge foncé. Il défit et entr'ouvrit violemment son habit
10 sur la poitrine, la découvrant au vent et à la pluie. Nous continuâmes ainsi
à marcher dans un grand silence. Je vis bien qu'il ne parlerait plus de lui-
même et qu'il fallait me résoudre à questionner.
    «Je comprends bien, lui dis-je, comme s'il eût fini son histoire, qu'après
une aventure aussi cruelle on prenne son métier en horreur.
15 — Oh! le métier; êtes-vous fou? me dit-il brusquement; ce n'est pas le
métier! Jamais le capitaine d'un bâtiment ne sera obligé d'être un bourreau,
sinon quand viendront des gouvernements d'assassins et de voleurs, qui
profiteront de l'habitude qu'a un pauvre homme d'obéir aveuglément,
d'obéir toujours, d'obéir comme une malheureuse mécanique, malgré son
20 cœur.»³⁶
    En même temps il tira de sa poche un mouchoir rouge dans lequel il se
mit à pleurer comme un enfant. Je m'arrêtai un moment comme pour
arranger mon étrier, et, restant derrière la charrette, je marchai quelque
temps à la suite, sentant qu'il serait humilié si je voyais trop clairement ses
25 larmes abondantes.
    J'avais deviné juste : car, au bout d'un quart d'heure environ, il vint
aussi derrière son pauvre équipage, et me demanda si je n'avais pas de
rasoirs dans mon portemanteau; à quoi je lui répondis simplement que,
n'ayant pas encore de barbe, cela m'était fort inutile. Mais il n'y tenait pas,
30 c'était pour parler d'autre chose. Je m'aperçus cependant avec plaisir qu'il
revenait à son histoire, car il me dit tout à coup :
    «Vous n'avez jamais vu de vaisseau de votre vie, n'est-ce pas?
    — Je n'en ai vu, dis-je, qu'au Panorama de Paris,³⁷ et je ne me fie pas
beaucoup à la science maritime que j'en ai tirée.

36. *The concept of civil disobedience is*   to Paris the first panorama, which
raised here. 37. au Panorama de   *became a popular attraction.*
Paris: *In 1799 Robert Fulton brought*

— Vous ne savez pas, par conséquent, ce que c'est que le bossoir?[38]

— Je ne m'en doute pas, dis-je.

— C'est une espèce de terrasse de poutres qui sort de l'avant du navire et d'où l'on jette l'ancre en mer. Quand on fusille un homme, on le fait placer là ordinairement, ajouta-t-il plus bas.

— Ah! je comprends, parce qu'il tombe de là dans la mer.»

Il ne répondit pas et se mit à décrire toutes les sortes de canots que peut porter un brick, et leur position dans le bâtiment; et puis, sans ordre dans ses idées, il continua son récit avec cet air affecté d'insouciance que de longs services donnent infailliblement, parce qu'il faut montrer à ses inférieurs le mépris du danger, le mépris des hommes, le mépris de la vie, le mépris de la mort et le mépris de soi-même; et tout cela cache, sous une dure enveloppe, presque toujours une sensibilité profonde. La dureté de l'homme de guerre est comme un masque de fer sur un noble visage, comme un cachot de pierre qui renferme un prisonnier royal.

«Ces embarcations tiennent six hommes, reprit-il. Ils s'y jetèrent et emportèrent Laure avec eux sans qu'elle eût le temps de crier et de parler. Oh! voici une chose dont aucun honnête homme ne peut se consoler quand il en est cause. On a beau dire, on n'oublie pas une chose pareille!... Ah! quel temps il fait! — Quel diable m'a poussé à raconter ça! Quand je raconte cela, je ne peux plus m'arrêter, c'est fini. C'est une histoire qui me grise comme le vin de Jurançon.[39] — Ah! quel temps il fait! — Mon manteau est traversé.

Je vous parlais, je crois, encore de cette petite Laurette! — La pauvre femme! — Qu'il y a des gens maladroits dans le monde! l'officier fut assez sot pour conduire le canot en avant du brick. Après cela, il est vrai de dire qu'on ne peut pas tout prévoir. Moi, je comptais sur la nuit pour cacher l'affaire, et je ne pensais pas à la lumière des douze fusils faisant feu à la fois. Et, ma foi! du canot elle vit son mari tomber à la mer, fusillé!

S'il y a un Dieu là-haut, il sait comment arriva ce que je vais vous dire; moi, je ne le sais pas, mais on l'a vu et entendu comme je vous vois et vous entends. Au moment du feu, elle porta la main à sa tête comme si une balle l'avait frappée au front, et s'assit dans le canot sans s'évanouir, sans crier, sans parler, et revint au brick quand on voulut et comme on voulut. J'allai à elle, je lui parlai longtemps et le mieux que je pus. Elle avait l'air de

---

38. **bossoir**: cathead.   39. **le vin de Jurançon**: *a very strong wine.*

m'écouter et me regardait en face en se frottant le front. Elle ne comprenait pas, et elle avait le front rouge et le visage tout pâle. Elle tremblait de tous ses membres comme ayant peur de tout le monde. Ça lui est resté. Elle est encore de même, la pauvre petite! idiote, ou comme imbécile, ou folle, comme vous voudrez. Jamais on n'en a tiré une parole, si ce n'est quand elle dit qu'on lui ôte ce qu'elle a dans la tête.

De ce moment-là je devins aussi triste qu'elle, et je sentis quelque chose en moi qui me disait : *Reste avec elle jusqu'à la fin de tes jours, et garde-la*; je l'ai fait. Quand je revins en France, je demandai à passer avec mon grade dans les troupes de terre, ayant pris la mer en haine parce que j'y avais jeté du sang innocent. Je cherchai la famille de Laure. Sa mère était morte. Ses sœurs, à qui je la conduisais folle, n'en voulurent pas, et m'offrirent de la mettre à Charenton.[40] Je leur tournai le dos, et je la garde avec moi.

Ah! mon Dieu! si vous voulez la voir, mon camarade, il ne tient qu'à vous. — Serait-elle là dedans? lui dis-je. — Certainement! tenez! attendez. Ho! ho! la mule...»[41]

---

40. Charenton: *an insane asylum near Paris.* **41. Ho! ho! la mule:** *The* *Captain is calling to a halt the mule drawing the cart in which Laure lies.*

GUILLAUME APOLLINAIRE
Chevaux de frise[1]

Pendant le blanc et nocturne novembre
Alors que les arbres déchiquetés par l'artillerie
Vieillissaient encore sous la neige
Et semblaient à peine des chevaux de frise
5 Entourés de vagues de fils de fer
Mon coeur renaissait comme un arbre au printemps
Un arbre fruitier sur lequel s'épanouissent
        Les fleurs de l'amour

Pendant le blanc et nocturne novembre
10 Tandis que chantaient épouvantablement les obus
Et que les fleurs mortes de la terre exhalaient
        Leurs mortelles odeurs
Moi je décrivais tous les jours mon amour à Madeleine[2]
La neige met de pâles fleurs sur les arbres
15   Et toisonne[3] d'hermine les chevaux de frise
      Que l'on voit partout
        Abandonnés et sinistres
         Chevaux muets

1. *The title is a pun.* **Chevaux de frise** *can mean* barbed wire entanglements *or* Friesian horses. **2.** *Madeleine, whom Apollinaire met by chance in a train, was one of the poet's greatest loves. She inspired many of his most beautiful poems which he wrote, in addition to a passionate correspondence, while on the battlefront during World War I.* **3.** **toisonne:** *This neologism is derived from* **toison** (fleece), *and might mean* cover as with a fleece.

29

Non chevaux barbes⁴ mais barbelés
20   Et je les anime tout soudain
En troupeau de jolis chevaux pies⁵
Qui vont vers toi comme de blanches vagues
Sur la Méditerranée
Et t'apportent mon amour
25 Roselys ô panthère ô colombes étoile bleue
O Madeleine
Je t'aime avec délices
Si je songe à tes yeux je songe aux sources fraîches
Si je pense à ta bouche les roses m'apparaissent
30 Si je songe à tes seins le Paraclet⁶ descend
O double colombe de ta poitrine

Et vient délier ma langue de poète
Pour te redire
Je t'aime
35 Ton visage est un bouquet de fleurs
Aujourd'hui je te vois non Panthère
Mais Toutefleur
Et je te respire ô ma Toutefleur
Tous les lys montent en toi comme des cantiques d'amour
40   et d'allégresse
Et ces chants qui s'envolent vers toi
M'emportent à ton côté
Dans ton bel Orient où les lys
Se changent en palmiers qui de leurs belles mains
45 Me font signe de venir
La fusée⁷ s'épanouit fleur nocturne
Quand il fait noir
Et elle retombe comme une pluie de larmes amoureuses
De larmes heureuses que la joie fait couler
50   Et je t'aime comme tu m'aimes
Madeleine

---

4. chevaux barbes: Barbary horses, *an expression which leads to another word play.* 5. pies: piebald. 6. le Paraclet: the Holy Spirit. 7. *The* *return to the opening battlefield imagery continues the merging of the erotic and the martial.*

JEAN GIRAUDOUX
Adieu à la guerre

Voici que les Allemands ont signé la paix,[1] sur de petites croix qu'on m'a fait tracer d'avance au crayon, signatures crucifiées, et M. William-Martin m'arrache ma gomme pour effacer les croix lui-même.[2] Voici que dans les tramways de Suisse et de Hollande, chaque Prussien lit les clauses et se plaint au conducteur qu'on lui prenne Togo.[3] Voici qu'en Thuringe et en   5
Souabe[4] chaque père de famille rentre en retard pour le repas et jette le livre du traité sur la table devant ses enfants silencieux.

Voici que les Autrichiens, debout en ligne sur la terrasse de Saint-Germain,[5] lèvent tous la tête vers un dirigeable, la baissent tous ensemble pour suivre dans la Seine l'ombre du ballon et repèrent, sans se lasser, face à   10
Paris, ce geste de consentement.

Voici que je ne tuerai plus de Bulgares, que j'ai le droit d'aimer les Turcs; voici que, pour la première fois depuis cinq ans, — car j'ai rendu ce matin mon revolver et mes jumelles à mon dépôt — je me retrouve sans arme et sans rien qui double ou aiguise mes sens, devant les arbres, les passants et les   15

1. *the peace which concluded World War I. This essay was published in 1919, shortly after the signing of the Treaty of Versailles.* 2. *Giraudoux, who held a minor post in the French Foreign Service, helped prepare documents by inserting an "X" in the appropriate places for signature. The signature would cover this "cross" and thus be "crucified." William-Martin* was probably *Giraudoux's English counterpart.* 3. **Togo**: *a former African colony which belonged to Germany and which, under the Treaty of Versailles, was divided between England and France.* 4. **Thuringe** and **Souabe**: *two German provinces.* 5. *The peace treaty with Austria was signed at Saint-Germain-en-Laye, which is known for its long terrace overlooking the Seine.*

tramways pleins de malice. Voici que mon plus grand ennemi au monde, peu
acharné, mais le seul que j'aurai désormais à épier le soir dans les forêts, à
surprendre à l'aube près des promontoires, celui que dès maintenant je
surveille dans ce miroir de poche comme au périscope, c'est ce Français, c'est
5   moi-même... Guerre, tu es finie!

Comment la guerre commença? Nous dansions au sous-sol, dans un
casino : on annonça la guerre. Toutes les danseuses se précipitèrent sans
manteau sur la terrasse, tous les faux couples se désunirent, les vrais couples
se reformèrent, comme dans le paquebot qui heurte une banquise; les maris
10 couvraient leurs femmes de leur pardessus et les lançaient dans la nuit avec
ces ceintures de sauvetage; des groupes faits par le hasard devenaient immuables comme dans un canot et partaient compacts vers les hôtels. Naufrage sans enfants... Je dis adieu à l'inconnue qui était dans mes bras, toute
couleur de grenadine, à la seconde où éclata la guerre. A pied, à travers la
15 campagne, je partis vers la petite ville où étaient mes parents. La lune
étincelait. Une eau pure s'amassait dans les écluses. La terre était unie et
miroitait comme un tableau sous une vitre. Jolie besogne, pour un mes-
sager de la guerre, de traverser une Auvergne[6] nocturne! Tous les oiseaux
de nuit volaient pour cette dernière nuit. A la hauteur des maisons, j'enten-
20 dais le tic-tac des horloges... De grandes hordes de chevaux s'assemblaient
silencieusement auprès des bourgs, de grands troupeaux de moutons et de
bœufs... Pas un homme. Les animaux semblaient fuir d'eux-mêmes ce pays
qui allait sombrer. Seule, l'auto d'un médecin courait essoufflée vers chaque
nouveau malade comme vers un nouveau point qui lâche dans une couture;
25 il se hâtait; mais tout effort désormais était inutile... tout déjà craquait!
J'allais, hypocritement tendre, dissimulant jusqu'au bout ma mission,
caressant un paisible bœuf comme un dernier îlot de paix, frappant d'une
canne amicale un arbre, comme une barrique au passage, un arbre qui était
plein, qui résonnait à peine, un cher arbre... J'arrivai, je cognai à la porte;
30 une bougie s'alluma, vacilla, première petite flamme allumée au sinistre
flambeau... Jolie besogne pour un fils d'annoncer la guerre à ses parents...
Ils se penchèrent à la fenêtre, ils descendirent : la guerre? Ils m'assurèrent
que je me trompais. Savais-je ce qu'était la guerre? Ils la combattaient en
moi comme un projet; ils m'offraient une boisson chaude, ils cherchaient des
35 biscuits, ils voulaient me séduire... Qu'avais-je donc à ne pas vouloir leur dire

6. **Auvergne:** *a province of France.*

oui, leur dire peut-être... étais-je amoureux de la guerre? Mais, déjà, j'étais
inflexible. A mon réveil, ils m'entourèrent... Mais, déjà, j'étais leur aîné,
j'étais plus près qu'eux de la mort... Du chocolat? oui, j'en prenais... Mais
déjà, j'étais impitoyable et tendre, austère et gai, obstiné et facile. J'étendis
les bras nus hors du lit en bâillant... Ils frémirent... Leur fils, une seconde,   5
avait ressemblé à cet être qui écarte les bras, qui ouvre, ouvre la bouche... à
la guerre!

Comment la guerre se passa? En réveils, en réveils incessants. Tous mes
souvenirs de guerre ne sont que des souvenirs de réveil. Pas un jour où la
nuit nous ait enfantés sans douleur... L'aube, quand nos yeux ouverts depuis   10
une minute, à la place des constellations immuables, du moins, et douces à
la pensée, voyaient soudain deux avions en combat monter et descendre par
saccades, s'agiter autour de notre pauvre regard rigide, comme les plateaux
d'une balance folle! Le petit jour, quand le sergent professeur de piano,
agitant ses doigts pour les garder déliés, tapotait sur son bidon à droite, sur sa   15
musette à gauche, de petits coups furtifs qui étaient les études en *ré* mineur.[7]
— C'est la pluie, pensaient ses voisins, sale pluie! Et le matin, quand
Laurent, à peine debout, pour se rendre un peu plus brave, comme on
frappe fort le baromètre pour qu'il fasse un peu plus beau, se battait lui-
même à coups de poings! Et le réveil avant le réveil, quand on ne pouvait   20
détacher son regard de toutes ces places violettes et ridées, dans les autres
visages, qui, tout à l'heure, allaient être des yeux! Et minuit, aux environs
d'un clocher, quand nous comptions les douze coups, marches de notre seul
escalier! Et la fusée éclairante, avant l'attaque, qui nous montrait tous assis
en ligne devant nos sacs comme devant des pupitres, occupés à des jeux   25
d'écoliers en classe; et si l'on bavardait, l'officier claquait de la langue,
comme un pion![8] Et la fin de la nuit, quand nous nous retrouvions étendus
au pied du jour comme des traîtres fusillés, remuant encore, geignant; et
l'adjudant-sommeil passait, nous tirait en pleine tempe, nous achevait!

La guerre est finie. Voici que je ne m'endormirai plus sur l'épaule d'un   30
bourrelier, sur le cœur d'un menuisier; mes jambes ne se prendront plus le
soir — qu'il était ardu de les démêler seules le matin — dans les jambes d'un
charretier, d'un plongeur. La tête de Chinard, le sabotier, ne retombera pas
toute la nuit sur mes genoux, durement, comme une coque tombée d'un

---

7. «**ré**» **mineur:** D minor.   **8. pion:** monitor in a classroom.

arbre et je n'aurai plus à la reposer près de moi, doucement, en y mettant les deux mains. Mon tambour le jardinier ne ronflera plus à mon oreille, et je ne taperai plus, pour le réveiller, d'une main de plus en plus nerveuse, sur son tambour. Me voici seul, et ce filet qu'ont depuis cinq ans tendu au-dessous
5 de moi tous les métiers, qui m'a sauvé, j'ai passé pour toujours au travers. Boulangers et charbonniers sans couleurs, teinturiers et peintres aux mains blanches, adieu! Mon brusque réveil ne fera plus trembler, comme le voyageur qui tire une liane au matin remue toute la forêt, une file entrelacée de coiffeurs, de typographes... Mon réveil, tous ces réveils! L'aube, où l'on
10 se décidait enfin à dégrafer son ceinturon,[9] gonflé par la nuit autant que par une mort... L'aube, sur cette ligne où deux soldats seulement, celui qui touchait la mer, celui qui touchait la Suisse, avaient un côté libre... L'aube, où le ciel souillé s'élevait comme un pauvre linge qu'on appuya, humide du moins, sur la terre, avec la lune au centre, son empreinte livide... Et cette
15 aube dans un moulin, quand un Allemand appuyait de tout son corps contre ma porte, quand je résistais, quand je faiblissais, quand je sentis s'ouvrir la porte de la France! Guerre, tu es finie!

Voilà que je reprends ma vraie distance de la mort, d'une pensée si vive qu'il me semble partir à reculons dans ma chambre même, et que les objets,
20 commodes, pendules, tableaux, s'éloignent de moi aussi vite que les amis âgés et les parents! Souci que nous avions de la mort, plutôt que crainte; elle nous gênait juste comme un oiseau que nous aurions eu à porter cinq années dans notre main gauche. Est-ce la mort, est-ce trois millions de moineaux qui s'envolent soudain de nous?... Voilà que nous ne vivrons plus
25 auprès des femmes comme auprès d'une race immortelle... Voilà que nous ne frotterons plus nos regards aux femmes comme à une race, comme à un phosphore divins! Qu'elles sont débiles, les deux que je vois d'ici, de rouge et de jaune vêtues... visages de poudre et de cher plâtre, cheveux oxygénés,[10] tendre argile que le premier matin de paix décolore et effrite, comme ces
30 statuettes, en Orient, quand nous les tirions au jour. Pauvres femmes soudain millénaires! Guerre, tu es finie!

Ma section s'est rompue comme un collier. Tous mes camarades ont roulé selon la pente vers les villes et disparu sous les beaux meubles de la France; sous Chenonceaux,[11] je ne sais où, mon ordonnance; il me faudra déplacer
35 tout Chenonceaux pour le retrouver; sous Toulouse,[12] et dans un sous-sol, mon cuisinier. Les mains se pressent, les visages se touchent. Le toucher est

---

9. ceinturon: military belt. 10. oxygénés: bleached. 11. Chenonceaux:
a town in the Loire valley. 12. Toulouse: a city of France.

rendu aux Français... Ce grand corps inerte de la France, tendu pour séparer
d'aussi loin que possible les plaies, les pieds cloués, les mains clouées, le
visage décharné, les époux des épouses, les frères des sœurs, a fondu soudain
par son centre. Il n'y a plus toute la France comme un tampon[13] incom-
pressible entre l'homme et la femme qui aiment, toute la France comme une
rallonge[14] entre le fiancé et la fiancée qui déjeunent. Les jaloux peuvent se
toucher, les indifférents s'effleurer, les inconnus se prendre les mains et
n'être inconnus qu'à un mètre! Guerre, tu es finie!

Ce que je suis maintenant? Ce que je fais?

C'est dimanche. Il est midi. L'air est tout bourdonnant d'aéroplanes qui
travaillent comme des batteuses.[15] Le printemps, d'une heureuse, bienheureuse pente, nous déverse à l'été. La lune tourne vers nous son côté
argent, le soleil son côté or; la France — et chaque Français — fait face à
tout ce qui brille, comme un jeune taureau. C'est aujourd'hui que les
Allemands nous cèdent leurs câbles, nous donnent surveillance sur leurs
avions; de grands chemins s'ouvrent pour nous dans l'air et sous les eaux.
Le soleil flamboie. Chaque écrivain, au bout d'un rayon, ne pose sur sa page
que des mots dorés. Chacun au bout d'un rayon, les Parisiens, dans le
Luxembourg,[16] effleurent les pelouses de pieds victorieux, donnent à travers
les grilles du Jardin des Plantes,[17] aux caribous, aux zébus,[18] aux antilopes,
des caresses de vainqueurs; les commis content des mensonges aux commises
qui les adorent, menteurs victorieux. Tout le peuple mange aux terrasses, —
et pas un plat, de la cuisine à la table, et pas une brique, dans cette maison
qu'on achève, du tombereau à la toiture, et pas une paperasse dans ce
ministère, de l'huissier au chef de bureau, qu'ait effleurés une main
vaincue... De moi, malgré moi, tous les héros tristes et vaincus, nos frères
et sœurs d'hier, s'écartent un peu, s'écartent : Andromaque[19] et son éternelle plainte, Pandore[20] et son éternelle espérance, et Annibal,[21] et Vercingétorix;[22] notre intimité, pauvres vaincus, est finie; notre parent commun est mort.

---

13. un tampon: a buffer. **14. une
rallonge:** an extension leaf (of a table).
15. batteuses: threshing machines.
16. le Luxembourg: a popular public
park in Paris. **17. Jardin des Plantes:**
a popular zoo in Paris. **18. zébus:**
humped oxen. **19. Andromaque:** the
legendary figure who was made a slave
after the taking of Troy and who be-
wailed the death of her husband Hector.

20. Pandore: legendary figure who
opened the box containing all the evils,
which then descended onto earth. Only
hope was left at the bottom of the box.
21. Annibal: the Carthaginian general
who almost conquered the Roman
Empire before being defeated by
Scipio. **22. Vercingétorix:** the
leader of the Gauls who was defeated
by Caesar.

Il est midi. La rue est coupée en deux parties inégales par l'ombre et le
soleil; du côté étroit de l'ombre, les enfants qui mangent pour la première
fois des gâteaux, reviennent de Saint-Sulpice,[23] où tous leurs saints depuis
hier sont victorieux, à la main de leur grand-père, qui mange à nouveau
5   des bonbons; du côté du soleil, les animaux, chiens et chats, dorment et
courent, vivent au large. C'est sur leur trottoir que je vais; à chaque minute,
un des trois millions de moineaux part sous mes pas...

Il est midi. Un vent léger remue les platanes; en appuyant du doigt sur
son œil, on voit toutes choses avec un contour doré; le vin est rose dans les
10 carafes; la nappe est blanche sous l'argent et sous les cerises...

Ce que je fais? Ce que je suis?

Je suis un vainqueur, le dimanche à midi.

23. Saint-Sulpice: *a church in Paris.*

ARRABAL

Guernica

> A Guernica[1] se dresse l'arbre de la
> liberté qui échappa au massacre de
> la ville.

PERSONNAGES

FANCHOU .... Un vieux basque.

LIRA .... Une vieille basque.

Prennent part également à l'action :

— Une femme accompagnée de sa fille — dix ans —,

— Un journaliste,

— Un écrivain et

— Un officier.

*Pendant dix secondes on entend un bruit de bottes de troupes en marche.
Puis c'est le bombardement : bruit d'avions, éclatement des bombes. Le rideau
se lève lorsque cesse le bombardement. Intérieur de maison détruite : murs en
ruines, gravats, pierres. On y voit Fanchou, près d'une table, l'air désespéré.*

FANCHOU.   Mon trésor, mon petit lapin.

Il fouille dans un tas de décombres à droite mais sans succès.

FANCHOU.   Mon petit lapin, où es-tu ?

Il continue à fouiller.

---

1. Guernica: *the former Basque
capital, with a large tree in the central
square under whose branches the
legislators used to meet. The city was
totally demolished by German air raids
during the Spanish Civil War, but the
tree was left standing, a symbol of the
spirit which endures in the midst of
destruction.*

VOIX DE LIRA, *plaintive.*   Mon chéri.

FANCHOU.   As-tu fini de faire pipi ?

VOIX DE LIRA.   Je ne peux plus sortir. Je suis coincée. Tout s'est écroulé.

Fanchou monte péniblement sur la table pour voir Lira. Il se soulève sur la pointe des pieds. Il l'aperçoit ; air satisfait.

FANCHOU.   Regarde-moi.

Il se met encore sur la pointe des pieds.

5   VOIX DE LIRA.   Tu es là ?

FANCHOU.   Avance doucement, mon trésor.

Bruit d'éboulement.

VOIX DE LIRA.   Aïe, Aïe.

Elle geint comme un enfant.

FANCHOU.   Tu t'es fait mal ?

Un temps. Fanchou est anxieux.

VOIX DE LIRA, *plaintive.*   Oui. Toutes les pierres me sont tombées dessus.

10   FANCHOU.   Essaie de te lever.

VOIX DE LIRA.   Ce n'est pas la peine, je ne pourrai pas sortir.

FANCHOU.   Fais un effort.

VOIX DE LIRA.   Dis-moi que tu m'aimes encore.

FANCHOU.   Bien sûr, tu le sais bien. (*Un temps*) Tu verras, quand tu sortiras

15   on fera des cochonneries.[2] Plein !

VOIX DE LIRA.   C'est ça. (*Air satisfait*) Tu seras toujours le même.

Bruit d'avions. Des bombes se remettent à tomber pendant quelques secondes. Le bombardement cesse.

FANCHOU.   Des pierres te sont encore tombées dessus ?

VOIX DE LIRA.   Non. Et sur toi, mon trésor ?

FANCHOU.   Non. Fais un effort pour sortir de là.

20   VOIX DE LIRA.   Je ne peux pas. (*Un temps*) Regarde s'ils ont abattu l'arbre.

Fanchou descend péniblement de la table. Il se dirige vers la gauche. Il doit déblayer un tas de décombres. Une partie de la fenêtre apparaît. Fanchou regarde au travers. Il a l'air content. Il revient. Il remonte sur la table.

2. **cochonneries**: dirty things.

FANCHOU.   Non, ils ne l'ont pas abattu, il est toujours debout.

Un temps.

VOIX DE LIRA, *plaintive.*   Qu'est-ce que je vais faire?
FANCHOU.   Essaie de te redresser doucement, tout doucement.
VOIX DE LIRA.   Je ne peux pas.
FANCHOU.   Fais un effort.   5
VOIX DE LIRA.   Je vais essayer.
FANCHOU, *il parle lentement.*   Fais ça doucement, là, tout doucement.

On entend tomber des gravats. Gémissements plaintifs de Lira.

FANCHOU.   Tu t'es fait mal?

Silence.

FANCHOU.   Qu'est-ce qu'il t'arrive? Dis-moi quelque chose. Tu t'es fait mal?

Gémissements plaintifs de Lira.

FANCHOU.   Tu t'es vraiment fait mal?   10
VOIX DE LIRA, *avec tristesse.*   Oui. (*Elle se plaint comme un enfant*) Des
        pierres sont tombées sur mon bras : je saigne.
FANCHOU.   Tu saignes?
VOIX DE LIRA.   Oui.
FANCHOU.   Beaucoup?   15
VOIX DE LIRA.   Oui, beaucoup.
FANCHOU.   C'est une égratignure ou une blessure?
VOIX DE LIRA.   Une égratignure, mais pleine de sang.
FANCHOU.   Je vais te chercher du coton.

*Fanchou fouille dans les gravats. Il déblaie des décombres mais des gravats
tombent de plus en plus. Il cesse ses recherches. Il revient et remonte sur la
table.*

FANCHOU   L'armoire est enfouie sous les décombres.   20

Lira se plaint comme un enfant.

FANCHOU.   Ne pleure pas. Mets un peu de salive sur ton bras et ton mouchoir
        par-dessus.

Lira geint.

Entrent à droite le journaliste et l'écrivain. Le journaliste porte un bloc-notes. L'écrivain, curieux, tourne une fois autour de Fanchou qu'il examine attentivement. Il s'arrête tout à coup un instant au milieu de la scène.

L'ECRIVAIN, *au journaliste.* Ajoutez que je prépare un roman et peut-être même un film sur la guerre civile espagnole.

L'écrivain et le journaliste se dirigent vers la gauche.

L'ECRIVAIN, *avec assurance.* Ce peuple héroïque et si paradoxal dans lequel se reflète l'esprit des poèmes de Lorca,[3] des tableaux de Goya[4] et des films de Buñuel,[5] nous prouve en cette guerre atroce son courage, sa capacité de souffrance et...

L'écrivain et le journaliste sortent à gauche. La voix de l'écrivain se perd dans le lointain.

FANCHOU. Tu te sens soulagée?

VOIX DE LIRA. Un peu. (*Un temps. Voix plaintive.*) Mais pas beaucoup.

FANCHOU. Tu veux que je te raconte une bonne histoire pour que tu n'aies plus mal?

VOIX DE LIRA. Tu ne sais pas les raconter.

FANCHOU. Tu veux que je te raconte celle de la femme qui était dans les waters[6] et qui est restée ensevelie sous les décombres? (*Un temps*) Elle ne te plaît pas?

VOIX DE LIRA. J'ai très mal.

FANCHOU. Tu vas voir, ça va passer. Je vais faire le clown pour te faire rire.

Fanchou danse maladroitement et fait toutes sortes de grimaces. Puis il éclate de rire.

FANCHOU. Ça t'a plu?

VOIX DE LIRA. Je ne peux pas te voir.

Bruit d'avions. Bombardement. Pendant ce temps une femme et sa petite fille traversent la scène de droite à gauche l'air irrité et impuissant (voir le tableau de Picasso).[7] Le bombardement cesse.

---

3. **Lorca:** *Garcia Lorca, Spanish poet, was shot in 1936 by the Franquists even though he had not engaged in political activity.* 4. **Goya:** *Spanish painter (1746–1828), famous for his depiction of the miseries of war.* 5. **Buñuel:** *Luis Buñuel, Spanish movie director, friend of Garcia Lorca, who* *lives in exile.* 6. **waters:** *toilet.* 7. *Picasso's famous painting "Guernica" was inspired by the same battle which Arrabal uses. The figure of the mother and child is on the left. In 1949 Alain Resnais produced a film based on this scene, with a commentary by Paul Eluard.*

FANCHOU. Tu n'as rien eu, mon petit lapin?

Longue pause.

VOIX DE LIRA. Mon chéri, je me sens très mal. Je vais mourir.

FANCHOU. Tu vas mourir? (*Un temps*) Tu vas mourir pour de bon? Tu
veux que je prévienne la famille?

VOIX DE LIRA, *ennuyée.* Quelle famille?   5

FANCHOU. On ne dit pas comme ça?

VOIX DE LIRA. Tu n'auras jamais de mémoire. Est-ce que tu ne te souviens
pas que nous n'avons plus de famille?

FANCHOU. Tiens! C'est vrai. (*Il réfléchit*) Et Joséchou?

VOIX DE LIRA. Mais où as-tu la tête? Est-ce que tu ne te souviens déjà plus   10
qu'il a été fusillé à Burgos?[8]

FANCHOU. Tu ne peux pas dire que c'est de ma faute. Je te l'avais bien dit
que je ne voulais pas de garçon. Un beau jour arrive une guerre et les
voilà tués. Si ça avait été une fille il y aurait de l'ordre maintenant
dans la maison.   15

VOIX DE LIRA. C'est ça, toujours des reproches. Ce n'est pas de ma faute.

FANCHOU. Mon petit canard, ne te fâche pas, je ne voulais pas te faire de la
peine.

VOIX DE LIRA. Tu n'as jamais pitié de moi.

FANCHOU. Si. Si tu veux, quand tu sortiras de là, je t'en ferai un autre[9]   20
pour te prouver que je ne suis pas rancunier.

VOIX DE LIRA. Mais tu ne peux plus.

FANCHOU. C'est ça, maintenant dis-moi que je ne suis pas un homme.

VOIX DE LIRA. Ce n'est pas ça, mais tu ne peux plus bander.[10]

FANCHOU. Je ne peux plus? Tu es bien la seule à le dire. Tu ne te souviens   25
plus du samedi?

VOIX DE LIRA. Quel samedi?

FANCHOU. Quel samedi veux-tu que ce soit? Tu vas me dire maintenant
que tu as oublié.

VOIX DE LIRA. Tu recommences à te vanter?   30

FANCHOU. Je ne me vante pas. C'est la pure vérité, mais tu ne veux pas la
reconnaître.

Un temps.

VOIX DE LIRA. Regarde encore s'ils ont abattu l'arbre.

---

8. **Burgos:** *a Spanish city under siege*   9. **un autre:** another boy. **10. ban-**
for three years during the Civil War.   **der:** to have an erection.

Fanchou descend de la table. Il se dirige vers la fenêtre. Il l'ouvre. Derrière elle apparaît un officier. Ils se regardent tous deux sérieusement pendant un long moment. Fanchou baisse la tête d'un air craintif. L'officier rit sans gaieté tandis qu'avec son doigt il fait tourner des menottes. Fanchou, tête basse, ferme la fenêtre. Il revient l'air effrayé. Il monte sur la table.

VOIX DE LIRA.   Alors?

Un temps.

VOIX DE LIRA.   Alors? Il est toujours debout?
FANCHOU.   Je ne sais pas.
VOIX DE LIRA.   Comment ça, tu ne sais pas?
5   FANCHOU.   Je n'ai pas pu le voir.
VOIX DE LIRA, *plaintive*.   C'est ça, je suis là incapable de sortir, je te
        demande seulement de regarder s'ils ont abattu l'arbre et tu ne veux
        pas le faire.
FANCHOU.   Je n'ai pas pu.
10   VOIX DE LIRA, *plaintive*.   C'est bon, comme tu veux.

Fanchou descend de la table. Il s'approche craintivement de la fenêtre. Il l'ouvre avec anxiété. Il regarde au dehors. Il revient vers la table et grimpe dessus. Il se soulève sur la pointe des pieds, l'air content.

FANCHOU.   Il tient debout.
VOIX DE LIRA, *fière*.   Je te l'avais bien dit. (*Un temps. Avec une grande
        tristesse*) Mais aide-moi donc un peu. Ne me laisse pas toute seule.
FANCHOU.   Qu'est-ce que tu veux que je fasse?
15   VOIX DE LIRA, *plaintive*.   Tu ne trouves rien? Comme tu as changé. On voit
        bien que tu ne m'aimes plus.
FANCHOU.   Mais si, mon petit lapin. Essaie de te redresser : allonge le bras,
        je vais essayer de l'attraper.

Fanchou se soulève tant qu'il peut et il tend le bras vers les décombres. Pendant que Fanchou tente de saisir la main de Lira l'officier entre à droite. L'officier regarde Fanchou qui lui tourne le dos.

FANCHOU.   Fais un effort. Allonge-le un peu plus et je l'attrape. Un peu plus.
20   Là, Là.

Fanchou est sur la pointe des pieds. L'officier le pousse par-derrière et le fait tomber. L'officier sort immédiatement à droite. Fanchou se redresse péniblement. Il regarde à droite. L'officier apparaît à la fenêtre. Il rit sans gaieté

en jouant avec les menottes. Fanchou regarde craintivement vers la fenêtre.
Au moment où leurs regards se croisent l'officier cesse de rire et de jouer avec
les menottes. Ils se regardent tous deux sérieusement. Fanchou baisse la tête.
L'officier se remet à rire sans gaieté et à jouer avec les menottes. Il disparaît
enfin. Fanchou lève la tête et regarde en direction de la fenêtre, l'air soulagé.

VOIX DE LIRA.   Aïe, aïe, pourquoi m'as-tu lâchée?

FANCHOU.   J'ai glissé. Tu t'es fait mal, mon petit lapin?

VOIX DE LIRA.   Les pierres me sont encore tombées dessus. Aïe.

FANCHOU.   Pardonne-moi.

VOIX DE LIRA.   Je ne peux pas compter sur toi.   5

FANCHOU.   Mais si, tu peux. Je vais te faire une surprise : un cadeau.

Fanchou tire de sa poche une ficelle et un objet flasque. Il le gonfle avec la
bouche. C'est un ballon de baudruche[11] *bleu. Il l'attache avec une ficelle. Il*
met une pierre au bout de la ficelle.

FANCHOU, *tout content.*   Prends cette pierre que je t'envoie.

Fanchou lance la pierre de l'autre côté du mur.

FANCHOU.   Tu l'as attrapée?

VOIX DE LIRA.   Oui.

FANCHOU.   Tire sur la ficelle.   10

Lira s'exécute. Le ballon se place au-dessus d'elle.

FANCHOU.   Regarde en l'air. Tu le vois?

Bruit d'avions. Bombardement. Vacarme assourdissant. Pendant ce temps
passent de droite à gauche la femme et sa petite fille. Elles poussent une
brouette. Sur la brouette une caisse sur laquelle est écrit le mot : DINAMITA.
Air irrité et impuissant. Le bombardement cesse.

FANCHOU.   Mon petit lapin! (*Un temps. L'air inquiet*) Mon petit lapin!

Le ballon monte et descend.

FANCHOU.   Tu n'as rien eu?

Le ballon monte et descend.

11. baudruche: *a very light and air tight material often used for making balloons.*

FANCHOU.   Dis-moi quelque chose.

Long silence.

FANCHOU.   Tu ne veux rien me dire ? Tu es fâchée avec moi ? Ce n'est pas
de ma faute. (*Un temps*) Si ça ne dépendait que de moi... (*Un temps*)
Ce n'est pas moi qui ai détruit les maisons. (*Air satisfait*) D'ailleurs,
ils n'ont pas eu l'arbre. (*Tout à coup*) Tu es fâchée pour toujours ?
(*Silence*) Tu es fâchée à mort ? (*Silence*) C'est comme ça que tu
m'aimes. C'est bon. Fais ce que tu veux. (*Il regarde résolument de
l'autre côté, l'air détaché. Il croise les bras.*) Tu m'as bien entendu ?
Fais comme tu veux, ça m'est égal. (*Un temps*) Ne viens pas me dire
après que c'est moi qui commence et que j'ai mauvais caractère.
Cette fois-ci c'est clair : je ne t'ai rien fait, c'est toi qui ne veux pas
me parler. Je t'ai bien vu venir : tu as commencé par dire que je n'ai
pas pu ce samedi-là et maintenant tu refuses de me parler. (*Un
temps*) Tu ne veux même pas remuer le ballon ?

Fanchou se retourne pour regarder. Le ballon monte et descend doucement.

FANCHOU.   Ah ! Madame ne peut pas parler, madame est fatiguée, madame
daigne seulement remuer le ballon. C'est bon, sache que je te garde
un chien de ma chienne.[12] (*Un temps*) Mais dis-moi quelque chose,
dis-moi ce que tu veux, même si c'est méchant, mais dis-moi quelque
chose. (*Long silence*) C'est bon.

*A nouveau il prend l'air fâché. Il regarde de l'autre côté en se croisant les
bras. Entrent à droite l'écrivain et le journaliste qui tient toujours le bloc-notes.
Fanchou, effrayé, se réfugie sous la table. L'écrivain le flaire. Il l'examine
sur toutes les coutures[13] et l'empêche de bouger.*

L'ECRIVAIN, *au journaliste*.   Comme ce peuple est complexe et douloureux.
Dites cela ; non, dites que la complexité de ce peuple douloureux
fleurit d'une façon spontanée en cette guerre fratricide et cruelle.
(*L'air satisfait*) Pas mal ? hein ? (*Hésitation*) Non, non, supprimez
cette phrase. Trop emphatique, il faut trouver quelque chose de
définitif et de plus sobre. (*Il réfléchit*) Ça viendra, ça viendra.

---

12. je te garde un chien de ma   for you. **13. sur toutes les coutures :
chienne :** I have punishment in store   from all sides.

Fanchou est toujours allongé par terre sous la table, effrayé. L'écrivain et le journaliste sortent à gauche. On entend la voix de l'écrivain qui se perd au loin.

VOIX DE L'ECRIVAIN. Quel roman je vais faire de tout ceci. Quel roman! Ou peut-être une pièce, et même un film. Et quel film!...

VOIX DE LIRA. Avec qui parlais-tu?

FANCHOU. Madame a retrouvé sa langue. Elle n'est plus muette. Eh bien, sache que maintenant c'est moi qui ne veux plus parler.							5

VOIX DE LIRA, *plaintive*. Mon chéri, je suis très mal. Je me sens très mal. Tu n'as pas pitié de moi!

FANCHOU, *inquiet*. Qu'est-ce qu'il t'arrive : tu es malade?

VOIX DE LIRA. Est-ce que tu ne vois pas que je suis recouverte de pierres et que je ne peux pas bouger?							10

FANCHOU. Je n'y pensais plus.

VOIX DE LIRA. Tu ne penses jamais à moi.

FANCHOU. C'est vrai. Je devrais faire un nœud à mon mouchoir.

VOIX DE LIRA. Qu'est-ce que tu deviendrais sans moi? Tu as si peu de tête.							15

FANCHOU, *en colère et fanfaron*. Tu me dis toujours ça. Eh bien voilà : je me marierais avec une autre. Je fais encore des béguins,[14] tu sais. Si tu voyais comme la boulangère me regarde quand je vais tous les matins chercher le pain.

VOIX DE LIRA. C'est ça. Tu me trompes maintenant avec le premier chien			20 coiffé.[15] Je savais bien que je ne pouvais pas te faire confiance.

FANCHOU. C'est elle qui me regarde. Moi, je l'ignore.

VOIX DE LIRA. C'est ce que tu dis. J'aimerais te voir.

FANCHOU. Je n'ai rien fait, je te le jure.

VOIX DE LIRA. Encore tes serments d'ivrogne. Tu as aussi juré que tu			25 m'emmènerais en voyage de noce.

FANCHOU. J'y pense toujours. Dès que la guerre sera finie nous partirons en voyage. Je t'emmènerai à Paris.

VOIX DE LIRA. C'est ça, à Paris. Monsieur veut s'amuser.

FANCHOU. Tu vois comme tu es : tu n'es jamais de mon avis.							30

VOIX DE LIRA, *plaintive*. Aïe. Les pierres me tombent encore dessus.

FANCHOU, *inquiet*. Ça t'a fait très mal? (*Lira se plaint*) Ah! c'est vraiment ennuyeux cette histoire de guerre.

---

14. béguins: girl friends.   **15. chien coiffé:** a woman wearing bangs.

VOIX DE LIRA. Fais quelque chose pour moi.

FANCHOU. Qu'est-ce que tu veux?

VOIX DE LIRA. Appelle un médecin.

FANCHOU. On les a tous emmenés.

5   VOIX DE LIRA. Dis tout de suite que tu ne veux rien faire pour moi.

FANCHOU. Mais tu ne te rends pas compte que nous sommes en guerre.

VOIX DE LIRA. Nous n'avons fait de tort à personne.

FANCHOU. Ça ne compte pas. Après, tu diras que c'est moi qui oublie tout. Tu as déjà oublié comment ça se passe.

10   VOIX DE LIRA. On pourrait bien faire une exception pour nous qui sommes vieux.

FANCHOU. Qu'est-ce que tu crois?... C'est une affaire sérieuse, la guerre. On voit bien que tu n'as aucune instruction.

VOIX DE LIRA. C'est ça, maintenant tu vas m'injurier. Dis tout de suite

15   que tu ne m'aimes pas.

FANCHOU, *tendrement.* Mon petit canard, je n'ai pas voulu te faire de la peine.

VOIX DE LIRA. Tu n'as pas voulu me faire de la peine, mais tu m'en as fait. Comme tu as changé! Avant, tu étais aux petits soins pour moi.[16]

20   FANCHOU. Maintenant aussi.

VOIX DE LIRA. Et cette histoire d'instruction. Crois-tu que je n'ai pas aussi mon amour-propre?

FANCHOU. Mais j'ai dit ça comme ça, en l'air.

VOIX DE LIRA. Retire-le.

25   FANCHOU. Je le retire.

VOIX DE LIRA. Sans arrière-pensée?

FANCHOU. Oui, je le jure.

VOIX DE LIRA. Sur quoi?

FANCHOU. Comme d'habitude.

30   VOIX DE LIRA. C'est bon. J'espère que tu ne recommenceras plus.

Un temps.

FANCHOU. Tu ne peux pas te redresser pour essayer de sortir.

VOIX DE LIRA. Mais dès que je bouge, les pierres se mettent à tomber.

FANCHOU. Il faut faire quelque chose.

---

16. tu étais aux petits soins pour moi: you used to wait on me hand and foot.

Bruit d'avions. Bombardement. Pendant ce temps la mère et la fille passent de droite à gauche. La mère porte des fusils de chasse. La petite en a trois. Le ballon de Lira éclate. Le bombardement cesse.

VOIX DE LIRA, *plaintive.* Ils ont crevé mon ballon.

FANCHOU. Quelles brutes! Ils tirent n'importe comment, sans viser.

VOIX DE LIRA. Ils l'ont fait exprès.

FANCHOU. Non, mais ils tirent sans viser, sans faire attention.

VOIX DE LIRA. Quelles brutes! D'abord, ils nous démolissent la maison et   5
maintenant, pour comble de bonheur, ils nous crèvent le ballon.

FANCHOU. Ils sont impossibles.

VOIX DE LIRA. Regarde s'ils ont touché l'arbre.

Fanchou descend de la table. Il se dirige vers la fenêtre. Derrière elle apparaît l'officier. Fanchou le regarde. L'officier regarde Fanchou sérieusement. Fanchou effrayé baisse la tête. Rire sans gaieté de l'officier tandis qu'avec un doigt il joue avec les menottes. L'officier disparaît de derrière la fenêtre. Fanchou lève la tête. Il ne voit personne. Il passe doucement la tête par la fenêtre. Il regarde l'arbre. Air satisfait. Rires derrière lui à droite. Il se tourne vers la droite. La tête ricanante de l'officier apparaît, puis disparaît aussitôt. Fanchou effrayé ne sait que faire. Rires à gauche. Fanchou se retourne. A gauche apparaît la tête ricanante de l'officier. Elle disparaît aussitôt. Fanchou effrayé ne sait plus où regarder. Rires à gauche, puis à droite, puis à gauche, puis à droite, puis à gauche, puis à droite. Fanchou terrorisé ne bouge plus. L'officier entre à droite. Air sérieux et observateur. Il semble très préoccupé par Fanchou. Il ne cesse de l'examiner tout en tirant de sa poche un sandwich enveloppé de papier journal et il se met à ronger le pain. Il se place près de Fanchou. Celui-ci s'écarte de lui. L'officier revient se placer à ses côtés. Fanchou tente de fuir timidement. L'officier reste collé à lui tout en l'observant puis il l'accule dans un coin. Fanchou ne peut plus bouger. Il a les yeux fixés au sol. L'officier lui barre le passage en écartant les coudes. Tout en l'observant l'officier continue à ronger tranquillement son pain. Long silence.

VOIX DE LIRA. Mais qu'est-ce que tu fais?

Fanchou ne peut pas bouger, il ne répond pas.

VOIX DE LIRA. C'est ça, maintenant tu me laisses toute seule.   10

L'officier ronge son sandwich, impassible, sans lâcher Fanchou.

VOIX DE LIRA, *avec tendresse.*   Viens, mon petit canard.

L'officier cesse de manger et fait une grimace comme pour rire mais sans bruit : il montre toutes ses dents. Fanchou, honteux, baisse davantage la tête. Puis l'officier cesse de rire et mange.

VOIX DE LIRA.   Tu es fâché? (*Un temps.*) Eh bien, oui, c'est vrai que tu as pu ce samedi-là. (*Un temps*) Tu es content?

L'officier cesse de manger et fait une grimace comme pour rire mais sans bruit : il montre toutes ses dents. Fanchou, honteux, baisse davantage la tête. Puis l'officier cesse de rire et mange.

VOIX DE LIRA.   Je sais bien que tu as du succès avec les femmes... surtout
5   avec la boulangère.

Même jeu.
Puis l'officier range avec soin ce qu'il reste du sandwich : il l'enveloppe dans le papier journal. Il nettoie minutieusement sa bouche avec les manches du veston de Fanchou. Il essuie ses bottes avec le bord du veston de Fanchou. Puis il se retourne et quitte la scène à droite, l'air martial. Fanchou rit, tout heureux, et tire la langue. Il se reprend aussitôt, l'air effrayé. Il regarde de tous côtés. Il s'assure que personne ne peut le voir. Il tire la langue et fait des pieds de nez.[17] *Il rit, tout heureux, et grimpe sur la table.*

FANCHOU.   Mon petit lapin, l'arbre est toujours debout.
VOIX DE LIRA.   Tu as mis tout ce temps pour le voir?
FANCHOU.   J'aime faire bien les choses.
VOIX DE LIRA.   Tu n'as pas été voir la boulangère par hasard?
10   FANCHOU.   Pour qui me prends-tu? En pleine guerre, tu me vois chercher des aventures?

Bombardement. Avions, bombes. Pendant ce temps passent de droite à gauche la femme et sa fille, poussant une voiture d'enfant remplie jusqu'en haut de cartouches. Le bombardement cesse.
Long silence.

FANCHOU.   Ma Lira!

Long silence.

VOIX DE LIRA.   Quoi?

17. **fait des pieds de nez:** thumbs his nose.

FANCHOU. Pourquoi n'as-tu pas eu d'amants?

VOIX DE LIRA. Des amants?

Petit rire bref.

FANCHOU. Oui, oui, des amants.

Il rit. Il se tait.

VOIX DE LIRA. Moi?

Petit rire bref.

FANCHOU. Bien sûr, toi.   5

VOIX DE LIRA. Je n'y avais pas pensé.

FANCHOU. Tu ne penses jamais à moi. Je pourrais en mettre plein la vue
     aux autres.[18] (*Un temps*) Tu aurais dû au moins en avoir un. (*Il
     réfléchit*) Un colonel.

VOIX DE LIRA. C'est ça, un colonel, c'est comme ça que tu m'aimes.   10

FANCHOU. Tu n'es jamais à la page.[19]

VOIX DE LIRA. Insulte-moi par-dessus le marché.

FANCHOU. Non, mon petit lapin. (*Un temps. Têtu*) Mais toutes les femmes
     bien ont des amants. (*Un temps*) Tu n'as jamais voulu m'aider :
     quand je te déshabille pour que les amis te caressent tu fais toujours   15
     la tête.[20]

VOIX DE LIRA. Parce que je m'enrhume.

FANCHOU. Tu te cherches des excuses pour tout.

VOIX DE LIRA. Tu ne penses qu'à toi : tu es un égoïste.

FANCHOU. Mais je fais ça pour toi. (*L'air satisfait : Une bonne idée*) Plus   20
     tard tu pourrais écrire tes mémoires.

VOIX DE LIRA. Aïe. (*Un temps*) Les pierres recommencent à me tomber
     dessus. (*Elle geint*) Je ne peux plus bouger les pieds.

FANCHOU. Fais un effort.

VOIX DE LIRA, *plaintivement.* Ils sont enterrés!   25

FANCHOU. Les choses commencent vraiment à se gâter.[21]

VOIX DE LIRA. C'est tout ce que ça t'inspire. Tu ne t'es jamais soucié de moi.

FANCHOU. Mais si, ça m'ennuie beaucoup. (*Brusquement*) Tu veux que je
     pleure?

---

18. Je pourrais en mettre plein la vue aux autres: I could really bluff and fool the others. **19. Tu n'es jamais à la page:** You're always behind the times. **20. tu fais toujours la tête:** you always look glum. **21. Les choses commencent vraiment à se gâter:** Things are really going to pieces.

VOIX DE LIRA. Je te vois venir : tu vas encore me jouer un tour.

FANCHOU. Non, tu vas voir, si je veux je peux pleurer pour de vrai.

VOIX DE LIRA. Je te connais. Ça t'est bien égal si je meurs.

FANCHOU. C'est toi qui le dis. Quand tu seras morte je... (*il réfléchit*)
5   coucherai trois fois de suite avec toi.

VOIX DE LIRA. Tu te vantes encore.

FANCHOU. Est-ce que tu as déjà oublié ?

VOIX DE LIRA, *lui coupant la parole, air excédé*. Mais oui, mais oui : ce
       fameux samedi où...

10 FANCHOU, *fâché*. Après, tu viendras me dire que c'est moi qui ne suis pas
       gentil avec toi.

Nouvel éboulement.

VOIX DE LIRA. Aïe. Aïe. (*Elle se plaint de plus en plus*) Je vais mourir pour
       de bon.

FANCHOU. J'appelle un prêtre ?

15 VOIX DE LIRA. Quel prêtre ?

FANCHOU. On ne dit pas comme ça ?

VOIX DE LIRA. Comme tu as la mémoire courte : est-ce que tu as oublié
       que nous ne sommes plus croyants ?[22]

FANCHOU, *effrayé*. Qui ? Nous ?

20 VOIX DE LIRA. Mais c'est toi qui l'avais décidé. Tu ne t'en souviens plus ?

FANCHOU, *qui ne se souvient de rien*. Ah !

VOIX DE LIRA. Tu as dit que comme ça nous serions... (*Un temps. Avec
       emphase*) plus évolués.

FANCHOU, *surpris*. Evolués ? Nous ?

25 VOIX DE LIRA. Bien sûr.

FANCHOU. Nous voilà dans de beaux draps[23] : maintenant tu vas mourir
       et tu iras en enfer.

VOIX DE LIRA. Pour toujours ?

FANCHOU. Bien sûr, pour toujours. Et quels supplices ! Tu vas en voir de
30   belles. Il sait faire bien les choses.

VOIX DE LIRA. Qui ça, Il ?

FANCHOU. Eh bien, Dieu.

VOIX DE LIRA. Dieu ?

---

22. **croyants:** believers. 23. **Nous voilà dans de beaux draps:** Now we're in a
fine pickle.

Petit rire bref.

FANCHOU. Oui, Dieu.

Petit rire bref.
Ils rient tous les deux timidement en chœur.
Bombardement. Bruit d'avions et de bombes qui éclatent. Pendant ce temps
passent de droite à gauche la femme et sa petite fille. La femme porte un sac
sur le dos rempli de munitions de fortune. La petite l'aide tant bien que mal.[24]
Le bombardement cesse.

VOIX DE LIRA. Aïe, aïe.

FANCHOU. Qu'est-ce qu'il t'arrive ?

VOIX DE LIRA. Je ne pourrai jamais plus sortir d'ici.

FANCHOU. Ne perds pas l'espoir.   5

VOIX DE LIRA. Les pierres me montent déjà jusqu'à la taille.

FANCHOU. Ne t'en fais pas.[25] Tu vas voir, je vais trouver quelque chose
  pour te dégager.

VOIX DE LIRA. On n'a vraiment pas de chance.

FANCHOU. C'est de ta faute : cette manie que tu as de lire dans les waters.   10
  Tu y passes des heures et des heures. Ce qui t'arrive ne m'étonne pas
  du tout.

VOIX DE LIRA. Tout est toujours de ma faute.

FANCHOU. Ne le prends pas comme ça, je n'ai pas voulu te faire de la peine.

Silence.

VOIX DE LIRA. Pourquoi ont-ils démoli la maison ?   15

FANCHOU. Il faut toujours te répéter la même chose. (*En détachant toutes*
  les syllabes) Ils essaient des bombes explosives et incendiaires. Après,
  tu diras que c'est moi qui n'ai pas de tête.

VOIX DE LIRA. Ils ne pouvaient pas les essayer ailleurs ?

FANCHOU. Tu crois que tout est aussi facile que ça. Il fallait bien les essayer   20
  sur une ville.

VOIX DE LIRA. Pourquoi ?

FANCHOU. Tu vas dire encore que je me moque de toi, mais tu vois bien
  que tu n'as pas la moindre instruction. Pourquoi ? Pourquoi ? Pourquoi veux-tu que ce soit si ce n'est pour voir si ça marche.   25

---

24. **tant bien que mal:** as well as she can.   25. **Ne t'en fais pas:** Don't worry about it.

VOIX DE LIRA.   Et après ?

FANCHOU.   Et après ? Et après ? Tu fais la bête : si la bombe tue beaucoup
de monde, elle est bonne et ils en fabriquent davantage, et si elle ne
tue personne elle ne vaut rien et ils n'en fabriquent plus.

5   VOIX DE LIRA.   Ah !

FANCHOU.   Il faut tout t'expliquer.

VOIX DE LIRA, *fâchée*.   Je ne vois pas pourquoi tu le prends sur ce ton : je
sais bien que je n'ai pas fait autant d'études que toi.

FANCHOU, *gonflé d'orgueil*.   Je connais tout, hein ? On dirait vraiment que
10   j'ai fréquenté les Facultés. (*Un temps. L'air content. Une bonne idée*)
Je pourrais passer pour un professeur, non ?

VOIX DE LIRA, *ennuyée et sceptique*.   Mais oui, bien sûr.

FANCHOU.   Tu le penses vraiment ?

VOIX DE LIRA, *ennuyée et sceptique*.   Mais oui.

15   FANCHOU.   Comme ça, tu serais la femme d'un professeur. Dans la rue les
gens diraient en nous voyant : «regarde les professeurs». (*Un temps*)
On pourrait se faire mousser[26] : on aurait des cartes de visite et on
assisterait aux conférences. Il ne me manque que le parapluie. D'ailleurs, tu as beaucoup d'instruction : avec tout ce que tu as lu dans
20   les waters !

VOIX DE LIRA.   Tu recommences ?

FANCHOU.   Tu n'es pas d'accord ?

VOIX DE LIRA.   Nous ? Des professeurs... !

FANCHOU.   Tu n'es jamais d'accord avec mes idées. Ça a toujours été pareil.
25   Si tu recommences, c'est bon, je m'en vais pour toujours. (*L'air
irrité*) Je ne veux pas que tu vives avec un homme qui dit des bêtises.
Adieu !

Fanchou s'accroupit et fait du bruit sur la table pour faire croire qu'il s'en va.

VOIX DE LIRA.   Mon chéri ! Tu me laisses toute seule ?

Lira se plaint. Fanchou ne bouge pas. Il est toujours accroupi.

VOIX DE LIRA.   Mon chéri, viens !

Long silence. Fanchou ne bouge pas, il est toujours accroupi.

26. **On pourrait se faire mousser :** We could really be swell.

VOIX DE LIRA. Mais c'était pour rire. (*Un temps*) Tu sais bien que je t'admire beaucoup. (*Longue pause*) Tu ferais un professeur formidable. (*Un temps*) Quand on t'entend parler on dirait que tu es capitaine et même antiquaire.

Long silence. Fanchou a l'air fier.

VOIX DE LIRA.   Mon chéri! (*Un temps*) Tu me laisses toute seule? (*Un temps*)   5
Viens!

Longue pause. Même jeu.

VOIX DE LIRA.   Aïe, aïe. (*Elle pleure*) Les pierres recommencent à tomber.
FANCHOU, *se lève, anxieux.*   Qu'est-ce qu'il t'arrive, mon ange. Tu t'es fait mal?
VOIX DE LIRA.   Je vais être complètement recouverte. Et c'est le moment   10
que tu choisis pour t'en aller. Tu es un sans-cœur.
FANCHOU.   Mais c'est toi qui commences.
VOIX DE LIRA.   C'était pour rire.
FANCHOU.   Jure que tu ne le feras plus.
VOIX DE LIRA.   Je le jure.   15
FANCHOU.   Sur quoi?
VOIX DE LIRA.   Comme d'habitude.
FANCHOU.   Sans arrière-pensée?
VOIX DE LIRA.   Sans arrière-pensée.
FANCHOU.   C'est bon. J'espère que tu ne recommenceras plus.   20

Bombardement. Bruit des bombes et des avions. Pendant ce temps la femme et sa fille passent de droite à gauche en tirant une petite voiture à bras remplie de vieux fusils. Le bombardement cesse.

VOIX DE LIRA.   Aïe, aïe. Je ne peux plus bouger les bras.
FANCHOU.   Ne t'en fais pas, je te dégagerai.
VOIX DE LIRA.   Mais les pierres m'arrivent jusqu'au cou.
FANCHOU.   Ne t'en fais pas. Tu vas voir, je vais trouver quelque chose.
VOIX DE LIRA.   Je vais mourir.   25
FANCHOU.   Tu veux que j'appelle le notaire pour le testament?
VOIX DE LIRA.   Quel testament?
FANCHOU.   On ne dit pas comme ça?
VOIX DE LIRA.   Tu recommences?
FANCHOU, *flatté.*   Tu devrais en faire un. Je le montrerais aux voisins.   30

VOIX DE LIRA.   Tu ne penses qu'à faire de l'épate.[27]

FANCHOU.   Mais je fais ça pour toi. Toutes les grandes dames le font. Tu
devrais préparer ton testament et tes dernières paroles.

VOIX DE LIRA.   Quelles dernières paroles?

5   FANCHOU.   Celles qu'on prononce avant de mourir. Tu veux que je te souffle
des idées? Tu pourrais parler... (*Il réfléchit, puis précipitamment*) de
la vie, ou de l'humanité...

VOIX DE LIRA, *lui coupant la parole.*   Arrête, tu dis des bêtises.

FANCHOU.   Tu appelles ça des bêtises? Tu es frivole comme tout!

10   VOIX DE LIRA, *plaintivement.*   Tu recommences à m'injurier?

FANCHOU.   Non, mon petit lapin.

VOIX DE LIRA.   Je ne peux plus bouger. (*Plaintivement*) Mais quand cette
guerre va-t-elle finir?

FANCHOU.   C'est ça, madame voudrait que la guerre finisse quand ça lui
15   plaît.

VOIX DE LIRA, *pleurnichant.*   Ils ne peuvent pas l'arrêter?

FANCHOU.   Bien sûr que non. Le général a dit qu'il ne s'arrêtera pas avant
d'avoir tout occupé.

VOIX DE LIRA.   Tout?

20   FANCHOU.   Bien sûr, tout.

VOIX DE LIRA.   Il exagère!

FANCHOU.   Les généraux ne font pas les choses à moitié : c'est tout ou rien.

VOIX DE LIRA.   Et les gens?

FANCHOU.   Les gens ne savent pas faire la guerre. D'ailleurs, le général est
25   drôlement aidé.

VOIX DE LIRA.   Alors c'est plus du jeu!

FANCHOU.   Qu'est-ce que ça peut lui faire au général!

VOIX DE LIRA.   Je ne peux plus bouger. Si les pierres tombent encore je
vais être complètement recouverte.

30   FANCHOU.   Quelle barbe. Ne t'en fais pas.[28] Tu vas voir, les bombardements
vont finir.

VOIX DE LIRA.   Pour de bon?

FANCHOU.   Pour de bon.

VOIX DE LIRA.   Comment le sais-tu?

35   FANCHOU, *piqué au vif.*[29]   Tu doutes de ma parole?

---

27. **à faire de l'épate:** of showing off.
28. **Quelle barbe. Ne t'en fais pas:**
What a nuisance. Don't get upset.
29. **piqué au vif:** stung to the quick.

VOIX DE LIRA.   Non. (*Sceptique*) Comment veux-tu que j'en doute?

Trois obus éclatent. Bruit épouvantable.

VOIX DE LIRA, *pleurant à chaudes larmes.*   Mon chéri, je suis complètement
recouverte, viens me délivrer.

FANCHOU.   Mon petit lapin, je viens tout de suite. Tu vas voir, je vais te
dégager.   5

Fanchou s'approche et monte péniblement sur les ruines.
Pleurs de Lira.

VOIX DE LIRA.   Cette fois, je vais mourir pour de vrai.

FANCHOU.   Ne perds pas ton sang-froid. J'arrive.

Fanchou avance péniblement sur des ruines. Il atteint l'endroit où se trouve
Lira.

FANCHOU.   Mon petit lapin. Me voilà. Donne-moi la main.

VOIX DE LIRA.   Tu ne vois pas que je suis recouverte de pierres.

FANCHOU.   Je te dégage tout de suite. Attends, je vais te sortir de là.   10

Long bombardement. Des pierres tombent à nouveau. Fanchou est aussi
enseveli sous les décombres.
Lorsque ce long bombardement va finir, passe de droite à gauche la femme.
La petite fille ne l'accompagne plus. Elle porte sur l'épaule un petit cercueil.
Air irrité et impuissant (voir le tableau de Picasso).
Elle disparaît à gauche.
Au fond : les murs écroulés laissent voir l'arbre de la liberté. Le bombarde-
ment est fini : sur scène il n'y a plus que des ruines. Long silence.
De l'endroit précis où Fanchou et Lira ont disparu s'élèvent doucement deux
ballons de couleur qui montent au ciel. Entre l'officier qui tire avec son fusil-
mitrailleur sur les ballons sans les atteindre. Les ballons disparaissent dans le
ciel. L'officier tire encore. D'en haut on entend les rires heureux de Fanchou
et Lira. L'officier, effrayé, regarde de tous côtés et sort précipitamment par
la droite.
Entre l'écrivain. Il monte sur la table. Il examine l'endroit où se trouvaient
Fanchou et Lira. Air satisfait. Il descend de la table. Il sort par la gauche
presque en courant, rempli de joie, tout en disant :

VOIX DE L'ECRIVAIN.   Je vais faire de tout ceci un roman étonnant. Un
roman magnifique! Quel roman!...

Sa voix se perd au loin. Un temps. Tout près, bruit de bottes de soldats en marche. Au fond, faiblement, un groupe d'hommes chante «Guernikako arbola[30]». *Le groupe devient de plus en plus nombreaux et les voix de plus en plus fortes. C'est une foule qui chante maintenant* «Guernikako arbola», *jusqu'à recouvrir complètement le bruit des bottes, tandis que tombe le rideau.*

30. «**Guernikako arbola**»:"The Tree of Guernica" *is the Basque national anthem.*

PAUL ELUARD
Couvre-Feu[1]

Que voulez-vous la porte était gardée

Que voulez-vous nous étions enfermés

Que voulez-vous la rue était barrée

Que voulez-vous la ville était matée

Que voulez-vous elle était affamée

Que voulez-vous nous étions désarmés

Que voulez-vous la nuit était tombée

Que voulez-vous nous nous sommes aimés.

1. *This poem was written during the time of the black-outs in World War II.*

Victor Hugo. *Le Fou.* Maison Victor Hugo, Paris. (Photo Bulloz)

2
DE LA FOLIE

Pendant leurs périodes dites «classiques», les hommes ont la certitude de tenir une réponse définitive aux questions que pose leur existence sur la terre. Une certaine *raison* prévaut, système fermé de questions et de réponses hors duquel tout paraît folie, démence, déraison.

A la fin du XVIIIᵉ siècle, un tel système tombe malade, et avec lui le goût et la sensibilité qui dominaient la France et l'Europe depuis plus d'un siècle. Mais ce système ne va pas mourir d'un seul coup, il n'en finit pas de mourir, peut-être meurt-il encore autour de nous. A l'époque romantique, ce système demeure si puissant qu'on ne peut pas se révolter contre lui sans lui rendre encore hommage, sans se laisser reprendre par lui au moment même où on le conteste et dans le geste même de cette contestation.

La littérature et les arts embrassent tout ce qu'on rejetait naguère en le nommant : laid, bizarre, difforme, *fou*. L'appel des régions de l'être méconnues se définit lui-même comme un appel de la folie parce qu'il se définit à partir de cette méconnaissance.

Prisonnière des formes de pensée qu'elle combat, la revendication romantique apparaît rétrospectivement comme timide. C'est par l'anecdote ou l'objet évocateurs qu'on cherche à échapper aux perspectives classiques, trop nettes et trop claires. On accumule un grand nombre d'accessoires empruntés aux mondes et aux époques de l'histoire jugés irréductibles à la vision rationaliste. Le goût du Moyen Age et l'exotisme oriental multiplient les chevauchées fantastiques des monstres, goules, vampires et sorcières; la diablerie triomphe. Les poètes médiocres succombent sous le poids de ce

59

fatras. Pour toucher le décor du théâtre d'une ombre de mystère, pour lui rendre l'illusion de la vie, il faut la prodigieuse puissance verbale d'un Hugo.

Rien n'est moins fou, en vérité, rien n'est plus concerté et brillamment exécuté qu'un poème comme «Les Djinns». Même si la forme, ici, se veut quelque peu folle, au moins par rapport aux règles antérieures, cette folie ne menace en rien la maîtrise du poète; bien au contraire, elle lui permet de se mettre en valeur. La folie sert de motif et ce motif est favorable à un déploiement extrême de virtuosité.

L'oeuvre qui prend pour thème la folie n'est pas forcément marquée par elle. Mais ce n'est là que le commencement, même pour Hugo qui ira beaucoup plus loin dans sa vieillesse. Pour que la poésie s'applique à devenir folle, ou à jouer la folie, il faut d'abord qu'elle l'épuise en tant que thème proprement littéraire. On pourrait définir tous les bouleversements et toutes les innovations de la fin du XIXe siècle à partir de la folie, telle que la comprenaient, vers 1830, non seulement les «classiques» mais leurs adversaires romantiques.

La plupart des engouements esthétiques et littéraires des derniers cent ans ont un rapport étroit avec ce qui passa, naguère, ou passe encore, pour folie. Tout changement se définit d'abord comme une espèce de transgression, comme un passage au-delà de ce qui, jusqu'alors, était licite, possible. C'est vrai dans l'ordre de la forme comme dans l'ordre du contenu. Toutes les écoles, d'autre part, tous les mouvements, quand ils se cherchent des précurseurs, ainsi que l'exige la coutume, les choisissent de préférence parmi les fous. De nos jours, semble-t-il, seule la folie peut conférer à l'artiste l'auréole que la sainteté confère au chrétien. C'est vrai d'un peintre comme Van Gogh et c'est vrai d'un poète tel que Nerval, méconnu jusqu'à la fin du siècle, rétrospectivement transfiguré par la folie.

L'immense vogue de la pensée allemande, dans la France du XXe siècle, est étroitement liée au prestige extraordinaire de certains grands fous, Hölderlin et Nietzsche tout particulièrement. Il n'est peut-être pas excessif d'affirmer que Wagner a perdu son prestige le jour où on a découvert que sa musique était rien moins que folle, tout au moins au sens où on la désirait telle. On ne sait pas, aujourd'hui, si le nombre des artistes qui deviennent fous a augmenté ou diminué; on sait très bien par contre que le nombre des fous qui deviennent des artistes célèbres est plus grand que dans le passé.

Sous un autre rapport encore et plus essentiel, l'art moderne et la folie ne cessent de se rapprocher. Dans la définition classique, c'était la conformité à certaines règles absolues, héritées en principe des anciens, qui déterminait l'oeuvre comme oeuvre d'art. Les romantiques et plus encore les modernes prennent le contrepied de cette définition; l'oeuvre, on vient de le dire, est d'autant plus oeuvre qu'elle transgresse plus de règles, c'est-à-dire qu'elle ressemble moins aux autres oeuvres. Les critiques et les créateurs sont en désaccord sur presque tout mais ils sacrifient de concert à cette esthétique de la singularité. Il n'y a plus de critères communs qui permettraient de juger; le critique cherche désormais à saisir ce qui différencie les oeuvres les unes des autres. Le «monde» de chaque écrivain se doit d'être séparé de tous les autres. On s'attache aux tours personnels d'un auteur aux habitudes stylistiques qui le trahissent et qui auraient jadis passé pour des «défauts». Seul compte ce qui fait de l'oeuvre un objet «unique». Au-delà d'un certain seuil, ce cheminement devrait conduire et conduit parfois critiques et artistes à l'hermétisme absolu. La recherche de la singularité débouche sur le discours impénétrable de la folie.

Plus on avance dans le temps, plus l'oeuvre d'art paraît menacée par la démence. L'art de l'absurde accueille, en vérité, cette démence; il veut refléter de plus en plus directement, par l'incohérence de sa forme et de son langage, ce qu'il croit être l'incohérence du monde contemporain.

Sous plus d'un rapport, donc, on peut dire et on disait fréquemment, à une époque où c'était moins évident qu'aujourd'hui, que l'art moderne et contemporain s'enfonce dans la folie, il y sombre, même, avec rapidité... C'est bien vrai, et pourtant, sous un autre rapport, c'est tout à fait faux; la folie est aussi éloignée de l'art qu'elle l'a jamais été; elle élude comme en se jouant ceux qui la courtisent le plus éperdument.

Dans certaine esthétique moderne, la folie apparaît comme une espèce de rêve absolu, comme un recours ultime contre le monde et sa persistance têtue à signifier. Elle est, à l'horizon, le point que l'artiste ne cesse de fixer, le point de toute «liberté» mais qui s'éloigne à mesure qu'on avance vers lui. On ne peut jamais atteindre la folie, semble-t-il, sans la faire aussitôt tomber dans la banalité et la rationalité quotidiennes.

La joyeuse folie de la veille est la triste raison du lendemain. Les poisons dont les modernes s'abreuvent se révèlent dans l'ensemble moins virulents qu'ils ne l'espéraient. Furieux de ne pas mourir, ou tout au moins de devenir fous, ils incriminent de nos jours «le système» qui finit toujours par tout «récupérer». Certains se résignent de fort mauvaise grâce à cette fuite, devant eux, de la folie. Plus ils mettent d'ardeur à la singer, plus la démence les élude. Ils invitent l'humanité entière à devenir folle mais se donnent le ridicule de ne pas lui présenter un exemple digne d'être suivi. Notre siècle nous propose le spectacle plutôt cocasse d'écrivains et même de mouvements esthétiques fort «importants», le surréalisme par exemple, qui portent aux nues la folie et que la folie, curieusement, dédaigne. Ils en éprouvent une humiliation qui n'est pas raisonnable et leur fait commettre force folies, mais sans commune mesure avec celle qu'ils ambitionnent, — la folie spectaculaire et souveraine dont les dieux seuls ont le secret.

Le moderne est le monde des impuissances et la moins étrange n'est pas sans doute celle qui a la folie pour objet. En France, cette impuissance doit assumer une forme spécifiquement française, qui est, peut-être, une impossibilité toute nationale à se débarrasser de René Descartes. La fin du cartésianisme nous est annoncée si fréquemment et si régulièrement qu'il faudra bien renoncer enfin à la concevoir jamais comme définitive. La seule voie ouverte à la folie serait alors une folie purement cartésienne. Et c'est bien cela, semble-t-il, que Sartre s'efforce de nous montrer dans la nouvelle intitulée *Erostrate*. Je tue, donc je suis. Cette caricature du héros cartésien est en même temps superbement sartrienne, par une exagération infime des héros habituels de cet auteur, toujours obsédés par la séparation entre la matière et l'esprit.

Dans cette nouvelle de Sartre, nous touchons du doigt une autre raison pour laquelle le mystère de la folie s'évanouit, de nos jours, quand on le touche ou quand on croit le toucher. Cette raison est la psychiatrie et, plus spécifiquement ici, la psychanalyse. Le texte est bourré de références freudiennes assez évidentes. Les difficultés sexuelles du héros sont constamment associées à la fascination qu'exerce sur lui le revolver. La psychanalyse s'efforce de guérir les troubles mentaux par la *compréhension*. Il n'est pas nécessaire que ses succès soient réels pour qu'ils contribuent à dissiper, à nos yeux, le mystère de la folie, en effaçant un peu de la différence qui la sépare de notre raison, en détruisant, avec sa spécificité présumée, le plus clair de son rayonnement poétique.

La vérité est que l'homme moderne est divisé entre son désir de comprendre la folie, c'est-à-dire de la maîtriser pour en faire un instrument supplémentaire de puissance, et son désir de conserver à la folie son aura maléfique et sacrée, non pas pour la laisser en paix mais pour se l'approprier — cette fois, en tant que maléfique et que sacrée — pour s'en faire une espèce de bijou barbare qui le distinguera des hommes ordinaires.

Il y a autre chose encore : de plus en plus dans notre société, le fou devient un objet de consommation psychique ; il est entré dans le cercle interminable de la justification et de la dénonciation ; il sert de projectile dans l'aigre débat de chacun contre tous et de tous contre chacun. On prétend embrasser sa cause de façon désintéressée mais c'est pour mieux dénoncer la bonne santé du voisin, la société entière, l'humanité dans son ensemble. Chaque homme est occupé à prouver son innocence aux dépens de tous les autres.

Le commun dénominateur de tout ceci, c'est sans doute l'utilisation à des fins diverses mais constante et permanente dont la folie est aujourd'hui l'objet. Après le rationalisme qui a fait de la folie un scandale, l'anti-rationalisme moderne en fait la sainteté suprême, la dernière forme du sublime, aussi bien qu'une drogue et un spectacle. Les deux transfigurations ne valent sans doute pas mieux l'une que l'autre. On «réhabilite» la folie, on se précipite à son secours, on la défend, on l'imite, on l'exalte, on reproche à la société tantôt de l'abandonner à elle-même, tantôt de trop s'en occuper, tantôt de ne pas chercher à la guérir, tantôt au contraire de trop chercher à la guérir. Comme tous les grands thèmes à nous légués par la tradition judéo-chrétienne, comme tout ce qui touche au prochain bafoué — le pauvre, l'enfant, l'opprimé — le fou fait l'objet d'une exploitation grandissante; dénoncer cette exploitation n'est peut-être qu'une autre manière d'y participer.

Dans une société religieuse, le fou fait peur, on s'éloigne de lui, on le traite sans doute avec cruauté, mais on ne cherche pas à l'exploiter, il a vraiment un caractère sacré.

Tout différent à propos de la folie est le ton de ceux qui ont vraiment été touchés par elle. Le destin de Gérard de Nerval est plus étrange encore qu'on ne l'admet d'habitude. On ne peut pas imaginer situation plus ironique et plus fausse que la sienne. Le groupe littéraire dont il fait partie exalte la folie mais ne sait pas reconnaître, quand elle l'a sous les yeux, l'objet réel de son exaltation théorique : un vrai grand poète vraiment fou. Nerval a longtemps passé pour un romantique très mineur, tout juste digne, aux yeux de ses amis d'abord et ensuite de l'histoire littéraire, d'une notule bibliographique en sa qualité de traducteur du *Faust* de Goethe.

Quand Nerval parle de *mélancolie*, il s'agit bien de cette pointe de snobisme triste qui rend si intéressant aux yeux des gens du monde un certain type de dandy romantique, mais il s'agit *aussi* de cette maladie terrible qui enferme ses victimes dans des cycles d'exaltation fébrile et de dépression suicidaire, les vouant à des oscillations analogues sans doute à celle de l'homme normal mais d'une ampleur vertigineuse, tempête formidable qui ébranle et renverse la plus forte des demeures.

La gloire dont Nerval jouit de nos jours pourrait bien ne pas être pure encore de tout malentendu. Victime, lui aussi, de l'entraînement général, il lui est arrivé de faire le fou, pour prouver certainement qu'il n'était pas plus fou que le premier venu, ruse moins déraisonnable qu'il ne semble dans un univers où la folie est toujours *à la mode*. Grâce à quoi on peut célébrer en lui, de notre temps, le poète satisfait de sa folie; les surréalistes ont voulu faire de lui cet insolent champion de la démence qu'ils ne pouvaient pas être eux-mêmes et que Nerval n'a jamais été non plus, mais pour de tout autres raisons. On monte en épingle certaines légèretés dont les meilleurs critiques ont bien senti qu'elles étaient tragiques.

Ce sont les textes qu'il faut lire, ces poèmes et ces nouvelles où les clichés romantiques soudain prennent feu, donnant à penser qu'ils ne sont, chez tant d'autres, que le pâle reflet d'une expérience atroce, réservée à un très petit nombre.

Rimbaud, lui aussi, très jeune, a fait le fou, beaucoup plus systématiquement que Nerval, un peu comme on le fait aujourd'hui, pour arriver à «l'inconnu». Il a pratiqué l'hallucination et «le dérèglement de tous les sens» pour se donner des pouvoirs «surnaturels». Dans *Une Saison en enfer*, il déclare que tout cela ne vaut rien; l'entreprise aboutit au néant. Il dénonce formellement ses prétentions antérieures, mais dans un texte si éblouissant que plusieurs générations de jeunes poètes ont fait de lui le bréviaire de tout ce qu'il prétend répudier. Ces transfigurations perpétuelles, pieusement entretenues par le choeur presque unanime de la critique, ne sont pas l'un des moindres mystères du rapport moderne entre littérature et folie.

RENE GIRARD
State University of New York at Buffalo

VICTOR HUGO

Les Djinns[1]

Murs, ville,
Et port,
Asile
De mort,
5   Mer grise
Où brise
La brise,
Tout dort.

Dans la plaine
10   Naît un bruit.
C'est l'haleine
De la nuit.
Elle brame[2]
Comme une âme
15   Qu'une flamme
Toujours suit!

La voix plus haute
Semble un grelot.

1. **Les Djinns:** *Arabian spirits, sup-posedly superior to man but inferior to the angels.* 2. **Elle brame:** it bells (*like a stag*).

D'un nain qui saute
20   C'est le galop.
Il fuit, s'élance,
Puis en cadence
Sur un pied danse
Au bout d'un flot.

25   Dieu! la voix sépulcrale
Des Djinns!... Quel bruit ils font!
Fuyons sous la spirale
De l'escalier profond.
Déjà s'éteint ma lampe,
30   Et l'ombre de la rampe,
Qui le long du mur rampe,
Monte jusqu'au plafond.

C'est l'essaim des Djinns qui passe,
Et tourbillonne en sifflant!
35   Les ifs, que leur vol fracasse,
Craquent comme un pin brûlant.
Leur troupeau, lourd et rapide,
Volant dans l'espace vide,
Semble un nuage livide
40   Qui porte un éclair au flanc.
Ils sont tout près! — Tenons fermée
Cette salle, où nous les narguons.
Quel bruit dehors! Hideuse armée
De vampires et de dragons!
45   La poutre du toit descellée
Ploie ainsi qu'une herbe mouillée,
Et la vieille porte rouillée
Tremble, à déraciner ses gonds!

Cris de l'enfer! voix qui hurle et qui pleure!
50   L'horrible essaim, poussé par l'aquilon,[3]
Sans doute, ô ciel! s'abat sur ma demeure.
Le mur fléchit sous le noir bataillon.
La maison crie et chancelle penchée,

3. l'aquilon: *a violent north wind.*

Et l'on dirait que, du sol arrachée,
55 Ainsi qu'il chasse une feuille séchée,
Le vent la roule avec leur tourbillon!

Prophète! si ta main me sauve
De ces impurs démons des soirs,
J'irai prosterner mon front chauve
60 Devant tes sacrés encensoirs!
Fais que sur ces portes fidèles
Meure leur souffle d'étincelles,
Et qu'en vain l'ongle de leurs ailes
Grince et crie à ces vitraux noirs!

65 Ils sont passés! — Leur cohorte
S'envole, et fuit, et leurs pieds
Cessent de battre ma porte
De leurs coups multipliés.
L'air est plein d'un bruit de chaînes,
70 Et dans les forêts prochaines
Frissonnent tous les grands chênes,
Sous leur vol de feu pliés!

De leurs ailes lointaines
Le battement décroît,
75 Si confus dans les plaines,
Si faible, que l'on croit
Ouïr la sauterelle
Crier d'une voix grêle,
Ou pétiller la grêle
80 Sur le plomb d'un vieux toit.

D'étranges syllabes
Nous viennent encor;
Ainsi, des arabes
Quand sonne le cor,
85 Un chant sur la grève
Par instants s'élève,
Et l'enfant qui rêve
Fait des rêves d'or.

Les Djinns funèbres,
90   Fils du trépas,
Dans les ténèbres
Pressent leurs pas;
Leur essaim gronde:
Ainsi, profonde,
95   Murmure une onde
Qu'on ne voit pas.

Ce bruit vague
Qui s'endort,
C'est la vague
100   Sur le bord;
C'est la plainte,
Presque éteinte,
D'une sainte
Pour un mort.

105   On doute
La nuit...
J'écoute : —
Tout fuit,
Tout passe;
110   L'espace
Efface
Le bruit.

GERARD DE NERVAL
El Desdichado[1]

Je suis le ténébreux,[2] — le veuf, — l'inconsolé,
Le prince d'Aquitaine[3] à la tour abolie :[4]
Ma seule *étoile* est morte,[5] — et mon luth constellé
Porte le *soleil* noir de la *Mélancholie*.[6]

5 Dans la nuit du tombeau, toi qui m'as consolé,
Rends-moi le Pausilippe[7] et la mer d'Italie,
La *fleur* qui plaisait tant à mon coeur désolé,
Et la treille où le pampre à la rose s'allie.

Suis-je Amour ou Phébus?[8]... Lusignan ou Biron?[9]
10 Mon front est rouge encor du baiser de la reine;
J'ai rêvé dans la grotte où nage la sirène...

Et j'ai deux fois vainqueur traversé l'Achéron :[10]
Modulant tour à tour sur la lyre d'Orphée[11]
Les soupirs de la sainte et les cris de la fée.

1. **El Desdichado:** (*Spanish*) The Disinherited One. 2. **ténébreux:** inhabitant of the night. *The expression* «**beau ténébreux**» *was often used to designate a Romantic hero.* 3. **Le prince d'Aquitaine:** *It is uncertain to whom the poet is referring.* 4. **à la tour abolie:** *This refers to the heraldic emblem of the Prince and may be interpreted as a symbol of impotence.* 5. **Ma seule étoile est morte:** *probably a reference to the death of his beloved.*

6. **le soleil noir de la Mélancholie:** *a reference to Dürer's famous etching* "*Melancholia II,*" *in which there is an extinguished sun.* 7. **Pausilippe:** *A cliff overlooking the Mediterranean.* 8. **Amour ou Phébus:** *Greek gods.* 9. **Lusignan ou Biron:** *legendary figures.* 10. **l'Achéron:** *the river of death.* 11. **Orphée:** Orpheus, *who descended into Hades to bring back his beloved.*

69

ARTHUR RIMBAUD
Délires II
Alchimie du verbe

A moi. L'histoire d'une de mes folies.

Depuis longtemps je me vantais de posséder tous les paysages possibles, et trouvais dérisoires les célébrités de la peinture et de la poésie moderne.

J'aimais les peintures idiotes,[1] dessus de portes, décors, toiles de saltim-
5 banques,[2] enseignes, enluminures populaires; la littérature démodée, latin d'église, livres érotiques sans orthographe, romans de nos aïeules, contes de fées, petits livres de l'enfance, opéras vieux, refrains niais, rhythmes naïfs.

Je rêvais croisades, voyages de découvertes dont on n'a pas de relations, républiques sans histoires, guerres de religion étouffées, révolutions de
10 mœurs, déplacements de races et de continents : je croyais à tous les enchantements.

J'inventai la couleur des voyelles! — *A* noir, *E* blanc, *I* rouge, *O* bleu, *U* vert.[3] — Je réglai la forme et le mouvement de chaque consonne, et, avec des rhythmes instinctifs, je me flattai d'inventer un verbe poétique accessible, un
15 jour ou l'autre, à tous les sens. Je réservais la traduction.

Ce fut d'abord une étude. J'écrivais des silences, des nuits, je notais l'inexprimable. Je fixais des vertiges.

Loin des oiseaux, des troupeaux, des villageoises,
Que buvais-je, à genoux dans cette bruyère

------

1. **idiotes:** primitive. 2. **saltimban-
ques:** circus showmen. 3. *In a sonnet*
entitled "Voyelles" Rimbaud had
assigned these colors to the vowels.

Entourée de tendres bois de noisetiers,
Dans un brouillard d'après-midi tiède et vert?

Que pouvais-je boire dans cette jeune Oise,[4]
— Ormeaux sans voix, gazon sans fleurs, ciel couvert! —
Boire à ces gourdes jaunes, loin de ma case   5
Chérie? Quelque liqueur d'or qui fait suer.

Je faisais une louche enseigne d'auberge.
— Un orage vint chasser le ciel. Au soir
L'eau des bois se perdait sur les sables vierges,
Le vent de Dieu jetait des glaçons aux mares;   10

Pleurant, je voyais de l'or — et ne pus boire.

    A quatre heures du matin, l'été,
    Le sommeil d'amour dure encore.
    Sous les bocages s'évapore
        L'odeur du soir fêté.   15

    Là-bas, dans leur vaste chantier
    Au soleil des Hespérides,[5]
    Déjà s'agitent — en bras de chemise —
        Les Charpentiers.

    Dans leurs Déserts de mousse, tranquilles,   20
    Ils préparent les lambris précieux
        Où la ville
        Peindra de faux cieux.

    O, pour ces Ouvriers charmants
    Sujets d'un roi de Babylone,   25
    Vénus! quitte un instant les Amants
        Dont l'âme est en couronne.

      O Reine des Bergers,
    Porte aux travailleurs l'eau-de-vie,
    Que leurs forces soient en paix   30
    En attendant le bain dans la mer à midi.

---

4. Oise: *a river in northern France.* **5. Hespérides:** *mythical islands in the
      Atlantic.*

La vieillerie poétique avait une bonne part dans mon alchimie du verbe.

Je m'habituai à l'hallucination simple : je voyais très franchement une mosquée à la place d'une usine, une école de tambours faite par des anges, des calèches sur les routes du ciel, un salon au fond d'un lac; les monstres, les mystères; un titre de vaudeville dressait des épouvantes devant moi.

Puis j'expliquai mes sophismes magiques avec l'hallucination des mots!

Je finis par trouver sacré le désordre de mon esprit. J'étais oisif, en proie à une lourde fièvre : j'enviais la félicité des bêtes, — les chenilles, qui représentent l'innocence des limbes,[6] les taupes, le sommeil de la virginité!

Mon caractère s'aigrissait. Je disais adieu au monde dans d'espèces de romances :

CHANSON DE LA PLUS HAUTE TOUR

Qu'il vienne, qu'il vienne,
Le temps dont on s'éprenne.
J'ai tant fait patience
Qu'à jamais j'oublie.
Craintes et souffrances
Aux cieux sont parties.
Et la soif malsaine
Obscurcit mes veines.

Qu'il vienne, qu'il vienne,
Le temps dont on s'éprenne.

Telle la prairie
A l'oubli livrée,
Grandie, et fleurie
D'encens et d'ivraies,[7]
Au bourdon farouche
Des sales mouches.

Qu'il vienne, qu'il vienne,
Le temps dont on s'éprenne.

J'aimai le désert, les vergers brûlés, les boutiques fanées, les boissons tiédies. Je me traînais dans les ruelles puantes et, les yeux fermés, je m'offrais au soleil, dieu de feu.

6. **limbes**: limbo.   7. **ivraies**: tares, *a reference to the "bad seed" of the Bible—a symbol of evil.*

«Général, s'il reste un vieux canon sur tes remparts en ruine, bombarde-
nous avec des blocs de terre sèche. Aux glaces des magasins splendides! dans
les salons! Fais manger sa poussière à la ville. Oxyde les gargouilles. Emplis
les boudoirs de poudre de rubis brûlante...»

Oh! le moucheron enivré à la pissotière[8] de l'auberge, amoureux de la 5
bourrache,[9] et que dissout un rayon!

FAIM

Si j'ai du goût, ce n'est guère
Que pour la terre et les pierres.
Je déjeune toujours d'air, 10
De roc, de charbons, de fer.
Mes faims, tournez. Paissez,[10] faims,
   Le pré des sons.[11]
Attirez le gai venin
   Des liserons. 15

Mangez les cailloux qu'on brise,
Les vieilles pierres d'églises;
Les galets des vieux déluges,
Pains semés dans les vallées grises.

―――――――

Le loup criait sous les feuilles 20
En crachant les belles plumes
De son repas de volailles :
Comme lui je me consume.

Les salades, les fruits
N'attendent que la cueillette; 25
Mais l'araignée de la haie
Ne mange que des violettes.

Que je dorme! que je bouille
Aux autels de Salomon.
Le bouillon court sur la rouille, 30
Et se mêle au Cédron.[12]

8. **pissotière**: urinal. 9. **bourrache**:
borage, *a blue-flowered weed.* 10.
Paissez: graze. 11. **sons**: bran. 12.

Cédron: *a river of Palestine which
flows into the Dead Sea.*

Enfin, ô bonheur, ô raison, j'écartais du ciel l'azur, qui est du noir, et je vécus, étincelle d'or de la lumière *nature*. De joie, je prenais une expression bouffonne et égarée au possible :

Elle est retrouvée!
5   Quoi? l'éternité.
C'est la mer mêlée
    Au soleil.

Mon âme éternelle,
Observe ton vœu
10   Malgré la nuit seule
Et le jour en feu.

Donc tu te dégages
Des humains suffrages,
Des communs élans!
15   Tu voles selon...

— Jamais l'espérance,
Pas d'*orietur*.[13]
Science et patience,
Le supplice est sûr.

20   Plus de lendemain,
Braises de satin,
Votre ardeur
Est le devoir.

Elle est retrouvée!
25   — Quoi? — l'Eternité.
C'est la mer mêlée
    Au soleil.

———————

Je devins un opéra fabuleux : je vis que tous les êtres ont une fatalité de bonheur : l'action n'est pas la vie, mais une façon de gâcher quelque force, 30 un énervement. La morale est la faiblesse de la cervelle.

13. orietur: (*Latin*) he is arisen, *a reference to the Resurrection of Christ.*   *The implication of this stanza is that there is no transcendence.*

A chaque être, plusieurs *autres* vies me semblaient dues. Ce monsieur ne
sait ce qu'il fait : il est un ange. Cette famille est une nichée[14] de chiens.
Devant plusieurs hommes, je causai tout haut avec un moment d'une de
leurs autres vies. — Ainsi, j'ai aimé un porc.

Aucun des sophismes de la folie, — la folie qu'on enferme, — n'a été   5
oublié par moi : je pourrais les redire tous, je tiens le système.

Ma santé fut menacée. La terreur venait. Je tombais dans des sommeils de
plusieurs jours, et, levé, je continuais les rêves les plus tristes. J'étais mûr
pour le trépas, et par une route de dangers ma faiblesse me menait aux
confins du monde et de la Cimmérie,[15] patrie de l'ombre et des tourbillons.   10

Je dus voyager, distraire les enchantements assemblés sur mon cerveau.
Sur la mer, que j'aimais comme si elle eut dû me laver d'une souillure, je
voyais se lever la croix consolatrice. J'avais été damné par l'arc-en-ciel. Le
Bonheur était ma fatalité, mon remords, mon ver[16] : ma vie serait toujours
trop immense pour être dévouée à la force et à la beauté.   15

Le Bonheur! Sa dent, douce à la mort, m'avertissait au chant du coq, —
ad matutinum,[17] au *Christus venit,*[18] — dans les plus sombres villes :

O saisons, ô châteaux!
Quelle âme est sans défauts?

J'ai fait la magique étude   20
Du bonheur, qu'aucun n'élude.

Salut à lui, chaque fois
Que chante le coq gaulois.

Ah! je n'aurai plus d'envie :
Il s'est chargé de ma vie.   25

Ce charme a pris âme et corps
Et dispersé les efforts.

O saisons, ô châteaux!

---

14. nichée: brood. **15. Cimmérie:** *a
mountainous region north of the Black
Sea.* **16. ver:** *The image of the worm
was used frequently by Baudelaire as
the symbol of remorse, as in* " Remords
Posthume." **17. ad matutinum:**
(*Latin*) at matins, *the title of the
Morning Prayer service.* **18. Christus
venit:** (*Latin*) Christ is coming. *This
is the part of the Advent service
announcing the birth of Christ.*

L'heure de sa fuite, hélas!
Sera l'heure du trépas.

   O saisons, ô châteaux!

———————

Cela s'est passé. Je sais aujourd'hui saluer la beauté.

———————

JEAN-PAUL SARTRE
Erostrate

Les hommes, il faut les voir d'en haut. J'éteignais la lumière et je me mettais à la fenêtre : ils ne soupçonnaient même pas qu'on pût les observer d'en dessus. Ils soignent la façade, quelquefois les derrières, mais tous leurs effets sont calculés pour des spectateurs d'un mètre soixante-dix.[1] Qui donc a jamais réfléchi à la forme d'un chapeau melon vu d'un sixième étage? Ils 5 négligent de défendre leurs épaules et leurs crânes par des couleurs vives et des étoffes voyantes, ils ne savent pas combattre ce grand ennemi de l'Humain : la perspective plongeante. Je me penchais et je me mettais à rire : où donc était-elle, cette fameuse «station debout» dont ils étaient si fiers : ils s'écrasaient contre le trottoir et deux longues jambes à demi rampantes 10 sortaient de dessous leurs épaules.

Au balcon d'un sixième : c'est là que j'aurais dû passer toute ma vie. Il faut étayer les supériorités morales par des symboles matériels, sans quoi elles retombent. Or, précisément, quelle est ma supériorité sur les hommes? Une supériorité de position, rien d'autre : je me suis placé au-dessus de 15 l'humain qui est en moi et je le contemple. Voilà pourquoi j'aimais les tours de Notre-Dame, les plates-formes de la tour Eiffel, le Sacré-Cœur,[2] mon sixième de la rue Delambre.[3] Ce sont d'excellents symboles.

Il fallait quelquefois redescendre dans les rues. Pour aller au bureau, par exemple. J'étouffais. Quand on est de plain-pied[4] avec les hommes, il est 20

1. **d'un mètre soixante-dix:** *approximately six feet.* 2. **Sacré-Coeur:** *a famous Parisian church.* 3. **la rue** Delambre: *a street in the Montparnasse section of Paris.* 4. **de plain-pied:** on the same level.

beaucoup plus difficile de les considérer comme des fourmis : ils *touchent*.
Une fois, j'ai vu un type mort dans la rue. Il était tombé sur le nez. On l'a
retourné, il saignait. J'ai vu ses yeux ouverts et son air louche et tout ce
sang. Je me disais : «Ce n'est rien, ça n'est pas plus émouvant que de la
5 peinture fraîche. On lui a badigeonné le nez en rouge, voilà tout.» Mais j'ai
senti une sale douceur qui me prenait aux jambes et à la nuque, je me suis
évanoui. Ils m'ont emmené dans une pharmacie, m'ont donné des claques
sur les épaules et fait boire de l'alcool. Je les aurais tués.

Je savais qu'ils étaient mes ennemis mais eux ne le savaient pas. Ils
10 s'aimaient entre eux, ils se serraient les coudes; et moi, ils m'auraient bien
donné un coup de main par-ci, par-là, parce qu'ils me croyaient leur semblable. Mais s'ils avaient pu deviner la plus infime partie de la vérité, ils
m'auraient battu. D'ailleurs, ils l'ont fait plus tard. Quand ils m'eurent pris
et qu'ils ont su *qui* j'étais, ils m'ont passé à tabac,[5] ils m'ont tapé dessus
15 pendant deux heures, au commissariat, ils m'ont donné des gifles et des
coups de poing, ils m'ont tordu les bras, ils m'ont arraché mon pantalon et
puis, pour finir, ils ont jeté mon lorgnon par terre et pendant que je le
cherchais, à quatre pattes, ils m'envoyaient en riant des coups de pied dans
le derrière. J'ai toujours prévu qu'ils finiraient par me battre : je ne suis
20 pas fort et je ne peux pas me défendre. Il y en a qui me guettaient depuis
longtemps : les grands. Ils me bousculaient dans la rue, pour rire, pour
voir ce que je ferais. Je ne disais rien. Je faisais semblant de n'avoir pas compris. Et pourtant ils m'ont eu. J'avais peur d'eux : c'était un pressentiment. Mais vous pensez bien que j'avais des raisons plus sérieuses pour les
25 haïr.

De ce point de vue, tout est allé beaucoup mieux à dater du jour où je me
suis acheté un revolver. On se sent fort quand on porte assidûment sur soi
une de ces choses qui peuvent exploser et faire du bruit. Je le prenais le
dimanche, je le mettais tout simplement dans la poche de mon pantalon et
30 puis j'allais me promener — en général sur les boulevards. Je le sentais qui
tirait sur mon pantalon comme un crabe, je le sentais contre ma cuisse, tout
froid. Mais peu à peu, il se réchauffait au contact de mon corps. Je marchais
avec une certaine raideur, j'avais l'allure du type qui est en train de bander[6]
et que sa verge[7] freine à chaque pas. Je glissais ma main dans ma poche et
35 je tâtais l'*objet*. De temps en temps, j'entrais dans un urinoir[8] — même là

---

5. **ils m'ont passé à tabac**: they gave   have an erection. 7. **verge**: penis.
me the third degree. 6. **bander**: to   8. **urinoir**: public urinal.

dedans je faisais bien attention parce qu'on a souvent des voisins — je
sortais mon revolver, je le soupesais, je regardais sa crosse aux quadrillages[9]
noirs et sa gâchette noire qui ressemble à une paupière demi-close. Les autres,
ceux qui voyaient, du dehors, mes pieds écartés et le bas de mon pantalon,
croyaient que je pissais. Mais je ne pisse jamais dans les urinoirs.   5

Un soir l'idée m'est venue de tirer sur des hommes. C'était un samedi
soir, j'étais sorti pour chercher Léa, une blonde qui fait le quart[10] devant un
hôtel de la rue Montparnasse. Je n'ai jamais eu de commerce intime avec
une femme : je me serais senti volé. On leur monte dessus, c'est entendu,
mais elles vous dévorent le bas-ventre[11] avec leur grande bouche poilue et, à   10
ce que j'ai entendu dire, ce sont elles — et de loin — qui gagnent à cet
échange. Moi je ne demande rien à personne, mais je ne veux rien donner
non plus. Ou alors il m'aurait fallu une femme froide et pieuse qui me subisse
avec dégoût. Le premier samedi de chaque mois, je montais avec Léa dans
une chambre de l'hôtel Duquesne. Elle se déshabillait et je la regardais sans   15
la toucher. Quelquefois ça partait tout seul dans mon pantalon, d'autres fois
j'avais le temps de rentrer chez moi pour me finir. Ce soir-là, je ne la
trouvais pas à son poste. J'attendis un moment et comme je ne la voyais pas
venir, je supposai qu'elle était grippée.[12] C'était au début de janvier et il
faisait très froid. J'étais désolé : je suis un imaginatif et je m'étais vivement   20
représenté le plaisir que je comptais tirer de cette soirée. Il y avait bien,
dans la rue d'Odessa, une brune que j'avais souvent remarquée, un peu
mûre mais ferme et potelée : je ne déteste pas les femmes mûres : quand
elles sont dévêtues, elles ont l'air plus nues que les autres. Mais elle n'était
pas au courant de mes convenances et ça m'intimidait un peu de lui exposer   25
ça de but en blanc.[13] Et puis je me défie des nouvelles connaissances : ces
femmes-là peuvent très bien cacher un voyou derrière une porte et, après
ça, le type s'amène tout d'un coup et vous prend votre argent. Bien heureux
s'il ne vous donne pas des coups de poing. Pourtant, ce soir-là, j'avais je ne
sais quelle hardiesse, je décidai de passer chez moi pour prendre mon revolver   30
et de tenter l'aventure.

Quand j'abordai la femme, un quart d'heure plus tard, mon arme était
dans ma poche et je ne craignais plus rien. A la regarder de près, elle avait
plutôt l'air misérable. Elle ressemblait à ma voisine d'en face, la femme de
l'adjudant, et j'en fus très satisfait parce qu'il y avait longtemps que j'avais   35

9. **quadrillages**: pattern of squares.
10. **fait le quart**: walks the street.
11. **le bas-ventre**: the lower part
of the abdomen. **12. elle était grippée**: she had the flu. **13. de but en
blanc**: point-blank.

envie de la voir à poil,[14] celle-là. Elle s'habillait la fenêtre ouverte, quand l'adjudant était parti, et j'étais resté souvent derrière mon rideau pour la surprendre. Mais elle faisait sa toilette au fond de la pièce.

A l'hôtel Stella il ne restait qu'une chambre libre, au quatrième. Nous
5   montâmes. La femme était assez lourde et s'arrêtait à chaque marche, pour souffler. J'étais très à l'aise : j'ai un corps sec, malgré mon ventre et il faudrait plus de quatre étages pour me faire perdre haleine. Sur le palier du quatrième, elle s'arrêta et mit sa main droite sur son cœur en respirant très fort. De la main gauche elle tenait la clef de la chambre.

10   — C'est haut, dit-elle en essayant de me sourire. Je lui pris la clef sans répondre et j'ouvris la porte. Je tenais mon revolver de la main gauche, braqué droit devant moi à travers la poche et je ne le lâchai qu'après avoir tourné le commutateur. La chambre était vide. Sur le lavabo ils avaient mis un petit carré de savon vert, pour la passe.[15] Je souris : avec moi ni les bidets
15 ni les petits carrés de savon n'ont fort à faire.[16] La femme soufflait toujours, derrière moi, et ça m'excitait. Je me retournai ; elle me tendit ses lèvres. Je la repoussai.

       — Déshabille-toi, lui dis-je.

       Il y avait un fauteuil en tapisserie ; je m'assis confortablement. C'est dans
20 ces cas-là que je regrette de ne pas fumer. La femme ôta sa robe puis s'arrêta en me jetant un regard méfiant.

       — Comment t'appelles-tu ? lui dis-je en me renversant en arrière.

       — Renée.

       — Eh bien, Renée, presse-toi, j'attends.

25   — Tu ne te déshabilles pas ?

       — Va, va, lui dis-je, ne t'occupe pas de moi.

       Elle fit tomber son pantalon à ses pieds puis le ramassa et le posa soigneusement sur sa robe avec son soutien-gorge.

       — Tu es donc un petit vicieux, mon chéri, un petit paresseux ? me
30 demanda-t-elle ; tu veux que ce soit ta petite femme qui fasse tout le travail ?

       En même temps elle fit un pas vers moi et, s'appuyant avec les mains sur les accoudoirs[17] de mon fauteuil, elle essaya lourdement de s'agenouiller entre mes jambes. Mais je la relevai avec rudesse :

       — Pas de ça, pas de ça, lui dis-je.

35   Elle me regarda avec surprise.

---

14. à poil: (*vulg.*) naked. 15. passe: n'ont fort à faire: don't concern me
a "quicky" with a prostitute. 16.   much. 17. accoudoirs: arms.

— Mais qu'est-ce que tu veux que je te fasse ?

— Rien. Marche, promène-toi, je ne t'en demande pas plus.

Elle se mit à marcher de long en large, d'un air gauche. Rien n'embête plus les femmes que de marcher quand elles sont nues. Elles n'ont pas l'habitude de poser les talons à plat. La putain voûtait le dos et laissait pendre ses bras. Pour moi j'étais aux anges[18] : j'étais là, tranquillement assis dans un fauteuil, vêtu jusqu'au cou, j'avais gardé jusqu'à mes gants et cette dame mûre s'était mise toute nue sur mon ordre et virevoltait autour de moi.

Elle tourna la tête vers moi et, pour sauver les apparences, me sourit coquettement :

— Tu me trouves belle ? Tu te rinces l'œil ?[19]

— T'occupe pas de ça.

— Dis donc, me demanda-t-elle avec une indignation subite, t'as l'intention de me faire marcher longtemps comme ça ?

— Assieds-toi.

Elle s'assit sur le lit et nous nous regardâmes en silence. Elle avait la chair de poule.[20] On entendait le tic tac d'un réveil, de l'autre côté du mur. Tout à coup je lui dis :

— Ecarte les jambes.

Elle hésita un quart de seconde puis elle obéit. Je regardai entre ses jambes et je reniflai. Puis je me mis à rire si fort que les larmes me vinrent aux yeux. Je lui dis simplement :

— Tu te rends compte ?

Et je repartis à rire.

Elle me regarda avec stupeur puis rougit violemment et referma les jambes.

— Salaud,[21] dit-elle entre ses dents.

Mais je ris de plus belle, alors elle se leva d'un bond et prit son soutien-gorge sur la chaise.

— Hé là, lui dis-je, ça n'est pas fini. Je te donnerai cinquante francs tout à l'heure, mais j'en veux pour mon argent.

Elle prit nerveusement son pantalon.

— J'en ai marre,[22] tu comprends. Je ne sais pas ce que tu veux. Et si tu m'as fait monter pour te ficher de moi...

18. **pour moi j'étais aux anges:** I was in seventh heaven. 19. **tu te rinces l'oeil?** You're having a good look?

20. **la chair de poule:** goose bumps. 21. **salaud:** bastard. 22. **j'en ai marre:** I've had it.

Alors j'ai sorti mon revolver et je le lui ai montré. Elle m'a regardé d'un air sérieux et elle a laissé tomber son pantalon sans rien dire.

— Marche, lui dis-je, promène-toi.

Elle s'est promenée encore cinq minutes. Puis je lui ai donné ma canne et
5 je lui ai fait faire l'exercice. Quand j'ai senti que mon caleçon était mouillé, je me suis levé et je lui ai tendu un billet de cinquante francs. Elle l'a pris.

— Au revoir, ajoutai-je, je ne t'aurai pas beaucoup fatiguée pour le prix.

Je suis parti, je l'ai laissée toute nue au milieu de la chambre, son soutien-gorge dans une main, le billet de cinquante francs dans l'autre. Je ne regret-
10 tais pas mon argent : je l'avais ahurie et ça ne s'étonne pas facilement, une putain. J'ai pensé en descendant l'escalier : «Voilà ce que je voudrais, les étonner tous.» J'étais joyeux comme un enfant. J'avais emporté le savon vert, et rentré chez moi, je le frottai longtemps sous l'eau chaude jusqu'à ce qu'il ne fût plus qu'une mince pellicule entre mes doigts et qu'il ressemblât
15 à un bonbon à la menthe sucé très longtemps.

Mais la nuit je me réveillai en sursaut et je revis son visage, les yeux qu'elle faisait quand je lui ai montré mon feu, et son ventre gras qui sautait à chacun de ses pas.

Que j'ai été bête, me dis-je. Et je sentis un remords amer : j'aurais dû
20 tirer pendant que j'y étais, crever ce ventre comme une écumoire. Cette nuit-là et les trois nuits suivantes, je rêvai de six petits trous rouges groupés en cercle autour du nombril.

Par la suite je ne sortis plus sans mon revolver. Je regardais le dos des gens et j'imaginais, d'après leur démarche, la façon dont ils tomberaient si
25 je leur tirais dessus. Le dimanche, je pris l'habitude d'aller me poster devant le Châtelet,[23] à la sortie des concerts classiques. Vers six heures j'entendais une sonnerie et les ouvreuses venaient assujettir les portes vitrées avec des crochets. C'était le commencement : la foule sortait lentement; les gens marchaient d'un pas flottant, les yeux encore pleins de rêve, le cœur encore plein
30 de jolis sentiments. Il y en avait beaucoup qui regardaient autour d'eux d'un air étonné : la rue devait leur paraître toute bleue. Alors ils souriaient avec mystère : ils passaient d'un monde à l'autre. C'est dans l'autre que je les attendais, moi. J'avais glissé ma main droite dans ma poche et je serrais de toutes mes forces la crosse de mon arme. Au bout d'un moment je me
35 *voyais* en train de leur tirer dessus. Je les dégringolais comme des pipes, ils tombaient les uns sur les autres et les survivants, pris de panique, refluaient

23. **le Châtelet:** *a Parisian theatre.*

dans le théâtre en brisant les vitres des portes. C'était un jeu très énervant :
mes mains tremblaient, à la fin, et j'étais obligé d'aller boire un cognac chez
Dreher[24] pour me remettre.

Les femmes je ne les aurais pas tuées. Je leur aurais tiré dans les reins.
Ou alors dans les mollets, pour les faire danser.   5

Je n'avais rien décidé encore. Mais je pris le parti de tout faire comme si
ma décision était arrêtée. J'ai commencé par régler des détails accessoires.
J'ai été m'exercer dans un stand, à la foire de Denfert-Rochereau.[25] Mes
cartons n'étaient pas fameux mais les hommes offrent des cibles larges,
surtout quand on tire à bout portant.[26] Ensuite je me suis occupé de ma   10
publicité. J'ai choisi un jour où tous mes collègues étaient réunis au bureau.
Un lundi matin. J'étais très aimable avec eux, par principe, bien que j'eusse
horreur de leur serrer la main. Ils ôtaient leurs gants pour dire bonjour, ils
avaient une façon obscène de déculotter leur main, de rabattre leur gant et
de le faire glisser lentement le long des doigts en dévoilant la nudité grasse et   15
chiffonnée[27] de la paume. Moi je gardais toujours mes gants.

Le lundi matin on ne fait pas grand chose. La dactylo du service com-
mercial venait de nous apporter les quittances. Lemercier la plaisanta
gentiment et, quand elle fut sortie, ils détaillèrent ses charmes avec une
compétence blasée. Puis ils parlèrent de Lindbergh.[28] Ils aimaient bien   20
Lindbergh. Je leur dis :

— Moi j'aime les héros noirs.

— Les nègres ? demanda Massé.

— Non, noirs comme on dit Magie Noire. Lindbergh est un héros blanc.
Il ne m'intéresse pas.   25

— Allez voir si c'est facile de traverser l'Atlantique, dit aigrement Bouxin.

Je leur exposai ma conception du héros noir :

— Un anarchiste, résuma Lemercier.

— Non, dis-je doucement, les anarchistes aiment les hommes à leur façon.

— Alors ce serait un détraqué.   30

Mais Massé qui avait des lettres, intervint à ce moment :

— Je le connais votre type, me dit-il. Il s'appelle Erostrate.[29] Il voulait

24. **Dreher:** *a Parisian café.* 25. **Denfert-Rochereau:** *a Parisian square.* 26. **à bout portant:** point-blank. 27. **chiffonnée:** coarse. 28. **Lindbergh:** *Charles Lindbergh, the American pilot.* 29. **Erostrate:** *an obscure Ephesian. In order to make his name immortal he caused a great conflagration on the night of the birth of Alexander the Great. He was executed, and a penalty of death was decreed for anyone who even mentioned his name, which none-theless has come down in history.*

devenir illustre et il n'a rien trouvé de mieux que de brûler le temple
d'Ephèse, une des sept merveilles du monde.

— Et comment s'appelait l'architecte de ce temple?

— Je ne me rappelle plus, confessa-t-il, je crois même qu'on ne sait pas
son nom.

— Vraiment? Et vous vous rappelez le nom d'Erostrate? Vous voyez qu'il
n'avait pas fait un si mauvais calcul.

La conversation prit fin sur ces mots, mais j'étais bien tranquille; ils se la
rappelleraient au bon moment. Pour moi, qui, jusqu'alors, n'avais jamais
entendu parler d'Erostrate, son histoire m'encouragea. Il y avait plus de deux
mille ans qu'il était mort et son acte brillait encore, comme un diamant noir.
Je commençais à croire que mon destin serait court et tragique. Cela me fit
peur tout d'abord et puis je m'y habituai. Si on prend ça d'une certaine
façon, c'est atroce mais, d'un autre côté, ça donne à l'instant qui passe une
force et une beauté considérables. Quand je descendais dans la rue, je sentais
en mon corps une puissance étrange. J'avais sur moi mon revolver, cette
chose qui éclate et qui fait du bruit. Mais ce n'était plus de lui que je tirais
mon assurance, c'était de moi : j'étais un être de l'espèce des revolvers, des
pétards et des bombes. Moi aussi, un jour, au terme de ma sombre vie,
j'exploserais et j'illuminerais le monde d'une flamme violente et brève
comme un éclair de magnésium. Il m'arriva, vers cette époque, de faire
plusieurs nuits le même rêve. J'étais un anarchiste, je m'étais placé sur le
passage du Tsar et je portais sur moi une machine infernale. A l'heure dite,
le cortège passait, la bombe éclatait et nous sautions en l'air, moi, le Tsar et
trois officiers chamarrés[30] d'or, sous les yeux de la foule.

Je restais maintenant des semaines entières sans paraître au bureau. Je
me promenais sur les boulevards, au milieu de mes futures victimes ou bien
je m'enfermais dans ma chambre et je tirais des plans. On me congédia au
début d'octobre. J'occupai alors mes loisirs en rédigeant la lettre suivante,
que je copiai en cent deux exemplaires :

«Monsieur.

«Vous êtes célèbre et vos ouvrages tirent à[31] trente mille. Je vais vous dire
pourquoi : c'est que vous aimez les hommes. Vous avez l'humanisme dans
le sang : c'est bien de la chance. Vous vous épanouissez quand vous êtes en

---

30. chamarrés: bedecked.   **31. tirent à:** are printed in editions of.

compagnie; dès que vous voyez un de vos semblables, sans même le connaître, vous vous sentez de la sympathie pour lui. Vous avez du goût pour
son corps, pour la façon dont il est articulé,[32] pour ses jambes qui s'ouvrent
et se ferment à volonté, pour ses mains surtout : ça vous plaît qu'il ait cinq
doigts à chaque main et qu'il puisse opposer le pouce aux autres doigts. Vous   5
vous délectez, quand votre voisin prend une tasse sur la table, parce qu'il y a
une manière de prendre qui est proprement humaine et que vous avez souvent décrite dans vos ouvrages, moins souple, moins rapide que celle du
singe, mais, n'est-ce pas? tellement plus intelligente. Vous aimez aussi la
chair de l'homme, son allure de grand blessé en rééducation, son air de   10
réinventer la marche à chaque pas et son fameux regard que les fauves ne
peuvent supporter. Il vous a donc été facile de trouver l'accent qui convient
pour parler à l'homme de lui-même : un accent pudique mais éperdu. Les
gens se jettent sur vos livres avec gourmandise, ils les lisent dans un bon
fauteuil, ils pensent au grand amour malheureux et discret que vous leur   15
portez et ça les console de bien des choses, d'être laids, d'être lâches, d'être
cocus, de n'avoir pas reçu d'augmentation au premier janvier. Et l'on dit
volontiers de votre dernier roman : c'est une bonne action.

«Vous serez curieux de savoir, je suppose, ce que peut être un homme qui
n'aime pas les hommes. Eh bien, c'est moi et je les aime si peu que je vais   20
tout à l'heure en tuer une demi-douzaine : peut-être vous demanderez-
vous : pourquoi *seulement* une demi-douzaine? Parce que mon revolver n'a
que six cartouches. Voilà une monstruosité, n'est-ce pas? Et de plus, un acte
proprement impolitique? Mais je vous dis que je ne *peux pas* les aimer. Je
comprends fort bien ce que vous ressentez. Mais ce qui vous attire en eux me   25
dégoûte. J'ai vu comme vous des hommes mastiquer avec mesure en gardant
l'œil pertinent, en feuilletant de la main gauche une revue économique.
Est-ce ma faute si je préfère assister au repas des phoques? L'homme ne peut
rien faire de son visage sans que ça tourne au jeu de physionomie. Quand il
mâche en gardant la bouche close, les coins de sa bouche montent et des-   30
cendent, il a l'air de passer sans relâche de la sérénité à la surprise pleurarde.
Vous aimez ça, je le sais, vous appelez ça la vigilance de l'Esprit. Mais moi ça
m'écœure : je ne sais pas pourquoi; je suis né ainsi.

«S'il n'y avait entre nous qu'une différence de goût, je ne vous impor-
tunerais pas. Mais tout se passe comme si vous aviez la grâce et que je ne   35
l'aie point. Je suis libre d'aimer ou non le homard à l'américaine,[33] mais si

---

32. articulé: put together.   **33. homard à l'américaine:** *a gourmet lobster dish.*

je n'aime pas les hommes, je suis un misérable et je ne puis trouver de place au soleil. Ils ont accaparé[34] le sens de la vie. J'espère que vous comprenez ce que je veux dire. Voilà trente-trois ans que je me heurte à des portes closes au-dessus desquelles on a écrit : «Nul n'entre ici s'il n'est humaniste.» Tout ce que j'ai entrepris j'ai dû l'abandonner; il fallait choisir : ou bien c'était une tentative absurde et condamnée ou bien il fallait qu'elle tournât tôt ou tard à leur profit. Les pensées que je ne leur destinais pas expressément, je n'arrivais pas à les détacher de moi, à les formuler : elles demeuraient en moi comme de légers mouvements organiques. Les outils mêmes dont je me servais, je sentais qu'ils étaient à eux; les mots par exemple : j'aurais voulu des mots *à moi*. Mais ceux dont je dispose ont traîné dans je ne sais combien de consciences; ils s'arrangent tout seuls dans ma tête en vertu d'habitudes qu'ils ont prises chez les autres et ça n'est pas sans répugnance que je les utilise en vous écrivant. Mais c'est pour la dernière fois. Je vous le dis : il faut aimer les hommes ou bien c'est tout juste s'ils vous permettent de bricoler. Eh bien, moi, je ne veux pas bricoler. Je vais prendre, tout à l'heure, mon revolver, je descendrai dans la rue et je verrai si l'on peut réussir quelque chose *contre eux*. Adieu, monsieur, peut-être est-ce vous que je vais rencontrer. Vous ne saurez jamais alors avec quel plaisir je vous ferai sauter la cervelle. Sinon — et c'est le cas le plus probable — lisez les journaux de demain. Vous y verrez qu'un individu nommé Paul Hilbert a descendu, dans une crise de fureur, cinq passants sur le boulevard Edgar-Quinet. Vous savez mieux que personne ce que vaut la prose des grands quotidiens. Vous comprendrez donc que je ne suis pas «furieux». Je suis très calme au contraire et je vous prie d'accepter, Monsieur, l'assurance de mes sentiments distingués.[35]

«Paul H<small>ILBERT</small>.»

Je glissai les cent deux lettres dans cent deux enveloppes et j'écrivis sur les enveloppes les adresses de cent deux écrivains français. Puis, je mis le tout dans un tiroir de ma table avec six carnets de timbres.

Pendant les quinze jours qui suivirent, je sortis fort peu, je me laissais occuper lentement par mon crime. Dans la glace, où j'allais parfois me regarder, je constatais avec plaisir les changements de mon visage. Les yeux s'étaient agrandis, ils mangeaient toute la face. Ils étaient noirs et tendres

---

34. **ils ont accaparé:** they have monopolized.   35. **je vous prie... mes sentiments distingué:** sincerely yours.

sous les lorgnons et je les faisais rouler comme des planètes. De beaux yeux d'artiste et d'assassin. Mais je comptais changer bien plus profondément encore après l'accomplissement du massacre. J'ai vu les photos de ces deux belles filles, ces servantes qui tuèrent et saccagèrent leurs maîtresses. J'ai vu leurs photos d'*avant* et d'*après*. *Avant*, leurs visages se balançaient comme des fleurs sages au-dessus de cols de piqué.[36] Elles respiraient l'hygiène et l'honnêteté appétissante. Un fer discret avait ondulé pareillement leurs cheveux. Et, plus rassurante encore que leurs cheveux frisés, que leurs cols et que leur air d'être en visite chez le photographe, il y avait leur ressemblance de sœurs, leur ressemblance si bien pensante, qui mettait tout de suite en avant les liens du sang et les racines naturelles du groupe familial. *Après*, leurs faces resplendissaient comme des incendies. Elles avaient le cou nu des futures décapitées. Des rides partout, d'horribles rides de peur et de haine, des plis, des trous dans la chair comme si une bête avec des griffes avait tourné en rond sur leurs visages. Et ces yeux, toujours ces grands yeux noirs et sans fond — comme les miens. Pourtant elles ne se ressemblaient plus. Chacune portait à sa manière le souvenir de leur crime commun. «S'il suffit, me disais-je, d'un forfait où le hasard a la plus grande part pour transformer ainsi ces têtes d'orphelinat, que ne puis-je espérer d'un crime entièrement conçu et organisé par moi.» Il s'emparerait de moi, bouleverserait ma laideur trop humaine... un crime, ça coupe en deux la vie de celui qui le commet. Il devait y avoir des moments où l'on souhaiterait revenir en arrière, mais il est là, derrière vous, il vous barre le passage, ce minéral étincelant. Je ne demandais qu'une heure pour jouir du mien, pour sentir son poids écrasant. Cette heure, j'arrangerai tout pour l'avoir à moi : je décidai de faire l'exécution dans le haut de la rue d'Odessa. Je profiterais de l'affolement pour m'enfuir en les laissant ramasser leurs morts. Je courrais, je traverserais le boulevard Edgar-Quinet et tournerais rapidement dans la rue Delambre. Je n'aurais besoin que de trente secondes pour atteindre la porte de l'immeuble où j'habite. A ce moment-là mes poursuivants seraient encore sur le boulevard Edgar-Quinet, ils perdraient ma trace et il leur faudrait sûrement plus d'une heure pour la retrouver. Je les attendrais chez moi et quand je les entendrais frapper à ma porte, je rechargerais mon revolver et je me tirerais dans la bouche.

Je vivais plus largement; je m'étais entendu avec un traiteur de la rue Vavin qui me faisait porter, matin et soir, de bons petits plats. Le commis

36. **cols de piqué:** quilted collars.

sonnait, je n'ouvrais pas, j'attendais quelques minutes puis j'entre-bâillais ma porte et je voyais dans un long panier posé sur le sol, des assiettes pleines qui fumaient.

Le 27 octobre à six heures du soir il me restait dix-sept francs cinquante.

5 Je pris mon revolver et le paquet de lettres, je descendis. J'eus soin de ne pas fermer la porte, pour pouvoir rentrer plus vite quand j'aurais fait mon coup. Je ne me sentais pas bien, j'avais les mains froides et le sang à la tête, les yeux me chatouillaient. Je regardai les magasins, l'hôtel des Ecoles, la papeterie où j'achète mes crayons et je ne les reconnus pas. Je me disais :

10 «Qu'est-ce que c'est que cette rue?» Le boulevard Montparnasse était plein de gens. Ils me bousculaient, me repoussaient, me frappaient de leurs coudes ou de leurs épaules. Je me laissais ballotter, la force me manquait pour me glisser entre eux. Je me vis soudain au cœur de cette foule, horriblement seul et petit. Comme ils auraient pu me faire mal, s'ils l'avaient voulu!

15 J'avais peur à cause de l'arme, dans ma poche. Il me semblait qu'ils allaient deviner qu'elle était là. Ils me regarderaient de leurs yeux durs, ils diraient : «Hé mais... mais...» avec une indignation joyeuse, en me harponnant de leurs pattes d'hommes. Lynché! Ils me jetteraient au-dessus de leurs têtes et je retomberais dans leurs bras comme une marionnette. Je jugeai plus sage

20 de remettre au lendemain l'exécution de mon projet. J'allai dîner à la Coupole[37] pour seize francs quatre-vingts. Il me restait soixante-dix centimes que je jetai dans le ruisseau.

Je suis resté trois jours dans ma chambre, sans manger, sans dormir. J'avais fermé les persiennes et je n'osais ni m'approcher de la fenêtre ni faire

25 de la lumière. Le lundi, quelqu'un carillonna à ma porte. Je retins mon souffle et j'attendis. Au bout d'une minute on sonna encore. J'allai sur la pointe des pieds coller mon œil au trou de la serrure. Je ne vis qu'un morceau d'étoffe noire et un bouton. Le type sonna encore puis redescendit : je ne sais pas qui c'était. Dans la nuit, j'eus des visions fraîches, des palmiers,

30 de l'eau qui coulait, un ciel violet au-dessus d'une coupole. Je n'avais pas soif parce que, d'heure en heure, j'allais boire au robinet de l'évier. Mais j'avais faim. J'ai revu aussi la putain brune. C'était dans un château que j'avais fait construire sur les Causses Noires[38] à vingt lieues de tout village. Elle était nue et seule avec moi. Je l'ai forcée à se mettre à genoux sous la menace de

35 mon revolver, à courir à quatre pattes;[39] puis je l'ai attachée à un pilier, et,

---

37. la Coupole: a well-known restaurant in the Montparnasse section of Paris.
38. Causses Noires: a mountain range in Southern France, known for its ancient forests and deep canyons. 39. à quatre pattes: on all fours.

après lui avoir longuement expliqué ce que j'allais faire, je l'ai criblée de balles. Ces images m'avaient tellement troublé que j'ai dû me contenter. Après je suis resté immobile dans le noir, la tête absolument vide. Les meubles se sont mis à craquer. Il était cinq heures du matin. J'aurais donné n'importe quoi pour quitter ma chambre mais je ne pouvais pas descendre à cause des gens qui marchaient dans les rues.

Le jour est venu. Je ne sentais plus ma faim, mais je me suis mis à suer : j'ai trempé ma chemise. Dehors il y avait du soleil. Alors j'ai pensé : «Dans une chambre close, dans le noir Il est tapi. Depuis trois jours Il n'a ni mangé ni dormi. On a sonné et Il n'a pas ouvert. Tout à l'heure Il va descendre dans la rue et Il tuera.» Je me faisais peur. A six heures du soir la faim m'a repris. J'étais fou de colère. Je me suis cogné un moment dans les meubles, puis j'ai allumé l'électricité dans les chambres, à la cuisine, aux cabinets. Je me suis mis à chanter à tue-tête,[40] j'ai lavé mes mains et je suis sorti. Il m'a fallu deux bonnes minutes pour mettre toutes mes lettres à la boîte. Je les enfonçais par paquets de dix. J'ai dû friper quelques enveloppes. Puis j'ai suivi le boulevard du Montparnasse jusqu'à la rue d'Odessa. Je me suis arrêté devant la glace d'une chemiserie et, quand j'y ai vu mon visage, j'ai pensé : «C'est pour ce soir.»

Je me postai dans le haut de la rue d'Odessa, non loin d'un bec de gaz et j'attendis. Deux femmes passèrent. Elles se donnaient le bras, la blonde disant :

— Ils avaient mis des tapis à toutes les fenêtres et c'étaient les nobles du pays qui faisaient la figuration.[41]

— Ils sont panés?[42] demanda l'autre.

— Il n'y a pas besoin d'être pané pour accepter un travail qui rapporte cinq louis[43] par jour.

— Cinq louis! dit la brune, éblouie. Elle ajouta, en passant près de moi : «Et puis je me figure que ça devait les amuser de mettre les costumes de leurs ancêtres.»

Elles s'éloignèrent. J'avais froid mais je suais abondamment. Au bout d'un moment je vis arriver trois hommes; je les laissai passer : il m'en fallait six. Celui de gauche me regarda et fit claquer sa langue. Je détournai les yeux.

A sept heures cinq, deux groupes qui se suivaient de près débouchèrent du boulevard Edgar-Quinet. Il y avait un homme et une femme avec deux

---

40. à tue-tête: at the top of my lungs. **41. qui faisaient la figuration:** who took the role of extras. **42. ils sont** panés? Are they broke? **43. louis:** *a former French coin.*

enfants. Derrière eux venaient trois vieilles femmes. Je fis un pas en avant. La femme avait l'air en colère et secouait le petit garçon par le bras. L'homme dit d'une voix traînante :

— Il est emmerdant, aussi, ce morpion.[44]

5 Le cœur me battait si fort que j'en avais mal dans les bras. Je m'avançai et me tins devant eux, immobile. Mes doigts, dans ma poche, étaient tout mous autour de la gâchette.

— Pardon, dit l'homme en me bousculant.

Je me rappelai que j'avais fermé la porte de mon appartement et cela me
10 contraria : il me faudrait perdre un temps précieux à l'ouvrir. Les gens s'éloignèrent. Je fis volte-face et je les suivis machinalement. Mais je n'avais plus envie de tirer sur eux. Ils se perdirent dans la foule du boulevard. Moi, je m'appuyai contre le mur. J'entendis sonner huit heures et neuf heures. Je me répétais : «Pourquoi faut-il tuer tous ces gens qui sont déjà *morts*»,
15 et j'avais envie de rire. Un chien vint flairer mes pieds.

Quand le gros homme me dépassa, je sursautai et je lui emboîtai le pas. Je voyais le pli de sa nuque rouge entre son melon et le col de son pardessus. Il se dandinait un peu et respirait fort, il avait l'air costaud.[45] Je sortis mon revolver : il était brillant et froid, il me dégoûtait, je ne me rappelai pas très
20 bien ce que je devais en faire. Tantôt je le regardais et tantôt je regardais la nuque du type. Le pli de la nuque me souriait, comme une bouche souriante et amère. Je me demandais si je n'allais pas jeter mon revolver dans un égout.

Tout d'un coup le type se retourna et me regarda d'un air irrité. Je fis un
25 pas en arrière.

— C'est pour vous...demander...

Il n'avait pas l'air d'écouter, il regardait mes mains. J'achevai péniblement.

— Pouvez-vous me dire où est la rue de la Gaîté?

30 Son visage était gros et ses lèvres tremblaient. Il ne dit rien, il allongea la main. Je reculai encore et je lui dis :

— Je voudrais...

A ce moment je *sus* que j'allais me mettre à hurler. Je ne voulais pas : je lui lâchai trois balles dans le ventre. Il tomba d'un air idiot, sur les genoux
35 et sa tête roula sur son épaule gauche.

— Salaud,[46] lui dis-je, sacré salaud!

44. Il est emmerdant, aussi, ce morpion: What a pest this brat is. **45. costaud:** tough. **46. salaud:** son of a bitch.

Je m'enfuis. Je l'entendis tousser. J'entendis aussi des cris et une galopade derrière moi. Quelqu'un demanda : «Qu'est-ce que c'est, ils se battent?» puis tout de suite après on cria : «A l'assassin! A l'assassin!» Je ne pensais pas que ces cris me concernaient. Mais ils me semblaient sinistres, comme la sirène des pompiers quand j'étais enfant. Sinistres et légèrement ridicules. 5 Je courais de toute la force de mes jambes.

Seulement j'avais commis une erreur impardonnable : au lieu de remonter la rue d'Odessa vers le boulevard Edgar-Quinet, *je la descendais vers le boulevard Montparnasse*. Quand je m'en aperçus, il était trop tard : j'étais déjà au beau milieu de[47] la foule, des visages étonnés se tournaient vers moi 10 (je me rappelle celui d'une femme très fardée qui portait un chapeau vert avec une aigrette[48]) et j'entendais les imbéciles de la rue d'Odessa crier à l'assassin derrière mon dos. Une main se posa sur mon épaule. Alors je perdis la tête : je ne voulais pas mourir étouffé par cette foule. Je tirai encore deux coups de revolver. Les gens se mirent à piailler et s'écartèrent. J'entrai en 15 courant dans un café. Les consommateurs se levèrent sur mon passage mais ils n'essayèrent pas de m'arrêter, je traversai le café dans toute sa longueur et je m'enfermai dans les lavabos. Il restait encore une balle dans mon revolver.

Un moment s'écoula. J'étais essoufflé et je haletais. Tout était d'un silence 20 extraordinaire, comme si les gens faisaient exprès de se taire. J'élevai mon arme jusqu'à mes yeux et je vis son petit trou noir et rond : la balle sortirait par là; la poudre me brûlerait le visage. Je laissai retomber mon bras et j'attendis. Au bout d'un instant ils s'amenèrent à pas de loup;[49] ils devaient être toute une troupe, à en juger par le frôlement des pieds sur le plancher. 25 Ils chuchotèrent un peu puis se turent. Moi je soufflais toujours et je pensais qu'ils m'entendaient souffler, de l'autre côté de la cloison. Quelqu'un s'avança doucement et secoua la poignée de la porte. Il devait s'être plaqué de côté contre le mur, pour éviter mes balles. J'eus tout de même envie de tirer — mais la dernière balle était pour moi. 30

«Qu'est-ce qu'ils attendent? me demandai-je. S'ils se jetaient sur la porte et s'ils la défonçaient *tout de suite* je n'aurais pas le temps de me tuer et ils me prendraient vivant.» Mais ils ne se pressaient pas, ils me laissaient tout le loisir de mourir. Les salauds, ils avaient peur.

Au bout d'un instant, une voix s'éleva. 35

— Allons, ouvrez, on ne vous fera pas de mal.

---

47. au beau milieu de : right in the middle of. **48. aigrette :** feather. **49. à pas de loup :** stealthily.

Il y eut un silence et la même voix reprit :

— Vous savez bien que vous ne pouvez pas vous échapper.

Je ne répondis pas, je haletais toujours. Pour m'encourager à tirer, je me disais : «S'ils me prennent, ils vont me battre, me casser des dents, ils me crèveront peut-être un œil.» J'aurais voulu savoir si le gros type était mort. Peut-être que je l'avais seulement blessé... et les deux autres balles, peut-être qu'elles n'avaient atteint personne... Ils préparaient quelque chose, ils étaient en train de tirer un objet lourd sur le pancher ? Je me hâtai de mettre le canon de mon arme dans ma bouche et je le mordis très fort. Mais je ne pouvais pas tirer, pas même poser le doigt sur la gâchette. Tout était re-tombé dans le silence.

Alors j'ai jeté le revolver et je leur ai ouvert la porte.

EUGENE IONESCO
Délire à deux
... A tant qu'on veut

PERSONNAGES

ELLE

LUI

LE SOLDAT, LES VOISINS

Chambre quelconque, chaises, lit, coiffeuse, fenêtre au fond, porte à gauche, porte à droite. Elle est devant sa coiffeuse qui se trouve près de la porte sur le devant du plateau à gauche. Lui se promène dans la chambre, pas trop nerveux, un petit peu quand même, les mains croisées derrière le dos, les yeux au plafond, comme s'il regardait voler les mouches. On entend dehors des bruits, vociférations, coups de feu. Jeu sans paroles — promenade de l'homme, toilette de la femme — pendant soixante secondes. Les deux personnages sont en robe de chambre et en pantoufles. La robe de chambre de l'homme est assez crasseuse; celle de la femme manifeste des velléités de coquetterie. Il n'est pas rasé, ils ne sont pas jeunes.

ELLE. La vie que tu m'avais promise! Celle que tu me fais! J'ai quitté un mari pour suivre un amant. Le romantisme! Le mari valait dix fois mieux, séducteur! Il ne me contredisait pas, lui, bêtement.

LUI. Je ne te contredis pas exprès. Quand tu dis des choses qui ne sont pas vraies, je ne peux pas accepter. J'ai la passion de la vérité.   5

93

ELLE.   Quelle vérité? Puisque je te dis qu'il n'y a pas de différence. C'est
        ça la vérité. Il n'y en a pas. Le limaçon, la tortue, c'est la même
        chose.

LUI.   Pas du tout. C'est pas du tout le même animal.

5 ELLE. Animal toi-même. Idiot.

LUI.   C'est toi qui es idiote.

ELLE.   Tu m'insultes, imbécile, dégoûtant, séducteur.

LUI.   Mais écoute au moins, écoute donc.

ELLE.   Que veux-tu que j'écoute? Depuis dix-sept ans, je t'écoute. Dix-
10   sept ans que tu m'as arrachée à mon mari, à mon foyer.

LUI.   Mais cela n'a rien à voir avec la question.

ELLE.   Quelle question?

LUI.   La question dont nous discutons.

ELLE.   C'est fini. Il n'y a plus de question. Le limaçon et la tortue, c'est la
15   même bête.

LUI.   Non, ce n'est pas la même bête.

ELLE.   Si, c'est la même.

LUI.   Mais tout le monde te le dira.

ELLE.   Quel monde? La tortue n'a-t-elle pas une carapace? Réponds.

20 LUI. Et alors?

ELLE.   Le limaçon n'en a-t-il pas une?

LUI.   Si. Et alors?

ELLE.   Le limaçon ou la tortue ne s'enferment-ils pas dans leur carapace?

LUI.   Si. Et alors?

25 ELLE. La tortue, ou limaçon, n'est-il pas un animal lent, baveux, ayant
        le corps court? N'est-il pas une sorte de petit reptile?

LUI.   Oui. Et alors?

ELLE.   Alors, tu vois, je prouve, moi. Ne dit-on pas lent comme une tortue
        et lent comme un limaçon? Et le limaçon, c'est-à-dire la tortue, ne
30   rampe-t-elle pas?

LUI.   Pas exactement.

ELLE.   Pas exactement quoi? Tu veux dire que le limaçon ne rampe
        pas?

LUI.   Si.

35 ELLE. Alors, tu vois bien, c'est la même chose que la tortue.

LUI.   Mais non.

ELLE.   Entêté, limace! Explique pourquoi.

LUI.   Parce que.

ELLE.   La tortue, c'est-à-dire le limaçon, se promène avec sa maison sur le
dos. Qu'il a construite lui-même, d'où le mot de limaçon.[1]

LUI.   La limace est apparentée au limaçon. C'est un limaçon sans maison.
Tandis que la tortue n'a rien à voir avec la limace. Ah! tu vois, tu
vois que tu n'as pas raison.   5

ELLE.   Mais explique-moi, zoologue, explique-moi pourquoi je n'ai pas raison.

LUI.   Mais parce que...

ELLE.   Dis-les-moi, les différences, si tu en trouves.

LUI.   Parce que... Les différences... Il y a aussi des rapprochements, je ne
peux le nier.   10

ELLE.   Alors, pourquoi est-ce que tu nies quand même?

LUI.   Les différences, c'est que... C'est que... C'est inutile puisque tu ne
veux pas les admettre et puis je suis trop fatigué. J'ai déjà tout
expliqué, on ne va pas recommencer. J'en ai assez.

ELLE.   Tu ne veux pas expliquer parce que tu n'as pas raison. Tu ne peux   15
pas donner de raisons simplement parce que tu n'en as pas. Si tu
étais de bonne foi, tu l'avouerais. Tu es de mauvaise foi, toujours tu
as été de mauvaise foi.

LUI.   Tu dis des sottises, tu dis des sottises. Voyons, la limace fait partie...
Ou plutôt le limaçon... Et la tortue, elle...   20

ELLE.   Oh! j'en ai assez. Tais-toi! Tu ferais mieux. Je ne peux plus t'entendre divaguer.

LUI.   Moi non plus, je ne peux plus t'entendre. Je ne veux plus rien
entendre.

Bruit d'une forte explosion.

ELLE.   On ne s'entendra jamais.   25

LUI.   Comment peut-on s'entendre! On ne s'entendra jamais. (*Pause.*)
Tiens, la tortue a-t-elle des cornes?

ELLE.   Je n'ai pas regardé.

LUI.   Le limaçon en a.

ELLE.   Pas toujours. Quand il les montre. La tortue, c'est un limaçon qui ne   30
les montre pas. De quoi se nourrit la tortue? De salade. Le limaçon
aussi. Donc, c'est la même bête. Dis-moi ce que tu manges, je te
dirai qui tu es.[2] D'autre part, la tortue et le limaçon sont comestibles.

1. limaçon: *this is a pun on* le maçon, *the builder of houses.* 2. Dis-moi ce que tu manges, je te dirai qui tu es: *This is a distortion of the familiar dictum* Dis-moi qui tu hantes, je te dirai qui tu es.

LUI. Ça ne se prépare pas de la même façon.

ELLE. D'autre part, ça ne se mange pas entre eux, les loups non plus. Car
ils sont de la même espèce. Ça veut dire tout au plus que l'une est une
variété de l'autre. Mais c'est la même espèce, la même espèce.

5 LUI. Espèce d'andouille.[3]

ELLE. Qu'est-ce que tu disais?

LUI. Je disais que nous n'étions pas de la même espèce.

ELLE. Tu aurais dû t'en apercevoir depuis longtemps.

LUI. Je m'en suis aperçu depuis le premier jour. C'était déjà trop tard.
10   J'aurais dû m'en apercevoir avant de faire ta connaissance. La veille.
Dès le premier jour, j'ai compris qu'on ne se comprendrait jamais.

ELLE. Tu aurais dû me laisser à mon mari, à l'affection des miens, tu aurais
dû me le dire, me laisser à mon devoir. Un devoir qui était un plaisir
de tous les instants, de jour et de nuit.

15 LUI. Qu'est-ce qui t'as pris de me suivre?

ELLE. C'est toi qui m'as prise. Séducteur! Il y a dix-sept ans! On ne sait pas
ce qu'on fait à cet âge-là. J'ai quitté mes enfants. Je n'avais pas
d'enfant. Mais j'aurais pu en avoir. Tant que j'aurais voulu. J'aurais
pu avoir des fils qui m'auraient entourée, qui auraient pu me
20   défendre. Dix-sept ans!

LUI. Il y aura encore dix-sept ans. Encore dix-sept ans, la machine va
tourner.

ELLE. C'est parce que tu ne veux pas admettre les évidences. D'abord, la
limace a sa petite maison cachée. C'est donc un limaçon. C'est donc
25   bien une tortue.

LUI. Aah, voilà, le limaçon est mollusque, un mollusque gastéropode.[4]

ELLE. Mollusque toi-même. Le mollusque est un animal mou. Comme la
tortue. Comme le limaçon. Il n'y a pas de différence. Si tu fais peur
au limaçon, il se cache dans sa coquille, exactement comme la tortue.
30   Preuve de plus que c'est la même bête.

LUI. Après tout, ça m'est égal, depuis des années qu'on se querelle à cause
de la tortue et du limaçon...

ELLE. Du limaçon ou tortue.

LUI. Comme tu voudras, je ne veux plus en entendre parler. (*Pause.*) Moi
35   aussi, j'ai quitté ma femme. D'ailleurs, c'est vrai, j'étais déjà divorcé.
On se console en pensant que cela est déjà arrivé à des milliers de

3. Espèce d'andouille: idiot. **4. gastéropode**: *a family of molluscs, which includes
snails and slugs.*

gens. On ne doit pas divorcer. Si je ne m'étais pas marié, je n'aurais pas divorcé. On ne sait jamais.

ELLE. Oh oui, avec toi on ne sait jamais. Tu es capable de tout. Tu n'es capable de rien.

LUI. Une vie sans avenir n'est jamais qu'une vie sans avenir. Même pas.

ELLE. Il y a des gens qui ont de la chance. Les chanceux; les malchanceux n'en ont pas.

LUI. J'ai trop chaud.

ELLE. Moi j'ai froid. Ce n'est pas l'heure d'avoir chaud.

LUI. Tu vois qu'on ne s'entend pas. On ne s'entend jamais. Je vais ouvrir la fenêtre.

ELLE. Tu veux que je gèle. Tu voudrais me tuer.

LUI. Je ne veux pas te tuer, je veux de l'air.

ELLE. Tu disais qu'il fallait se résigner à l'asphyxie.

LUI. Quand est-ce que j'ai dit cela? Je n'ai jamais dit cela.

ELLE. Si, tu l'as dit. L'année dernière. Tu ne sais plus ce que tu dis. Tu te contredis.

LUI. Je ne me contredis pas. C'est les saisons.

ELLE. Toi, quand tu as froid, tu m'empêches bien d'ouvrir la fenêtre.

LUI. C'est bien ce que je te reproche : d'avoir chaud quand j'ai froid, d'avoir froid quand j'ai chaud. On n'a jamais chaud ou froid en même temps.

ELLE. On n'a jamais froid ou chaud en même temps.

LUI. Non. On n'a jamais chaud ou froid en même temps.

ELLE. C'est parce que tu n'es pas un homme comme les autres.

LUI. Moi, je ne suis pas un homme comme les autres?

ELLE. Non. Tu n'es malheureusement pas un homme comme les autres.

LUI. Non, je ne suis pas un homme comme les autres, heureusement. (*Explosion.*)

ELLE. Malheureusement. (*Explosion.*)

LUI. Heureusement. (*Explosion.*) Une explosion. Je ne suis pas un homme banal, je ne suis pas un idiot. Comme tous les idiots que tu as connus. (*Explosion.*)

ELLE. Tiens, une explosion.

LUI. Je ne suis pas n'importe qui! J'étais invité chez des princesses qui avaient des décolletés jusqu'au nombril et des corsages par-dessus pour les couvrir, sans ça elles auraient été nues. J'avais des idées géniales, j'aurais pu les écrire, on me l'aurait demandé. J'aurais été un poète.

ELLE.   Tu t'imagines que tu es plus malin que les autres; moi aussi je l'ai
cru, un jour où j'étais folle. C'est pas vrai. J'ai fait semblant de te
croire. Parce que tu m'as séduite, mais tu n'es qu'un crétin.[5]

LUI.   Crétine!

5   ELLE.   Crétin! Séducteur!

LUI.   Ne m'insulte pas. Ne m'appelle plus séducteur. Tu n'as pas honte.

ELLE.   Je ne t'insulte pas. Je te démasque.

LUI.   Moi aussi je te démasque. Tiens, j'enlève tes fards. (*Il lui donne une
forte gifle.*)

10   ELLE.   Salaud! Séducteur! Séducteur!

LUI.   Attention... ou gare!

ELLE.   Don Juan! (*Elle lui donne une gifle.*) Bien fait!

LUI.   Tais-toi!... Ecoute!

*Les bruits du dehors s'intensifient, les vociférations, les coups de feu que l'on
entendait vaguement dans le lointain se sont rapprochés, sont sous la fenêtre.
Lui qui se préparait à réagir violemment à ses insultes s'arrête soudainement
et elle aussi.*

ELLE.   Qu'est-ce qu'ils font encore? Ouvre donc la fenêtre. Regarde.

15   LUI.   Tout à l'heure, tu disais que tu ne voulais pas l'ouvrir.

ELLE.   Je cède. Tu vois. Je suis bonne.

LUI.   C'est vrai, pour une fois c'est vrai, menteuse. D'ailleurs, tu n'auras
plus froid. Ça a l'air de chauffer.[6] (*Il va ouvrir la fenêtre et regarde.*)

ELLE.   Que se passe-t-il?

20   LUI.   Pas grand-chose. Il y a trois morts.

ELLE.   Lesquels?

LUI.   Un de chaque côté. Et un neutre, un passant.

ELLE.   Ne reste pas à la fenêtre. Ils vont tirer sur toi.

LUI.   Je ferme. (*Il ferme la fenêtre.*) D'ailleurs, ça s'éloigne.

25   ELLE.   Alors, c'est qu'ils sont partis.

LUI.   Laisse-moi voir.

ELLE.   N'ouvre pas. (*Il ouvre la fenêtre.*) Pourquoi sont-ils partis? Réponds-
moi. Ferme donc la fenêtre. J'ai froid. (*Il ferme la fenêtre.*) On va
étouffer.

30   LUI.   On les voit quand même qui s'épient. Il y a leurs têtes là, au coin,

5. **crétin**: idiot.   6. *A pun on the two meanings of* **chauffer**, to warm up *and* things
are getting rough.

aux deux bouts. On va pas encore se promener. On peut pas encore
sortir. Nous prendrons des décisions plus tard. Demain.

ELLE.   Encore une belle occasion de ne pas prendre de décision.

LUI.   C'est comme ça.

ELLE.   Et ça va continuer, ça va continuer. Quand c'est pas la tempête, c'est   5
la grève des chemins de fer, quand c'est pas la grippe, c'est la guerre.
Quand c'est pas la guerre, c'est quand même la guerre. Ah! c'est
facile. Et qu'est-ce qu'il y a au bout du temps? Nous savons bien
ce qu'il y a au bout du temps.

LUI.   Tu n'as pas fini de te coiffer et de te recoiffer? T'es assez belle, tu n'es   10
pas plus belle que tu ne l'es.

ELLE.   Quand je suis décoiffée, tu n'es pas content.

LUI.   C'est pas le moment d'être coquette. Tu fais les choses à contretemps.

ELLE.   Je suis en avance sur mon temps. Je me fais belle pour les beaux
lendemains. (*Une balle venant de la rue casse un carreau.*)   15

ELLE *et* LUI.   Ah! tu as vu!

ELLE.   Tu n'es pas blessé?

LUI.   Tu n'es pas blessée?

ELLE.   Je t'avais bien dit de fermer les volets.

LUI.   Je vais porter plainte auprès du propriétaire. Comment peut-il per-   20
mettre ça? Où il est notre propriétaire? Dans la rue, bien sûr, il
s'amuse. Ah, ces gens!

ELLE.   Ferme donc les volets. (*Il ferme les volets. Obscurité.*) Allume,
voyons. On peut pas rester dans l'obscurité.

LUI.   C'est parce que tu m'as dit de fermer les volets. (*Il se dirige vers le*   25
commutateur dans l'obscurité et se heurte à un meuble.) Aïe! Je me
suis fait mal.

ELLE.   Maladroit.

LUI.   C'est ça, engueule-moi. Où est le truc?[7] Elle n'est pas facile à connaître, la maison du propriétaire. On ne sait jamais où il a fait poser   30
ses commutateurs. Ça bouge pas et pourtant ça change tout le temps
de place. (*Elle se lève, se dirige dans l'obscurité vers le commutateur,*
se heurte à lui.)

ELLE.   Tu pourrais faire attention.

LUI.   Tu pourrais faire attention.   35

Elle réussit à allumer.

7. **truc**: gadget.

ELLE. Tu m'as fait une bosse au front.

LUI. Tu m'as marché sur les pieds.

ELLE. Tu l'as fait exprès.

LUI. Tu l'as fait exprès. (*Ils vont s'asseoir chacun sur une chaise. Pause.*)
5   Si je ne t'avais pas vue, on ne se serait pas connus, comment ça
         aurait été, peut-être que j'aurais été peintre. Peut-être autre chose,
         comment cela aurait pu être? Peut-être, je voyagerais, peut-être je
         serais plus jeune.

ELLE. Tu serais peut-être mort dans un asile. On se serait peut-être ren-
10   contré quand même un autre jour. Peut-être que l'autrement ça
         n'existe pas. Qu'est-ce qu'on sait?

LUI. Je ne me demanderais peut-être pas si j'ai des raisons de vivre. Ou
         bien j'aurais eu d'autres raisons de ne pas être content.

ELLE. J'aurais vu mes enfants grandir. Ou bien j'aurais fait du cinéma.
15   J'habiterais un beau château avec des fleurs, des guirlandes. J'aurais
         fait, j'aurais fait quoi? Je serais quoi?

LUI. Je m'en vais. (*Il prend son chapeau, se dirige vers la porte, on entend un
         grand bruit. Il s'arrête devant la porte.*) Tu entends?

ELLE. Je ne suis pas sourde. Qu'est-ce que c'est?

20 LUI. Une grenade. Ils attaquent à la grenade.

ELLE. Même si tu étais décidé, on ne pourrait jamais passer. Nous sommes
         pris entre deux feux. Quelle idée as-tu eu de choisir cette habitation
         à la frontière des deux quartiers?

LUI. C'est toi qui as voulu cette maison.

25 ELLE. Menteur!

LUI. Tu n'as pas de mémoire ou tu le fais exprès. Tu voulais cet apparte-
         ment pour la beauté de la perspective. Tu disais que ça me changerait
         les idées.

ELLE. Tu inventes. On n'a jamais eu d'idées.

30 LUI. On ne pouvait pas prévoir... Rien ne laissait prévoir...

ELLE. Tu vois bien, tu le reconnais, c'est toi qui as choisi la maison.

LUI. Comment j'aurais fait si j'en avais pas eu l'idée. C'est ou bien ou bien.

ELLE. On a fait ça comme ça. (*Bruits plus forts dehors. Cris, tapage dans les
         escaliers.*) Ils montent. Ferme bien la porte.

35 LUI. Elle est fermée. Elle ferme mal.

ELLE. Ferme-la bien quand même.

LUI. Ils sont sur le palier.

ELLE. Sur le nôtre? (*On entend frapper.*)

LUI.   Calme-toi, c'est pas à nous qu'ils en veulent. Ils frappent à la porte
       d'en face. (*Ils écoutent, le tapage continue.*)

ELLE.   On les emmène.

LUI.   Ils montent à l'étage au-dessus.

ELLE.   Ils descendent.   5

LUI.   Non, ils montent.

ELLE.   Ils descendent.

LUI.   Non, ils montent.

ELLE.   Je te dis qu'ils descendent.

LUI.   Tu veux toujours avoir raison. Je te dis qu'ils montent.   10

ELLE.   Ils descendent. Tu ne sais même plus interpréter les bruits. C'est un
       effet de la peur.

LUI.   Qu'ils montent ou qu'ils descendent, c'est à peu près pareil. La pro-
       chaine fois, c'est chez nous qu'ils viendront.

ELLE.   Barricadons-nous. L'armoire. Pousse l'armoire devant le porte. Et   15
       tu dis que tu as des idées.

LUI.   J'ai pas dit que j'avais des idées. Pourtant, de deux choses l'une...

ELLE.   L'armoire, voyons, pousse l'armoire. (*Ils prennent l'armoire qui se
       trouve à droite et la poussent contre la porte qui se trouve à gauche.*)
       On sera plus tranquille. Ça sera au moins ça.   20

LUI.   Tranquille, si tu appelles ça tranquille. Tu ne sais plus ce que tu dis.

ELLE.   Bien sûr, parce qu'avec toi on ne peut pas dire qu'on est tranquille,
       on n'est jamais tranquille avec toi.

LUI.   Qu'est-ce que je te fais pour t'empêcher d'être tranquille?

ELLE.   Tu m'agaces. Ne m'agaces pas. Tu m'agaceras quand même.   25

LUI.   Je ne dirai plus rien, je ne ferai plus rien. Je ne ferai pas quelque chose
       non plus. Tu diras toujours que ça t'agace. Je sais très bien ce qui te
       passe par la tête.

ELLE.   Qu'est-ce qui me passe par la tête?

LUI.   Il passe par ta tête ce qui se passe par ta tête.   30

ELLE.   Des insinuations, des allusions perfides.

LUI.   En quoi sont-elles perfides, ces insinuations?

ELLE.   Toutes les insinuations sont perfides.

LUI.   D'abord, ce ne sont pas des insinuations.

ELLE.   Si, ce sont des insinuations.   35

LUI.   Non.

ELLE.   Si.

LUI.   Non.

ELLE. Alors, qu'est-ce que c'est si ce ne sont pas des insinuations?

LUI. Pour savoir ce que sont des insinuations, il faut savoir ce qu'elles sont. Donne-moi la définition de l'insinuation; je réclame la définition de l'insinuation.

5   ELLE. Tu vois qu'ils sont descendus. Ils ont emmené ceux du palier. Ils ne crient plus. Qu'est-ce qu'on leur a fait?

LUI. On les a égorgés, probablement.

ELLE. Quelle drôle d'idée, ah non, ce n'est pas une drôle d'idée, mais pourquoi les a-t-on égorgés?

10 LUI. Je ne peux tout de même pas aller leur demander. C'est pas le moment.

ELLE. On les a peut-être pas égorgés. Après tout, on en a fait peut-être autre chose. (*Clameurs, bruits du dehors, les murs vacillent.*)

LUI. Tu entends?

15 ELLE. Tu vois?

LUI. Tu vois?

ELLE. Tu entends?

LUI. Ils utilisent des mines souterraines.

ELLE. On va se retrouver dans la cave.

20 LUI. Ou dans la rue, tu vas attraper froid.

ELLE. Dans la cave, on serait mieux. On peut y installer le chauffage.

LUI. On peut se cacher.

ELLE. Ils ne penseraient pas à venir nous chercher.

LUI. Pourquoi?

25 ELLE. C'est trop profond. Ils n'imaginent pas que des gens comme nous ou même pas comme nous passent leur existence comme des bêtes, dans les abîmes.

LUI. Ils fouillent partout.

ELLE. Tu n'as qu'à t'en aller. C'est pas moi qui t'empêche de sortir.
30   Prends l'air, profite de l'occasion pour t'inventer une autre existence. Va voir si ça existe, une autre existence.

LUI. L'occasion n'est pas propice. Il pleut, il gèle.

ELLE. Tu disais que c'était moi qui avais froid.

LUI. Maintenant, c'est moi. J'ai froid dans le dos.[8] J'ai le droit d'avoir froid
35   dans le dos.

ELLE. Tu as tous les droits, c'est évident. Moi, je n'en ai aucun. Pas même celui d'avoir chaud. Regarde la vie que tu m'as offerte. Regarde-moi

---

8. **j'ai froid dans le dos:** I'm scared.

ça. Regarde-moi ça si c'est gai avec tout ça ici. (*Elle montre les volets fermés, l'amoire devant la porte.*)

LUI.   C'est stupide ce que tu dis, tu ne peux tout de même pas prétendre que je suis responsable des événements, de la fureur du monde.

ELLE.   Je te dis que tu aurais dû prévoir. En tout cas, tu aurais dû t'arranger   5
        pour que ça ne se passe pas quand nous sommes là. Tu es la person-
        nification de la malchance.

LUI.   Bon. Alors, je vais disparaître. Mon chapeau. (*Il veut aller prendre son chapeau. Un projectile traverse la fenêtre et les volets et tombe au milieu du plancher.*) (*Ils regardent le projectile.*)   10

ELLE.   Tiens, une carapace de tortue-limaçon.

LUI.   Le limaçon n'a pas de carapace.

ELLE.   Qu'est-ce qu'il a, alors?

LUI.   Je ne sais pas, une coquille.

ELLE.   C'est la même chose.   15

LUI.   Aïe! C'est une grenade.

ELLE.   Une grenade! Ça va sauter, écrase la mèche.

LUI.   Ça n'a plus de mèche. Tiens, ça n'explose pas.

ELLE.   Ne perds pas ton temps. Abrite-toi. (*Elle va se cacher dans un coin. Il se dirige vers la grenade.*) Tu vas te tuer. Imprudent,   20
        imbécile.

LUI.   On ne peut tout de même pas laisser ça là, au milicu de la chambre.
        (*Il prend la grenade, la jette par la fenêtre. On entend un grand bruit d'explosion dehors.*)

ELLE.   Tu vois bien qu'elle explose. Peut-être qu'elle n'aurait pas explosé   25
        dans la maison, il n'y a pas assez d'air dans la maison. Ça explose à
        l'air. Tu as peut-être tué du monde. Assassin!

LUI.   Au point où ils en sont, ils ne s'en apercevront pas dans le tas. En tout
        cas, nous sommes une fois de plus hors de danger pour le moment.
        (*Grand bruit dehors.*)   30

ELLE.   Maintenant, on ne peut plus empêcher les courants d'air.

LUI.   Tu vois, il ne suffit pas de fermer les volets. Il faut mettre un matelas,
        mettons le matelas.

ELLE.   Tu aurais dû y penser plus tôt; même s'il t'arrive d'avoir une idée,
        elle te vient toujours trop tard.   35

LUI.   Mieux vaut tard que jamais.

ELLE.   Philosophe, imbécile, séducteur. Dépêche-toi, le matelas. Aide-moi
        donc. (*Ils prennent le matelas du lit et vont le mettre contre la fenêtre.*)

LUI.   On n'aura plus de matelas pour coucher ce soir.

ELLE.   C'est ta faute, même pas deux matelas dans la maison, mon mari que
tu m'as fait quitter en avait beaucoup, lui. C'est pas ça qui manquait
dans la maison.

5   LUI.   Il était matelassier. C'était les matelas des autres, c'était pas malin.

ELLE.   Tu vois bien que c'était malin dans de pareilles circonstances.

LUI.   Dans d'autres circonstances, c'était pas malin. Ça devait être drôle
votre maison avec des matelas partout.

ELLE.   C'était pas un matelassier ordinaire. Il était matelassier-amateur, il
10   faisait ça pour l'amour de l'art. Et pour l'amour de moi, qu'est-ce
que tu fais, toi, pour l'amour de moi?

LUI.   Pour l'amour de toi, je m'embête.

ELLE.   C'est pas grand-chose.

LUI.   Si.

15   ELLE.   En tout cas, ça ne te fatigue pas. Paresseux. (*Encore du bruit, la porte
de droite tombe. Fumée.*)

LUI.   Ça, c'est trop fort. Quand on ferme une porte, il faut toujours qu'il y
en ait une autre qui s'ouvre.

ELLE.   Tu vas me rendre malade. Je le suis déjà. Je souffre du cœur.

20   LUI.   Ou qui tombe toute seule.

ELLE.   Tu vas encore dire que c'est pas ta faute.

LUI.   Je n'en suis pas responsable.

ELLE.   Jamais responsable!

LUI.   C'est dans la logique des événements.

25   ELLE.   Quelle logique?

LUI.   La logique objective des événements, c'est dans la logique objective des
événements.

ELLE.   Qu'est-ce qu'on va faire de cette porte? Remets-la en place. (*Il
regarde par l'embrasure.*)

30   LUI.   Il n'y a personne chez le voisin. Ils ont dû partir en vacances. Ils ont
oublié les explosifs à la maison.

ELLE.   J'ai soif, j'ai faim. Va voir s'il y a quelque chose.

LUI.   On pourrait peut-être sortir. La porte des voisins donne sur la rue
derrière qui est plus calme.

35   ELLE.   Tu ne penses qu'à t'en aller. Attends-moi. Je mets mon chapeau.
(*Il sort à droite.*) Où vas-tu donc?

LUI, *en coulisses.*   On ne peut pas sortir. Bien entendu, le mur s'est écroulé
sur le palier des voisins. Un amoncellement de pierres. (*Il entre.*)

On ne peut pas passer au travers, il faut attendre que ça se calme
dans notre rue. On enlèvera l'armoire, on pourra passer.

ELLE.   Je vais voir ça. (*Elle sort.*)

LUI, *seul* : Si j'étais parti plus tôt. Il y a trois ans. Ou bien l'année dernière
ou même samedi dernier. Je serais loin maintenant avec ma femme,   5
réconcilié. Elle s'est remariée. Avec une autre alors. Dans la montagne. Je suis prisonnier d'un amour malheureux. Et coupable. On
peut dire que c'est une juste punition.

ELLE, *revenant* : Qu'est-ce que tu baragouines seul?[9] Des griefs.

LUI.   Je pense tout haut.   10

ELLE.   J'ai trouvé du saucisson dans leur placard. Et de la bière. La bouteille
a éclaté. Où peut-on se mettre pour manger?

LUI.   Où tu veux. Par terre. La chaise va nous servir de table.

ELLE.   Quel monde à l'envers! (*Ils se mettent par terre autour de la chaise.
On entend du bruit au dehors. Cris, coups de feu.*) Ils sont montés.   15
Cette fois, ils sont montés.

LUI.   Tu avais dit qu'ils étaient descendus.

ELLE.   Je n'avais pas dit qu'ils ne remonteraient pas.

LUI.   C'était à prévoir.

ELLE.   De toute façon, que veux-tu que j'y fasse?   20

LUI.   Je ne t'ai pas dit de faire quelque chose.

ELLE.   Heureusement, tout de même, que tu me laisses cette possibilité.
(*Par un trou qui vient de se faire dans le plafond, tombe une statuette
qui se brise sur la bouteille de bière qui se brise aussi.*) Ah ma robe!
Ma plus belle robe. La seule. Un grand couturier m'avait demandée   25
en mariage.

LUI, *ramassant les débris de la statuette* : C'est une reproduction en petit
de la Vénus de Milo.

ELLE.   Il va falloir balayer tout ça. Nettoyer ma robe. Où trouver un
teinturier maintenant? Ils sont en train de se faire la guerre. Ils   30
trouvent que ça les repose. (*Regardant les débris de la statuette.*)
C'est pas la Vénus de Milo, c'est la statue de la Liberté.

LUI.   Tu vois bien qu'il lui manque un bras.

ELLE.   Il vient de se casser en tombant.

LUI.   C'était cassé avant.   35

ELLE.   Qu'est-ce que ça peut faire? Ça ne prouve rien.

9. **qu'est-ce que tu baragouines seul?** What are you babbling about all alone?

LUI. Je te dis que c'est la Vénus de Milo.

ELLE. Non.

LUI. Si, regarde bien.

ELLE. Tu vois des Vénus partout. C'est la statue de la Liberté.

5 LUI. C'est la statue de la Beauté. J'aime la Beauté. J'aurais pu être sculpteur.

ELLE. Elle est belle ta beauté.

LUI. Une beauté est toujours belle. A part de rares exceptions.

ELLE. L'exception, c'est moi. C'est ce que tu veux dire?

10 LUI. Je ne sais pas ce que je veux dire.

ELLE. Tu vois bien, tu m'insultes.

LUI. Je vais te prouver que...

ELLE, *l'interrompant* : J'ai pas envie que tu me prouves quoi que ce soit, laisse-moi tranquille.

15 LUI. Laisse-moi tranquille toi-même. Je veux être tranquille.

ELLE. Moi aussi, je veux être tranquille. Mais avec toi! (*Un autre projectile traverse le mur et tombe sur le plancher.*) Tu vois bien que c'est pas possible avec toi.

LUI. Ce n'est pas possible d'être tranquille, oui; mais c'est en dehors de
20 notre volonté. Ce n'est pas possible objectivement.

ELLE. J'en ai assez de ta manie de l'objectivité. Attention plutôt au projectile, il va exploser... comme l'autre...

LUI. Mais non, mais non, ce n'est plus une grenade. (*Il le touche du pied.*)

ELLE. Attention, tu vas nous tuer, ça va démolir la chambre.

25 LUI. C'est un éclat d'obus.

ELLE. Justement, c'est fait pour éclater.

LUI. Un éclat d'obus, c'est quelque chose qui a déjà éclaté. Alors, ça n'éclate plus.

ELLE. Tu bafouilles.[10] (*Nouveau projectile qui casse la glace de la coiffeuse.*)
30 Ils ont cassé la glace, ils ont cassé la glace.

LUI. Tant pis.

ELLE. Comment je vais faire pour me coiffer? Tu vas encore dire que je suis trop coquette.

LUI. Mange plutôt ton saucisson.

Bruit au-dessus. Des moellons[11] tombent du plafond. Elle et Lui se cachent sous le lit. Les bruits du dehors s'intensifient. Les mitraillades se mêlent

---

10. tu bafouilles: you are talking nonsense. **11. moellons:** quarry-stones.

*maintenant à des hourras. Ils sont sous le lit l'un près de l'autre, face au
public.*

ELLE.   Quand j'étais petite, j'étais une enfant. Les enfants de mon âge aussi
étaient petits. Des petits garçons, des petites filles. On n'était pas
tous de la même taille. Il y a toujours des plus petits, des plus grands,
des enfants blonds, des enfants bruns, des enfants ni bruns, ni blonds.
On apprenait à lire, à écrire, à compter. Des soustractions, des divi-   5
sions, des multiplications, des additions. Parce qu'on allait à l'école.
Il y en a qui apprenaient à la maison. Il y avait un lac, pas loin. Avec
des poissons, les poissons vivent dans l'eau. C'est pas comme nous.
Nous on ne peut pas, même quand on est petit; pourtant, on devrait.
Pourquoi pas?   10

LUI.   Si j'avais appris la technique, je serais technicien. Je fabriquerais des
objets. Des objets compliqués. Des objets très compliqués, de plus en
plus compliqués, ça simplifierait l'existence.

ELLE.   La nuit, on dormait.

LUI, *pendant ce temps, les moellons continuent de tomber du plafond. A la fin*   15
de la pièce, il n'y aura plus de plafond du tout. Ni d'ailleurs de murs.
On pourra voir, à la place, des sortes d'escaliers, des silhouettes, peut-
être des bannières : Un arc-en-ciel, deux arcs-en-ciel, trois arcs-en-ciel.
Je les comptais. Même davantage. Je me posais la question. Il fallait
répondre à la question. De quelle question s'agissait-il au juste? On   20
ne pouvait pas savoir. Pour obtenir la réponse, je devais quand même
poser la question... La question. Comment peut-on avoir la réponse
si on ne pose pas la question? Alors, je posais la question, malgré tout;
je ne savais pas quelle était la question, je posais quand même la
question. C'est ce qu'il y avait de moins mauvais à faire. Ceux qui   25
connaissent la question sont malins... On se demande si la réponse
dépend de la question ou si c'est la question qui dépend de la réponse.
C'est une autre question. Non, c'est la même. Un arc-en-ciel, deux
arcs-en-ciel, trois arcs-en-ciel, quatre...

ELLE.   Des tricheries tout ça!   30

LUI, *écoutant les bruits, regardant les moellons tomber et les projectiles. Ces*
projectiles doivent être comiques ou saugrenus : débris de tasses, têtes
de pipes, têtes de poupées, etc. : Au lieu de mourir tout seul, il y a des
gens qui se font tuer par les autres. Ils n'ont pas la patience. Ou ça
leur fait plaisir.   35

ELLE.   Ou bien c'est pour se prouver que c'est pas vrai.

LUI.   Ou parce que c'est peut-être plus facile. C'est plus gai.

ELLE.   C'est ça la communauté.

LUI.   Ils se tuent les uns les autres.

5 ELLE.   Ils se tuent chacun leur tour. En même temps, c'est pas possible. (*Il reprend le fil du souvenir.*)

LUI.   J'étais sur le seuil de la porte. Je regardais.

ELLE.   Il y avait aussi un bois avec des arbres.

LUI.   Quels arbres?

10 ELLE.   Des arbres qui poussaient. Plus vite que nous. Avec des feuilles. L'automne, les feuilles tombent. (*Des projectiles que l'on ne voit pas font de grands trous dans le mur. Des gravats tombent autour d'eux, sur le lit.*)

LUI.   Aïe!

15 ELLE.   Qu'est-ce que tu as? Ça ne t'a pas touché!

LUI.   Toi non plus.

ELLE.   Alors, qu'est-ce que tu as?

LUI.   Ça aurait pu.

ELLE.   C'est bien toi. Toujours tu grognes.

20 LUI.   C'est toi qui grognes toujours.

ELLE.   Tu peux parler des autres, oh la la, tu as toujours peur de ce qui pourrait t'arriver. Tu es un inquiet, pour ne pas dire un poltron; au lieu d'avoir un métier, c'est ça qui fait vivre son homme. Tout le monde en a besoin. Si c'est la guerre, on l'épargne.

Grand bruit dans les escaliers.

25 ELLE.   Ils reviennent. Cette fois, ils vont monter chez nous.

LUI.   Tu vois que je ne m'affole pas pour rien.

ELLE.   Le plus souvent, tu t'affoles pour rien.

LUI.   Pas cette fois-ci.

ELLE.   Parce que tu veux toujours avoir raison.

Les projectiles ont cessé.

30 LUI.   Ça s'est arrêté.

ELLE.   Sans doute, c'est la récréation. (*Ils sortent de dessous le lit et se lèvent. Ils regardent le plancher jonché de projectiles, les trous qui s'élargissent progressivement dans le mur.*) On pourrait peut-être sortir par là (*montrant un trou du mur*), ça donne où?[12]

12. ça donne où? where does it lead to?

LUI. Ça donne dans les escaliers.

ELLE. Ça donne dans quels escaliers?

LUI. Ça donne dans les escaliers qui donnent dans la cour.

ELLE. Dans les escaliers qui donnent dans quelle cour?

LUI. Ça donne dans les escaliers qui donnent dans la cour qui donne dans la   5
rue.

ELLE. Qui donne dans quelle rue?...

LUI. Qui donne dans la rue où ils se font la guerre.

ELLE. Alors c'est une impasse.

LUI. Alors il vaut mieux rester. Ne mets pas ton chapeau, c'est pas la peine   10
de mettre ton chapeau.

ELLE. Les sorties que tu trouves sont toujours mauvaises. Pourquoi
envisages-tu de sortir puisqu'on ne peut pas?

LUI. Je n'avais envisagé de sortir que dans le cas où il y aurait eu la possibilité de sortir.   15

ELLE. Alors, il ne faut pas envisager la possibilité de sortir.

LUI. Je te dis que je n'envisage pas la possibilité de sortir. Je te dis que je
l'aurais envisagée dans le cas seulement où la possibilité aurait été
possible.

ELLE. Je n'ai pas besoin que tu me donnes des leçons de logique. J'ai plus   20
de logique que toi. Je l'ai prouvé toute ma vie.

LUI. Tu en as moins.

ELLE. J'en ai plus.

LUI. Moins.

ELLE. Plus, beaucoup plus.   25

LUI. Tais-toi.

ELLE. Tu ne pourrais pas me faire taire.

LUI. Tais-toi, tu entends, écoute. (*Clameurs dans les escaliers et dans la
rue.*)

ELLE. Qu'est-ce qu'ils font?   30

LUI. Ils montent, ils montent, ils sont nombreux.

ELLE. Ils vont nous mettre en prison. Ils vont me tuer.

LUI. On n'a rien fait.

ELLE. On n'a rien fait.

LUI. C'est bien pour ça.   35

ELLE. On ne s'est pas mêlé de leurs histoires.

LUI. C'est bien pour ça, je te dis, c'est bien pour ça.

ELLE. Si on s'en était mêlés, ils nous auraient tués quand même.

LUI. On serait déjà morts.

ELLE.   C'est une consolation.

LUI.   On a quand même échappé au bombardement. Ça ne bombarde plus.

ELLE.   Ils montent.

5   LUI.   Ils montent.

ELLE.   Ils montent en chantant. (*On voit par les trous des murs des silhouettes qui montent, on entend des chants.*)

LUI.   Ils ne se battent plus.

ELLE.   Ils chantent victoire.

10   LUI.   Ils ont gagné.

ELLE.   Ils ont gagné quoi?

LUI.   Je ne sais pas. La bataille.

ELLE.   Qui a gagné?

LUI.   Ceux qui n'ont pas perdu.

15   ELLE.   Et ceux qui ont perdu?

LUI.   Ils ne l'ont pas gagnée.

ELLE.   C'est malin. Je m'en doutais bien.

LUI.   Tu as quand même de la logique. Pas beaucoup mais un peu.

ELLE.   Et qu'est-ce qu'ils font, ceux qui n'ont pas gagné?

20   LUI.   Ils sont morts ou bien ils pleurent.

ELLE.   Ils pleurent pourquoi?

LUI.   Parce qu'ils ont des remords. Ils ont eu tort. Ils le reconnaissent.

ELLE.   Quel tort?

LUI.   Tort de ne pas gagner.

25   ELLE.   Et ceux qui ont gagné?

LUI.   Ils ont eu raison.

ELLE.   Et si les uns et les autres n'ont ni perdu, ni gagné?

LUI.   C'est la paix blanche.[13]

ELLE.   Alors, qu'est-ce qui se passe?

30   LUI.   C'est la grisaille.[14] Tout le monde est rouge de colère.

ELLE.   En tout cas, il n'y a plus de danger. Pour le moment.

LUI.   Tu n'auras plus peur.

ELLE.   C'est toi qui n'auras plus peur. Tu tremblais.

LUI.   Pas autant que toi.

35   ELLE.   J'ai eu moins peur que toi. (*Le matelas se décroche. On voit des bannières par la fenêtre. Illuminations. Pétards.*) Zut, zut, zut alors.

---

13. blanche: fruitless.   **14. grisaille:** greyness of the dusk.

Ça recommence. Juste quand le matelas tombe. Cachons-nous sous le lit.

LUI.   Mais non. C'est la fête, c'est la cérémonie de la victoire. Ils défilent dans les rues. Ça doit sans doute leur faire plaisir. On ne sait jamais.

ELLE.   Ils ne vont pas nous entraîner dans leur défilé ? Ils vont nous laisser tranquilles ? Quand c'est la paix, ils ne laissent pas les gens tranquilles.

LUI.   On est tout de même plus tranquilles comme ça. On est mieux. Malgré tout.

ELLE.   On n'est pas bien. On est mal.

LUI.   Le mal est mieux que le pire.

ELLE, *avec mépris* : De la philosophie. De la philosophie. Tu ne t'en guériras pas. Les expériences de la vie ne te servent à rien. Elles te rendent philosophe. Tu disais que tu voulais sortir, sors si tu veux.

LUI.   Pas dans n'importe quelle condition. Si je sors, ils vont m'embêter, il faut attendre qu'ils rentrent chez eux, j'aime mieux m'embêter à la maison. Toi, si tu veux sortir, je ne t'en empêche pas.

ELLE.   Je vois bien ce que tu veux.

LUI.   Qu'est-ce que je veux ?

ELLE.   Tu veux me jeter à la rue.

LUI.   C'est toi qui veux me jeter à la rue.

ELLE, *regardant les dégâts et les murs troués* : Tu m'y as déjà mise. Nous y sommes dans la rue.

LUI.   On y est, mais on y est tout de même pas tout à fait.

ELLE.   Ils sont gais, ils mangent, ils boivent, ils tournent, ils sont terribles, ils peuvent faire n'importe quoi, ils peuvent se jeter sur vous, une pauvre femme. Imaginez-vous, tout de même pas avec n'importe qui, j'aime mieux un idiot, au moins un idiot ça n'a pas de projets.

LUI.   Tu me le reprochais.

ELLE.   Je te le reproche toujours.

LUI.   Qu'est-ce qu'ils préparent encore ? Ils se sont tus. Ça ne peut pas durer longtemps. Comme je les connais, comme je les connais, tant qu'ils ont quelque chose dans la tête, c'est effrayant, mais quand ils n'ont rien, alors ils se mettent à chercher, ils se mettent à chercher. Ils peuvent trouver n'importe quoi; des inventions, on peut s'attendre à tout. Au moins, quand ils se battent, s'ils ne savent pas pourquoi au début, ils se trouvent toujours des raisons. Ils ne vont pas au-delà de leurs raisons ou si, quand même, mais ça se canalise dans un sens,

quand c'est fini ça doit reprendre. Qu'est-ce qu'ils feraient? Qu'est-ce
qu'ils vont trouver?

ELLE.   Trouve pour eux. Tu ne peux pas. Tu ne veux pas te creuser la
cervelle,[15] ça ne t'intéresse pas. Pourquoi ça ne t'intéresse pas?
5   Donne-leur des raisons puisque tu dis qu'ils en cherchent.

LUI.   Il n'y a de raisons à rien.

ELLE.   Ça n'empêche pas les gens de s'agiter, ils ne sont pas bons à autre
chose.

LUI.   Tu entends comme ils ne chantent plus. Qu'est-ce qu'ils préparent?

10   ELLE.   Qu'est-ce que ça peut nous faire? A part le danger, c'est vrai.
Puisque tu dis que ça ne peut rien nous faire, tu peux vivre à
l'intérieur, ta vie est là. (*Elle montre la maison.*) Si tu le voulais, mais
tu n'es pas capable d'en faire quelque chose. L'imagination te
manque; mon mari était un génie. J'ai eu la mauvaise idée de
15   prendre un amant, tant pis pour moi.

LUI.   Au moins, ils nous fichent la paix.[16]

ELLE.   C'est juste. La paix a éclaté; ils ont déclaré la paix. Qu'est-ce que
nous allons devenir? Qu'est-ce que nous allons devenir?

Rumeurs légères dans la rue.

LUI.   C'était quand même mieux avant. On avait le temps.

20   ELLE.   Avant quoi?

LUI.   Avant que ça ne commence... Avant que ça ne commence pas.

ELLE.   Avant que qui ne commence quoi?

LUI.   Avant qu'il n'y ait rien, avant qu'il y ait quelque chose.

ELLE.   Comment faire pour réparer la maison?

25   LUI.   Je me le demande.

ELLE.   C'est à toi de te débrouiller.[17]

LUI.   On ne peut plus trouver un artisan, ils sont tous en train de faire la
fête. Ils s'amusent, ils sont tous dehors. Tout à l'heure, ils étaient
tous immobilisés par la guerre, maintenant ils sont immobilisés par
30   la paix, c'est pareil. De toute façon, ils ne sont jamais là.

ELLE.   C'est parce qu'ils sont toujours partout.

Cessation progressive du bruit.

LUI.   C'est pas facile d'être nulle part.

---

15. te creuser la cervelle: rack your   they leave us in peace.   **17. de te**
brain.   **16. ils nous fichent la paix:**   **débrouiller:** to get along.

ELLE. Ça se calme. Tu entends, ça se calme.

LUI. Les événements vont vite quand il n'y en a plus.

Cessation totale du bruit.

ELLE. Ça s'est calmé tout à fait.

LUI. C'est vrai. Ils vont certainement recommencer, certainement.

ELLE. Ils ne se tiendront jamais comme il faut. A quoi ça sert ? 5

LUI. Ça sert à passer la vie.

ELLE. On la passe nous aussi.

LUI. Ils la passent moins bêtement. Je crois plutôt qu'ils s'embêtent autrement. Il y a beaucoup de façons de s'embêter.

ELLE. Tu n'es jamais content de la tienne. Toujours jaloux des autres. Il 10 faut quand même qu'on répare la maison. On peut pas rester comme ça ; tu voudrais bien qu'il soit là, mon mari matelassier.

Apparition de la tête du Soldat par un des trous du mur.

SOLDAT. Est-ce que Jeannette est là ?

LUI. Quelle Jeannette ?

ELLE. Il n'y a pas de Jeannette ici. Il n'y a aucune Jeannette. 15

Apparition des deux Voisins par la porte de droite qui était tombée.

VOISIN. On vient d'arriver. Quelle surprise ! Vous avez tout le temps été là ?

VOISINE. Ça devait être intéressant.

VOISIN. On était en vacances, on ne savait pas, on s'est quand même bien amusés ailleurs.

VOISINE. On n'est pas difficiles. On s'amuse partout tant qu'il y a du conflit. 20

ELLE. Réparez votre porte.

LUI, *au Soldat* : Il n'y a pas de Jeannette ici, non, il n'y a pas de Jeannette.

SOLDAT. Où a-t-elle bien pu passer ? Elle devait m'attendre.

LUI, *au Soldat* : Ça ne me regarde pas, mêlez-vous de ce qui vous regarde.

SOLDAT. Ça me préoccupe. 25

ELLE, *à Lui* : Il faut réparer les dégâts, donne-moi un coup de main. Tu sortiras après.

LUI. Tu sortiras après.

ELLE *et* LUI, *ensemble* : Nous sortirons après.

ELLE, *à Lui* : Remets le matelas à la fenêtre. Remets-le bien. 30

LUI. Pourquoi ? Il n'y a plus de danger.

ELLE. Il y a des courants d'air. Il y a la grippe, il y a les microbes et puis il faut prévoir.

SOLDAT.   Vous ne savez pas qui pourrait l'avoir vue?

Elle met le lit contre le trou par lequel on voyait le Soldat, puis ils referment la porte contre les Voisins. On entend au-dessus le bruit d'une scie.

ELLE.   Tu entends, tu vois, ça recommence. Je t'avais dit que ça recommencerait. Tu me contredisais. Et j'ai raison.

LUI.   T'as pas raison.

5   ELLE.   Tu veux dire que tu ne me contredis pas? La preuve!

LUI.   Ça recommence pas.

On voit lentement descendre d'en haut des corps sans tête qui pendent, des têtes de poupées sans corps.

ELLE.   Qu'est-ce que c'est que ça? (*Elle fuit car sa tête est touchée par les pieds d'un des corps.*) Aïe! (*Elle va toucher une des têtes, regarde les autres.*) Elles sont jolies les pépées![18] Dis-moi donc ce que c'est! Parle!
10   Toi qui es bavard. Tu es muet. Qu'est-ce que c'est?

LUI·   T'es pas aveugle. Des corps sans tête et là des têtes sans corps.

ELLE.   J'étais aveugle quand je t'ai vu; je ne t'avais pas regardé. Je voudrais l'être quand je te vois.

LUI.   Moi aussi, je voudrais être aveugle quand je te vois.

15   ELLE.   Alors, si tu n'es pas aveugle, ni tout à fait idiot, explique-moi... Aïe! Ça descend comme des stalactiques.[19] Pourquoi? Tu vois bien, c'est encore le conflit.

LUI.   Non. Ils font justice dans la sérénité. Ils ont installé la guillotine au-dessus. Tu vois bien que c'est la paix.

20   ELLE.   Qu'est-ce qu'on va faire? Le pétrin où tu m'as mise![20]

LUI.   On s'en fiche!... Vaut mieux se cacher.

ELLE.   Donne-moi un coup de main. Paresseux! Séducteur!

Ils matelassent la fenêtre, obstruent les portes, tandis que l'on voit toujours les silhouettes et les fanfares parmi les murs en ruine autour de la chambre.

LUI.   Tortue!

ELLE.   Limace!

Ils se giflent et sans transition se remettent au travail.

Rideau

18. **pépées**: gals.   19. **stalactiques**:   **pétrin où tu m'as mise**: the mess you
a deformation of **stalactites**.   20. Le   got me into.

3
DE L'AMOUR

«Les enfants qui s'aiment ne sont
là pour personne
Ils sont ailleurs bien plus loin que
la nuit
Bien plus haut que le jour
Dans l'éblouissante clarté de leur
premier amour.»

PREVERT

Un chevalier qui cherchait sa reine, disparue dans un royaume mystérieux d'où les étrangers ne pouvaient jamais s'échapper, rencontra un nain conduisant une charrette. «Monte, lui dit le nain, et je t'amènerai là où tu pourras avoir des nouvelles de la reine.» Le chevalier hésita un moment, car monter dans cette charette serait paraître comme un criminel devant toute la populace. Enfin, il finit par y monter. Plus tard, après maints obstacles, il arriva au château où se trouvait la reine, mais quand il parut devant elle, elle refusa de lui adresser la moindre parole. Un vieux roi qui était là, protesta que le chevalier avait pourtant bien servi sa reine. Elle répondit froidement qu'elle avait su son hésitation avant de monter dans la charette, et que ce manque d'empressement rendait nuls tous ses travaux et toute l'humiliation qu'il avait soufferte pour elle.

Plus tard, dans la même histoire, la reine s'étant radoucie, décida de recevoir le chevalier la nuit chez elle. Mais comment le lui dire? Car ils ne se trouvaient jamais seuls, étant toujours observés par les courtisans du roi qui la tenait prisonnière. Cependant un jour, quand ils se tenaient près d'une fenêtre, elle put lui indiquer celle de sa chambre, mais sans mot ni geste; comme nous dit l'auteur : «Non pas du doigt, mais de l'oeil.»

Ces deux épisodes du roman médiéval où Chrétien de Troyes raconte les amours de Lancelot et de la reine Guenièvre illustrent deux tendances principales du thème de l'amour dans la littérature française.[1] D'abord,

1. C. S. Lewis, *The Allegory of Love* (Oxford, 1958), pp. 26–29.

Chagall. *Au-dessus de la ville*. Tretyakov Gallery, Moscow. (Sovfoto)

l'idéalisation de la femme, à qui l'amant permet volontiers de régner sur lui, et ensuite, sa nature secrète, due le plus souvent au fait que l'amour que chantent les poètes était presque sans exception un amour adultère. Amour secret, amour adultère, l'adoration, en dépit de mille obstacles, d'une dame souvent implacable; ce sont des thèmes et des ingrédients essentiels de la grande littérature amoureuse depuis le Moyen Age. Le plus beau poème de Pétrarque, chantre de son amour impossible pour Laure, c'est le tableau gravé sur son esprit de sa première vision de la dame, au bord d'une eau pure. Pierre de Ronsard, auteur de trois *canzoniere* à la manière du grand poète italien, chante son amour frustré pour Cassandre et Hélène; mais il semble que Marie (qu'on a voulu identifier, sans preuve, avec une paysanne de ce nom) l'ait exaucé.

Exaucés ou non, les poètes ne fuient pas la sensualité; sensualité des rêves, sensualité des souvenirs; et le confrère de Ronsard, Du Bellay, refusant les soupirs à la Pétrarque, déclare brutalement qu'il ne cherche en amour que «ce qui s'appelle jouissance.» Certes, l'aspect physique de l'amour a toujours existé dans la littérature française : dans les fabliaux du Moyen Age, dans des contes grossiers comme les *Cent nouvelles nouvelles* de Bonaventure des Périers, même dans l'histoire de Lancelot et de Guenièvre lorsque, après avoir passé la nuit avec sa dame, le chevalier, en quittant sa chambre, s'agenouilla comme devant «un corps saint». Pourtant, c'est surtout les poètes de la Renaissance qui ont réussi à allier ces éléments divers : idéalisation de la dame et amour sensuel; mélange de Platonisme et d'hédonisme.

C'est le sage Montaigne qui a le mieux défini ce qui était pour lui nécessité : que les côtés physiques et idéalistes de l'amour soient fondues en une harmonie. Il déclare d'abord, dans son essai «Sur des vers de Virgile» que l'amour est le plus beau sujet de la poésie. Dans l'aventure amoureuse, il existe selon lui plusieurs étapes, qui s'échelonnent entre deux extrêmes : l'aspect courtois, qui consiste en une certaine «cérémonie» et finalement, l'achèvement par l'acte d'amour. Que les poètes en dépeignent les débuts, les épisodes intermédiaires, ou le dénouement, il fallait, selon Montaigne, «le voile» : c'est-à-dire les images, les métaphores, tout l'art que le poète interpose entre le lecteur et la chose décrite. Ainsi, Ovide, quand il dépeint l'étreinte d'un corps nu, ne nous émeut guère; Virgile, décrivant à l'aide d'une métaphore les amours de Mars et de Vénus, nous passione, et, nous dit Montaigne, Vénus, telle que le poète nous la montre, nous trouble davantage qu'une Vénus «toute nue, et vive, et haletante.»[2]

2. *Essais*, III, v.

Au siècle suivant la plus grande poésie d'amour, réunissant l'amour idéal et courtois ainsi que le désespoir charnel, se trouve dans le théâtre tragique; le Rodrigue du *Cid* de Corneille doit, ainsi que Lancelot, «mériter» l'amour de Chimène par sa fidélité à un code. Renoncement et désespoir charnel constituent la «tristesse majestueuse» des tragédies de Racine. Mais le plus grand poète du siècle, La Fontaine, auteur des *Fables*, a su, dans ses *Contes*, transformer le scabreux des contes médiévaux en un ton spirituel et badin, ce qui a pour effet d'idéaliser le charnel des rapports amoureux de l'homme et de la femme. Ce badinage correspond à un processus qu'on pourrait appeler la «civilisation» de l'amour; la «cérémonie,» l'attente, subsistent, mais l'achèvement a lieu dans une sorte de jeu dont les règles sont connues d'avance par le couple amoureux.[3]

Ces tendances parcourent les comédies de Marivaux, dont le titre de l'une, «Le Jeu de l'amour et du hasard,» semble inspiré des *Contes* de La Fontaine. On y décèle un certain cynisme qui se reflète dans les *Liaisons dangereuses*, roman audacieux de Choderlos de Laclos.

C'est contre ce raffinement, ce badinage d'un amour sans accrocs que réagissent les poètes romantiques; il fallait retrouver dans ce jeu devenu presque mécanique toute sa complexité; non pas les complications de la *Carte de Tendre* des Précieuses, avec son amour topographique où les étapes de la passion et de l'achèvement correspondaient à tant de lieux par où il fallait passer, mais l'étude analytique de la nature de l'amour. Désormais l'amour ne sera pas que le sujet principal, mais bien aussi un principe moteur, qui dirige la pensée et qui forme la personnalité de l'être aimant. Une des méditations amoureuses les plus poétiques fut inspirée à Stendhal par le phénomène du rameau de Salzbourg :

> Aux mines de sel de Salzbourg, on jette dans les profondeurs abandonnées de la mine un rameau d'arbre effeuillé par l'hiver; deux ou trois mois après, on le retire couvert de cristallisations brillantes : les plus petites branches, celles qui ne sont pas plus grosses que la patte d'une mésange, sont garnies d'une infinité de diamants mobiles et éblouissants; on ne peut plus reconnaître le rameau primitif.
>
> Ce que j'appelle cristallisation, c'est l'opération de l'esprit, qui tire de tout ce qui se présente la découverte que l'objet aimé a de nouvelles perfections.

---

3. Cf. J. C. Lapp, *The Esthetics of Negligence: La Fontaine's Contes* (Cambridge University Press, 1971).

Il ne s'agit pas ici d'une simple élaboration du proverbe «l'amour est aveugle». Car la cristallisation stendhalienne correspond à l'imagination du poète, qui, tel l'amant, transforme la réalité en lui découvrant des attributs nouveaux.[4]

Aimer c'est donc créer. Et même, à certains égards, le poète romantique peut déclarer qu'il préfère l'amour à la création artistique, prise de position qui se transforme, bien entendu, en sujet littéraire. Ainsi Alfred de Musset annonce : «le seul bien qui me reste au monde est d'avoir quelquefois pleuré.» Pleuré d'amour, il s'entend. Cet élément positif de l'amour malheureux est essentiellement optimiste, car le fait seul d'avoir aimé, que ce soit avec bonheur ou malheur, constitue l'événement le plus marquant d'une vie. C'est le sujet d'une pièce dont le titre conteste la légèreté du dix-huitième siècle envers l'amour : *On ne badine pas avec l'amour*. Dans les paroles éloquentes de son héros, Perdican, on constate d'une part un pessimisme sans bornes à l'égard du genre humain, et d'autre part, une croyance fervente dans la puissance rédemptrice de l'amour-passion :

> Tous les hommes sont menteurs, inconstants, faux, bavards, hypocrites, orgueilleux ou lâches, méprisables et sensuels; toutes les femmes sont perfides, artificieuses, vaniteuses, curieuses et dépravées; le monde n'est qu'un égout sans fond où les phoques les plus informes rampent et se tordent sur des montagnes de fange; mais il y a au monde une chose sainte et sublime, c'est l'union de deux de ces êtres si imparfaits et si affreux. On est souvent trompé en amour, souvent blessé et souvent malheureux; mais on aime, et quand on est sur le bord de sa tombe, on se retourne pour regarder en arrière, et on se dit : J'ai souffert souvent, je me suis trompé quelquefois, mais j'ai aimé.

La pièce de Musset, mélange extraordinaire de bouffonnerie, de lyrisme, de mélancolie, de tragédie, se déroulant dans un pays à la fois réel et imaginaire, témoigne du don comique de son auteur à travers les gestes et paroles du Baron, fantoche qui débite automatiquement tous les lieux communs de la bourgeoisie arriérée de 1830; le curé Bridaine, gros moine glouton, et le pedant ivrogne Blazius, qui remontent tous deux à la tradition rabelaisienne. Une vieille fille dévote, Pluche, gouvernante de Camille, pousse sa charge à prendre le voile. C'est contre de tels pantins que se dresse le jeune Perdican, que Musset a modelé d'après son idée de lui-même : intellectuel un peu

---

4. Stendhal, *De l'amour* (Paris, 1856), pp. 5–6.

désabusé, qui croit à l'amour comme à une religion, mais qui joue le jeu d'amour sans scrupules, car gagner est tout ce qui compte pour lui. La mort d'une jolie paysanne, Rosette, avec qui Perdican avait «badiné» — nous dirions aujourd'hui «flirté» — pour rendre Camille jalouse, clôt la pièce sur une note tragique; Perdican finit par se rendre compte de son erreur qui était de faire de l'amour un jouet. De cet «inestimable joyau», dit-il à Camille dans les derniers moments de la pièce, «comme des enfants gâtés que nous sommes, nous... avons fait un jouet.»

L'idéalisation de l'amour, et avec elle l'analyse approfondie de la passion, reculent, après Musset, devant une sorte d'impressionisme en poésie, et dans le roman, un certain défaitisme doublé de matérialisme. On aperçoit pourtant une ombre de la tradition courtoise dans le poème «Green» de Verlaine, où le poète, nouveau Lancelot, vient s'offrir à sa dame, chargé de fruits et de fleurs, et la priant de ne pas déchirer son coeur, et de lui permettre seulement de se reposer à ses pieds. Mais poètes Parnassiens et symbolistes ne chantent l'amour qu'incidemment.

Le plus grand roman du siècle, *Madame Bovary*, dissèque impitoyablement un amour romantique dans un cadre provincial; deux grands thèmes, l'idéalisation, la fatalité qui destine deux êtres l'un à l'autre, y paraissent comme des illusions absurdes. Balzac présente l'amour comme un moyen de parvenir au succès; Zola — du moins dans les romans de sa maturité — le dépeint comme un assouvissement, souvent sans bonheur, souvent violent : «l'acte fut brutal», écrit-il fréquemment.

Mais en ouvrant la *Tentative amoureuse*, oeuvre de jeunesse d'André Gide, on retrouve la tradition de l'amour idéal. N'y a-t-il pas un écho de Lancelot à genoux devant le lit de Guenièvre dans la scène où Luc découvrit Rachel, qui l'attendait, couverte seulement d'un châle déjà presque tout retombé, et, «s'étant agenouillé devant elle... baisa ses pieds délicats, puis ramena le pan du châle»? L'idylle de Luc et de Rachel a lieu dans un cadre champêtre et solitaire qui évoque, ainsi que les noms bibliques des amants, le Paradis terrestre. Leur amour naît avec le printemps et se termine avec l'automne; aucune tragédie n'y met fin; ils s'ennuient, voilà tout. D'ailleurs l'idée de la lassitude dans l'amour est anti-idéaliste et on reconnaît le Gide des *Faux-Monnayeurs* dans la technique de distanciation qu'il réalise en intervenant dans son récit, et en déclarant à la dame à qui il s'adresse : «Cette histoire est pour vous : j'y ai cherché ce que donne l'amour; si je n'ai trouvé que l'ennui, c'est ma faute : vous m'avez désappris d'être heureux.» On suppose que le sous-titre de ce récit : «Le Traité du vain désir,» signifie non l'amour frustré des poètes romantiques, mais bien plutôt la désillusion de l'auteur

avec l'amour assouvi, ou peut-être même la nostalgie de ces amours par-
ticulières que Gide devait rendre notoires.

Les oeuvres dites «modernes» présentent toutes les variations possibles de
l'amour, et, chose typique de la littérature française, retournent souvent à
leurs origines.

La curieuse «confession d'une jeune fille» de Proust nous rappelle, plutôt
qu'*A la recherche du temps perdu*, *La Princesse de Clèves* ou les *Lettres d'une
religieuse portuguaise*. On comprend pourtant sans difficulté que par une
substitution transparente, la jeune fille qui vient de rater sa tentative de
suicide, mais qui mourra de ses blessures, est en réalité un garçon qui ressemble au Marcel du grand roman de Proust. D'abord, par son amour
frénétique pour sa mère — on se souvient comment, dans *A la recherche...*,
le narrateur enfant attendait fiévreusement que sa mère vienne lui dire
bonsoir dans son lit — or, il en est de même de la «jeune fille». Maladive,
angoissée, elle a connu, grâce à un cousin de quinze ans, «le vice» — l'auteur
ne nous dit rien de plus précis. Elle aime un garçon qui est «pervers et
méchant»; elle lutte pour chasser des «mauvais désirs» mais ne résiste pas
aux «plaisirs coupables.» Tout cela suggère non pas tellement l'amour secret
de l'adultère, mais bien l'homosexualité, qu'alors la société condamnait
universellement. Nous trouvons en plus le sentiment qu'a l'homosexuel de
jouer un rôle, de porter le masque : «Personne d'ailleurs ne soupçonnait le
crime secret de ma vie, et je semblais à tous la jeune fille idéale.»

Mais c'est dans les dernières pages, où la jeune fille explique la raison de sa
tentative de suicide, que Proust atteint dans un envol extraordinaire la
maîtrise que l'on reconnaît à l'auteur d'*A la recherche...*. La double image
révélatrice que la fille voit dans la glace; celle de son propre visage, qui loin
de montrer le remords de son acte, respire «une joie sensuelle, stupide et
brutale» et ensuite celle de sa mère qui vient de surprendre les amants
coupables, offre un des très rares exemples de l'horreur des suites néfastes
de l'amour.

Pourtant les analyses magistrales de Proust, et surtout celle de la jalousie,
ont été réfutées par J. P. Sartre qui dresse, dans *L'Etre et le néant*, un
véritable réquisitoire contre l'amour, qui est pour lui «le conflit de deux
consciences qui cherchent à s'aliéner avec la complicité des corps». Mais ce
que le philosophe de l'existentialisme appelle complicité paraît chez Paul
Eluard comme une fusion dont il fait sa joie :

Elle a la forme de mes mains
Elle a la couleur de mes yeux...

Théoricien du surréalisme, André Breton nous offre parfois comme une traduction surréaliste de thèmes romantiques, baudelairiens ou symbolistes. Son «Tournesol» rappelle le poème «A une passante» de Baudelaire : une femme passe et inspire au poète qui l'observe des rêves et des visions fantastiques, où perce une sensualité troublante.

Est-ce vrai, comme on l'a suggéré, qu'une défense de l'amour n'est plus concevable après l'*Etre et le néant*?[5] Heureusement l'amour n'est pas uniquement du ressort de la philosophie, ni de la physiologie, et c'est pour cette raison que malgré Sartre, il restera pour les poètes — et les oeuvres qu'on va lire en témoignent — «la plus noble matière de leur ouvrage.»[6]

JOHN C. LAPP
Stanford University

5. Cf. Suzanne Lilar, *A propos de Sartre et de l'amour* (Grasset, 1967), p. 105. 6. Montaigne, «Sur des vers de Virgile».

ALFRED DE MUSSET
On ne badine pas avec l'amour

PERSONNAGES

LE BARON

PERDICAN, son fils

MAITRE BLAZIUS, gouverneur de Perdican.

MAITRE BRIDAINE, curé.

CAMILLE, nièce du baron.

DAME PLUCHE, sa gouvernante.

ROSETTE, sœur de lait[1] de Camille.

Paysans, Valets, etc.

ACTE PREMIER

SCENE I
Une place devant le château.

LE CHŒUR.   Doucement bercé sur sa mule fringante, messer[2] Blazius s'avance dans les bluets fleuris, vêtu de neuf, l'écritoire[3] au côté. Comme un

---

1. **soeur de lait:** foster sister, *that is to say a girl nursed at the same breast as Camille.* 2. **messer:** *humorous* form of the archaic **messire,** Master. 3. **écritoire:** *archaic form for* portable writing desk.

poupon sur l'oreiller, il se ballotte sur son ventre rebondi, et les yeux
à demi fermés, il marmotte un *Pater noster*[4] dans son triple
menton. Salut, maître Blazius; vous arrivez au temps de la vendange,
pareil à une amphore[5] antique.

5　MAITRE BLAZIUS.　Que ceux qui veulent apprendre une nouvelle d'importance m'apportent ici premièrement un verre de vin frais.

LE CHŒUR.　Voilà notre plus grande écuelle; buvez, maître Blazius; le vin
est bon; vous parlerez après.

MAITRE BLAZIUS.　Vous saurez, mes enfants, que le jeune Perdican, fils de
10　notre seigneur, vient d'atteindre à sa majorité,[6] et qu'il est reçu docteur à Paris. Il revient aujourd'hui même au château, la bouche
toute pleine de façons de parler si belles et si fleuries, qu'on ne sait
que lui répondre les trois quarts du temps. Toute sa gracieuse personne
est un livre d'or; il ne voit pas un brin d'herbe à terre, qu'il ne vous
15　dise comment cela s'appelle en latin; et quand il fait du vent ou qu'il
pleut, il vous dit tout clairement pourquoi. Vous ouvririez des yeux
grands comme la porte que voilà,[7] de le voir dérouler un des
parchemins qu'il a coloriés d'encres de toutes couleurs, de ses propres
mains et sans en rien dire à personne. Enfin c'est un diamant fin des
20　pieds à la tête, et voilà ce que je viens annoncer à M. le baron. Vous
sentez que cela me fait quelque honneur, à moi, qui suis son
gouverneur depuis l'âge de quatre ans; ainsi donc, mes bons amis,
apportez une chaise que je descende un peu de cette mule-ci sans me
casser le cou; la bête est tant soit peu rétive,[8] et je ne serais pas fâché
25　de boire encore une gorgée avant d'entrer.

LE CHŒUR.　Buvez, maître Blazius, et reprenez vos esprits. Nous avons vu
naître le petit Perdican, et il n'était pas besoin, du moment qu'il
arrive, de nous en dire si long.[9] Puissions-nous retrouver l'enfant
dans le cœur de l'homme!

30　MAITRE BLAZIUS.　Ma foi, l'écuelle est vide; je ne croyais pas avoir tout bu.
Adieu; j'ai préparé, en trottant sur la route, deux ou trois phrases
sans prétention qui plairont à monseigneur; je vais tirer la cloche.

Il sort.

---

4. **Pater noster:** (*Latin*) the Lord's
Prayer. 5. **amphore:** jug. 6. **vient
d'atteindre à sa majorité:** has just
come of age. 7. **comme la porte que**

voilà: like this door here. 8. **tant soit
peu rétive:** just a little stubborn.
9. **de nous en dire si long:** to speak
at such length.

LE CHŒUR. Durement cahotée sur son âne essoufflé, dame Pluche gravit
la colline; son écuyer transi gourdine[10] à tour de bras le pauvre
animal, qui hoche la tête, un chardon entre les dents. Ses longues
jambes maigres trépignent de colère, tandis que, de ses mains
osseuses, elle égratigne son chapelet. Bonjour donc, dame Pluche,   5
vous arrivez comme la fièvre, avec le vent qui fait jaunir les bois.

DAME PLUCHE. Un verre d'eau, canaille que vous êtes! un verre d'eau et
un peu de vinaigre!

LE CHŒUR. D'où venez-vous, Pluche, ma mie?[11] vos faux cheveux sont
couverts de poussière; voilà un toupet de gâté,[12] et votre chaste   10
robe est retroussée jusqu'à vos vénérables jarretières.

DAME PLUCHE. Sachez, manants,[13] que la belle Camille, la nièce de votre
maître, arrive aujourd'hui au château. Elle a quitté le couvent sur
l'ordre exprès de monseigneur, pour venir en son temps et lieu
recueillir, comme faire se doit, le bon bien qu'elle a de sa mère. Son   15
éducation, Dieu merci, est terminée; et ceux qui la verront auront la
joie de respirer une glorieuse fleur de sagesse et de dévotion. Jamais
il n'y a rien eu de si pur, de si ange, de si agneau et de si colombe
que cette chère nonnain,[14] que le Seigneur Dieu du ciel la conduise!
Ainsi soit-il. Rangez-vous, canaille; il me semble que j'ai les jambes   20
cnflées.

LE CHŒUR. Défripez-vous, honnête Pluche, et quand vous prierez Dieu,
demandez de la pluie; nos blés sont secs comme vos tibias.

DAME PLUCHE. Vous m'avez apporté de l'eau dans une écuelle qui sent la
cuisine; donnez-moi la main pour descendre; vous êtes des butors et   25
des malappris.[15]

Elle sort.

LE CHŒUR. Mettons nos habits du dimanche, et attendons que le baron
nous fasse appeler. Ou je me trompe fort, ou quelque joyeuse bombance[16] est dans l'air d'aujourd'hui.

Ils sortent.

10. **gourdine**: bludgeons. **11. ma mie**: *archaic form of* **mon amie**. **12. voilà un toupet de gâté**: so there's one wig ruined. **13. manants**: *archaic form for* peasants. **14. nonnain**: *diminutive form of* **nonne**. **15. butors et des malappris**: churls and louts. **16. bombance**: feast.

SCENE **II**
Le salon du baron.

Entrent le baron, maître Bridaine et maître Blazius.

LE BARON.   Maître Bridaine, vous êtes mon ami; je vous présente maître
Blazius, gouverneur de mon fils. Mon fils a eu hier matin, à midi
huit minutes, vingt-et-un ans comptés;[17] il est docteur à quatre
boules blanches.[18] Maître Blazius je vous présente maître Bridaine,
curé de la paroisse; c'est mon ami.

MAITRE BLAZIUS, *saluant.*   A quatre boules blanches, seigneur! littérature,
botanique, droit romain, droit canon.[19]

LE BARON.   Allez à votre chambre, cher Blazius, mon fils ne va pas tarder à
paraître; faites un peu de toilette, et revenez au coup de la cloche.

Maître Blazius sort.

MAITRE BRIDAINE.   Vous dirai-je ma pensée, monseigneur? le gouverneur
de votre fils sent le vin à pleine bouche.

LE BARON.   Cela est impossible.

MAITRE BRIDAINE.   J'en suis sûr comme de ma vie; il m'a parlé de fort près
tout-à-l'heure; il sentait le vin à faire peur.

LE BARON.   Brisons là,[20] je vous répète que cela est impossible.

Entre dame Pluche.

Vous voilà, bonne dame Pluche? Ma nièce est sans doute avec vous?

DAME PLUCHE.   Elle me suit, monseigneur, je l'ai devancée de quelques pas.

LE BARON.   Maître Bridaine, vous êtes mon ami. Je vous présente la dame
Pluche, gouvernante de ma nièce. Ma nièce est depuis hier, à sept
heures de nuit, parvenue à l'âge de dix-huit ans; elle sort du meilleur
couvent de France. Dame Pluche, je vous présente maître Bridaine,
curé de la paroisse; c'est mon ami.

DAME PLUCHE, *saluant.*   Du meilleur couvent de France, seigneur, et je
puis ajouter : la meilleure chrétienne du couvent.

LE BARON.   Allez, dame Pluche, réparer le désordre où vous voilà; ma nièce
va bientôt venir, j'espère; soyez prête à l'heure du dîner.

Dame Pluche sort.

17. comptés: all told.   18. *Members of the doctoral jury voted by the use of colored balls. The white ball indicated the highest grade.*   19. droit canon: church law. *These four subjects have nothing to do with each other. The fanciful nature of this doctorate injects yet another element of fantasy into the already unreal atmosphere.*   20. Brisons là: No more on that subject.

MAITRE BRIDAINE. Cette vieille demoiselle paraît tout-à-fait pleine d'onction.

LE BARON. Pleine d'onction et de componction, maître Bridaine; sa vertu est inattaquable.

MAITRE BRIDAINE. Mais le gouverneur sent le vin; j'en ai la certitude.   5

LE BARON. Maître Bridaine! il y a des moments où je doute de votre amitié. Prenez-vous à tâche de me contredire? Pas un mot de plus là-dessus. J'ai formé le dessein de marier mon fils avec ma nièce; c'est un couple assorti[21] : leur éducation me coûte six mille écus.[22]

MAITRE BRIDAINE. Il sera nécessaire d'obtenir des dispenses.[23]   10

LE BARON. Je les ai, Bridaine; elles sont sur ma table, dans mon cabinet. O mon ami, apprenez maintenant que je suis plein de joie. Vous savez que j'ai eu de tout temps la plus profonde horreur pour la solitude. Cependant la place que j'occupe et la gravité de mon habit me forcent à rester dans ce château pendant trois mois d'hiver et   15
trois mois d'été. Il est impossible de faire le bonheur des hommes en général, et de ses vassaux en particulier, sans donner parfois à son valet-de-chambre l'ordre rigoureux de ne laisser entrer personne. Qu'il est austère et difficile le recueillement de l'homme d'état! et quel plaisir ne trouverai-je pas à tempérer, par la présence de mes   20
deux enfants réunis, la sombre tristesse à laquelle je dois nécessaire-ment être en proie depuis que le roi m'a nommé receveur![24]

MAITRE BRIDAINE. Ce mariage se fera-t-il ici ou à Paris?

LE BARON. Voilà où je vous attendais, Bridaine; j'étais sûr de cette question. Eh bien! mon ami, que diriez-vous si ces mains que voilà, oui,   25
Bridaine, vos propres mains, ne les regardez pas d'une manière aussi piteuse, étaient destinées à bénir solennellement l'heureuse con-firmation de mes rêves les plus chers? Hé?

MAITRE BRIDAINE. Je me tais; la reconnaissance me ferme la bouche.

LE BARON. Regardez par cette fenêtre; ne voyez-vous pas que mes gens se   30
portent en foule à la grille? Mes deux enfants arrivent en même temps; voilà la combinaison la plus heureuse. J'ai disposé les choses de manière à tout prévoir. Ma nièce sera introduite par cette porte à gauche, et mon fils par cette porte à droite. Qu'en dites-vous? Je me fais une fête de voir comment ils s'aborderont, ce qu'ils se diront;   35

21. assorti: well-matched. 22. écus: *former silver coins of considerable worth.* 23. dispenses: *permission* *from the Church, necessary in the case of a marriage between cousins.* 24. receveur: *a very vague title.*

six mille écus ne sont pas une bagatelle, il ne faut pas s'y tromper. Ces enfants s'aimaient d'ailleurs fort tendrement dès le berceau. — Bridaine, il me vient une idée.

MAITRE BRIDAINE. Laquelle?

5 LE BARON. Pendant le dîner, sans avoir l'air d'y toucher, — vous comprenez, mon ami, — tout en vidant quelques coupes joyeuses, — vous savez le latin, Bridaine.

MAITRE BRIDAINE. *Ità œdepol*,[25] pardieu, si je le sais!

LE BARON. Je serais bien aise[26] de vous voir entreprendre ce garçon —

10 discrètement s'entend, — devant sa cousine; cela ne peut produire qu'un bon effet; — faites-le parler un peu latin, — non pas précisément pendant le dîner, cela deviendrait fastidieux, et quant à moi, je n'y comprends rien; — mais au dessert, — entendez-vous?

MAITRE BRIDAINE. Si vous n'y comprenez rien, monseigneur, il est pro-

15 bable que votre nièce est dans le même cas.

LE BARON. Raison de plus; ne voulez-vous pas qu'une femme admire ce qu'elle comprend? D'où sortez-vous, Bridaine? Voilà un raisonnement qui fait pitié.

MAITRE BRIDAINE. Je connais peu les femmes; mais il me semble qu'il est

20 difficile qu'on admire ce qu'on ne comprend pas.

LE BARON. Je les connais, Bridaine; je connais ces êtres charmants et indéfinissables. Soyez persuadé qu'elles aiment à avoir de la poudre dans les yeux, et que plus on leur en jette plus elles les écarquillent, afin d'en gober davantage.

Perdican entre d'un côté, Camille de l'autre.

25 Bonjour, mes enfants; bonjour, ma chère Camille, mon cher Perdican! embrassez-moi, et embrassez-vous.

PERDICAN. Bonjour, mon père, ma sœur bien-aimée! Quel bonheur! que je suis heureux!

CAMILLE. Mon père et mon cousin, je vous salue.

30 PERDICAN. Comme te voilà grande, Camille! et belle comme le jour.

LE BARON. Quand as-tu quitté Paris, Perdican?

PERDICAN. Mercredi, je crois, ou mardi. Comme te voilà métamorphosée

---

25. Ità œdepol: Yes, by Pollux, *a familiar Latin oath, roughly the equivalent of the subsequent* **pardieu.**

26. je serais bien aise: I would be very happy.

en femme! Je suis donc un homme, moi! Il me semble que c'est hier
que je t'ai vue pas plus haute que cela.

LE BARON.   Vous devez êtres fatigués; la route est longue, et il fait chaud.

PERDICAN.   Oh! mon Dieu, non. Regardez donc, mon père, comme Camille
est jolie!   5

LE BARON.   Allons, Camille, embrasse ton cousin.

CAMILLE.   Excusez-moi.

LE BARON.   Un compliment vaut un baiser; embrasse-la, Perdican.

PERDICAN.   Si ma cousine recule quand je lui tends la main, je vous dirai à
mon tour : Excusez-moi; l'amour peut voler un baiser, mais non pas   10
l'amitié.

CAMILLE.   L'amitié ni l'amour ne doivent recevoir que ce qu'ils peuvent
rendre.

LE BARON, *à maître Bridaine.*   Voilà un commencement de mauvais augure,
hé?   15

MAITRE BRIDAINE, *au baron.*   Trop de pudeur est sans doute un défaut;
mais mariage lève bien des scrupules.

LE BARON, *à maître Bridaine.*   Je suis choqué, — blessé. — Cette réponse
m'a déplu. — *Excusez-moi!* Avez-vous vu qu'elle a fait mine de se
signer? — Venez ici, que je vous parle. – Cela m'est pénible au   20
dernier point. Ce moment, qui devait m'être si doux, est complètement gâté. — Je suis vexé, piqué. — Diable! voilà qui est fort
mauvais.

MAITRE BRIDAINE.   Dites-leur quelques mots; les voilà qui se tournent le
dos.   25

LE BARON.   Eh bien! mes enfants, à quoi pensez-vous donc? Que fais-tu là,
Camille, devant cette tapisserie?

CAMILLE, *regardant un tableau.*   Voilà un beau portrait, mon oncle! N'est-
ce pas une grand-tante à nous?

LE BARON.   Oui, mon enfant, c'est ta bisaïeule,[27] — ou du moins — la   30
sœur de ton bisaïeul,[28] — car la chère dame n'a jamais concouru, —
pour sa part, je crois, autrement qu'en prières, — à l'accroissement
de la famille. — C'était, ma foi, une sainte femme.

CAMILLE.   Oh! oui, une sainte! c'est ma grand'tante Isabelle. Comme ce
costume religieux lui va bien!   35

LE BARON.   Et toi, Perdican, que fais-tu là devant ce pot de fleurs?

---

27. bisaïeule: great-grandmother.   **28. bisaïeul:** great-grandfather.

PERDICAN. Voilà une fleur charmante, mon père. C'est un héliotrope.[29]

LE BARON. Te moques-tu? elle est grosse comme une mouche.

PERDICAN. Cette petite fleur grosse comme une mouche a bien son prix.

MAITRE BRIDAINE. Sans doute! le docteur a raison; demandez-lui à quel
5   sexe, à quelle classe elle appartient; de quels éléments elle se forme,
d'où lui viennent sa sève et sa couleur; il vous ravira en extase en
vous détaillant les phénomènes de ce brin d'herbe, depuis la racine
jusqu'à la fleur.

PERDICAN. Je n'en sais pas si long, mon révérend. Je trouve qu'elle sent
10   bon, voilà tout.

SCENE III
Devant le château.

Entre LE CHŒUR

Plusieurs choses me divertissent et excitent ma curiosité. Venez, mes
amis, et asseyons-nous sous ce noyer. Deux formidables dîneurs sont
en ce moment en présence au château, maître Bridaine et maître
Blazius. N'avez-vous pas fait une remarque? c'est que lorsque deux
15   hommes à peu près pareils, également gros, également sots, ayant
les mêmes vices et les mêmes passions, viennent par hasard à se
rencontrer, il faut nécessairement qu'ils s'adorent ou qu'ils
s'exècrent. Par la raison que les contraires s'attirent, qu'un homme
grand et desséché aimera un homme petit et rond, que les blonds
20   recherchent les bruns, et réciproquement, je prévois une lutte
secrète entre le gouverneur et le curé. Tous deux sont armés d'une
égale impudence; tous deux ont pour ventre un tonneau; non-
seulement ils sont gloutons, mais ils sont gourmets; tous deux se
disputeront à dîner, non-seulement la quantité, mais la qualité. Si
25   le poisson est petit, comment faire? et dans tous les cas une langue
de carpe ne peut se partager, et une carpe ne peut avoir deux langues.
Item,[30] tous deux son bavards; mais à la rigueur ils peuvent parler
ensemble sans s'écouter ni l'un ni l'autre. Déjà maître Bridaine a
voulu adresser au jeune Perdican plusieurs questions pédantes, et le
30   gouverneur a froncé le sourcil. Il lui est désagréable qu'un autre que

---

29. **héliotrope**: sunflower.   30. **Item**: *Latin equivalent of* de même.

lui semble mettre son élève à l'épreuve. *Item*, ils sont aussi ignorants l'un que l'autre. *Item*, ils sont prêtres tous deux; l'un se targuera de sa cure, l'autre se rengorgera dans sa charge de gouverneur. Maître Blazius confesse le fils, et maître Bridaine le père. Déjà, je les vois accoudés sur la table, les joues enflammées, les yeux à fleur de tête,[31]   5
secouer pleins de haine leurs triples mentons. Ils se regardent de la tête aux pieds, ils préludent par de légères escarmouches; bientôt la guerre se déclare; les cuistreries[32] de toute espèce se croisent et s'échangent, et, pour comble de malheur, entre les deux ivrognes s'agite dame Pluche, qui les repousse l'un et l'autre de ses coudes   10
affilés.

Maintenant que voilà le dîner fini, on ouvre la grille du château. C'est la compagnie qui sort; retirons-nous à l'écart.

Ils sortent.
Entrent le baron et dame Pluche.

LE BARON.   Vénérable Pluche, je suis peiné.

DAME PLUCHE.   Est-il possible, monseigneur?   15

LE BARON.   Oui, Pluche, cela est possible. J'avais compté depuis longtemps, — j'avais même écrit, noté, — sur mes tablettes de poche, — que ce jour devait être le plus agréable de mes jours, — oui, bonne dame, le plus agréable. — Vous n'ignorez pas que mon dessein était de marier mon fils avec ma nièce; — cela était résolu, — convenu, —   20
j'en avais parlé à Bridaine, — et je vois, je crois voir, que ces enfants se parlent froidement; ils ne se sont pas dit un mot.

DAME PLUCHE.   Les voilà qui viennent, monseigneur. Sont-ils prévenus de vos projets?

LE BARON.   Je leur en ai touché quelques mots en particulier. Je crois qu'il   25
serait bon, puisque les voilà réunis, de nous asseoir sous cet ombrage propice, et de les laisser ensemble un instant.

Il se retire avec dame Pluche.
Entrent Camille et Perdican.

PERDICAN.   Sais-tu que cela n'a rien de beau, Camille, de m'avoir refusé un baiser?

CAMILLE.   Je suis comme cela; c'est ma manière.   30

31. **à fleur de tête:** protruding.   32. **cuistreries:** coarse insults.

PERDICAN.   Veux-tu mon bras, pour faire un tour dans le village?

CAMILLE.   Non, je suis lasse.

PERDICAN.   Cela ne te ferait pas plaisir de revoir la prairie? Te souviens-tu de nos parties sur le bateau? Viens, nous descendrons jusqu'aux moulins; je tiendrai les rames, et toi le gouvernail.

CAMILLE.   Je n'en ai nulle envie.

PERDICAN.   Tu me fends l'âme.[33] Quoi! pas un souvenir, Camille? pas un battement de cœur pour notre enfance, pour tout ce pauvre temps passé, si bon, si doux, si plein de niaiseries délicieuses? Tu ne veux pas venir voir le sentier par où nous allions à la ferme?

CAMILLE.   Non, pas ce soir.

PERDICAN.   Pas ce soir! et quand donc? Toute notre vie est là.

CAMILLE.   Je ne suis ni assez jeune pour m'amuser de mes poupées, ni assez vieille pour aimer le passé.

PERDICAN.   Comment dis-tu cela?

CAMILLE.   Je dis que les souvenirs d'enfance ne sont pas de mon goût.

PERDICAN.   Cela t'ennuie?

CAMILLE.   Oui, cela m'ennuie.

PERDICAN.   Pauvre enfant! je te plains sincèrement.

Ils sortent chacun de leur côté.

LE BARON, *rentrant avec dame Pluche.*   Vous le voyez, et vous l'entendez, excellente Pluche; je m'attendais à la plus suave harmonie, et il me semble assister à un concert où le violon joue *Mon cœur soupire,*[34] pendant que la flûte joue *Vive Henri IV.*[35] Songez à la discordance affreuse qu'une pareille combinaison produirait. Voilà pourtant ce qui se passe dans mon cœur.

DAME PLUCHE.   Je l'avoue; il m'est impossible de blâmer Camille, et rien n'est de plus mauvais ton, à mon sens, que les parties de bateau.

LE BARON.   Parlez-vous sérieusement?

DAME PLUCHE.   Seigneur, une jeune fille qui se respecte ne se hasarde pas sur les pièces d'eau.

LE BARON.   Mais observez donc, dame Pluche, que son cousin doit l'épouser, et que dès lors...

DAME PLUCHE.   Les convenances défendent de tenir un gouvernail, et il est malséant de quitter la terre ferme seule avec un jeune homme.

---

33. **Tu me fends l'âme:** You break my heart.   34. **mon cœur soupire:** an *aria from* The Marriage of Figaro.   35. **"Vive Henri IV":** *a joyous song.*

LE BARON.   Mais je répète... je vous dis...

DAME PLUCHE.   C'est là mon opinion.

LE BARON.   Etes-vous folle? En vérité, vous me feriez dire... Il y a certaines
expressions que je ne veux pas,... qui me répugnent... Vous me
donnez envie... En vérité, si je ne me retenais... Vous êtes une   5
pécore,[36] Pluche! Je ne sais que penser de vous.

Il sort.

SCENE IV
Une place.

Le Chœur, Perdican.

PERDICAN.   Bonjour, mes amis. Me reconnaissez-vous?

LE CHŒUR.   Seigneur, vous ressemblez à un enfant que nous avons beaucoup aimé.

PERDICAN.   N'est-ce pas vous qui m'avez porté sur votre dos pour passer les   10
ruisseaux de vos prairies, vous qui m'avez fait danser sur vos genoux,
qui m'avez pris en croupe sur vos chevaux robustes, qui vous êtes
serrés quelquefois autour de vos tables pour me faire une place au
souper de la ferme?

LE CHŒUR.   Nous nous en souvenons, seigneur. Vous étiez bien le plus   15
mauvais garnement[37] et le meilleur garçon de la terre.

PERDICAN.   Et pourquoi donc alors ne m'embrassez-vous pas, au lieu de me
saluer comme un étranger?

LE CHŒUR.   Que Dieu te bénisse, enfant de nos entrailles! chacun de nous
voudrait te prendre dans ses bras; mais nous sommes vieux, mon-   20
seigneur, et vous êtes un homme.

PERDICAN.   Oui, il y a dix ans que je ne vous ai vus, et en un jour tout change
sous le soleil. Je me suis élevé de quelques pieds vers le ciel, et vous
vous êtes courbés de quelques pouces vers le tombeau. Vos têtes ont
blanchi, vos pas sont devenus plus lents; vous ne pouvez plus soulever   25
de terre votre enfant d'autrefois. C'est donc à moi d'être votre père,
à vous qui avez été les miens.

---

36. **pécore:** *a stupid woman.*   37. **garnement:** rascal.

LE CHŒUR.   Votre retour est un jour plus heureux que votre naissance. Il est plus doux de retrouver ce qu'on aime, que d'embrasser un nouveau-né.

PERDICAN.   Voilà donc ma chère vallée! mes noyers, mes sentiers verts, ma
5   petite fontaine! voilà mes jours passés encore tout pleins de vie, voilà le monde mystérieux des rêves de mon enfance! O patrie! patrie! mot incompréhensible! l'homme n'est-il donc né que pour un coin de terre, pour y bâtir son nid et pour y vivre un jour?

LE CHŒUR.   On nous a dit que vous êtes un savant, monseigneur.

10   PERDICAN.   Oui, on me l'a dit aussi. Les sciences sont une belle chose, mes enfants; ces arbres et ces prairies enseignent à haute voix la plus belle de toutes, l'oubli de ce qu'on sait.

LE CHŒUR.   Il s'est fait plus d'un changement pendant votre absence. Il y a des filles mariées et des garçons partis pour l'armée.

15   PERDICAN.   Vous me conterez tout cela. Je m'attends bien à du nouveau; mais en vérité je n'en veux pas encore. Comme ce lavoir[38] est petit! autrefois il me paraissait immense; j'avais emporté dans ma tête un océan et des forêts, et je retrouve une goutte d'eau et des brins d'herbe. Quelle est donc cette jeune fille qui chante à sa croisée
20   derrière ces arbres?

LE CHŒUR.   C'est Rosette, la sœur de lait de votre cousine Camille.

PERDICAN, s'avançant.   Descends vite, Rosette, et viens ici.

ROSETTE, entrant.   Oui, monseigneur.

PERDICAN.   Tu me voyais de ta fenêtre, et tu ne venais pas, méchante fille?
25   Donne-moi vite cette main-là, et ces joues-là, que je t'embrasse.

ROSETTE.   Oui, monseigneur.

PERDICAN.   Es-tu mariée, petite? on m'a dit que tu l'étais.

ROSETTE.   Oh! non.

PERDICAN.   Pourquoi? Il n'y a pas dans le village de plus jolie fille que toi.
30   Nous te marierons, mon enfant.

LE CHŒUR.   Monseigneur, elle veut mourir fille.

PERDICAN.   Est-ce vrai, Rosette?

ROSETTE.   Oh! non.

PERDICAN.   Ta sœur Camille est arrivée. L'as-tu vue?

35   ROSETTE.   Elle n'est pas encore venue par ici.

PERDICAN.   Va-t'en vite mettre ta robe neuve, et viens souper au château.

---

38. lavoir: *an installation along the banks of a stream where washing is done.*

SCENE V
Une salle.

Entrent le baron et maître Blazius.

MAITRE BLAZIUS.   Seigneur, j'ai un mot à vous dire; le curé de la paroisse
est un ivrogne.

LE BARON.   Fi donc! cela ne se peut pas.

MAITRE BLAZIUS.   J'en suis certain; il a bu à dîner trois bouteilles de vin.

LE BARON.   Cela est exorbitant.   5

MAITRE BLAZIUS.   Et en sortant de table, il a marché sur les plates-bandes.

LE BARON.   Sur les plates-bandes? — Je suis confondu. — Voilà qui est
étrange! — Boire trois bouteilles de vin à dîner! marcher sur les
plates-bandes? c'est incompréhensible. Et pourquoi ne marchait-il
pas dans l'allée?   10

MAITRE BLAZIUS.   Parce qu'il allait de travers.

LE BARON, *à part*.   Je commence à croire que Bridaine avait raison ce matin.
Ce Blazius sent le vin d'une manière horrible.

MAITRE BLAZIUS.   De plus, il a mangé beaucoup; sa parole était embarrassée.

LE BARON.   Vraiment, je l'ai remarqué aussi.   15

MAITRE BLAZIUS.   Il a lâché quelques mots latins; c'étaient autant de solécismes.[39] Seigneur, c'est un homme dépravé.

LE BARON, *à part*.   Pouah! ce Blazius a une odeur qui est intolérable. —
Apprenez, gouverneur, que j'ai bien autre chose en tête, et que je ne
me mêle jamais de ce qu'on boit ni de ce qu'on mange. Je ne suis   20
point un majordome.

MAITRE BLAZIUS.   A Dieu ne plaise que je vous déplaise, monsieur le baron.
Votre vin est bon.

LE BARON.   Il y a de bon vin dans mes caves.

MAITRE BRIDAINE, *entrant*.   Seigneur, votre fils est sur la place, suivi de tous   25
les polissons du village.

LE BARON.   Cela est impossible.

MAITRE BRIDAINE.   Je l'ai vu de mes propres yeux. Il ramassait des cailloux
pour faire des ricochets.

LE BARON.   Des ricochets? ma tête s'égare; voilà mes idées qui se boulever-   30
sent. Vous me faites un rapport insensé, Bridaine. Il est inouï qu'un
docteur fasse des ricochets.

---

39. **solécismes**: grammatical errors.

MAITRE BRIDAINE. Mettez-vous à la fenêtre, monseigneur, vous le verrez de vos propres yeux.

LE BARON, *à part.* O ciel! Blazius a raison; Bridaine va de travers.[40]

MAITRE BRIDAINE. Regardez, monseigneur, le voilà au bord du lavoir. Il
5   tient sous le bras une jeune paysanne.

LE BARON. Une jeune paysanne? Mon fils vient-il ici pour débaucher mes vassales? Une paysanne sous son bras! et tous les gamins du village autour de lui! Je me sens hors de moi.

MAITRE BRIDAINE. Cela crie vengeance.

10   LE BARON. Tout est perdu! — perdu sans ressource! — Je suis perdu : Bridaine va de travers, Blazius sent le vin à faire horreur, et mon fils séduit toutes les filles du village en faisant des ricochets.

Il sort.

ACTE SECOND

SCENE I
Un jardin.

Entrent maître Blazius et Perdican.

MAITRE BLAZIUS. Seigneur, votre père est au désespoir.

PERDICAN. Pourquoi cela?

15   MAITRE BLAZIUS. Vous n'ignorez pas qu'il avait formé le projet de vous unir à votre cousine Camille?

PERDICAN. Eh bien? — Je ne demande pas mieux.

MAITRE BLAZIUS. Cependant le baron croit remarquer que vos caractères ne s'accordent pas.

20   PERDICAN. Cela est malheureux; je ne puis refaire le mien.

MAITRE BLAZIUS. Rendrez-vous par là ce mariage impossible?

PERDICAN. Je vous répète que je ne demande pas mieux que d'épouser Camille. Allez trouver le baron et dites-lui cela.

MAITRE BLAZIUS. Seigneur, je me retire : voilà votre cousine qui vient de
25   ce côté.

Il sort.
Entre Camille.

40. va de travers: is *staggering.*

PERDICAN. Déjà levée, cousine? J'en suis toujours pour ce que je t'ai dit hier; tu es jolie comme un cœur.

CAMILLE. Parlons sérieusement, Perdican; votre père veut nous marier. Je ne sais ce que vous en pensez; mais je crois bien faire en vous prévenant que mon parti est pris là-dessus.   5

PERDICAN. Tant pis pour moi si je vous déplais.

CAMILLE. Pas plus qu'un autre; je ne veux pas me marier : il n'y a rien là dont votre orgueil doive souffrir.

PERDICAN. L'orgueil n'est pas mon fait; je n'en estime ni les joies ni les peines.   10

CAMILLE. Je suis venue ici pour recueillir le bien de ma mère; je retourne demain au couvent.

PERDICAN. Il y a de la franchise dans ta démarche; touche-là,[41] et soyons bons amis.

CAMILLE. Je n'aime pas les attouchements.   15

PERDICAN, *lui prenant la main.* Donne-moi ta main, Camille, je t'en prie. Que crains-tu de moi? Tu ne veux pas qu'on nous marie? eh bien! ne nous marions pas; est-ce une raison pour nous haïr? ne sommes-nous pas le frère et la sœur? Lorsque ta mère a ordonné ce mariage dans son testament, elle a voulu que notre amitié fût éternelle, voilà   20 tout ce qu'elle a voulu. Pourquoi nous marier? voilà ta main et voilà la mienne; et pour qu'elles restent unies ainsi jusqu'au dernier soupir, crois-tu qu'il nous faille un prêtre? Nous n'avons besoin que de Dieu.

CAMILLE. Je suis bien aise que mon refus vous soit indifférent.   25

PERDICAN. Il ne m'est point indifférent, Camille. Ton amour m'eût donné la vie, mais ton amitié m'en consolera. Ne quitte pas le château demain; hier, tu as refusé de faire un tour de jardin, parce que tu voyais en moi un mari dont tu ne voulais pas. Reste ici quelques jours, laisse-moi espérer que notre vie passée n'est pas morte à jamais   30 dans ton cœur.

CAMILLE. Je suis obligée de partir.

PERDICAN. Pourquoi?

CAMILLE. C'est mon secret.

PERDICAN. En aimes-tu un autre que moi?   35

CAMILLE. Non; mais je veux partir.

41. **touche-là:** shake hands.

PERDICAN. Irrévocablement?

CAMILLE. Oui, irrévocablement.

PERDICAN. Eh bien! adieu. J'aurais voulu m'asseoir avec toi sous les
marroniers du petit bois et causer de bonne amitié une heure ou
5   deux. Mais si cela te déplaît, n'en parlons plus; adieu, mon enfant.

Il sort.

CAMILLE, *à dame Pluche qui entre.* Dame Pluche, tout est-il prêt? Par-
tirons-nous demain? Mon tuteur a-t-il fini ses comptes?

DAME PLUCHE. Oui, chère colombe sans tache. Le baron m'a traitée de
pécore hier soir, et je suis enchantée de partir.

10   CAMILLE. Tenez; voilà un mot d'écrit que vous porterez avant dîner, de ma
part, à mon cousin Perdican.

DAME PLUCHE. Seigneur, mon Dieu! est-ce possible? Vous écrivez un billet
à un homme?

CAMILLE. Ne dois-je pas être sa femme? Je puis bien écrire à mon fiancé.

15   DAME PLUCHE. Le seigneur Perdican sort d'ici. Que pouvez-vous lui écrire?
Votre fiancé, miséricorde! Serait-il vrai que vous oubliez Jésus?

CAMILLE. Faites ce que je vous dis, et disposez tout pour notre départ.

Elles sortent.

SCENE II

La salle à manger. — On met le couvert.

Entre MAITRE BRIDAINE

Cela est certain, on lui donnera encore aujourd'hui la place d'honneur. Cette chaise que j'ai occupée si longtemps à la droite du baron
20   sera la proie du gouverneur. O malheureux que je suis! Un âne
bâté,[42] un ivrogne sans pudeur, me relègue au bas bout de la table!
Le majordome lui versera le premier verre de Malaga,[43] et lorsque
les plats arriveront à moi, ils seront à moitié froids et les meilleurs
morceaux déjà avalés; il ne restera plus autour des perdreaux ni
25   choux ni carottes. O sainte église catholique! Qu'on lui ait donné
cette place hier, cela se concevait; il venait d'arriver; c'était la
première fois, depuis nombre d'années, qu'il s'asseyait à cette table.

42. **un âne bâté**: *a perfect ass.*   43. **Malaga:** *a well-known Spanish wine.*

Dieu! comme il dévorait! Non, rien ne me restera que des os et des
pattes de poulet. Je ne souffrirai pas cet affront. Adieu, vénérable
fauteuil où je me suis renversé tant de fois gorgé de mets succulents!
Adieu, bouteilles cachetées, fumet sans pareil de venaisons cuites à
point![44] Adieu, table splendide, noble salle à manger, je ne dirai plus   5
le bénédicité! Je retourne à ma cure; on ne me verra pas confondu
parmi la foule des convives, et j'aime mieux, comme César, être le
premier au village que le second dans Rome.[45]

Il sort.

SCENE III
Un champ devant une petite maison.

Entrent Rosette et Perdican.

PERDICAN.   Puisque ta mère n'y est pas, viens faire un tour de promenade.

ROSETTE.   Croyez-vous que cela me fasse du bien, tous ces baisers que vous   10
me donnez?

PERDICAN.   Quel mal y trouves-tu? Je t'embrasserais devant ta mère. N'es-
tu pas la sœur de Camille? ne suis-je pas ton frère comme je suis le
sien?

ROSETTE.   Des mots sont des mots et des baisers sont des baisers. Je n'ai   15
guère d'esprit, et je m'en aperçois bien sitôt que je veux dire quelque
chose. Les belles dames savent leur affaire, selon qu'on leur baise la
main droite ou la main gauche; leurs pères les embrassent sur le
front, leurs frères sur la joue, leurs amoureux sur les lèvres; moi,
tout le monde m'embrasse sur les deux joues, et cela me chagrine.   20

PERDICAN.   Que tu es jolie, mon enfant!

ROSETTE.   Il ne faut pas non plus vous fâcher pour cela. Comme vous
paraissez triste ce matin! Votre mariage est donc manqué?

PERDICAN.   Les paysans de ton village se souviennent de m'avoir aimé; les
chiens de la basse-cour et les arbres du bois s'en souviennent aussi;   25
mais Camille ne s'en souvient pas. Et toi, Rosette, à quand le mariage?

ROSETTE.   Ne parlons pas de cela, voulez-vous? Parlons du temps qu'il fait,
de ces fleurs que voilà, de vos chevaux et de mes bonnets.

---

44. à point: well-done. **45. j'aime
mieux, comme César, être le premier
au village que le second dans Rome:**
*These are words Caesar spoke while
passing through a small Alpine village
on his way to seize supreme power.*

PERDICAN. De tout ce qui te plaira, de tout ce qui peut passer sur tes lèvres
sans leur ôter ce sourire céleste que je respecte plus que ma vie.

Il l'embrasse.

ROSETTE. Vous respectez mon sourire, mais vous ne respectez guère mes
lèvres, à ce qu'il me semble. Regardez donc; voilà une goutte de
5   pluie qui me tombe sur la main, et cependant le ciel est pur.

PERDICAN. Pardonne-moi.

ROSETTE. Que vous ai-je fait, pour que vous pleuriez?

Ils sortent.

                    SCENE IV
Au château.

Entrent maître Blazius et le baron.

MAITRE BLAZIUS. Seigneur, j'ai une chose singulière à vous dire. Tout-à-
l'heure, j'étais par hasard dans l'office, je veux dire dans la galerie :
10   qu'aurais-je été faire dans l'office? J'étais donc dans la galerie. J'avais
trouvé par accident une bouteille, je veux dire une carafe d'eau :
comment aurais-je trouvé une bouteille dans la galerie? J'étais donc
en train de boire un coup de vin, je veux dire un verre d'eau, pour
passer le temps, et je regardais par la fenêtre, entre deux vases de
15   fleurs qui me paraissaient d'un goût moderne, bien qu'ils soient
imités de l'étrusque.

LE BARON. Quelle insupportable manière de parler vous avez adoptée,
Blazius! vos discours sont inexplicables.

MAITRE BLAZIUS. Ecoutez-moi, seigneur, prêtez-moi un moment d'atten-
20   tion. Je regardais donc par la fenêtre. Ne vous impatientez pas, au
nom du ciel, il y va de l'honneur de la famille.

LE BARON. De la famille! voilà qui est incompréhensible. De l'honneur de
la famille, Blazius! Savez-vous que nous sommes trente-sept mâles,
et presque autant de femmes, tant à Paris qu'en province?

25 MAITRE BLAZIUS. Permettez-moi de continuer. Tandis que je buvais un
coup de vin, je veux dire un verre d'eau, pour chasser la digestion
tardive, imaginez que j'ai vu passer sous la fenêtre dame Pluche hors
d'haleine.

LE BARON. Pourquoi hors d'haleine, Blazius? ceci est insolite.

MAITRE BLAZIUS. Et à côté d'elle, rouge de colère, votre nièce Camille.

LE BARON. Qui était rouge de colère, ma nièce, ou dame Pluche?

MAITRE BLAZIUS. Votre nièce, seigneur.

LE BARON. Ma nièce rouge de colère! Cela est inouï! Et comment savez-vous que c'était de colère? Elle pouvait être rouge pour mille raisons;   5
elle avait sans doute poursuivi quelques papillons dans mon parterre.

MAITRE BLAZIUS. Je ne puis rien affirmer là-dessus; cela se peut; mais elle s'écriait avec force : Allez-y! trouvez-le! faites ce qu'on vous dit! vous êtes une sotte! je le veux! Et elle frappait avec son éventail sur le coude de dame Pluche, qui faisait un soubresaut dans la luzerne à   10
chaque exclamation.

LE BARON. Dans la luzerne! et que répondait la gouvernante aux extravagances de ma nièce? car cette conduite mérite d'être qualifiée ainsi.

MAITRE BLAZIUS. La gouvernante répondait : Je ne veux pas y aller! Je ne l'ai pas trouvé! Il fait la cour aux filles du village, à des gardeuses   15
de dindons! Je suis trop vieille pour commencer à porter des messages d'amour; grâce à Dieu, j'ai vécu les mains pures jusqu'ici; — et tout en parlant elle froissait dans ses mains un petit papier plié en quatre.

LE BARON. Je n'y comprends rien; mes idées s'embrouillent tout-à-fait. Quelle raison pouvait avoir dame Pluche pour froisser un papier plié   20
en quatre en faisant des soubresauts dans une luzerne! Je ne puis ajouter foi à de pareilles monstruosités.

MAITRE BLAZIUS. Ne comprenez-vous pas clairement, seigneur, ce que cela signifiait?

LE BARON. Non, en vérité, non, mon ami, je n'y comprends absolument   25
rien. Tout cela me paraît une conduite désordonnée, il est vrai, mais sans motif comme sans excuse.

MAITRE BLAZIUS. Cela veut dire que votre nièce a une correspondance secrète.

LE BARON. Que dites-vous? Songez-vous de qui vous parlez? Pesez vos   30
paroles, monsieur l'abbé.

MAITRE BLAZIUS. Je les pèserais dans la balance céleste qui doit peser mon âme au jugement dernier, que je n'y trouverais pas un mot qui sente la fausse monnaie. Votre nièce a une correspondance secrète.

LE BARON. Mais songez donc, mon ami, que cela est impossible.   35

MAITRE BLAZIUS. Pourquoi aurait-elle chargé sa gouvernante d'une lettre? Pourquoi aurait-elle crié : *Trouvez-le!* tandis que l'autre boudait et rechignait?

LE BARON.   Et à qui était adressée cette lettre?

MAITRE BLAZIUS.   Voilà précisément le *hic*, monseigneur, *hic jacet lepus*.[46]
A qui était adressée cette lettre? à un homme qui fait la cour à une
gardeuse de dindons. Or, un homme qui recherche en public une
gardeuse de dindons peut être soupçonné violemment d'être né pour
les garder lui-même. Cependant il est impossible que votre nièce, avec
l'éducation qu'elle a reçue, soit éprise d'un pareil homme; voilà ce
que je dis, et ce qui fait que je n'y comprends rien non plus que vous,
révérence parler.[47]

LE BARON.   O ciel! ma nièce m'a déclaré ce matin même qu'elle refusait
son cousin Perdican. Aimerait-elle un gardeur de dindons. Passons
dans mon cabinet; j'ai éprouvé depuis hier des secousses si violentes,
que je ne puis rassembler mes idées.

Ils sortent.

SCENE V
Une fontaine dans un bois.

Entre PERDICAN, *lisant un billet.*

«Trouvez-vous à midi à la petite fontaine.» Que veut dire cela? tant
de froideur, un refus si positif, si cruel, un orgueil si insensible, et un
rendez-vous par-dessus tout? Si c'est pour me parler d'affaires,
pourquoi choisir un pareil endroit? Est-ce une coquetterie? Ce matin,
en me promenant avec Rosette, j'ai entendu remuer dans les
broussailles, et il m'a semblé que c'était un pas de biche. Y a-t-il ici
quelque intrigue?

Entre Camille.

CAMILLE.   Bonjour, cousin; j'ai cru m'apercevoir, à tort ou à raison, que
vous me quittiez tristement ce matin. Vous m'avez pris la main
malgré moi, je viens vous demander de me donner la vôtre. Je vous
ai refusé un baiser, le voilà.

Elle l'embrasse.

46. hic jacet lepus: (*Latin*) this is where the hare is hidden. *Figuratively*, this is the problem.   **47. révérence parler:** to speak tactfully.

Maintenant, vous m'avez dit que vous seriez bien aise de causer de bonne amitié. Asseyez-vous là, et causons.

Elle s'asseoit.

PERDICAN. Avais-je fait un rêve, ou en fais-je un autre en ce moment?

CAMILLE. Vous avez trouvé singulier de recevoir un billet de moi, n'est-ce pas? Je suis d'humeur changeante; mais vous m'avez dit ce matin un mot très-juste : «Puisque nous nous quittons, quittons-nous bons amis.» Vous ne savez pas la raison pour laquelle je pars, et je viens vous la dire : je vais prendre le voile.[48]

PERDICAN. Est-ce possible? Est-ce toi, Camille, que je vois dans cette fontaine, assise sur les marguerites, comme aux jours d'autrefois?

CAMILLE. Oui, Perdican, c'est moi. Je viens revivre un quart-d'heure de la vie passée. Je vous ai paru brusque et hautaine; cela est tout simple, j'ai renoncé au monde. Cependant, avant de le quitter, je serais bien aise d'avoir votre avis. Trouvez-vous que j'aie raison de me faire religieuse?

PERDICAN. Ne m'interrogez pas là-dessus, car je ne me ferai jamais moine.

CAMILLE. Depuis près de dix ans que nous avons vécu éloignés l'un de l'autre, vous avez commencé l'expérience de la vie. Je sais quel homme vous êtes, et vous devez avoir beaucoup appris en peu de temps avec un cœur et un esprit comme les vôtres. Dites-moi, avez-vous eu des maîtresses?

PERDICAN. Pourquoi cela?

CAMILLE. Répondez-moi, je vous en prie, sans modestie et sans fatuité.

PERDICAN. J'en ai eu.

CAMILLE. Les avez-vous aimées?

PERDICAN. De tout mon cœur.

CAMILLE. Où sont-elles maintenant? Le savez-vous?

PERDICAN. Voilà, en vérité, des questions singulières. Que voulez-vous que je vous dise? Je ne suis ni leur mari ni leur frère; elles sont allées où bon leur a semblé.

CAMILLE. Il doit nécessairement y en avoir une que vous ayez préférée aux autres. Combien de temps avez-vous aimé celle que vous avez aimée le mieux?

PERDICAN. Tu es une drôle de fille! Veux-tu te faire mon confesseur?

---

48. **je vais prendre le voile**: I will become a nun.

CAMILLE.   C'est une grâce que je vous demande, de me répondre sincèrement. Vous n'êtes point un libertin, et je crois que votre cœur a de la
probité. Vous avez dû inspirer l'amour, car vous le méritez, et vous
ne vous seriez pas livré à un caprice. Répondez-moi, je vous en prie.

5   PERDICAN.   Ma foi, je ne m'en souviens pas.

CAMILLE.   Connaissez-vous un homme qui n'ait aimé qu'une femme?

PERDICAN.   Il y en a certainement.

CAMILLE.   Est-ce un de vos amis? Dites-moi son nom.

PERDICAN.   Je n'ai pas de nom à vous dire; mais je crois qu'il y a des
10   hommes capables de n'aimer qu'une fois.

CAMILLE.   Combien de fois un honnête homme peut-il aimer?

PERDICAN.   Veux-tu me faire réciter une litanie, ou récites-tu toi-même un
catéchisme?

CAMILLE.   Je voudrais m'instruire, et savoir si j'ai tort ou raison de me
15   faire religieuse. Si je vous épousais, ne devriez-vous pas répondre
avec franchise à toutes mes questions, et me montrer votre cœur à
nu? Je vous estime beaucoup, et je vous crois, par votre éducation
et par votre nature, supérieur à beaucoup d'autres hommes. Je suis
fâchée que vous ne vous souveniez plus de ce que je vous demande;
20   peut-être en vous connaissant mieux je m'enhardirais.

PERDICAN.   Où veux-tu en venir? parle; je répondrai.

CAMILLE.   Répondez donc à ma première question. Ai-je raison de rester au
couvent?

PERDICAN.   Non.

25   CAMILLE.   Je ferais donc mieux de vous épouser?

PERDICAN.   Oui.

CAMILLE.   Si le curé de votre paroisse soufflait sur un verre d'eau, et vous
disait que c'est un verre de vin, le boiriez-vous comme tel?

PERDICAN.   Non.

30   CAMILLE.   Si le curé de votre paroisse soufflait sur vous, et me disait que
vous m'aimerez toute votre vie, aurais-je raison de le croire.

PERDICAN.   Oui et non.

CAMILLE.   Que me conseilleriez-vous de faire le jour où je verrais que vous
ne m'aimez plus?

35   PERDICAN.   De prendre un amant.

CAMILLE.   Que ferai-je ensuite le jour où mon amant ne m'aimera plus?

PERDICAN.   Tu en prendras un autre.

CAMILLE.   Combien de temps cela durera-t-il?

PERDICAN. Jusqu'à ce que tes cheveux soient gris, et alors les miens seront
blancs.

CAMILLE. Savez-vous ce que c'est que les cloîtres, Perdican? Vous êtes-vous
jamais assis un jour entier sur le banc d'un monastère de femmes?

PERDICAN. Oui; je m'y suis assis.   5

CAMILLE. J'ai pour amie une sœur qui n'a que trente ans, et qui a eu cinq
cent mille livres de revenu à l'âge de quinze ans. C'est la plus belle
et la plus noble créature qui ait marché sur terre. Elle était pairesse
du parlement,[49] et avait pour mari un des hommes les plus distingués
de France. Aucune des nobles facultés humaines n'était restée sans   10
culture en elle, et, comme un arbrisseau d'une sève choisie, tous ses
bourgeons avaient donné des ramures. Jamais l'amour et le bonheur
ne poseront leur couronne fleurie sur un front plus beau; son
mari l'a trompée; elle a aimé un autre homme, et elle se meurt de
désespoir.   15

PERDICAN. Cela est possible.

CAMILLE. Nous habitons la même cellule, et j'ai passé des nuits entières à
parler de ses malheurs; ils sont presque devenus les miens; cela est
singulier, n'est-ce pas? Je ne sais trop comment cela se fait. Quand
elle me parlait de son mariage, quand elle me peignait d'abord   20
l'ivresse des premiers jours, puis la tranquillité des autres, et comme
enfin tout s'était envolé; comme elle était assise le soir au coin du feu,
et lui auprès de la fenêtre, sans se dire un seul mot; comme leur
amour avait langui, et comme tous les efforts pour se rapprocher
n'aboutissaient qu'à des querelles; comme une figure étrangère est   25
venue peu à peu se placer entre eux et se glisser dans leurs souffrances : c'était moi que je voyais agir tandis qu'elle parlait. Quand
elle disait : Là, j'ai été heureuse, mon cœur bondissait; et quand
elle ajoutait : Là, j'ai pleuré, mes larmes coulaient. Mais figurez-vous
quelque chose de plus singulier encore; j'avais fini par me créer une   30
vie imaginaire; cela a duré quatre ans; il est inutile de vous dire par
combien de réflexions, de retours sur moi-même, tout cela est venu.
Ce que je voulais vous raconter, comme une curiosité, c'est que tous
les récits de Louise, toutes les fictions de mes rêves portaient votre
ressemblance.   35

PERDICAN. Ma ressemblance, à moi?

49. **pairesse de parlement:** *a high title.*

CAMILLE. Oui, et cela est naturel : vous étiez le seul homme que j'eusse
connu. En vérité, je vous ai aimé, Perdican.

PERDICAN. Quel âge as-tu, Camille?

CAMILLE. Dix-huit ans.

5 PERDICAN. Continue, continue; j'écoute.

CAMILLE. Il y a deux cents femmes dans notre couvent; un petit nombre
de ces femmes ne connaîtra jamais la vie, et tout le reste attend la
mort. Plus d'une parmi elles sont sorties du monastère comme j'en
sors aujourd'hui, vierges et pleines d'espérances. Elles sont revenues
10   peu de temps après, vieilles et désolées. Tous les jours il en meurt
dans nos dortoirs, et tous les jours il en vient de nouvelles prendre
la place des mortes sur les matelas de crin. Les étrangers qui nous
visitent admirent le calme et l'ordre de la maison; ils regardent
attentivement la blancheur de nos voiles; mais ils se demandent
15   pourquoi nous les rabaissons sur nos yeux. Que pensez-vous de ces
femmes, Perdican? Ont-elles tort, ou ont-elles raison?

PERDICAN. Je n'en sais rien.

CAMILLE. Il s'en est trouvé quelques-unes qui me conseillent de rester
vierge. Je suis bien aise de vous consulter. Croyez-vous que ces
20   femmes-là auraient mieux fait de prendre un amant et de me conseiller d'en faire autant?

PERDICAN. Je n'en sais rien.

CAMILLE. Vous aviez promis de me répondre.

PERDICAN. J'en suis dispensé tout naturellement; je ne crois pas que ce soit
25   toi qui parles.

CAMILLE. Cela se peut, il doit y avoir dans toutes mes idées des choses très-
ridicules. Il se peut bien qu'on m'ait fait la leçon, et que je ne sois
qu'un perroquet mal appris. Il y a dans la galerie un petit tableau
qui représente un moine courbé sur un missel; à travers les barreaux
30   obscurs de sa cellule glisse un faible rayon de soleil, et on aperçoit une
locanda[50] italienne devant laquelle danse un chevrier. Lequel de ces
deux hommes estimez-vous davantage?

PERDICAN. Ni l'un ni l'autre et tous les deux. Ce sont deux hommes de chair
et d'os; il y en a un qui lit, et un autre qui danse; je n'y vois pas autre
35   chose. Tu as raison de te faire religieuse.

CAMILLE. Vous me disiez non tout-à-l'heure.

50. **locanda:** *Italian inn.*

PERDICAN.   Ai-je dit non ? Cela est possible.

CAMILLE.   Ainsi vous me le conseillez ?

PERDICAN.   Ainsi tu ne crois à rien ?

CAMILLE.   Lève la tête, Perdican ! quel est l'homme qui ne croit à rien ?

PERDICAN, *se levant*.   En voilà un ; je ne crois pas à la vie immortelle. — Ma   5
sœur chérie, les religieuses t'ont donné leur expérience ; mais, crois-
moi, ce n'est pas la tienne ; tu ne mourras pas sans aimer.

CAMILLE.   Je veux aimer, mais je ne veux pas souffrir ; je veux aimer d'un
amour éternel, et faire des serments qui ne se violent pas. Voilà mon
amant.   10

Elle montre son crucifix.

PERDICAN.   Cet amant-là n'exclut pas les autres.

CAMILLE.   Pour moi, du moins, il les exclura. Ne souriez pas, Perdican ! Il
y a dix ans que je ne vous ai vu, et je pars demain. Dans dix autres
années, si nous nous revoyons, nous en reparlerons. J'ai voulu ne pas
rester dans votre souvenir comme une froide statue ; car l'insen-   15
sibilité mène au point où j'en suis. Ecoutez-moi ; retournez à la vie,
et tant que vous serez heureux, tant que vous aimerez comme on peut
aimer sur la terre, oubliez votre sœur Camille ; mais s'il vous arrive
jamais d'être oublié ou d'oublier vous-même, si l'ange de l'espérance
vous abandonne, lorsque vous serez seul avec le vide dans le cœur,   20
pensez à moi qui prierai pour vous.

PERDICAN.   Tu es une orgueilleuse ; prends garde à toi.

CAMILLE.   Pourquoi ?

PERDICAN.   Tu as dix-huit ans, et tu ne crois pas à l'amour !

CAMILLE.   Y croyez-vous, vous qui parlez ? vous voilà courbé près de moi   25
avec des genoux qui se sont usés sur les tapis de vos maîtresses, et
vous n'en savez plus le nom. Vous avez pleuré des larmes de joie et
des larmes de désespoir ; mais vous saviez que l'eau des sources est
plus constante que vos larmes, et qu'elle serait toujours là pour laver
vos paupières gonflées. Vous faites votre métier de jeune homme, et   30
vous souriez quand on vous parle de femmes désolées ; vous ne croyez
pas qu'on puisse mourir d'amour, vous qui vivez et qui avez aimé.
Qu'est-ce donc que le monde ? Il me semble que vous devez cordiale-
ment mépriser les femmes qui vous prennent tel que vous êtes, et qui
chassent leur dernier amant pour vous attirer dans leurs bras avec les   35
baisers d'une autre sur les lèvres. Je vous demandais tout-à-l'heure

si vous aviez aimé ; vous m'avez répondu comme un voyageur à qui
l'on demanderait s'il a été en Italie ou en Allemagne, et qui dirait :
Oui, j'y ai été ; puis qui penserait à aller en Suisse, ou dans le
premier pays venu. Est-ce donc une monnaie que votre amour,
pour qu'il puisse passer ainsi de mains en mains jusqu'à la mort ?
Non, ce n'est pas même une monnaie ; car la plus mince pièce d'or
vaut mieux que vous, et dans quelques mains qu'elle passe, elle garde
son effigie.

PERDICAN.   Que tu es belle, Camille, lorsque tes yeux s'animent !

CAMILLE.   Oui, je suis belle, je le sais. Les complimenteurs ne m'apprendront rien ; la froide nonne qui coupera mes cheveux pâlira peut-être
de sa mutilation ; mais ils ne se changeront pas en bagues et en
chaînes pour courir les boudoirs ; il n'en manquera pas un seul sur
ma tête lorsque le fer y passera ; je ne veux qu'un coup de ciseau, et
quand le prêtre qui me bénira me mettra au doigt l'anneau d'or de
mon époux céleste, la mèche de cheveux que je lui donnerai pourra
lui servir de manteau.

PERDICAN.   Tu es en colère, en vérité.

CAMILLE.   J'ai eu tort de parler ; j'ai ma vie entière sur les lèvres. O
Perdican ! ne raillez pas ; tout cela est triste à mourir.

PERDICAN.   Pauvre enfant, je te laisse dire, et j'ai bien envie de te répondre
un mot. Tu me parles d'une religieuse qui me paraît avoir eu sur toi
une influence funeste ; tu dis qu'elle a été trompée, qu'elle a trompé
elle-même, et qu'elle est désespérée. Es-tu sûre que si son mari ou
son amant revenait lui tendre la main à travers la grille du parloir,
elle ne lui tendrait pas la sienne ?

CAMILLE.   Qu'est-ce que vous dites ? J'ai mal entendu.

PERDICAN.   Es-tu sûre que si son mari ou son amant revenait lui dire de
souffrir encore, elle répondrait non ?

CAMILLE.   Je le crois.

PERDICAN.   Il y a deux cents femmes dans ton monastère, et la plupart ont
au fond du cœur des blessures profondes ; elles te les ont fait toucher,
et elles ont coloré ta pensée virginale des gouttes de leur sang. Elles
ont vécu, n'est-ce pas ? et elles t'ont montré avec horreur la route de
leur vie ; tu t'es signée devant leurs cicatrices comme devant les
plaies de Jésus ; elles t'ont fait une place dans leurs processions
lugubres, et tu te serres contre ces corps décharnés avec une crainte
religieuse, lorsque tu vois passer un homme. Es-tu sûre que si

l'homme qui passe était celui qui les a trompées, celui pour qui elles
pleurent et elles souffrent, celui qu'elles maudissent en priant Dieu,
es-tu sûre qu'en le voyant elles ne briseraient pas leurs chaînes pour
courir à leurs malheurs passés, et pour presser leurs poitrines
sanglantes sur le poignard qui les a meurtries ? O mon enfant ! sais-tu   5
les rêves de ces femmes, qui te disent de ne pas rêver ? Sais-tu quel
nom elles murmurent quand les sanglots qui sortent de leurs lèvres
font trembler l'hostie qu'on leur présente ? Elles qui s'asseoient près
de toi avec leurs têtes branlantes pour verser dans ton oreille leur
vieillesse flétrie, elles qui sonnent dans les ruines de ta jeunesse le   10
tocsin de leur désespoir, et qui font sentir à ton sang vermeil la
fraîcheur de leurs tombes, sais-tu qui elles sont ?

CAMILLE.   Vous me faites peur ; la colère vous prend aussi.

PERDICAN.   Sais-tu ce que c'est que des nonnes, malheureuse fille ? Elles
qui te représentent l'amour des hommes comme un mensonge,   15
savent-elles qu'il y a pis encore, le mensonge de l'amour divin ?
Savent-elles que c'est un crime qu'elles font, de venir chuchoter à
une vierge des paroles de femme ? Ah ! comme elles t'ont fait la leçon !
Comme j'avais prévu tout cela quand tu t'es arrêtée devant le portrait
de notre vieille tante ! Tu voulais partir sans me serrer la main ; tu ne 20
voulais revoir ni ce bois, ni cette pauvre petite fontaine qui nous
regarde toute en larmes ; tu reniais les jours de ton enfance, et le
masque de plâtre que les nonnes t'ont plaqué sur les joues me refusait
un baiser de frère ; mais ton cœur a battu ; il a oublié sa leçon, lui qui
ne sait pas lire, et tu es revenue t'asseoir sur l'herbe où nous voilà.   25
Eh bien ! Camille, ces femmes ont bien parlé ; elles t'ont mise dans le
vrai chemin ; il pourra m'en coûter le bonheur de ma vie ; mais dis-
leur cela de ma part : le ciel n'est pas pour elles.

CAMILLE.   Ni pour moi, n'est-ce pas ?

PERDICAN.   Adieu, Camille, retourne à ton couvent, et lorsqu'on te fera de   30
ces récits hideux qui t'ont empoisonnée, réponds ce que je vais te
dire : Tous les hommes sont menteurs, inconstants, faux, bavards,
hypocrites, orgueilleux et lâches, méprisables et sensuels ; toutes les
femmes sont perfides, artificieuses, vaniteuses, curieuses et dépra-
vées ; le monde n'est qu'un égout sans fond où les phoques les plus   35
informes rampent et se tordent sur des montagnes de fange ; mais il
y a au monde une chose sainte et sublime, c'est l'union de deux de
ces êtres si imparfaits et si affreux. On est souvent trompé en amour,

souvent blessé et souvent malheureux; mais on aime, et quand on est
sur le bord de sa tombe, on se retourne pour regarder en arrière, et
on se dit : J'ai souffert souvent, je me suis trompé quelquefois; mais
j'ai aimé. C'est moi qui ai vécu, et non pas un être factice créé par
5   mon orgueil et mon ennui.

Il sort.

ACTE TROISIEME

SCENE I

Devant le château.

Entrent le baron et maître Blazius.

LE BARON.   Indépendamment de votre ivrognerie, vous êtes un bélître,[51]
maître Blazius. Mes valets vous voient entrer furtivement dans
l'office, et quand vous êtes convaincu d'avoir volé mes bouteilles de
la manière la plus pitoyable, vous croyez vous justifier en accusant
10   ma nièce d'une correspondance secrète.

MAITRE BLAZIUS.   Mais, monseigneur, veuillez vous rappeler...

LE BARON.   Sortez, monsieur l'abbé, et ne reparaissez jamais devant moi; il
est déraisonnable d'agir comme vous faites, et ma gravité m'oblige
à ne vous pardonner de ma vie.

Il sort; maître Blazius le suit.
Entre Perdican.

15   PERDICAN.   Je voudrais bien savoir si je suis amoureux. D'un côté, cette
manière d'interroger est tant soit peu cavalière, pour une fille de
dix-huit ans; d'un autre, les idées que ces nonnes lui ont fourrées
dans la tête auront de la peine à se corriger. De plus, elle doit partir
aujourd'hui. Diable! je l'aime, cela est sûr. Après tout, qui sait?
20   peut-être elle répétait une leçon, et d'ailleurs il est clair qu'elle ne
se soucie pas de moi. D'une autre part, elle a beau être jolie, cela
n'empêche pas qu'elle n'ait des manières beaucoup trop décidées, et
un ton trop brusque. Je n'ai qu'à n'y plus penser; il est clair que je

51. bélître: rascal.

ne l'aime pas. Cela est certain qu'elle est jolie; mais pourquoi cette conversation d'hier ne veut-elle pas me sortir de la tête? En vérité, j'ai passé la nuit à radoter. Où vais-je donc? — Ah! je vais au village.

Il sort.

SCENE II

Un chemin.

Entre MAITRE BRIDAINE

Que font-ils maintenant? Hélas! voilà midi. — Ils sont à table. Que mangent-ils? que ne mangent-ils pas? J'ai vu la cuisinière traverser   5
le village, avec un énorme dindon. L'aide portait les truffes, avec un panier de raisin.

Entre maître Blazius.

MAITRE BLAZIUS.   O disgrâce imprévue! me voilà chassé du château, par conséquent de la salle à manger. Je ne boirai plus le vin de l'office.

MAITRE BRIDAINE.   Je ne verrai plus fumer les plats; je ne chaufferai plus au   10
feu de la noble cheminée mon ventre copieux.

MAITRE BLAZIUS.   Pourquoi une fatale curiosité m'a-t-elle poussé à écouter le dialogue de dame Pluche et de la nièce? Pourquoi ai-je rapporté au baron ce que j'avais vu?

MAITRE BRIDAINE.   Pourquoi un vain orgueil m'a-t-il éloigné de ce dîner   15
honorable où j'étais si bien accueilli? Que m'importait d'être à droite ou à gauche?

MAITRE BLAZIUS.   Hélas! j'étais gris, il faut en convenir, lorsque j'ai fait cette folie.

MAITRE BRIDAINE.   Hélas! le vin m'avait monté à la tête quand j'ai commis   20
cette imprudence.

MAITRE BLAZIUS.   Il me semble que voilà le curé.

MAITRE BRIDAINE.   C'est le gouverneur en personne.

MAITRE BLAZIUS.   Oh! oh! monsieur le curé, que faites-vous là?

MAITRE BRIDAINE.   Moi! je vais dîner. N'y venez-vous pas?   25

MAITRE BLAZIUS.   Pas aujourd'hui. Hélas! maître Bridaine, intercédez pour moi; le baron m'a chassé. J'ai accusé faussement mademoiselle Camille d'avoir une correspondance secrète, et cependant Dieu

m'est témoin que j'ai vu, ou que j'ai cru voir dame Pluche dans la
luzerne. Je suis perdu, monsieur le curé.

MAITRE BRIDAINE.   Que m'apprenez-vous là?

MAITRE BLAZIUS.   Hélas! hélas! la vérité! Je suis en disgrâce complète pour
5   avoir volé une bouteille.

MAITRE BRIDAINE.   Que parlez-vous, messire, de bouteilles volées à propos
d'une luzerne et d'une correspondance?

MAITRE BLAZIUS.   Je vous supplie de plaider ma cause. Je suis honnête,
seigneur Bridaine. O digne seigneur Bridaine, je suis votre serviteur.

10   MAITRE BRIDAINE, *à part.*   O fortune! est-ce un rêve? Je serai donc assis sur
toi, ô chaise bienheureuse!

MAITRE BLAZIUS.   Je vous serai reconnaissant d'écouter mon histoire, et de
vouloir bien m'excuser, brave seigneur, cher curé.

MAITRE BRIDAINE.   Cela m'est impossible, monsieur, il est midi sonné, et je
15   m'en vais dîner. Si le baron se plaint de vous, c'est votre affaire. Je
n'intercède point pour un ivrogne.

A part.

Vite, volons à la grille; et toi, mon ventre, arrondis-toi.

Il sort en courant.

MAITRE BLAZIUS, *seul.*   Misérable Pluche! c'est toi qui paieras pour tous;
oui, c'est toi qui es la cause de ma ruine, femme déhontée,[52] vile
20   entremetteuse. C'est à toi que je dois cette disgrâce. O sainte
université de Paris! on me traite d'ivrogne! Je suis perdu si je ne
saisis une lettre, et si je ne prouve au baron que sa nièce a une
correspondance. Je l'ai vue ce matin écrire à son bureau. Patience!
voici du nouveau.

Passe dame Pluche portant une lettre.

25   Pluche, donnez-moi cette lettre.

DAME PLUCHE.   Que signifie cela? C'est une lettre de ma maîtresse que je
vais mettre à la poste au village.

MAITRE BLAZIUS.   Donnez-la moi, ou vous êtes morte.

DAME PLUCHE.   Moi, morte! morte, Marie-Jésus, vierge et martyr.

30   MAITRE BLAZIUS.   Oui, morte, Pluche; donnez-moi ce papier.

Ils se battent; entre Perdican.

52. **déhontée**: shameless.

PERDICAN.   Qu'y a-t-il? Que faites-vous, Blazius? Pourquoi violenter cette
femme?

DAME PLUCHE.   Rendez-moi la lettre. Il me l'a prise, seigneur, justice.

MAITRE BLAZIUS.   C'est une entremetteuse, seigneur. Cette lettre est un
billet doux.   5

DAME PLUCHE.   C'est une lettre de Camille, seigneur, de votre fiancée.

MAITRE BLAZIUS.   C'est un billet doux à un gardeur de dindons.

DAME PLUCHE.   Tu en as menti, abbé. Apprends cela de moi.

PERDICAN.   Donnez-moi cette lettre; je ne comprends rien à votre dispute;
mais en qualité de fiancé de Camille, je m'arroge le droit de la lire.   10

Il lit.

«A la sœur Louise, au couvent de***.»

A part.

Quelle maudite curiosité me saisit malgré moi? Mon cœur bat avec
force, et je ne sais ce que j'éprouve. — Retirez-vous, dame Pluche,
vous êtes une digne femme, et maître Blazius est un sot. Allez dîner;
je me charge de mettre cette lettre à la poste.   15

Sortent maître Blazius et dame Pluche.

PERDICAN, *seul.*   Que ce soit une crime d'ouvrir une lettre, je le sais trop
bien pour le faire. Que peut dire Camille à cette sœur? Suis-je donc
amoureux? Quel empire a donc pris sur moi cette singulière fille,
pour que les trois mots écrits sur cette adresse me fassent trembler la
main? Cela est singulier; Blazius, en se débattant avec la dame   20
Pluche, a fait sauter le cachet. Est-ce un crime de rompre le pli?
Bon, je n'y changerai rien.

Il ouvre la lettre et lit.

«Je pars aujourd'hui, ma chère, et tout est arrivé comme je l'avais
«prévu. C'est une terrible chose; mais ce pauvre jeune homme a le
«poignard dans le cœur; il ne se consolera pas de m'avoir perdue.   25
«Cependant j'ai fait tout au monde pour le dégoûter de moi. Dieu
«me pardonnera de l'avoir réduit au désespoir par mon refus. Hélas!
«ma chère, que pouvais-je y faire? Priez pour moi; nous nous rever-
«rons demain, et pour toujours. Toute à vous du meilleur de mon
«âme.   30

«CAMILLE.»

Est-il possible? Camille écrit cela! C'est de moi qu'elle parle ainsi! Moi au désespoir de son refus! Eh! bon Dieu! si cela était vrai, on le verrait bien; quelle honte peut-il y avoir à aimer? Elle a fait tout au monde pour me dégoûter, dit-elle, et j'ai le poignard dans le cœur? Quel intérêt peut-elle avoir à inventer un roman pareil? Cette pensée que j'avais cette nuit est-elle donc vraie? O femmes! Cette pauvre Camille a peut-être une grande piété; c'est de bon cœur qu'elle se donne à Dieu, mais elle a résolu et décrété qu'elle me laisserait au désespoir. Cela était convenu entre les bonnes amies avant de partir du couvent. On a décidé que Camille allait revoir son cousin, qu'on le lui voudrait faire épouser, qu'elle refuserait, et que le cousin serait désolé. Cela est si intéressant, une jeune fille qui fait à Dieu le sacrifice du bonheur d'un cousin! Non, non, Camille, je ne t'aime pas, je ne suis pas au désespoir, je n'ai pas le poignard dans le cœur, et je te le prouverai. Oui, tu sauras que j'en aime une autre avant que de partir d'ici. Holà! brave homme.

Entre un paysan.

Allez au château, dites à la cuisine qu'on envoie un valet porter à Mademoiselle Camille le billet que voici.

Il écrit.

LE PAYSAN. Oui, monseigneur.

Il sort.

PERDICAN. Maintenant, à l'autre. Ah! je suis au désespoir! Holà! Rosette! Rosette!

Il frappe à une porte.

ROSETTE, *ouvrant.* C'est vous, monseigneur? Entrez, ma mère y est.
PERDICAN. Mets ton plus beau bonnet, Rosette, et viens avec moi.
ROSETTE. Où donc?
PERDICAN. Je te le dirai; demande la permission à ta mère, mais dépêche-toi.
ROSETTE. Oui, monseigneur.

Elle rentre dans la maison.

PERDICAN. J'ai demandé un nouveau rendez-vous à Camille, et je suis sûr qu'elle y viendra; mais par le ciel, elle n'y trouvera pas ce qu'elle y comptera trouver. Je veux faire la cour à Rosette devant Camille elle-même.

SCENE III

Le petit bois.

Entrent Camille et le Paysan.

LE PAYSAN. Mademoiselle, je vais au château porter une lettre pour vous; 5
faut-il que je vous la donne, ou que je la remette à la cuisine, comme me l'a dit le seigneur Perdican?

CAMILLE. Donne-la-moi.

LE PAYSAN. Si vous aimez mieux que je la porte au château, ce n'est pas la peine de m'attarder. 10

CAMILLE. Je te dis de me la donner.

LE PAYSAN. Ce qui vous plaira.

Il donne la lettre.

CAMILLE. Tiens, voilà pour ta peine.

LE PAYSAN. Grand'merci; je m'en vais, n'est-ce pas?

CAMILLE. Si tu veux. 15

LE PAYSAN. Je m'en vais, je m'en vais.

Il sort.

CAMILLE, *lisant.* Perdican me demande de lui dire adieu avant de partir, près de la petite fontaine où je l'ai fait venir hier. Que peut-il avoir à me dire? Voilà justement la fontaine, et je suis toute portée.[53] Dois-je accorder ce second rendez-vous? Ah! 20

Elle se cache derrière un arbre.

Voilà Perdican qui approche avec Rosette, ma sœur de lait. Je suppose qu'il va la quitter; je suis bien aise de ne pas avoir l'air d'arriver la première.

Entrent Perdican et Rosette qui s'asseoient.

53. **toute portée:** right there.

CAMILLE, *cachée, à part.* Que veut dire cela ? Il la fait asseoir près de lui ?
Me demande-t-il un rendez-vous pour y venir causer avec une autre ?
Je suis curieuse de savoir ce qu'il lui dit.

PERDICAN, *à haute voix, de manière que Camille l'entend.* Je t'aime,
Rosette ; toi seule au monde tu n'as rien oublié de nos beaux jours
passés ; toi seule tu te souviens de la vie qui n'est plus ; prends ta part
de ma vie nouvelle ; donne-moi ton cœur, chère enfant ; voilà le gage
de notre amour.

Il lui pose sa chaîne sur le cou.

ROSETTE. Vous me donnez votre chaîne d'or ?

PERDICAN. Regarde à présent cette bague. Lève-toi, et approchons-nous
de cette fontaine. Nous vois-tu tous les deux, dans la source, appuyés
l'un sur l'autre ? Vois-tu tes beaux yeux près des miens, ta main
dans la mienne ? Regarde tout cela s'effacer.

Il jette sa bague dans l'eau.

Regarde comme notre image a disparu ; la voilà qui revient peu à
peu ; l'eau qui s'était troublée reprend son équilibre ; elle tremble
encore ; de grands cercles noirs courent à sa surface ; patience, nous
reparaissons ; déjà je distingue de nouveau tes bras enlacés dans les
miens ; encore une minute, et il n'y aura plus une ride sur ton joli
visage ; regarde ! c'était une bague que m'avait donnée Camille.

CAMILLE, *à part.* Il a jeté ma bague dans l'eau.

PERDICAN. Sais-tu ce que c'est que l'amour, Rosette ? Ecoute ! le vent se
tait ; la pluie du matin roule en perles sur les feuilles séchées que le
soleil ranime. Par la lumière du ciel, par le soleil que voilà, je t'aime !
Tu veux bien de moi, n'est-ce pas ? On n'a pas flétri ta jeunesse ? on
n'a pas infiltré dans ton sang vermeil les restes d'un sang affadi ?
Tu ne veux pas te faire religieuse ; te voilà jeune et belle dans les bras
d'un jeune homme. O Rosette, Rosette, sais-tu ce que c'est que
l'amour ?

ROSETTE. Hélas ! monsieur le docteur, je vous aimerai comme je pourrai.

PERDICAN. Oui, comme tu pourras ; et tu m'aimeras mieux, tout docteur
que je suis et toute paysanne que tu es, que ces pâles statues fabri-
quées par les nonnes, qui ont la tête à la place du cœur, et qui sortent
des cloîtres pour venir répandre dans la vie l'atmosphère humide de
leurs cellules ; tu ne sais rien ; tu ne lirais pas dans un livre la prière

que ta mère t'apprend, comme elle l'a apprise de sa mère; tu ne comprends même pas le sens des paroles que tu répètes, quand tu t'agenouilles au pied de ton lit; mais tu comprends bien que tu pries, et c'est tout ce qu'il faut à Dieu.

ROSETTE.   Comme vous me parlez, monseigneur.   5

PERDICAN.   Tu ne sais pas lire; mais tu sais ce que disent ces bois et ces prairies, ces tièdes rivières, ces beaux champs couverts de moissons, toute cette nature splendide de jeunesse. Tu reconnais tous ces milliers de frères, et moi pour l'un d'entre eux; lève-toi; tu seras ma femme, et nous prendrons racine ensemble dans la sève du monde   10 tout-puissant.

Il sort avec Rosette.

SCENE IV

Entre LE CHŒUR.

Il se passe assurément quelque chose d'étrange au château; Camille a refusé d'épouser Perdican; elle doit retourner aujourd'hui au couvent dont elle est venue. Mais je crois que le seigneur son cousin s'est consolé avec Rosette. Hélas! la pauvre fille ne sait pas quel   15 danger elle court, en écoutant les discours d'un jeune et galant seigneur.

DAME PLUCHE, *entrant*.   Vite, vite, qu'on selle mon âne.

LE CHŒUR.   Passerez-vous comme un songe léger, ô vénérable dame? Allez-vous si promptement enfourcher derechef cette pauvre bête   20 qui est si triste de vous porter?

DAME PLUCHE.   Dieu merci, chère canaille, je ne mourrai pas ici.

LE CHŒUR.   Mourez au loin, Pluche, ma mie; mourez inconnue dans un caveau malsain. Nous ferons des vœux pour votre respectable résurrection.   25

DAME PLUCHE.   Voici ma maîtresse qui s'avance.

A Camille qui entre.

Chère Camille, tout est prêt pour notre départ; le baron a rendu ses comptes, et mon âne est bâté.

CAMILLE.   Allez au diable, vous et votre âne, je ne partirai pas aujourd'hui.

Elle sort.

LE CHŒUR.   Que veut dire ceci? Dame Pluche est pâle de terreur; ses faux cheveux tentent de se hérisser, sa poitrine siffle avec force et ses doigts s'allongent en se crispant.

DAME PLUCHE.   Seigneur Jésus! Camille a juré!

Elle sort.

SCENE V

Entrent le baron et maître Bridaine.

5   MAITRE BRIDAINE.   Seigneur, il faut que je vous parle en particulier. Votre fils fait la cour à une fille du village.

LE BARON.   C'est absurde, mon ami.

MAITRE BRIDAINE.   Je l'ai vu distinctement passer dans la bruyère en lui donnant le bras; il se penchait à son oreille et lui promettait de
10   l'épouser.

LE BARON.   Cela est monstrueux.

MAITRE BRIDAINE.   Soyez-en convaincu; il lui a fait un présent considérable que la petite a montré à sa mère.

LE BARON.   O ciel! considérable, Bridaine? En quoi considérable?

15   MAITRE BRIDAINE.   Pour le poids et pour la conséquence. C'est la chaîne d'or qu'il portait à son bonnet.

LE BARON.   Passons dans mon cabinet; je ne sais à quoi m'en tenir.

Ils sortent.

SCENE VI

La chambre de Camille.

Entrent Camille et dame Pluche.

CAMILLE.   Il a pris ma lettre, dites-vous?

DAME PLUCHE.   Oui, mon enfant, il s'est chargé de la mettre à la poste.

20   CAMILLE.   Allez au salon, dame Pluche, et faites-moi le plaisir de dire à Perdican que je l'attends ici.

Dame Pluche sort.

Il a lu ma lettre, cela est certain; sa scène du bois est une vengeance, comme son amour pour Rosette. Il a voulu me prouver qu'il en aimait une autre que moi, et jouer l'indifférent malgré son dépit. Est-ce qu'il m'aimerait, par hasard?

Elle lève la tapisserie.

Es-tu là, Rosette?

ROSETTE, *entrant.*   Oui; puis-je entrer?

CAMILLE.   Ecoute-moi, mon enfant; le seigneur Perdican ne te fait-il pas 5
la cour?

ROSETTE.   Hélas! oui.

CAMILLE.   Que penses-tu de ce qu'il t'a dit ce matin?

ROSETTE.   Ce matin? Où donc?

CAMILLE.   Ne fais pas l'hypocrite. — Ce matin, à la fontaine, dans le petit 10
bois.

ROSETTE.   Vous m'avez donc vue?

CAMILLE.   Pauvre innocente! Non, je ne t'ai pas vue. Il t'a fait de beaux
discours, n'est-ce pas? Gageons qu'il t'a promis de t'épouser.

ROSETTE.   Comment le savez-vous?   15

CAMILLE.   Qu'importe comment je le sais? Crois-tu à ses promesses,
Rosette?

ROSETTE.   Comment n'y croirais-je pas? il me tromperait donc? Pourquoi
faire?

CAMILLE.   Perdican ne t'épousera pas, mon enfant.   20

ROSETTE.   Hélas! je n'en sais rien.

CAMILLE.   Tu l'aimes, pauvre fille; il ne t'épousera pas, et la preuve, je
vais te la donner; rentre derrière ce rideau, tu n'auras qu'à prêter
l'oreille et à venir quand je t'appellerai.

Rosette sort.

CAMILLE, *seule.*   Moi qui croyais faire un acte de vengeance, ferais-je un 25
acte d'humanité? La pauvre fille a le cœur pris.

Entre Perdican.

Bonjour, cousin, asseyez-vous.

PERDICAN.   Quelle toilette, Camille! A qui en voulez-vous?

CAMILLE.   A vous, peut-être; je suis fâchée de n'avoir pu me rendre au
rendez-vous que vous m'avez demandé; vous aviez quelque chose à 30
me dire?

PERDICAN, *à part.* Voilà, sur ma vie, un petit mensonge assez gros, pour un agneau sans tache; je l'ai vue derrière un arbre écouter la conversation.

Haut.

Je n'ai rien à vous dire, qu'un adieu, Camille; je croyais que vous partiez; cependant votre cheval est à l'écurie, et vous n'avez pas l'air d'être en robe de voyage.

CAMILLE. J'aime la discussion; je ne suis pas bien sûre de ne pas avoir eu envie de me quereller encore avec vous.

PERDICAN. A quoi sert de ce quereller, quand le raccommodement est impossible? Le plaisir des disputes, c'est de faire la paix.

CAMILLE. Etes-vous convaincu que je ne veuille pas la faire?

PERDICAN. Ne raillez pas; je ne suis pas de force à vous répondre.

CAMILLE. Je voudrais qu'on me fît la cour; je ne sais si c'est que j'ai une robe neuve, mais j'ai envie de m'amuser. Vous m'avez proposé d'aller au village, allons-y, je veux bien; mettons-nous en bateau; j'ai envie d'aller dîner sur l'herbe, ou de faire une promenade dans la forêt. Fera-t-il clair de lune, ce soir? Cela est singulier; vous n'avez plus au doigt la bague que je vous ai donnée.

PERDICAN. Je l'ai perdue.

CAMILLE. C'est donc pour cela que je l'ai trouvée; tenez, Perdican, la voilà.

PERDICAN. Est-ce possible? Où l'avez-vous trouvée?

CAMILLE. Vous regardez si mes mains sont mouillées, n'est-ce pas? En vérité, j'ai gâté ma robe de couvent pour retirer ce petit hochet d'enfant de la fontaine. Voilà pourquoi j'en ai mis une autre, et je vous dis, cela m'a changée; mettez donc cela à votre doigt.

PERDICAN. Tu as retiré cette bague de l'eau, Camille, au risque de te précipiter? Est-ce un songe? La voilà; c'est toi qui me la mets au doigt! Ah! Camille, pourquoi me le rends-tu, ce triste gage d'un bonheur qui n'est plus? Parle, coquette et imprudente fille, pourquoi pars-tu, pourquoi restes-tu? Pourquoi, d'une heure à l'autre, changes-tu d'apparence et de couleur, comme la pierre de cette bague à chaque rayon du soleil!

CAMILLE. Connaissez-vous le cœur des femmes, Perdican? Etes-vous sûr de leur inconstance, et savez-vous si elles changent réellement de pensée en changeant quelquefois de langage? Il y en a qui disent que non. Sans doute, il nous faut souvent jouer un rôle, souvent mentir; vous voyez que je suis franche; mais êtes-vous sûr que tout mente dans une femme, lorsque sa langue ment? Avez-vous bien réfléchi à la nature de cet être faible et violent, à la rigueur avec laquelle on le juge, aux principes qu'on lui impose? Et qui sait si, forcée à tromper par le monde, la tête de ce petit être sans cervelle ne peut pas y prendre plaisir, et mentir quelquefois par passe-temps, par folie, comme elle ment par nécessité?

PERDICAN. Je n'entends rien à tout cela, et je ne mens jamais. Je t'aime, Camille, voilà tout ce que je sais.

CAMILLE. Vous dites que vous m'aimez, et vous ne mentez jamais?

PERDICAN. Jamais.

CAMILLE. En voilà une qui dit pourtant que cela vous arrive quelquefois.

Elle lève la tapisserie, Rosette paraît dans le fond, évanouie sur une chaise.

Que répondrez-vous à cette enfant, Perdican, lorsqu'elle vous demandera compte de vos paroles? Si vous ne mentez jamais, d'où vient donc qu'elle s'est évanouie en vous entendant me dire que vous m'aimez? Je vous laisse avec elle; tâchez de la faire revenir.

Elle veut sortir.

PERDICAN. Un instant, Camille, écoute-moi.

CAMILLE. Que voulez-vous me dire? c'est à Rosette qu'il faut parler. Je ne vous aime pas, moi; je n'ai pas été chercher par dépit cette malheureuse enfant au fond de sa chaumière, pour en faire un appât, un jouet, je n'ai pas répété imprudemment devant elle des paroles brûlantes adressées à une autre; je n'ai pas feint de jeter au vent pour elle le souvenir d'une amitié chérie; je ne lui ai pas mis ma chaîne au cou; je ne lui ai pas dit que je l'épouserais.

PERDICAN. Ecoute-moi, écoute-moi!

CAMILLE. N'as-tu pas souri tout-à-l'heure quand je t'ai dit que je n'avais pu aller à la fontaine? Eh bien! oui, j'y étais, et j'ai tout entendu; mais, Dieu m'en est témoin, je ne voudrais pas y avoir parlé comme toi. Que feras-tu de cette fille-là, maintenant, quand elle viendra, avec tes baisers ardents sur les lèvres, te montrer en pleurant la blessure que tu lui as faite? Tu as voulu te venger de moi, n'est-ce pas, et me punir d'une lettre écrite à mon couvent? Tu as voulu me lancer à tout prix quelque trait qui pût m'atteindre, et tu comptais pour rien que ta flèche empoisonnée traversât cette enfant, pourvu qu'elle me frappât derrière elle. Je m'étais vantée de t'avoir inspiré quelque amour, de te laisser quelque regret. Cela t'a blessé dans ton

5 noble orgueil? Eh bien! apprends-le de moi, tu m'aimes, entends-tu; mais tu épouseras cette fille, ou tu n'es qu'un lâche.

PERDICAN. Oui, je l'épouserai.

CAMILLE. Et tu feras bien.

PERDICAN. Très bien, et beaucoup mieux qu'en t'épousant toi-même.

10 Qu'y a-t-il, Camille, qui t'échauffe si fort? Cette enfant s'est évanouie; nous la ferons bien revenir; il ne faut pour cela qu'un flacon de vinaigre; tu as voulu me prouver que j'avais menti une fois dans ma vie; cela est possible, mais je te trouve hardie de décider à quel instant. Viens, aide-moi à secourir Rosette.

Ils sortent.

SCENE VII

Entrent le Baron et Camille.

15 LE BARON. Si cela se fait, je deviendrai fou.

CAMILLE. Employez votre autorité.

LE BARON. Je deviendrai fou, et je refuserai mon consentement, voilà qui est certain.

CAMILLE. Vous devriez lui parler, et lui faire entendre raison.

20 LE BARON. Cela me jettera dans le désespoir pour tout le carnaval, et je ne paraîtrai pas une fois à la cour. C'est un mariage disproportionné. Jamais on n'a entendu parler d'épouser la sœur de lait de sa cousine; cela passe toute espèce de bornes.

CAMILLE. Faites-le appeler, et dites-lui nettement que ce mariage vous

25 déplaît. Croyez-moi, c'est une folie, et il ne résistera pas.

LE BARON. Je serai vêtu de noir cet hiver, tenez-le pour assuré.[54]

CAMILLE. Mais parlez-lui, au nom du ciel. C'est un coup de tête qu'il a fait;[55] peut-être n'est-il déjà plus temps; s'il en a parlé, il le fera.

---

54. tenez-le pour assuré: you can count on it. **55. C'est un coup de tête qu'il a fait:** He has acted impulsively.

LE BARON.   Je vais m'enfermer pour m'abandonner à ma douleur. Dites-lui, s'il me demande, que je suis enfermé, et que je m'abandonne à ma douleur de le voir épouser une fille sans nom.

Il sort.

CAMILLE.   Ne trouverai-je pas ici un homme de cœur? En vérité, quand on en cherche, on est effrayé de sa solitude.   5

Entre Perdican.

　　　　Eh bien! cousin, à quand le mariage?

PERDICAN.   Le plus tôt possible; j'ai déjà parlé au notaire, au curé, et à tous les paysans.

CAMILLE.   Vous comptez donc réellement que vous épouserez Rosette?

PERDICAN.   Assurément.   10

CAMILLE.   Qu'en dira votre père?

PERDICAN.   Tout ce qu'il voudra; il me plaît d'épouser cette fille; c'est une idée que je vous dois, et je m'y tiens. Faut-il vous répéter les lieux communs les plus rebattus sur sa naissance et sur la mienne? Elle est jeune et jolie, et elle m'aime. C'est plus qu'il n'en faut pour être   15 trois fois heureux. Qu'elle ait de l'esprit ou qu'elle n'en ait pas, j'aurais pu trouver pire. On criera et on raillera; je m'en lave les mains.

CAMILLE.   Il n'y a rien là de risible; vous faites très-bien de l'épouser. Mais je suis fâchée pour vous d'une chose : c'est qu'on dira que vous l'avez   20 fait par dépit.

PERDICAN.   Vous êtes fâchée de cela? Oh! que non.

CAMILLE.   Si, j'en suis vraiment fâchée pour vous. Cela fait du tort à un jeune homme, de ne pouvoir résister à un moment de dépit.

PERDICAN.   Soyez-en donc fâchée; quant à moi, cela m'est bien égal.   25

CAMILLE.   Mais vous n'y pensez pas; c'est une fille de rien.

PERDICAN.   Elle sera donc de quelque chose, lorsqu'elle sera ma femme.

CAMILLE.   Elle vous ennuiera avant que le notaire ait mis son habit neuf et ses souliers pour venir ici; le cœur vous lèvera[56] au repas de noces, et le soir de la fête, vous lui ferez couper les mains et les pieds, comme   30 dans les contes arabes, parce qu'elle sentira le ragoût.

---

56. **le coeur vous lèvera:** you'll get sick.

PERDICAN. Vous verrez que non. Vous ne me connaissez pas; quand une femme est douce et sensible, franche, bonne et belle, je suis capable de me contenter de cela, oui, en vérité, jusqu'à ne pas me soucier de savoir si elle parle latin.

5 CAMILLE. Il est à regretter qu'on ait dépensé tant d'argent pour vous l'apprendre; c'est trois mille écus de perdus.

PERDICAN. Oui, on aurait mieux fait de les donner aux pauvres.

CAMILLE. Ce sera vous qui vous en chargerez, du moins pour les pauvres d'esprit.

10 PERDICAN. Et ils me donneront en échange le royaume des cieux, car il est à eux.

CAMILLE. Combien de temps durera cette plaisanterie?

PERDICAN. Quelle plaisanterie?

CAMILLE. Votre mariage avec Rosette.

15 PERDICAN. Bien peu de temps; Dieu n'a pas fait de l'homme une œuvre de durée : trente ou quarante ans, tout au plus.

CAMILLE. Je suis curieuse de danser à vos noces!

PERDICAN. Ecoutez-moi, Camille, voilà un ton de persiflage qui est hors de propos.

20 CAMILLE. Il me plaît trop pour que je le quitte.

PERDICAN. Je vous quitte donc vous-même, car j'en ai tout-à-l'heure assez.

CAMILLE. Allez-vous chez votre épousée?

PERDICAN. Oui, j'y vais de ce pas.[57]

CAMILLE. Donnez-moi donc le bras; j'y vais aussi.

Entre Rosette.

25 PERDICAN. Te voilà, mon enfant? Viens, je veux te présenter à mon père.

ROSETTE, *se mettant à genoux.* Monseigneur, je viens vous demander une grâce. Tous les gens du village à qui j'ai parlé ce matin m'ont dit que vous aimiez votre cousine, et que vous ne m'avez fait la cour que pour vous divertir tous deux; on se moque de moi quand je passe, et 30 je ne pourrai plus trouver de mari dans le pays, après avoir servi de risée à tout le monde. Permettez-moi de vous rendre le collier que vous m'avez donné, et de vivre en paix chez ma mère.

CAMILLE. Tu es une bonne fille, Rosette; garde ce collier, c'est moi qui te le donne, et mon cousin prendra le mien à la place. Quant à un mari, 35 n'en sois pas embarrassée, je me charge de t'en trouver un.

57. **de ce pas**: right away.

PERDICAN.   Cela n'est pas difficile, en effet. Allons, Rosette, viens que je te
mène à mon père.

CAMILLE.   Pourquoi? Cela est inutile.

PERDICAN.   Oui, vous avez raison, mon père nous recevrait mal; il faut
laisser passer le premier moment de surprise qu'il a éprouvée. Viens   5
avec moi, nous retournerons sur la place. Je trouve plaisant qu'on
dise que je ne t'aime pas quand je t'épouse. Pardieu! nous les ferons
bien taire.

Il sort avec Rosette.

CAMILLE.   Que se passe-t-il donc en moi? Il l'emmène d'un air bien tranquille. Cela est singulier; il me semble que la tête me tourne. Est-ce   10
qu'il l'épouserait tout de bon? Holà! dame Pluche, dame Pluche!
N'y a-t-il donc personne ici?

Entre un valet.

Courez après le seigneur Perdican; dites-lui vite qu'il remonte ici,
j'ai à lui parler.

Le valet sort.

Mais qu'est-ce donc que tout cela? Je n'en puis plus, mes pieds   15
refusent de me soutenir.

Rentre Perdican.

PERDICAN.   Vous m'avez demandé, Camille?

CAMILLE.   Non, — non.

PERDICAN.   En vérité, vous voilà pâle; qu'avez-vous à me dire? Vous m'avez
fait rappeler pour me parler.   20

CAMILLE.   Non, non. — Oh! Seigneur Dieu!

Elle sort.

SCENE VIII

Un oratoire.

Entre CAMILLE; *elle se jette au pied de l'autel.*

M'avez-vous abandonnée, ô mon Dieu? Vous le savez, lorsque je suis
venue, j'avais juré de vous être fidèle; quand j'ai refusé de devenir

l'épouse d'un autre que vous, j'ai cru parler sincèrement, devant vous
et ma conscience; vous le savez, mon père, ne voulez-vous donc plus
de moi? Oh! pourquoi faites-vous mentir la vérité elle-même?
Pourquoi suis-je si faible? Ah, malheureuse, je ne puis plus prier.

Entre Perdican.

5   PERDICAN.   Orgueil, le plus fatal des conseillers humains, qu'es-tu venu
faire entre cette fille et moi? La voilà pâle et effrayée, qui presse sur
les dalles insensibles son cœur et son visage. Elle aurait pu m'aimer, et
nous étions nés l'un pour l'autre; qu'es-tu venu faire sur nos lèvres,
orgueil, lorsque nos mains allaient se joindre?

10   CAMILLE.   Qui m'a suivie? Qui parle sous cette voûte? Est-ce toi, Perdican?

PERDICAN.   Insensés que nous sommes! nous nous aimons. Quel songe
avons-nous fait, Camille? Quelles vaines paroles, quelles misérables
folies ont passé comme un vent funeste entre nous deux? Lequel de
nous a voulu tromper l'autre? Hélas! cette vie est elle-même un si
15   pénible rêve : pourquoi encore y mêler les nôtres? O mon Dieu,
le bonheur est une perle si rare dans cet océan d'ici-bas! Tu nous
l'avais donné, pêcheur céleste, tu l'avais tiré pour nous des profondeurs de l'abîme, cet inestimable joyau; et nous, comme des
enfants gâtés que nous sommes, nous en avons fait un jouet; le vert
20   sentier qui nous amenait l'un vers l'autre avait une pente si douce,
il était entouré de buissons si fleuris, il se perdait dans un si tranquille horizon! Il a bien fallu que la vanité, le bavardage et la colère
vinssent jeter leurs rochers informes sur cette route céleste, qui nous
aurait conduits à toi dans un baiser! Il a bien fallu que nous fissions
25   du mal, car nous sommes des hommes. O insensés! nous nous aimons.

Il la prend dans ses bras.

CAMILLE.   Oui, nous nous aimons, Perdican; laisse-moi le sentir sur ton
cœur. Ce Dieu qui nous regarde ne s'en offensera pas; il veut bien
que je t'aime; il y a quinze ans qu'il le sait.

PERDICAN.   Chère créature, tu es à moi!

Il l'embrasse; on entend un grand cri derrière l'autel.

30   CAMILLE.   C'est la voix de ma sœur de lait.

PERDICAN.   Comment est-elle ici! Je l'avais laissée dans l'escalier, lorsque tu
m'as fait rappeler. Il faut donc qu'elle m'ait suivi, sans que je m'en
sois aperçu.

CAMILLE.   Entrons dans cette galerie; c'est là qu'on a crié.

PERDICAN.   Je ne sais ce que j'éprouve; il me semble que mes mains sont couvertes de sang.

CAMILLE.   La pauvre enfant nous a sans doute épiés; elle s'est encore évanouie; viens, portons-lui secours; hélas! tout cela est cruel.   5

PERDICAN.   Non, en vérité, je n'entrerai pas; je sens un froid mortel qui me paralyse. Vas-y, Camille, et tâche de la ramener.

Camille sort.

Je vous en supplie, mon Dieu! ne faites pas de moi un meurtrier! Vous voyez ce qui se passe; nous sommes deux enfants insensés, et nous avons joué avec la vie et la mort; mais notre cœur est pur; ne   10 tuez pas Rosette, Dieu juste! Je lui trouverai un mari, je réparerai ma faute; elle est jeune, elle sera riche, elle sera heureuse; ne faites pas cela, ô Dieu, vous pouvez bénir encore quatre de vos enfants. Eh bien! Camille, qu'y a-t-il?

Camille rentre.

CAMILLE.   Elle est morte. Adieu, Perdican.   15

FIN

PAUL VERLAINE
Green[1]

Voici des fruits, des fleurs, des feuilles et des branches,
Et puis voici mon coeur, qui ne bat que pour vous.
Ne le déchirez pas avec vos deux mains blanches
Et qu'à vos yeux si beaux l'humble présent soit doux.

5   J'arrive tout couvert encore de rosée
Que le vent du matin vient glacer à mon front.
Souffrez que ma fatigue, à vos pieds reposée,
Rêve des chers instants qui la délasseront.

Sur votre jeune sein laissez rouler ma tête
10 Toute sonore encor de vos derniers baisers;
Laissez-la s'apaiser de la bonne tempête,
Et que je dorme un peu puisque vous reposez.

1. *This poem belongs to a group called "Aquarelles." Verlaine, who spent some time in England, was fond of English titles.*

ANDRE GIDE

La Tentative amoureuse
ou Le Traité du vain désir

A Francis Jammes[1]

> Le désir est comme une flamme
> brillante, et ce qu'il a touché n'est
> plus que de la cendre, — poussière
> légère qu'un peu de vent disperse;
> ne pensons donc qu'à ce qui est
> éternel.
>
> CALDERON[2] (La Vie est un songe)

Nos livres n'auront pas été les récits très véridiques de nous-mêmes, — mais plutôt nos plaintifs désirs, le souhait d'autres vies à jamais défendues, de tous les gestes impossibles. Ici j'écris un rêve qui dérangeait par trop ma pensée et réclamait une existence. Un désir de bonheur, ce printemps, m'a lassé; j'ai souhaité de moi quelque éclosion plus parfaite. J'ai souhaité d'être 5 heureux, comme si je n'avais rien d'autre à être; comme si le passé pas toujours sur nous ne triomphe; comme si la vie n'était pas faite de l'habitude de sa tristesse, et demain la suite d'hier, — comme si ne voici pas qu'aujourd'hui mon âme s'en retourne déjà vers ses études coutumières, sitôt délivrée de son rêve. 10

Et chaque livre n'est plus qu'une tentation différée.

I

> Qualquiera viento que sopla.[3]
> Poussière légère, qu'un peu de vent
> disperse.

L'aube vint. Chargé de fleurs, Luc sortit du bois encore nocturne et, transi un peu de fraîcheur matinale, il s'assit au talus de l'orée pour attendre le

---

1. **Francis Jammes:** *a French poet and close friend of Gide.* 2. **Calderon:** *a well-known Spanish dramatist of the seventeenth century.*

3. **Qualquiera viento que sopla:** any wind that blows, *part of the Spanish text of Calderon. Gide's own translation takes into account the context.*

169

lever du soleil. Devant lui s'étalait une pelouse humide, de fleurs diaprée et d'eau vaporeuse et brillante. Luc attendait tout le bonheur, confiant, et pensant qu'il viendrait comme un essaim volant se pose et que pour lui tout s'était déjà mis en route. L'aurore frémissait d'une joie infinie et le printemps naissait d'un appel de sourires. Des chants vibrèrent et parut une ronde de jeunes filles.

5   Folles et par l'herbe trempées, et les cheveux encore défaits de la nuit, elles cueillirent des fleurs toutes, et, levant leur jupe en corbeille,[4] laissèrent danser leurs pieds nus. Puis, de leurs rondes vite lassées, elles descendirent au bas du pré, vers les sources, s'y laver, s'y mirer, s'apprêter pour les plaisirs du jour.

10 En les quittant, chacune oublia ses compagnes.

Rachel revint seule et songeuse; elle reprit les fleurs tombées et se baissait en geste d'en cueillir de nouvelles, pour ne pas voir approcher Luc. Elle cueillait les boutons d'or, les sauges et les marguerites, et toutes les fleurs des prairies. Luc apportait les digitales des ravins et les jacinthes violettes. Il

15 était tout près de Rachel; maintenant elle tressait les fleurs. Luc voulait, mais n'osait joindre ses fleurs à la guirlande; et soudain, les jetant à ses pieds :

— Ce sont les fleurs sombres des bois, dit-il, et je les ai cueillies dans l'ombre, — pour vous, puisque c'est vous qui parûtes; j'avais cherché toute

20 la nuit. Vous êtes belle comme le printemps cette année, et plus jeune encore que moi-même. J'ai vu ce matin vos pieds nus. Vous étiez avec vos compagnes et je n'osais pas m'approcher; maintenant vous êtes la seule. Prenez mes fleurs et venez je vous prie; apprenons-nous des joies charmantes.

Rachel souriait attentive; Luc l'ayant prise par la main, ce fut ensemble

25 qu'ils rentrèrent.

Le jour passa dans les jeux et les rires. Luc s'en retourna seul au soir. La nuit vint, pour lui, sans sommeil; souvent, quittant son lit trop chaud, il marchait dans sa chambre, ou se penchait dans la fenêtre ouverte. Il souhaitait d'être plus jeune et d'une bien plus grande beauté, pensant qu'entre

30 deux êtres, l'amour a la splendeur de leurs corps. Toute la nuit Luc désira Rachel. Au matin il courut vers elle.

Une allée de lilas menait à sa demeure; puis c'était un jardin plein de roses, enclos d'une barrière basse; dès l'abord, Luc entendit Rachel chanter.

---

4. en corbeille: to form baskets.

Il resta jusqu'au soir, puis il revint le lendemain. — Il revint chaque jour;
à l'éveil il partait; dans le jardin, Rachel attendait souriante.

Des jours passèrent; Luc n'osait rien; Rachel se livra la première. — Un
matin, ne l'ayant pas trouvée sous la charmille accoutumée, Luc décida de
monter à sa chambre. Rachel était assise sur le lit, les cheveux défaits,   5
presque nue, couverte seulement d'un châle déjà presque tout retombé;
certes elle attendait. Luc arriva, rougit, sourit, — mais ayant vu ses jambes
exquises si frêles, il y sentit une fragilité, et s'étant agenouillé devant elle,
il baisa ses pieds délicats, puis ramena le pan du châle.

Luc souhaitait l'amour mais s'effrayait de la possession charnelle comme   10
d'une chose meurtrie. Triste éducation que nous eûmes, qui nous fit pressentir sanglotante et navrée, ou bien morose et solitaire, la volupté pourtant
glorieuse et sereine. Nous ne demanderons plus à Dieu, de nous élever au
bonheur. — Puis, non! Luc n'était pas ainsi; car c'est une dérisoire manie
que de faire toujours pareil à soi, qui l'on invente. — Donc Luc posséda cette 15
femme.

Comment dirai-je leur joie, à présent, sinon en racontant, autour d'eux,
la nature pareille, joyeuse aussi, participante. Leurs pensées n'étaient plus
importantes : ne s'occupant que d'être heureux, leurs questions étaient des
souhaits, et des assouvissements les réponses. Ils apprenaient les confidences   20
de la chair et leur intimité devenait chaque jour plus secrète.

Un soir qu'il la quittait selon son habitude : Pourquoi partez-vous? lui
dit-elle; si c'est pour quelque amour, c'est bien — allez — je ne suis pas
jalouse. Sinon restez — venez : ma couche vous convie.

Il resta dès lors chaque nuit.   25

L'air était devenu plus tiède, les nuits si belles, qu'ils ne fermaient plus
la croisée : ils dormaient ainsi sous la lune — et comme un rosier plein de
fleurs montait, entourait la fenêtre, ils en avaient emprisonné des branches;
l'odeur des roses se mêlait à celle des bouquets dans la chambre. A cause de
l'amour, ils s'endormaient très tard; ils avaient des réveils comme ceux de   30
l'ivresse — très tard, encore fatigués de la nuit. Ils se lavaient dans une
source claire, qui coulait du jardin, et Luc regardait Rachel se baigner nue
sous les feuilles. — Puis ils partaient en promenade.

Souvent ils attendaient le soir, assis dans l'herbe et sans rien faire; ils
regardaient le soleil s'abaisser; puis lorsque l'heure enfin s'était faite plus   35
douce, ils regagnaient lentement la demeure. La mer n'était pas loin; par
les fortes marées, la nuit, on entendait mais faiblement le bruit des vagues.

Parfois ils descendaient jusqu'à la plage; c'était par une vallée étroite et tortueuse, sans ruisseau; des ajoncs, des genêts[5] y croissaient et le vent y chassait du sable; puis la plage s'ouvrait : c'était un golfe sans barques, sans navires; pourtant la mer y était calme. L'on voyait, presque en face, sur la côte recourbée et qui semblait au loin former une île, en ce point même, l'on apercevait comme la grille fastueuse d'un parc; au soir elle luisait comme de l'or. — Bientôt Rachel ne trouvait plus de coquilles dans le sable; ils s'ennuyaient devant la mer.

Non loin aussi était un village, mais ils n'y passaient pas souvent à cause des pauvres.

Lorsqu'il pleuvait ou que, par nonchalance, ils n'allaient même pas dans les prés, Rachel étendue, Luc étant à ses pieds, le priait de lui dire une histoire : Parlez, disait-elle, j'écoute à présent; ne cessez pas si je sommeille : racontez-moi des jardins au printemps, vous savez bien, et ces hautes terrasses.

Et Luc racontait les terrasses, les marronniers en enfilade, les jardins suspendus sur la plaine : — au matin, des fillettes y venaient jouer et danser leurs rondes, et le soleil était encore si bas sur la plaine, que les arbres ne faisaient pas d'ombre.

Un peu plus tard, de grandes jeunes filles tranquilles entrèrent parmi les plates-bandes et préparèrent des guirlandes — comme vous en tressiez, Rachel. Vers midi des couples survinrent, — et, le soleil ayant passé sur les arbres, la voûte opaque des ramées fit l'allée, semblait-il, plus fraîche; ceux qui s'y promenaient ne se parlaient plus qu'à voix basse. Un peu plus tard, comme elle était moins éblouie, on commença de voir la plaine où l'Eté semblait épandu. Des promeneurs s'accoudèrent, se penchèrent aux balustrades; des groupes de femmes s'assirent, les unes dévidaient des écheveaux de laine que d'autres employaient en ouvrages. Les heures s'écoulèrent. Vinrent des écoliers, les classes finies; des enfants jouèrent aux billes. Le soir tomba; les promeneurs devinrent solitaires; quelques-uns pourtant encore réunis, parlaient déjà du jour comme d'une chose achevée. L'ombre de la terrasse descendit sur la plaine, et tout au bout de l'horizon, dans le ciel clair, la lune parut très fine et pure. — Je suis venu, la nuit, errer sur la terrasse déserte... — Luc se tut et regarda Rachel, endormie au bruit des paroles.

5. **ajoncs, genêts**: gorse *and* genista. *These plants are typical of Britanny, where Gide spent much time.*

Ils firent encore une promenade plus longue ; c'était à la fin du printemps. Ayant gravi la colline où leur maison se trouvait sise,[6] ils trouvèrent à mi-côte,[7] sur le versant opposé, un canal. Une rangée de peupliers le bordait ; un chemin en talus le suivait, puis le terrain continuait sa pente. Ayant pu traverser le canal sur un pont, le soleil qui brûlait les fit suivre le bord de 5
l'eau. De la vallée une chaleur montait par vagues ; l'air vibrait sur les champs ; une grande route au loin poudroyait[8] quand y passait une charrette ; ils virent l'Eté sur la plaine. Le chemin, les arbres, le canal suivaient assidûment les courbes de la colline ; eux donc suivaient le canal sur la berge ; vers l'autre berge un petit bois venait finir. — Ce fut tout. Ils marchèrent 10
ainsi très longtemps ; mais voyant que ça continuait indéfiniment, quand ils en eurent assez, ils revinrent.

II

Madame — c'est à vous que je conterai cette histoire. Vous savez que nos tristes amours se sont égarés dans la lande,[9] et c'est vous qui vous plaigniez autrefois que j'eusse tant de peine à sourire. Cette histoire est pour vous : 15
j'y ai cherché ce que donne l'amour ; si je n'ai trouvé que l'ennui, c'est ma faute : vous m'aviez désappris d'être heureux.

Que la joie est brève en un livre et qu'elle est vite racontée ; combien est banal un sourire sans vice et sans mélancolie ! Puis, que nous fait l'amour des autres, l'amour qui leur fait le bonheur. Tant pis pour eux, Luc et Rachel 20
s'aimèrent ; pour l'unité de mon récit, ils ne firent même rien d'autre ; ils ne connurent de l'ennui que celui même du bonheur. La cueillaison des fleurs était leur occupation monotone. Ils n'écartaient pas le désir pour une poursuite plus lointaine, et goûtaient peu les langueurs de l'attente. Ils ignoraient ce geste qui repousse cela même qu'on voudrait étreindre, — comme nous 25
faisions, ah ! Madame — par la crainte de posséder et par amour du pathétique. Ils cueillaient aussitôt toute fleur désirable sans souci qu'entre leurs mains tièdes, elle ne fût trop vite fanée. Heureux ceux qui comme eux pourront aimer sans conscience ! Ils en étaient à peine fatigués ; — car ce n'est pas tant l'amour, et ce n'est pas tant le péché que de s'en repentir, qui 30
fatigue. Donc ils avaient pris cette coutume de regarder bien peu sur les eaux du passé leurs actions flottantes ; et leur joie à eux leur venait de l'ignorance

---

6. **sise :** located. 7. **à mi-côte :** half-way up the hill. 8. **poudroyait :** formed clouds of dust. 9. **se sont** **égarés dans la lande :** went astray in the moors.

de la tristesse; ils ne se souvenaient que de baisers et de prises qu'on peut
refaire. Il y eut un instant où leurs vies vraiment se fondirent. C'était au
solstice d'Eté;[10] dans l'air tout bleu, les hautes branches au-dessus d'eux
avaient des gracilités souveraines.

5   Eté! Eté! Il faudrait chanter cela comme un cantique. — Cinq heures;
— je me suis levé (voici l'aube) et je suis sorti par les champs. — S'ils
savaient tout ce qu'il y a de rosée fraîche sur l'herbe, d'eau froide où laveront
les pieds frissonnants du matin; s'ils savaient les rayons sur les champs, et
l'étourdissement de la plaine; s'ils savaient l'accueil de sourires que l'aube
10 fait à qui descend vers elle dans l'herbe, — ils ne resteraient pas à dormir,
je suppose... Mais Luc et Rachel sont las des baisers de la nuit, et cette
lassitude amoureuse met plus de sourires peut-être dans leurs rêves que
l'aube n'en a mis dans les champs.

    Un matin pourtant ils sortirent; ils gagnèrent cette même vallée et ce
15 canal qu'un jour de printemps ils suivaient; mais, ayant doublé la colline au
lieu de la gravir, ils arrivèrent en un lieu où le canal rejoignait une large
rivière; le canal servait au halage;[11] ils passèrent l'eau sur une écluse et
suivirent le chemin de halage, ayant à droite le canal, à gauche la rivière.
Sur l'autre rive, était aussi une route. Et ces cinq routes parallèles dans
20 l'étroite vallée, aussi loin qu'ils voyaient, s'enfonçaient. Leur promenade
ce jour-là fut assez longue, mais pas intéressante à raconter.

    Ils voulurent revoir la plage; ils redescendirent la valleuse;[12] ils s'assirent
devant la mer. Les flots d'une récente tempête avaient amené sur la grève
des coquilles des profondeurs, des épaves et des lambeaux d'algue arrachés;
25 les vagues encore gonflées étourdissaient par une clameur continue. Et
Rachel soudain eut une inquiétude : elle sentit que Luc commençait à
penser. Un vent plus froid soufflait; un frisson le saisit; ils se levèrent.
Luc marcha devant, trop vite, un peu déclamatoire; une poutre était là,
déchiquetée et noire, pilotis[13] inconnu, fragment de bateau, bois des Iles...
30 et tous deux devant cela s'arrêtèrent. Après, Luc regarda la mer; Rachel,
par besoin, par instinct, s'appuya sur Luc et pencha la tête contre son épaule,
sentant confusément en lui l'angoisse et la soif d'aventures. Ils restaient

---

10. solstice d'Eté: *the longest day of the year.* **11. halage:** towage. *The canal was used for barges which were towed by people on the* **chemin de** **halage** *along the banks.* **12. valleuse:** *a small dry valley overlooking a cliff.* **13. pilotis:** piling.

debout. Le soleil s'en allait, s'enfonçait au delà du golfe, après le détroit, où l'on voyait entre les promontoires fuir au loin la ligne infinie de la mer.

Et, tandis que le soleil plongeait, alors, en face d'eux, comme sur une île, les grilles du parc inconnu, recevant les rayons mourants, commencèrent à briller d'une manière inexplicable et presque surnaturelle : du moins il le 5 leur parut à ceci qu'ils ne se dirent rien l'un à l'autre; chaque barreau, plutôt d'acier que d'or, semblait luire de lui-même, intimement, ou à cause d'une excessive polissure; le plus curieux c'était qu'on croyait voir au delà de la grille, encore que l'on n'aurait su dire quoi. Luc et Rachel sentirent, chacun, que l'autre n'osait pas en parler. 10

En revenant, Rachel trouva, sur le sable, un œuf de seiche,[14] énorme, noir, élastique, et d'une bizarrerie de forme comme intentionnelle, tellement qu'ils la jugèrent importante pour eux.

Le souvenir de ce jour leur laissa une vague inquiétude, et songeant souvent malgré eux à ce parc, clos devant la mer, attirés, questionneurs, et 15 n'ayant d'ailleurs pas de barque qui les y mène, ils résolurent d'y partir un matin, longeant les côtes, marchant jusqu'à ce qu'ils l'eussent atteint.

Ils se levèrent avant l'aube, et se mirent en route; l'heure était grise et fraîche encore; ils marchèrent comme des pèlerins sérieux, silencieux, préoccupés, ayant un but autre qu'eux-mêmes; et leur curiosité retombée 20 laissait en eux comme le sentiment d'une tâche. — Mais n'en disons pas trop, Madame, car voici presque qu'ils nous plaisent. — Tant pis! pour une fois ils marchèrent sans souci de la chaleur du jour, guidés par une pensée, — car ce n'était plus un désir. Et Rachel ne se plaignait pas des graviers roulants de la route, ou du sable mobile où les pieds appuyés enfonçaient; — tantôt suivant 25 la grève, tantôt à travers champs — une fois remontant la berge d'une rivière jusqu'à ce qu'ils trouvassent un pont, — puis la redescendant ensuite, — puis à travers champs de nouveau... Ah! les voici enfin qui parvinrent presque au pied du mur; c'était le Parc; — et pour mieux en défendre l'approche, l'eau de la mer amenée dans un fossé garni de pierres, 30 battait le pied du mur, et semblait se fermer sur lui, et ce mur avançait en digue, dans la mer, de sorte qu'on ne voyait rien de ce côté qu'un morne promontoire calcaire.[15] Ils avancèrent. Le fossé cessa. Alors suivant le mur ils marchèrent. Le soleil était lourd; la route devant eux s'allongeait; — c'était

14. **seiche:** cuttle-fish.   15. **calcaire:** of limestone.

l'heure où les murs des jardins n'ont pas d'ombre. Ils virent, presque sous le lierre et cachée, une petite porte fermée. Insensiblement le mur tournait, et le soleil, tournant aussi tandis que s'achevait le jour, semblait les suivre. Par-dessus le mur, des branches se penchaient, mais sans gestes. Il naissait
5 de l'intérieur du parc, comme un bruit continu de rires, mais souvent les jets d'eau font le bruit même de paroles. Tout d'un coup ils se retrouvèrent devant la mer. Alors ils furent pris par une grande tristesse, et ils s'assirent un peu, avant de se remettre en route pour revenir. Devant eux, ainsi que de l'autre côté, un promontoire de pierre s'avançait dans la mer et continuait
10 le mur dont la mer battait le pied dans une douve infranchissable. Et la tristesse les pénétra, les remplit, entrant toute à la fois par la plus étroite fissure. Surtout, ils étaient las de la course, et de ce qu'elle eût été vaine. Le soleil maintenant disparaissait derrière le parc; ils marchaient dans l'ombre envahissante du mur; il leur parut un peu qu'elle avait en elle un mystère.
15 Il leur semblait entendre par instants le bruit comme d'un jeu de doigts sur des vitres, mais ce bruit cessant sitôt qu'ils cessaient de marcher, ils le crurent causé par l'étourdissement de leur marche. Il était nuit déjà depuis longtemps lorsqu'ils rentrèrent.

Le lendemain, dans le repos du jour : Racontez-moi l'aube d'été, dit Rachel,
20 puisque me retient ici près de vous ma paresse. Luc commença :
— C'était l'Eté, mais avant l'aube; les oiseaux ne chantaient pas encore; la forêt s'éveillait à peine.
— O! pas une forêt, dit-elle; une avenue. L'aube naît, et si les oiseaux ne chantent pas encore, c'est à cause de la vallée trop profonde où la nuit est
25 encore attardée; mais déjà des clartés blanchissent le haut des collines.
— Vers ces clartés supérieures, reprit Luc, deux chevaliers s'aventurèrent, et vers le plateau qui domine, après avoir suivi toute la nuit la vallée. Ils étaient silencieux et graves, ayant marché longtemps dans l'ombre, et les hauts chênes de l'avenue, au-dessus d'eux étendaient leurs branches. Leurs
30 chevaux montaient lentement la route toute droite escarpée. Tandis qu'ils montaient augmentait autour d'eux la lumière. Sur le plateau, le jour parut. — Sur le plateau s'étendait une autre avenue, plus vaste, coupant la première et qui suivait le sommet de la colline. Les deux chevaliers s'arrêtèr- ent. L'un dit : Séparons-nous, mon frère; ce n'est pas la même route qui
35 tous deux nous appelle — et mon courage suffisant n'a que faire du vôtre à mon aide. Où l'un vaut, l'autre est inutile. — Et l'autre dit : Adieu mon frère. — Puis, se tournant le dos, chacun d'eux s'en alla vers de solitaires

conquêtes. — Alors tous les oiseaux s'éveillèrent. Il y eut des poursuites
amoureuses sous les feuilles et des rondes d'insectes dans l'air : on entendait
des vols d'abeilles et sur les gazons s'ouvraient les nouvelles fleurs butinées.[16]
Des murmures délicieux s'élevèrent.

Plus loin, où le terrain cessait, l'on ne voyait plus que des feuilles; plus   5
bas, dans la vallée moins ténébreuse, les cimes flottantes des arbres; et plus
bas encore, une brume. O! comme nous nous serions penchés, pour voir les
cerfs descendre boire!

— Et les deux chevaliers? dit Rachel.

— Ah! laissons-les, dit Luc — occupons-nous de l'avenue. — Il y vint,   10
vers midi, une assemblée de jeunes femmes; elles marchaient en se donnant
la main, comme vous avec vos compagnes; elles riaient; puis vinrent des
hommes costumés de soie et de dorures frivoles; s'étant assis, tous ensemble
causèrent.

Le jour passa; eux s'étaient tus et l'ombre s'était allongée sur la mousse;   15
ils se levèrent et s'en allèrent pour voir se coucher le soleil. Et l'avenue
s'emplit d'inquiétude et de murmure; tout s'apprêtait à s'endormir; —
puis tout se tut; c'était le soir et les branches se balancèrent; les troncs gris
paraissaient mystérieux dans l'ombre; il s'éleva un chant d'oiseau crépusculaire. Alors l'on vit dans la nuit commencée deux chevaliers s'en revenir;   20
ils marchaient l'un vers l'autre, à cause de la route suivie, et leurs chevaux
étaient comme après une grande fatigue. Eux ils étaient courbés, plus
graves qu'au matin à cause de la tâche vaine. Et, s'étant rejoints sans un
mot, ils redescendirent l'allée qui redescendait la colline, s'enfonçant dans
la nuit sous les branches.   25

— Pourquoi partir alors, Luc — dit Rachel; à quoi sert de se mettre en
route. N'êtes-vous pas toute ma vie?

— Mais vous, Rachel, dit Luc — vous n'êtes pas toute la mienne.

III

Madame, cette histoire m'ennuie. Vous savez bien que si j'ai fait des
phrases, c'est pour les autres et non pour moi. J'ai voulu raconter un rapport   30
de saisons avec l'âme; il nous fallait gagner l'Automne : je n'aime pas
abandonner n'importe quelle tâche entreprise.

Deux âmes se rencontrent un jour, et, parce qu'elles cueillaient des fleurs,
toutes deux se sont crues pareilles. Elles se sont prises par la main, pensant

16. **butinées:** from which the bees had gathered honey.

continuer la route. La suite du passé les sépare. Les mains se lâchent et
voilà, chacune en vertu du passé continuera seule la route. C'est une séparation nécessaire car seul un semblable passé pourra faire semblables les
âmes. Tout est continu pour les âmes. — Il en est, vous savez, nous le
savons, Madame, qui chemineront parallèles, et ne pourront pas s'approcher.
— Donc Luc et Rachel se quittèrent. Un seul jour, un seul instant d'Eté,
leurs deux lignes s'étaient mêlées, — un unique point de tangence — et
déjà maintenant ils regardaient ailleurs.

Sur le sable assis près des vagues, Luc regardait la mer et Rachel la
contrée. Ils cherchaient par moments à ressaisir l'amour qui se dénoue,
mais c'était du plaisir sans surprise; c'était une chose épuisée et Luc était
heureux en songeant à partir. Rachel ne le retenait plus. — Quand ils sortaient ensemble encore ils marchaient en songeant — j'allais dire : pensifs;
chacun regardait devant lui au lieu de tant regarder l'autre. Luc ne songeait plus à l'amour, mais leur amour laissait en eux, comme le souvenir
d'une grande douceur et comme le parfum des belles fleurs fanées — tout ce
qui restait des guirlandes — mais sans tristesse, sans tristesse.

Certains jours, ils marchaient ainsi, languissamment et sans paroles. A
cause des couleurs splendides qu'avaient prises les feuilles d'automne, d'un
si beau reflet dans les eaux, ils préféraient les eaux dormantes et se promenaient lentement sur leurs bords. Les bois étaient glorieux et sonores :
les feuilles en tombant découvraient l'horizon. Luc songeait à la vie
immense. — Je dis cela parce que moi j'y songe; je crois qu'il devait y
songer. — Luc et Rachel m'ennuient, Madame : que vous dirai-je d'eux
encore?

Ils voulurent retourner voir le parc aux grilles merveilleuses. Ils trouvèrent, en longeant le mur, cette petite porte cachée, jadis bien close et sans
serrures — ouverte maintenant; ils entrèrent; — c'était un parc abandonné.

Rien ne peindrait la splendeur des allées. L'automne jonchait les pelouses,
et des branches étaient brisées; de l'herbe avait couvert les routes, de l'herbe
blonde, des graminées;[17] ils marchaient là-dedans en silence, près des
buissons pleins de baies rouges, où des rouges-gorges chantaient. J'aime la
splendeur de l'automne. — Il y avait des bancs de pierre, des statues, puis
une grande maison se dressa, aux volets clos et aux portes murées. — Dans
le jardin restait le souvenir des fêtes; des fruits trop mûrs pendaient aux
espaliers. — Comme le soir tombait ils repartirent...

---

17. graminées: *the family of plants to which belong wheat, rye and other cereals.*

— Racontez-moi l'Automne, dit Rachel.

— L'automne, reprit Luc, ah! c'est la forêt tout entière, et l'étang brun
près de l'orée. Les cerfs y viennent et le cor retentit. Taïaut! Taïaut! La
meute aboie; — les cerfs se sauvent. Promenons-nous sous les grands bois. —
La chasse accourt; — elle est passée; — avez-vous vu les palefrois?[18] Le son   5
du cor s'éloigne, s'éloigne dans les bois. — Allons revoir l'étang tranquille,
où tombe le soir. —

— Votre histoire est stupide, dit Rachel; on ne dit plus : des palefrois;[19]
et je n'aime pas le tapage. Dormons.

Alors Luc la laissa; n'ayant pas encore sommeil.   10

Ce fut bientôt après qu'ils se quittèrent; adieu sans larmes ni sans
sourires; tranquille et naturellement; leur histoire était achevée.

Voici l'automne ici, Madame; il pleut, les bois sont morts et l'hiver va
venir. Je pense à vous; mon âme est brûlante et calmée; je suis assis auprès
du feu; près de moi sont mes livres; je suis seul; je pense; j'écoute. —   15
Reprendrons-nous comme autrefois nos beaux amours pleins de mystère? —
Je suis heureux; je vis; j'ai de hautes pensées.

J'ai fini de vous raconter cette histoire qui nous ennuie; de grandes tâches
maintenant nous appellent. Je sais que, sur la mer, sur l'océan de la vie, des
naufrages glorieux attendent, — et des marins perdus, et des îles à décou-   20
vrir. — Mais nous restons penchés sur les livres, et nos désirs s'en vont vers
des actions plus certaines. C'est cela qui nous fait, je le sais, plus joyeux que
les autres hommes. — Parfois cependant, lassé d'une étude trop continue,
je descends vers le bois, par la pluie, et je vais voir finir l'automne. — Et je
sais qu'après, certains soirs, rentrant de cette promenade, je me suis assis près   25
du feu, comme ivre du bonheur de la vie, et presque sanglotant d'ivresse,
sentant en ma pensée des œuvres sérieuses à faire. — J'agirai! J'agirai. Je vis.
Entre toutes nous aurons aimé les grandes œuvres silencieuses. Ce sera le
poème, et l'histoire, et le drame; nous nous pencherons sur la vie, — comme
vous le faisiez bien, ma sœur, méditative et soucieuse. Maintenant je pars,   30
mais songez, songez aux bonheurs du voyage...

Pourtant, j'aurais aimé — voici l'hiver — prolonger ce récit ensemble.
Nous serions partis seuls un soir vers une ville de Hollande : la neige aurait
empli les rues; sur les canaux gelés, on aurait balayé la glace. Vous auriez

---

18. **palefrois:** palfreys, *a type of horse.*   19. **on ne dit plus: des palefrois:** *because
this is an archaic form.*

patiné longtemps, avec moi, jusque dans la campagne, nous aurions été dans les champs où l'on voit se former la neige ; elle s'étend infiniment blanche ; il fait bon sentir l'air glacé. — La nuit vient, mais où luit la neige ; nous rentrons. Maintenant vous seriez près de moi dans la chambre ; du feu ; les
5   rideaux clos, et toutes nos pensées. — Alors vous me diriez, ma sœur :

Aucunes choses ne méritent de détourner notre route ; embrassons-les toutes en passant ; mais notre but est plus loin qu'elles — ne nous y méprenons donc pas ; — ces choses marchent et s'en vont ; que notre but soit immobile — et nous marcherons pour l'atteindre. Ah! malheur à ces âmes stupides qui
10 *prennent pour des buts les obstacles. Il n'y a pas des buts ; les choses ne sont pas des buts ou des obstacles — non, pas même des obstacles ; il les faut seulement dépasser. Notre but unique c'est Dieu ; nous ne le perdrons pas de vue, car on le voit à travers chaque chose. Dès maintenant nous marcherons vers Lui ; dans une allée grâce à nous seuls splendide, avec les œuvres d'art*
15 *à droite, les paysages à gauche, la route à suivre devant nous ; — et faisons-nous maintenant, n'est-ce pas, des âmes belles et joyeuses. Car ce sont nos larmes seulement qui font germer autour de nous les tristesses.*

Et vous êtes semblables, objets de nos désirs, à ces concrétions périssables qui, sitôt que les doigts les pressent, n'y laissent plus que de la cendre. —
20 *Qualquiera ventio que sopla.*

Levez-vous, vents de ma pensée — qui dissiperez cette cendre.

MARCEL PROUST
La Confession d'une jeune fille

> «*Les désirs des sens nous entraî-*
> *nent çà et là, mais l'heure passée, que*
> *rapportez-vous? des remords de*
> *conscience et de la dissipation*
> *d'esprit. On sort dans la joie et*
> *souvent on revient dans la tristesse,*
> *et les plaisirs du soir attristent le*
> *matin. Ainsi la joie des sens flatte*
> *d'abord, mais à la fin elle blesse et*
> *elle tue.*»
> (Imitation de Jésus Christ,[1]
> Livre I, c. XVIII).

I

> *Parmi l'oubli qu'on cherche aux fausses allégresses,*
> *Revient plus virginal à travers les ivresses,*
> *Le doux parfum mélancolique du lilas.*
> (HENRI DE REGNIER).[2]

Enfin la délivrance approche. Certainement j'ai été maladroite, j'ai mal tiré, j'ai failli me manquer. Certainement il aurait mieux valu mourir du premier coup, mais enfin on n'a pas pu extraire la balle et les accidents au cœur ont commencé. Cela ne peut plus être bien long. Huit jours pourtant! cela peut encore durer huit jours! pendant lesquels je ne pourrai faire autre 5
chose que m'efforcer de ressaisir l'horrible enchaînement. Si je n'étais pas si faible, si j'avais assez de volonté pour me lever, pour partir, je voudrais aller mourir aux Oublis,[3] dans le parc où j'ai passé tous mes étés jusqu'à quinze ans. Nul lieu n'est plus plein de ma mère, tant sa présence, et son absence plus encore, l'imprégnèrent de sa personne. L'absence n'est-elle pas pour qui 10
aime la plus certaine, la plus efficace, la plus vivace, la plus indestructible, la plus fidèle des présences?

1. **Imitation de Jésus-Christ:** *a medi-*
eval devotional book, probably written
by Thomas à Kempis. 2. **Henri de**
Régnier: *a French Symbolist poet,*
contemporary of Proust. 3. **Oublis:**
name of a country estate.

Ma mère m'amenait aux Oublis à la fin d'avril, repartait au bout de deux jours, passait deux jours encore au milieu de mai, puis revenait me chercher dans la dernière semaine de juin. Ses venues si courtes étaient la chose la plus douce et la plus cruelle. Pendant ces deux jours elle me prodiguait des tendresses dont habituellement, pour m'endurcir et calmer ma sensibilité maladive, elle était très avare. Les deux soirs qu'elle passait aux Oublis, elle venait me dire bonsoir dans mon lit, ancienne habitude qu'elle avait perdue, parce que j'y trouvais trop de plaisir et trop de peine, que je ne m'endormais plus à force de la rappeler pour me dire bonsoir encore, n'osant plus à la fin, n'en ressentant que davantage le besoin passionné, inventant toujours de nouveaux prétextes, mon oreiller brûlant à retourner, mes pieds gelés qu'elle seule pourrait réchauffer dans ses mains... Tant de doux moments recevaient une douceur de plus de ce que je sentais que c'étaient ceux-là où ma mère était véritablement elle-même et que son habituelle froideur devait lui coûter beaucoup. Le jour où elle repartait, jour de désespoir où je m'accrochais à sa robe jusqu'au wagon, la suppliant de m'emmener à Paris avec elle, je démêlais très bien le sincère au milieu du feint, sa tristesse qui perçait sous ses reproches gais et fâchés par ma tristesse «bête, ridicule» qu'elle voulait m'apprendre à dominer, mais qu'elle partageait. Je ressens encore mon émotion d'un de ces jours de départ (juste cette émotion intacte, pas altérée par le douloureux retour d'aujourd'hui) d'un de ces jours de départ où je fis la douce découverte de sa tendresse si pareille et si supérieure à la mienne. Comme toutes les découvertes, elle avait été pressentie, devinée, mais les faits semblaient si souvent y contredire! Mes plus douces impressions sont celles des années où elle revint aux Oublis, rappelée parce que j'étais malade. Non seulement elle me faisait une visite de plus sur laquelle je n'avais pas compté, mais surtout elle n'était plus alors que douceur et tendresse épanchées sans dissimulation ni contrainte. Même dans ce temps-là où elles n'étaient pas encore adoucies, attendries par la pensée qu'un jour elles viendraient à me manquer, cette douceur, cette tendresse étaient tant pour moi que le charme des convalescences me fut toujours mortellement triste : le jour approchait où je serais assez guérie pour que ma mère pût repartir, et jusque-là je n'étais plus assez souffrante pour qu'elle ne reprît pas les sévérités, la justice sans indulgence d'avant.

Un jour, les oncles chez qui j'habitais aux Oublis m'avaient caché que ma mère devait arriver, parce qu'un petit cousin était venu passer quelques heures avec moi, et que je ne me serais pas assez occupée de lui dans l'angoisse joyeuse de cette attente. Cette cachotterie fut peut-être la première

des circonstances indépendantes de ma volonté qui furent les complices de
toutes les dispositions pour le mal que, comme tous les enfants de mon âge,
et pas plus qu'eux alors, je portais en moi. Ce petit cousin qui avait quinze
ans — j'en avais quatorze — était déjà très vicieux et m'apprit des choses
qui me firent frissonner aussitôt de remords et de volupté. Je goûtais à   5
l'écouter, à laisser ses mains caresser les miennes, une joie empoisonnée à sa
source même; bientôt j'eus la force de le quitter et je me sauvai dans le parc
avec un besoin fou de ma mère que je savais, hélas! être à Paris, l'appelant
partout malgré moi par les allées. Tout à coup, passant devant une charmille, je l'aperçus sur un banc, souriante et m'ouvrant les bras. Elle releva   10
son voile pour m'embrasser, je me précipitai contre ses joues en fondant en
larmes; je pleurai longtemps en lui racontant toutes ces vilaines choses qu'il
fallait l'ignorance de mon âge pour lui dire et qu'elle sut écouter divinement,
sans les comprendre, diminuant leur importance avec une bonté qui
allégeait le poids de ma conscience. Ce poids s'allégeait, s'allégeait; mon   15
âme écrasée, humiliée montait de plus en plus légère et puissante, débordait,
j'étais tout âme. Une divine douceur émanait de ma mère et de mon innocence revenue. Je sentis bientôt sous mes narines une odeur aussi pure et
aussi fraîche. C'était un lilas dont une branche cachée par l'ombrelle de ma
mère était déjà fleurie et qui, invisible, embaumait. Tout en haut des arbres,   20
les oiseaux chantaient de toutes leurs forces. Plus haut, entre les cimes
vertes, le ciel était d'un bleu si profond qu'il semblait à peine l'entrée d'un
ciel où l'on pourrait monter sans fin. J'embrassai ma mère. Jamais je n'ai
retrouvé la douceur de ce baiser. Elle repartit le lendemain et ce départ-là
fut plus cruel que tous ceux qui avaient précédé. En même temps que la joie   25
il me semblait que c'était maintenant que j'avais une fois péché, la force, le
soutien nécessaires qui m'abandonnaient.

Toutes ces séparations m'apprenaient malgré moi ce que serait l'irrépar-
able qui viendrait un jour, bien que jamais à cette époque je n'aie sérieusement envisagé la possibilité de survivre à ma mère. J'étais décidée à me   30
tuer dans la minute qui suivrait sa mort. Plus tard, l'absence porta d'autres
enseignements plus amers encore, qu'on s'habitue à l'absence, que c'est la
plus grande diminution de soi-même, la plus humiliante souffrance de sentir
qu'on n'en souffre plus. Ces enseignements d'ailleurs devaient être démentis
dans la suite. Je repense surtout maintenant au petit jardin où je prenais   35
avec ma mère le déjeuner du matin et où il y avait d'innombrables pensées.[4]

4. **pensées:** pansies.

Elles m'avaient toujours paru un peu tristes, graves comme des emblèmes, mais douces et veloutées, souvent mauves, parfois violettes, presque noires, avec de gracieuses et mystérieuses images jaunes, quelques-unes entièrement blanches et d'une frêle innocence. Je les cueille toutes maintenant dans mon souvenir, ces pensées, leur tristesse s'est accrue d'avoir été comprises, la douceur de leur velouté est à jamais disparue.

II

Comment toute cette eau fraîche de souvenirs a-t-elle pu jaillir encore une fois et couler dans mon âme impure d'aujourd'hui sans s'y souiller? Quelle vertu possède cette matinale odeur de lilas pour traverser tant de vapeurs fétides sans s'y mêler et s'y affaiblir? Hélas! en même temps qu'en moi, c'est bien loin de moi, c'est hors de moi que mon âme de quatorze ans se réveille encore. Je sais bien qu'elle n'est plus mon âme et qu'il ne dépend plus de moi qu'elle la redevienne. Alors pourtant je ne croyais pas que j'en arriverais un jour à la regretter. Elle n'était que pure, j'avais à la rendre forte et capable dans l'avenir des plus hautes tâches. Souvent aux Oublis, après avoir été avec ma mère au bord de l'eau pleine des jeux du soleil et des poissons, pendant les chaudes heures du jour, — ou le matin et le soir me promenant avec elle dans les champs, je rêvais avec confiance cet avenir qui n'était jamais assez beau au gré de son amour, de mon désir de lui plaire, et des puissances sinon de volonté, au moins d'imagination et de sentiment qui s'agitaient en moi, appelaient tumultueusement la destinée où elles se réaliseraient et frappaient à coups répétés à la cloison de mon cœur comme pour l'ouvrir et se précipiter hors de moi, dans la vie. Si, alors, je sautais de toutes mes forces, si j'embrassais mille fois ma mère, courais au loin en avant comme un jeune chien, ou restée indéfiniment en arrière à cueillir des coquelicots et des bleuets, les rapportais en poussant des cris, c'était moins pour la joie de la promenade elle-même et de ces cueillettes que pour épancher mon bonheur de sentir en moi toute cette vie prête à jaillir, à s'étendre à l'infini, dans des perspectives plus vastes et plus enchanteresses que l'extrême horizon des forêts et du ciel que j'aurais voulu atteindre d'un seul bond. Bouquets de bleuets, de trèfles et de coquelicots, si je vous emportais avec tant d'ivresse, les yeux ardents, toute palpitante, si vous me faisiez rire et pleurer, c'est que je vous composais avec toutes mes espérances d'alors, qui maintenant, comme vous, ont séché, ont pourri, et sans avoir fleuri comme vous, sont retournées à la poussière.

Ce qui désolait ma mère, c'était mon manque de volonté. Je faisais tout

par l'impulsion du moment. Tant qu'elle fut toujours donnée par l'esprit ou
par le cœur, ma vie, sans être tout à fait bonne, ne fut pourtant pas vraiment
mauvaise. La réalisation de tous mes beaux projets de travail, de calme, de
raison, nous préoccupait par-dessus tout, ma mère et moi, parce que nous
sentions, elle plus distinctement, moi confusément, mais avec beaucoup de   5
force, qu'elle ne serait que l'image projetée dans ma vie de la création par
moi-même et en moi-même de cette volonté qu'elle avait conçue et couvée.
Mais toujours je l'ajournais au lendemain. Je me donnais du temps, je me
désolais parfois de le voir passer, mais il y en avait encore tant devant moi!
Pourtant j'avais un peu peur, et sentais vaguement que l'habitude de me   10
passer ainsi de vouloir commençait à peser sur moi de plus en plus fortement
à mesure qu'elle prenait plus d'années, me doutant tristement que les
choses ne changeraient pas tout d'un coup, et qu'il ne fallait guère compter,
pour transformer ma vie et créer ma volonté, sur un miracle qui ne m'aurait
coûté aucune peine. Désirer avoir de la volonté n'y suffisait pas. Il aurait   15
fallu précisément ce que je ne pouvais sans volonté : le vouloir.

III

> *Et le vent furibond de la concupiscence*[5]
> *Fait claquer votre chair ainsi qu'un vieux drapeau.*[6]
> (BAUDELAIRE).

Pendant ma seizième année, je traversai une crise qui me rendit souffrante.
Pour me distraire, on me fit débuter dans le monde.[7] Des jeunes gens prirent
l'habitude de venir me voir. Un d'entre eux était pervers et méchant. Il avait
des manières à la fois douces et hardies. C'est de lui que je devins amoureuse.   20
Mes parents l'apprirent et ne brusquèrent rien[8] pour ne pas me faire trop de
peine. Passant tout le temps où je ne le voyais pas à penser à lui, je finis par
m'abaisser en lui ressemblant autant que cela m'était possible. Il m'induisait
à mal faire presque par surprise, puis m'habitua à laisser s'éveiller en moi
de mauvaises pensées auxquelles je n'eus pas une volonté à opposer, seule   25
puissance capable de les faire rentrer dans l'ombre infernale d'où elles
sortaient. Quand l'amour finit, l'habitude avait pris sa place et il ne manquait
pas de jeunes gens immoraux pour l'exploiter. Complices de mes fautes, ils

---

5. **concupiscence:** lust.   6. *These
two verses are from* "*Les Femmes
Damnées,*" *one of the* "*condemned*"
*poems dealing with forbidden love which,
by court order, had to be deleted from*

Les Fleurs du Mal.   7. **débuter dans
le monde:** to go out in society.   8. **ne
brusquèrent rien:** did not do anything
abrupt.

s'en faisaient aussi les apologistes en face de ma conscience. J'eus d'abord des remords atroces, je fis des aveux qui ne furent pas compris. Mes camarades me détournèrent d'insister auprès de mon père. Ils me persuadaient lentement que toutes les jeunes filles faisaient de même et que les parents feignaient seulement de l'ignorer. Les mensonges que j'étais sans cesse obligée de faire, mon imagination les colora bientôt des semblants d'un silence qu'il convenait de garder sur une nécessité inéluctable. A ce moment je ne vivais plus bien; je rêvais, je pensais, je sentais encore.

Pour distraire et chasser tous ces mauvais désirs, je commençai à aller beaucoup dans le monde. Ses plaisirs desséchants m'habituèrent à vivre dans une compagnie perpétuelle, et je perdis avec le goût de la solitude le secret des joies que m'avaient données jusque-là la nature et l'art. Jamais je n'ai été si souvent au concert que dans ces années-là. Jamais, tout occupée au désir d'être admirée dans une loge élégante, je n'ai senti moins profondément la musique. J'écoutais et je n'entendais rien. Si par hasard j'entendais, j'avais cessé de voir tout ce que la musique sait dévoiler. Mes promenades aussi avaient été comme frappées de stérilité. Les choses qui autrefois suffisaient à me rendre heureuse pour toute la journée, un peu de soleil jaunissant l'herbe, le parfum que les feuilles laissent s'échapper avec les dernières gouttes de pluie, avaient perdu comme moi leur douceur et leur gaieté. Les bois, le ciel, les eaux semblaient se détourner de moi, et si, restée seule avec eux face à face, je les interrogeais anxieusement, ils ne murmuraient plus ces réponses vagues qui me ravissaient autrefois. Les hôtes divins qu'annoncent les voix des eaux, des feuillages et du ciel daignent visiter seulement les cœurs qui, en habitant en eux-mêmes, se sont purifiés.

C'est alors qu'à la recherche d'un remède inverse et parce que je n'avais pas le courage de vouloir le véritable qui était si près, et hélas! si loin de moi, en moi-même, je me laissai de nouveau aller aux plaisirs coupables, croyant ranimer par là la flamme éteinte par le monde. Ce fut en vain. Retenue par le plaisir de plaire, je remettais de jour en jour la décision définitive, le choix, l'acte vraiment libre, l'option pour la solitude. Je ne renonçai pas à l'un de ces deux vices pour l'autre. Je les mêlai. Que dis-je? chacun se chargeant de briser tous les obstacles de pensée, de sentiment, qui auraient arrêté l'autre, semblait aussi l'appeler. J'allais dans le monde pour me calmer après une faute, et j'en commettais une autre dès que j'étais calme. C'est à ce moment terrible, après l'innocence perdue, et avant le remords d'aujourd'hui, à ce moment où de tous les moments de ma vie j'ai le moins valu, que je fus le plus appréciée de tous. On m'avait jugée une

petite fille prétentieuse et folle; maintenant, au contraire, les cendres de
mon imagination étaient au goût du monde qui s'y délectait. Alors que je
commettais envers ma mère le plus grand des crimes, on me trouvait à
cause de mes façons tendrement respectueuses envers elle, le modèle des
filles. Après le suicide de ma pensée, on admirait mon intelligence, on   5
raffolait de mon esprit. Mon imagination desséchée, ma sensibilité tarie,
suffisaient à la soif des plus altérés de vie spirituelle, tant cette soif était factice, et mensongère comme la source où ils croyaient l'étancher! Personne
d'ailleurs ne soupçonnait le crime secret de ma vie, et je semblais à tous la
jeune fille idéale. Combien de parents dirent alors à ma mère que si ma   10
situation eût été moindre et s'ils avaient pu songer à moi, ils n'auraient pas
voulu d'autre femme pour leur fils! Au fond de ma conscience oblitérée,
j'éprouvais pourtant de ces louanges indues une honte désespérée; elle
n'arrivait pas jusqu'à la surface, et j'étais tombée si bas que j'eus l'indignité
de les rapporter en riant aux complices de mes crimes.   15

IV

«A quiconque a perdu ce qui ne se retrouve jamais... jamais!»[9]
(BAUDELAIRE).

L'hiver de ma vingtième année, la santé de ma mère, qui n'avait jamais été
vigoureuse, fut très ébranlée. J'appris qu'elle avait le cœur malade, sans
gravité d'ailleurs, mais qu'il fallait lui éviter tout ennui. Un de mes oncles
me dit que ma mère désirait me voir me marier. Un devoir précis, important
se présentait à moi. J'allais pouvoir prouver à ma mère combien je l'aimais.   20
J'acceptai la première demande qu'elle me transmit en l'approuvant, chargeant ainsi, à défaut de volonté, la nécessité, de me contraindre à changer
de vie. Mon fiancé était précisément le jeune homme qui, par son extrême
intelligence, sa douceur et son énergie, pouvait avoir sur moi la plus heureuse
influence. Il était, de plus, décidé à habiter avec nous. Je ne serais pas   25
séparée de ma mère, ce qui eût été pour moi la peine la plus cruelle.
Alors j'eus le courage de dire toutes mes fautes à mon confesseur. Je lui
demandai si je devais le même aveu à mon fiancé. Il eut la pitié de m'en
détourner, mais me fit prêter le serment de ne jamais retomber dans mes
erreurs et me donna l'absolution. Les fleurs tardives que la joie fit éclore   30
dans mon cœur que je croyais à jamais stérile portèrent des fruits. La grâce

9. *This quotation is from "Le Cygne,"*   leaux Parisiens" *section of* Les Fleurs
one of the major poems of the " Tab-   du Mal.

de Dieu, la grâce de la jeunesse, — où l'on voit tant de plaies se refermer d'elles-mêmes par la vitalité de cet âge — m'avaient guérie.

Si, comme l'a dit saint Augustin,[10] il est plus difficile de redevenir chaste que de l'avoir été, je connus alors une vertu difficile. Personne ne se doutait que je valais infiniment mieux qu'avant et ma mère baisait chaque jour mon front qu'elle n'avait jamais cessé de croire pur sans savoir qu'il était régénéré. Bien plus, on me fit à ce moment, sur mon attitude distraite, mon silence et ma mélancolie dans le monde, des reproches injustes. Mais je ne m'en fâchais pas : le secret qui était entre moi et ma conscience satisfaite me procurait assez de volupté. La convalescence de mon âme — qui me souriait maintenant sans cesse avec un visage semblable à celui de ma mère et me regardait avec un air de tendre reproche à travers ses larmes qui séchaient — était d'un charme et d'une langueur infinis. Oui, mon âme renaissait à la vie. Je ne comprenais pas moi-même comment j'avais pu la maltraiter, la faire souffrir, la tuer presque. Et je remerciais Dieu avec effusion de l'avoir sauvée à temps.

C'est l'accord de cette joie profonde et pure avec la fraîche sérénité du ciel que je goûtais le soir *où tout s'est accompli*. L'absence de mon fiancé, qui était allé passer deux jours chez sa sœur, la présence à dîner du jeune homme qui avait la plus grande responsabilité dans mes fautes passées, ne projetaient pas sur cette limpide soirée de mai la plus légère tristesse. Il n'y avait pas un nuage au ciel qui se reflétait exactement dans mon cœur. Ma mère, d'ailleurs, comme s'il y avait eu entre elle et mon âme, malgré qu'elle fût dans une ignorance absolue de mes fautes, une solidarité mystérieuse, était à peu près guérie. «Il faut la ménager quinze jours, avait dit le médecin, et après cela il n'y aura plus de rechute possible!» Ces seuls mots étaient pour moi la promesse d'un avenir de bonheur dont la douceur me faisait fondre en larmes. Ma mère avait ce soir-là une robe plus élégante que de coutume, et, pour la première fois depuis la mort de mon père, déjà ancienne pourtant de dix ans, elle avait ajouté un peu de mauve à son habituelle robe noire. Elle était toute confuse d'être ainsi habillée comme quand elle était plus jeune, et triste et heureuse d'avoir fait violence à sa peine et à son deuil pour me faire plaisir et fêter ma joie. J'approchai de son corsage un œillet rose qu'elle repoussa d'abord, puis qu'elle attacha, parce qu'il venait de moi, d'une main un peu hésitante, honteuse. Au moment où on allait se mettre à table, j'attirai près de moi vers la fenêtre son visage délicatement reposé

---

10. *Saint Augustine turned to religion after youthful debauchery.*

de ses souffrances passées, et je l'embrassai avec passion. Je m'étais trompée en disant que je n'avais jamais retrouvé la douceur du baiser aux Oublis. Le baiser de ce soir-là fut aussi doux qu'aucun autre. Ou plutôt ce fut le baiser même des Oublis qui, évoqué par l'attrait d'une minute pareille, glissa doucement du fond du passé et vint se poser entre les joues de ma mère   5
encore un peu pâles et mes lèvres.

On but à mon prochain mariage. Je ne buvais jamais que de l'eau à cause de l'excitation trop vive que le vin causait à mes nerfs. Mon oncle déclara qu'à un moment comme celui-là, je pouvais faire une exception. Je revois très bien sa figure gaie en prononçant ces paroles stupides... Mon Dieu! mon   10
Dieu! j'ai tout confessé avec tant de calme, vais-je être obligée de m'arrêter ici? Je ne vois plus rien! Si... mon oncle dit que je pouvais bien à un moment comme celui-là faire une exception. Il me regarda en riant en disant cela, je bus vite avant d'avoir regardé ma mère dans la crainte qu'elle ne me le défendît. Elle dit doucement : «On ne doit jamais faire une place au mal, si   15
petite qu'elle soit.» Mais le vin de Champagne était si frais que j'en bus encore deux autres verres. Ma tête était devenue très lourde, j'avais à la fois besoin de me reposer et de dépenser mes nerfs. On se levait de table : Jacques s'approcha de moi et me dit en me regardant fixement :

— Voulez-vous venir avec moi; je voudrais vous montrer des vers que j'ai   20
faits.

Ses beaux yeux brillaient doucement dans ses joues fraîches, il releva lentement ses moustaches avec sa main. Je compris que je me perdais et je fus sans force pour résister. Je dis toute tremblante :

— Oui, cela me fera plaisir.   25

Ce fut en disant ces paroles, avant même peut-être, en buvant le second verre de vin de Champagne que je commis l'acte vraiment responsable, l'acte abominable. Après cela, je ne fis plus que me laisser faire. Nous avions fermé à clef les deux portes, et lui, son haleine sur mes joues, m'étreignait, ses mains furetant le long de mon corps. Alors tandis que le plaisir me tenait   30
de plus en plus, je sentais s'éveiller, au fond de mon cœur, une tristesse et une désolation infinies; il me semblait que je faisais pleurer l'âme de ma mère, l'âme de mon ange gardien, l'âme de Dieu. Je n'avais jamais pu lire sans des frémissements d'horreur le récit des tortures que des scélérats font subir à des animaux, à leur propre femme, à leurs enfants; il m'apparaissait   35
confusément maintenant que dans tout acte voluptueux et coupable il y a autant de férocité de la part du corps qui jouit, et qu'en nous autant de bonnes intentions, autant d'anges purs sont martyrisés et pleurent.

Bientôt mes oncles auraient fini leur partie de cartes et allaient revenir. Nous allions les devancer, je ne faillirais plus, c'était la dernière fois... Alors, au-dessus de la cheminée, je me vis dans la glace. Toute cette vague angoisse de mon âme n'était pas peinte sur ma figure, mais toute elle respirait, des yeux brillants aux joues enflammées et à la bouche offerte, une joie sensuelle, stupide et brutale. Je pensais alors à l'horreur de quiconque m'ayant vue tout à l'heure embrasser ma mère avec une mélancolique tendresse, me verrait ainsi transfigurée en bête. Mais aussitôt se dressa dans la glace, contre ma figure, la bouche de Jacques, avide sous ses moustaches. Troublée jusqu'au plus profond de moi-même, je rapprochai ma tête de la sienne, quand en face de moi je vis, oui je le dis comme cela était, écoutez-moi puisque je peux vous le dire, sur le balcon, devant la fenêtre, je vis ma mère qui me regardait hébétée. Je ne sais si elle a crié, je n'ai rien entendu, mais elle est tombée en arrière et est restée la tête prise entre deux barreaux du balcon...

Ce n'est pas la dernière fois que je vous le raconte : je vous l'ai dit, je me suis presque manquée, je m'étais pourtant bien visée, mais j'ai mal tiré. Pourtant on n'a pas pu extraire la balle et les accidents au cœur ont commencé. Seulement je peux rester encore huit jours comme cela et je ne pourrai cesser jusque-là de raisonner sur les commencements et de *voir* la fin. J'aimerais mieux que ma mère m'ait vu commettre d'autres crimes encore et celui-là même, mais qu'elle n'ait pas vu cette expression joyeuse qu'avait ma figure dans la glace. Non, elle n'a pu la voir... C'est une coïncidence... elle a été frappée d'apoplexie une minute avant de me voir... Elle ne l'a pas vue... Cela ne se peut pas ! Dieu qui savait tout ne l'aurait pas voulu.

ANDRE BRETON
Tournesol

La voyageuse qui traversa les Halles[1] à la tombée de l'été
Marchait sur la pointe des pieds
Le désespoir roulait au ciel ses grands arums[2] si beaux
Et dans le sac à main il y avait mon rêve ce flacon de sels
5   Que seule a respirés la marraine de Dieu
Les torpeurs se déployaient comme la buée
Au Chien qui fume[3]
Où venaient d'entrer le pour et le contre[4]
La jeune femme ne pouvait être vue d'eux que mal et de biais
10   Avais-je affaire à l'ambassadrice du salpêtre[5]
Ou de la courbe blanche sur fond noir que nous appelons pensée
Le bal des innocents battait son plein[6]
Les lampions prenaient feu lentement dans les marronniers
La dame sans ombre s'agenouilla sur le Pont-au-Change[7]
15   Rue Gît-le-Coeur[8] les timbres n'étaient plus les mêmes

1. les Halles: the former central wholesale market of Paris. 2. arums: a plant with heart-shaped leaves. 3. Au Chien qui fume: a restaurant in the Halles quarter, known for its onion soup. 4. le pour et le contre: the pro and the con. 5. salpêtre: saltpeter. This is a reference to the Salpêtrière, a Parisian asylum for old and mentally deranged women. 6. Le bal des innocents battait son plein: The dance of the innocents was going full blast. 7. Le Pont-au-Change: a bridge over the Seine leading to Les Halles. 8. Rue Gît-le-Coeur: a picturesque Parisian street.

Les promesses des nuits étaient enfin tenues
Les pigeons voyageurs les baisers de secours
Se joignaient aux seins de la belle inconnue
Dardés sous le crêpe des significations parfaites
20   Une ferme prospérait en plein Paris
Et ses fenêtres donnaient sur la voie lactée[9]
Mais personne ne l'habitait encore à cause des survenants[10]
Des survenants qu'on sait plus dévoués que les revenants[11]
Les uns comme cette femme ont l'air de nager
25   Et dans l'amour il entre un peu de leur substance
Elle les intériorise
Je ne suis le jouet d'aucune puissance sensorielle
Et pourtant le grillon qui chantait dans les cheveux de cendre
Un soir près de la statue d'Etienne Marcel[12]
30   M'a jeté un coup d'oeil d'intelligence[13]
André Breton a-t-il dit passe

9. voie lactée: Milky Way.   10. survenants: those who come by chance.
11. revenants: ghosts.   12. Etienne Marcel: *the prefect of Parisian merchants and for some time mayor of Paris around the middle of the fourteenth century.*   13. M'a jeté un coup d'oeil d'intelligence: looked at me knowingly.

PAUL ELUARD
L'Amoureuse

Elle est debout sur mes paupières
Et ses cheveux sont dans les miens,
Elle a la forme de mes mains,
Elle a la couleur de mes yeux,
Elle s'engloutit dans mon ombre
Comme une pierre sur le ciel.

Elle a toujours les yeux ouverts
Et ne me laisse pas dormir.
Ses rêves en pleine lumière
Font s'évaporer les soleils,
Me font rire, pleurer et rire,
Parler sans avoir rien à dire.

Soutine. *Portrait de l'artiste.* Collection Henry Pearlman, New York. (Photo Joseph Klima, Jr.)

4
DE L'ART

«L'étreinte poétique comme l'étreinte de chair
Tant qu'elle dure
Défend toute échappée sur la misère du monde.»
BRETON

Comment parler de l'art? Aujourd'hui, à notre époque, c'est une question qui se pose à nous avec acuïté. Car dans notre culture le langage de l'art — de tous les arts — change presque de jour en jour à un rythme accéléré. Il nous semble que nous assistons à la naissance de formes d'art toutes nouvelles en rupture totale avec le passé. Simultanément, autour de nous, dans nos musées, nos salles de concert, nos théâtres, nos librairies et salles de classe nous voyons rassemblés tout l'art du passé, et toutes les formes d'art qui cohabitent en ce moment sur notre terre. Nous n'avons plus sur l'art des idées bien arrêtées. Parmi nos contemporains, les artistes eux-mêmes se posent la question du sens de ce qu'ils font. Ils nous proposent de leur activité des conceptions différentes ou, renonçant à s'expliquer, se contentent de l'exercer et de la faire connaître sans chercher à formuler une réponse aux questions qu'elle leur pose, laissant aux critiques la tâche de s'expliquer avec le public. Cependant un public toujours plus étendu semble avide de comprendre cet art moderne qui l'attire et le déconcerte.

Une des questions majeures qui se pose aujourd'hui aux artistes, c'est celle de l'apparente futilité de leur activité par rapport aux grands événements qui nous troublent et secouent notre civilisation. Tandis que, d'un certain point de vue, l'art semble plus que jamais nous attirer, dans ses formes nouvelles aussi bien qu'anciennes, une certaine inquiétude est apparue : l'art peut-il survivre dans le monde actuel? A-t-il une fonction sociale reconnaissable dans notre culture technologique? Comme notre civilisation elle-même, tout ce qui touche à l'art est mis en question. Il est vrai que, si

195

elles se posent à nous avec une très grande urgence, ces questions ont été posées bien avant notre siècle, quelquefois à l'état latent, quelquefois de façon explicite. Les philosophes et esthéticiens ont souvent tenté de mettre en lumière les rapports complexes qui lient la transformation des formes artistiques et le changement de l'idée que les hommes se font de la réalité. Ces changements sont liés aux transformations d'une culture — science, inventions technologiques, économie, «style» de vie. Et peut-être qu'une des fonctions de l'art est précisément de nous faire percevoir que le monde humain ne nous est pas «donné» une fois pour toutes, que nos perceptions du «réel» et notre sensibilité au réel changent avec nos concepts.

Parce que longtemps en France — presque jusqu'à la deuxième guerre mondiale — les mots «culture» et «connaissance des arts» — de la littérature surtout — ont été synonymes, la question de l'art y a été constamment débattue : ses buts, sa nature, sa fonction ; et, liée forcément à la question de l'art, celle de ces individus qui deviennent «artistes».

Au début du XIXᵉ siècle, avec la transformation de la société française, au sortir de la Révolution, la situation de l'artiste a changé. On peut dire, en gros et en simplifiant quelque peu, qu'avec la chute de l'aristocratie, dont il était sinon le serviteur du moins le protégé, économiquement, disparaissaient les cadres de son activité et une certaine symbiose avec son public. C'est alors que les romantiques ont proposé une certaine image de l'artiste et avec elle une conception du but et de la fonction de l'art, si dynamiques qu'elles ont dominé le mouvement des arts pendant un siècle et demi. La succession de plus en plus accélérée et multipliée des «ismes» — romantisme, réalisme, naturalisme, symbolisme, cubisme, surréalisme, etc. — en sont la conséquence, au moins en partie. Tout l'art contemporain, dans sa turbulence, en est impregné et en même temps les remet en question de façon radicale. C'est de cette manie de créer des «écoles» avec formule à l'appui que relève l'école dite «soustraite» des artistes «non-corporatifs» inventée par Tardieu, invention à peine parodique. Comme au début du XIXᵉ, nous appartenons à une société en pleine transition, et qui s'en rend compte.

Parmi les textes qui sont réunis dans cette section, ceux qui sont le plus proches de nous (la farce de Jean Tardieu et le conte ironique de Camus) se distinguent nettement des autres — tous écrits au XIXᵉ siècle — par le ton. Les auteurs de ces textes sont tous des écrivains — non des philosophes ou des esthéticiens. Ils parlent de l'art, mais indirectement, par des images — des fictions et métaphores à travers une histoire, un poème, une courte farce. Pour dire ce qu'ils veulent communiquer ils font jouer notre imagination, nous proposant des configurations de mots plus ou moins énigmatiques. A nous d'interpréter ce qu'elles signifient. Écrivains, ils abordent le sujet de la «création» artistique, centrale pour eux, par une voie oblique, mettant en cause non la littérature mais d'autres arts — peinture, musique, sculpture. S'agit-il de trois sortes de masques que prend l'écrivain pour communiquer une expérience qu'il veut objectifier — celle du «créateur» d'objets d'art? En effet, nous percevons un tableau, une composition musicale, une sculpture immédiatement comme présents et pourtant distincts de la «réalité»; les mots écrits en revanche ont tendance à se confondre avec nos propres représentations. L'écrivain procède peut-être ainsi pour une autre raison. Dans trois de nos textes — *Le Chef-d'oeuvre inconnu, La Société Apollon* et *Jonas*, on pénètre dans l'atelier de l'artiste. Et dans *Les Phares* Baudelaire veut nous «faire voir» par l'entremise des mots, et de peintre en peintre, le «lieu» que chacun hante, son atelier intérieur. L'atelier de l'artiste, c'est l'endroit où il travaille, qui contient ses outils, matériaux et ébauches et où lui-même vit en tant qu'artiste. Pénétrer dans l'atelier de l'artiste c'est l'espoir de pénétrer dans ses secrets. Le jeune Poussin paiera cette admission au prix de son amour même, mû par une passion dont les néophytes de la Société Apollon ont gardé une vague nostalgie; et la société toute entière se rue chez le peintre de Camus, Jonas, simplement, semble-t-il, pour passer le temps.

Aujourd'hui l'artiste, du moins si nous en jugeons d'après les deux textes que nous avons, se sent dévalué par le tapage et l'attroupement qui se font autour d'une activité qui est devenue publique. Il suffit de s'arrêter sur l'image qu'ils nous donnent de l'atelier de leur artiste. Les deux ateliers où Balzac nous entraîne ressemblent un peu au laboratoire des alchimistes : lieux sombres et secrets, fermés aux intrus où ne pénètrent que les initiés; l'atelier du sculpteur de Tardieu ressemble plutôt a celui d'un ingénieur — bien éclairé, avec aux murs «des épures», et comme ameublement «une table à dessin, des tabourets et des outils épars». Quant à Jonas installé dans une pièce ordinaire de son appartement les besoins quotidiens de sa famille et sa prompte célébrité le refoulent de pièce en pièce, de la chambre à la cuisine, à la salle de bain et enfin dans une petite soupente obscure entre plafond et plancher, munie d'un tableau noir, seule «tour d'ivoire» qu'il connaîtra jamais. L'atelier est une métaphore qui peut exprimer la conscience qu'a l'écrivain des éléments hétérogènes qui entrent dans son activité — la matière qu'il travaille, l'intention qui l'anime, le «milieu» ou l'atmosphère qui l'entoure. Surtout cette image présente les trois irréductibles qui entrent en jeu — l'homme, une réalité ambiante qui l'enveloppe, l'objet créé. La représentation change; mais le système de relations est le même.

Avant même que nous abordions l'histoire de Balzac, le mot «chef-d'oeuvre» nous fera peut-être sourire. Il date après tout comme d'autres mots qui lui sont associés : mission, génie, inspiration et même nature, mot cher à un protagoniste de cette histoire, le peintre Frenhofer. Nous pourrions aussi sourire de l'éloquence avec laquelle Baudelaire transforme ces artistes en «phares» intermédiaires entre Dieu et les hommes, porte-paroles de l'universel tourment métaphysique humain. Pourtant, pour nous, les mots «poète», «artiste», «écrivain» ont gardé une certaine aura de mystère; si à «mission», «génie» et «inspiration» nous préférons «fonction», «créateur» et «conception», il n'en est pas moins vrai que c'est cette aura qui nous rend l'art de notre temps à la fois fascinant et suspect. Nous vacillons aujourd'hui entre la conception de l'art comme «arcane» ou mystère sacré et l'art comme mystification. Ce ne sont pas les «mille labyrinthes» du coeur humain évoqués par Baudelaire que le mot «labyrinthe» évoque dans la farce de Tardieu mais la nouvelle cité des arts où se perdent les pèlerins culturels naïfs et bernés. Mais après tout, pouvons-nous nous demander, qui des quatre aura raison : la monitrice-esthéticienne; l'élève rebelle qui préfère sa fiancée réelle à la forme «soustraite au réel» des artistes «non-corporatifs»; le sculpteur qui n'est — ou prétend n'être — qu'inventeur de commodités commerciales; ou finalement l'objet qui, lui, reste présent et muet?

Balzac, lui, n'a aucun doute sur la grandeur de la fonction de l'artiste, mais une certaine anxiété. C'est dans son histoire de la confrontation passionée entre trois peintres, obsédés par leur art, que naît l'interrogation : qu'est-ce que l'art exige de l'homme? qu'est-ce que l'art révèle de l'homme? quels dangers l'art recèle-t-il pour celui qui s'y adonne? et quelles joies? Il est amusant de comparer ces personnages, leur inquiétude et leur passion, au Jonas de Camus. Jonas est peintre lui aussi, mais un peintre muni d'une femme, d'enfants et cerné, à mesure qu'il progresse et réussit, par les exigences d'amis, de critiques, d'agents, de représentants officiels. C'est de l'extérieur que viennent les obstacles. L'activité de Jonas est devenue l'affaire de tout le monde, sauf de lui-même. Camus a démystifié le personnage de l'artiste comme Tardieu a démystifié notre façon d'aborder l'art. Mais le visage de Jonas reste ambigu; car il a «une étoile», un don : le don de la peinture — et ce don est responsable de la singularité de son cas; car la société qui s'abat sur les moindres productions de Jonas, acclamant, commentant, critiquant, achetant, ne laisse plus aucune place à l'artiste. Il est dépossédé de lui-même, aliéné par elle. Quel que soit la condition où on le place — dans l'atelier d'un Frenhofer en 1612 ou dans le Paris d'aujourd'hui, la singularité de l'individu qui se fait artiste est toujours pour lui un problème et qualifie toutes ses autres relations, avec les autres et lui-même, dans la réussite comme dans l'échec.

L'interrogation au fond reste la même. L'artiste a changé de visage; ses rapports avec la société ont changé mais il se pose les mêmes questions : que signifie mon activité? comment vivre et créer? suis-je ou non un raté, un charlatan? Ce que Jonas, notre contemporain, comme le Frenhofer de Balzac, rencontre à la fin de l'histoire, c'est sa propre incertitude. A cette incertitude ont répondu, au cours des siècles, une multitude de significations. Parmi nos textes, c'est peut-être l'histoire de «Gestas», reflet de celle de Verlaine, qui incarne une image simplifiée de la situation de l'artiste, dans la société bourgeoise post-romantique du XIXᵉ siècle. Perdu d'absinthe, du fond de sa déchéance, Gestas-Verlaine, le «mauvais» larron crucifié, qui croit à la parole du Christ, cherche en vain parmi les hommes l'accueil et l'absolution que Dieu lui octroie, lui ouvrant les portes du paradis. Délinquant, aux yeux des hommes, sans doute à cause de son «don» de chanteur, Gestas titube entre deux mondes psychiques irréductibles — maudit et élu tout à la fois. De Frenhofer, à «Gestas», à Jonas, c'est bien de la vie et de la mort de l'artiste qu'il s'agit. L'artiste apporte, malgré lui, quelque chose de violent et de dangereux : Frenhofer se tue; Poussin trahit son amour; la vie de Gestas n'est qu'autodestruction; Jonas s'épuise et se retranche. Tous introduisent un élément de désordre dans la vie quotidienne.

Les écrivains représentés ici, de Balzac à Camus, si différentes que soient leurs attitudes vis à vis de leur rôle social semblent conscients d'être restés pour eux-mêmes et aux yeux des autres des êtres à demi mythiques, autour desquels s'est tissé tout un réseau de notions ambivalentes qu'alternativement eux-mêmes proposent et détruisent. L'idée leur vient rarement de se peindre sous des couleurs heureuses. C'est cependant *Le Chef-d'oeuvre inconnu* de Balzac qui, parmi les textes réunis ici, pose la question de la nature de l'art dans sa plus grande complexité. Pour faire jouer notre imagination, Balzac nous fait faire un bond en arrière. Il situe son histoire tout au début du XVIIᵉ siècle, à l'époque où la grande vague du baroque déferlait et renouvelait tout l'art de l'Europe occidentale. C'était une époque de rupture, comme celle même que Balzac connaissait, comme la nôtre; une époque de recherches, de conflits et de débats où toute une culture, les buts et idéaux de la société, avaient été remis en cause. Ecrivain, c'est l'idée qu'il se faisait de sa propre activité que Balzac transposait ainsi; mais aussi, ami de Delacroix et passionné de points de vue nouveaux sur tout ce qui concernait l'art et l'homme, ce sont des possibilités de l'homme en tant que créateur qui le passionnaient. Le peintre-créateur Frenhofer est ici donc bien plus qu'un individu.

Avec Frenhofer, personnage imaginaire, nous accédons à l'atelier d'un peintre «réel», Porbus, accompagné d'un jeune homme «inconnu» des deux peintres, mais non de nous : Nicolas Poussin. Nous nous trouvons ainsi mêlés à une aventure, celle de Poussin essentiellement pour qui la rencontre avec Frenhofer et le drame auquel il va participer serviront d'avertissement. Ce que ni Frenhofer, ni Porbus n'atteindront Poussin, Balzac semble l'indiquer, conciliant les deux saura l'atteindre : il sera un grand artiste. En fait Poussin devait dominer la peinture française pendant un siècle et demi. Et ce sont ses principes devenu poncifs que Delacroix attaquait.

Bien entendu, Balzac ne pose pas la question comme l'eût posé un jeune homme comme Poussin en 1612; il reprenait le débat qui opposait à son époque les admirateurs d'Ingres, continuateurs de la tradition illustrée par Poussin, et ceux de Delacroix, qui voulait repenser le langage de la peinture. Pour les partisans d'Ingres comme pour ceux de Delacroix, il s'agissait de rendre sur la toile «la nature». Pour Ingres, c'était par la ligne fermée du dessin et la composition qui modelait les formes sur un fond «vide» que la toile «copie» le mieux la nature. Selon Delacroix, qui reprenait à sa façon le point de vue des peintres baroques, l'oeil ne perçoit dans la nature aucune forme qui soit indépendante de la lumière et des couleurs. Pour lui comme pour Ingres la toile était un espace visuelle qui contenait l'image de quelque chose; elle avait un sujet. Mais pour Delacroix la peinture déjà visait autre chose que la représentation d'un sujet — il voulait rendre l'energie et l'unité de la lumière, le dynamisme et l'action des couleurs. Cette question de la tension dans le tableau, entre la forme et la couleur n'était pas absolument nouvelle; déjà les peintres baroques l'avaient posé; mais c'est néanmoins Delacroix qui a frayé la voie ici à Frenhofer. La tentative de Frenhofer pour dépasser les bornes du réel et son dilemme sont le prétexte que prend Balzac pour poser de façon concrète le problème de l'art et de la «nature». Pourquoi Frenhofer, pénétrant dans l'atelier de son ami, devant la peinture quasi parfaite d'une jeune femme se montre-t-il peu satisfait? C'est, dit-il, que le tableau, fixé sur la toile, a perdu cet ingrédient impossible à saisir, la vie. Surprendre et créer le mouvement de la vie même, voilà l'ambition de Frenhofer. Comme l'alchimiste il est le rival de la nature, qui veut lui arracher ses secrets. «La mission de l'art,» affirme-t-il, «n'est pas de copier la nature mais de l'exprimer». «Exprimer la nature», c'est-à-dire rendre sur la toile ce que l'artiste perçoit au-delà des formes qui s'offrent à notre regard. Pour Frenhofer, l'unité de la nature est apparente dans l'unité de la lumière. C'est donc à la divulgation de cette unité et non à rendre le modelé d'un corps humain parfait que, travaillant sur sa «Belle-Noiseuse» depuis des années, il s'est appliqué. Et lorsqu'il dévoile son tableau, ses deux amis n'y voient qu'une «muraille de peinture» : toute la représentation du corps — sauf un pied — a disparu. Aux yeux de Porbus et Poussin, Frenhofer a tout perdu. A ses propres yeux aussi, puisqu'il brûle sa toile et se tue.

Balzac avait entrevu le chemin qu'allait prendre l'art moderne; mais non son entière métamorphose vers l'art abstrait ou non-figuratif. Il ne pensait pas que l'art pourrait se séparer du «sujet», de l'appui du réel. Mais il avait bien compris que l'art renvoie à autre chose que la réalité telle que nous croyons la voir dans nos représentations quotidiennes; et que l'art peut engager profondément la pensée de l'artiste, tirant ses formes, non d'un sujet, mais du monde intérieur de l'homme qui échange alors son rôle de «copiste» et devient «interprète», et par là même «créateur». Il «déchiffre» ce que la nature nous cache. Le grand artiste selon Balzac est habité par une force étrange, perturbatrice, qui bouleverse notre rapport avec la réalité. Voulant représenter la nature dans toute sa vérité, Frenhofer finit par lui jeter un défi, brisant l'harmonie qu'il avait commencé par vouloir exprimer. Pour Baudelaire il en est de même. Mais ce que l'artiste saisit, selon lui, ce sont les rapports, le plus souvent angoissés, du coeur humain avec la réalité qui l'environne, l'insatisfaction et la nostalgie qui l'habitent. Il s'agit dans les deux cas d'un effort pour briser les contours des formes acceptés, et atteindre une «vérité» que l'artiste perçoit et veut communiquer. Que cet effort ravage l'homme, et porte atteinte aux rythmes naturels de sa vie, l'histoire de Poussin et de Gillette le démontre. A son art Poussin sacrifiera son amour et le bonheur de la jeune femme qui l'aime; et c'est sa toile, non le corps rayonnant de la jeune femme qui, pour Frenhofer, incarne la beauté. Le prix de la recherche de l'artiste sera la solitude.

Balzac, en créant Frenhofer, avait ainsi posé la question de la force destructrice de l'artiste qui, sous la poussée d'une exigeance intérieure, brise les formes codifiées, et rompt avec elles, pour atteindre et communiquer son propre sens de la vie. Si Frenhofer échoue, ce n'est pas par insuffisance de métier. Balzac nous montre la supériorité de son coup de pinceau lorsqu'il retouche la toile de son ami. Ce n'est pas non plus faute de travail discipliné.

Il travaille à son projet depuis de longues années. C'est qu'un conflit irréductible est larvé au coeur même de sa tentative. Il faut que l'artiste consente aux limites, lui qui veut dominer la vie, la saisir tout entière. Sa tentative ne pourra qu'échouer, et poussé à l'extrême, aboutira au refus du réel qui, pour Balzac, s'exprime sur la toile par la disparition de toute forme reconnaissable. La toile devient une «muraille de peinture». Aujourd'hui notre réaction ne serait pas la même. Tout le mouvement de l'art moderne se caractérise en effet par l'abandon du sujet, la rupture avec les formes «naturelles». Nous sommes habitués aux toiles sans personnes ni objets. L'équilibre que Balzac préconisait ne s'est pas établi. La peinture a inventé son propre langage; elle est désormais un langage et une fin en elle-même et la littérature, toujours plus abstraite, à cause de la matière dont elle use, le langage lui-même, tente la même expérience. A mi-chemin entre Frenhofer et nous Verlaine, lui, proposait au poète un autre but : non point d'arracher à la nature le secret de la vie; non point d'extérioriser l'ambiguité étrange du coeur humain, mais d'exprimer tout ce qui fuit, insaisissable : fantasie, liberté, rêve, mystère. Se tournant vers la musique, il veut que l'écrivain estompe à la fois la couleur et la forme, créant par le son un état de rêverie où se développe l'état d'âme qu'il veut communiquer. Nous sommes mêlés à une expérience intime, au moyen du poème, qui ouvre la porte à nos propres émotions et fantaisies. Tous les conseils techniques que donne Verlaine au poète ont pour but de libérer chez le lecteur l'expression et la communication de ce monde intérieur et de la soustraire aux contraintes du monde objectif de la réalité extérieure. L'équilibre est rompu ici au profit de toutes les explorations de l'imaginaire et d'une écriture qui soit suggestive et non discursive. En tout cas, pour Verlaine, l'art est l'expression de quelque chose que l'on ne peut connaître d'avance, ni autrement que par le poème. Le poème — forme imprévisible — nous introduit dans un univers poétique. C'est une des directions que prendra l'art moderne. Recherche, abstraction, fantaisie, de texte en texte les écrivains modifient leur conception de leur art et posent chacun à sa manière, sur plusieurs plans, parfois schématiquement mais toujours de façon toute personnelle, le problème jamais résolu de la création artistique.

GERMAINE BREE
Institute for Research in the
Humanities
University of Wisconsin

HONORE DE BALZAC
Le Chef-d'oeuvre inconnu

I

GILLETTE

Vers la fin de l'année 1612, par une froide matinée de décembre, un jeune homme dont le vêtement était de très mince apparence, se promenait devant la porte d'une maison située rue des Grands-Augustins, à Paris. Après avoir assez longtemps marché dans cette rue avec l'irrésolution d'un amant qui n'ose se présenter chez sa première maîtresse, quelque facile qu'elle soit, il 5 finit par franchir le seuil de cette porte, et demanda si maître François PORBUS[1] était en son logis. Sur la réponse affirmative que lui fit une vieille femme occupée à balayer une salle basse, le jeune homme monta lentement les degrés, et s'arrêta de marche en marche, comme quelque courtisan de fraîche date,[2] inquiet de l'accueil que le roi va lui faire. Quand il parvint en 10 haut de la vis, il demeura pendant un moment sur le palier, incertain s'il prendrait le heurtoir grotesque qui ornait la porte de l'atelier où travaillait sans doute le peintre de Henri IV délaissé pour Rubens[3] par Marie de Médicis.[4] Le jeune homme éprouvait cette sensation profonde qui a dû faire vibrer le cœur des grands artistes quand, au fort de[5] la jeunesse et de leur amour 15 pour l'art, ils ont abordé un homme de génie ou quelque chef-d'œuvre. Il

1. *Franz Porbus the Younger (1570–1622) was a Flemish artist who became court painter to Henry IV, one of the greatest French monarchs.* 2. **courtisan de fraîche date:** a courtier new to the trade. 3. *Peter Paul Rubens* (1577–1640), *a Flemish painter known for his sensual works.* 4. **Marie de Médicis:** *the wife of Henry IV. She brought the famous painter Rubens to Paris to decorate the Luxembourg Palace.* 5. **au fort de:** at the height of.

existe dans tous les sentiments humains une fleur primitive, engendrée par un noble enthousiasme qui va toujours faiblissant jusqu'à ce que le bonheur ne soit plus qu'un souvenir et la gloire un mensonge. Parmi ces émotions fragiles, rien ne ressemble à l'amour comme la jeune passion d'un artiste com-

5   mençant le délicieux supplice de sa destinée de gloire et de malheur, passion pleine d'audace et de timidité, de croyances vagues et de découragements certains. A celui qui léger d'argent, qui adolescent de génie, n'a pas vivement palpité en se présentant devant un maître, il manquera toujours une corde dans le cœur, je ne sais quelle touche de pinceau, un sentiment dans

10 l'œuvre, une certaine expression de poésie. Si quelques fanfarons bouffis d'eux-mêmes croient trop tôt à l'avenir, ils ne sont gens d'esprit que pour les sots. A ce compte, le jeune inconnu paraissait avoir un vrai mérite, si le talent doit se mesurer sur cette timidité première, sur cette pudeur indéfinissable que les gens promis à la gloire savent perdre dans l'exercice de leur art,

15 comme les jolies femmes perdent la leur dans le manège de la coquetterie. L'habitude du triomphe amoindrit le doute, et la pudeur est un doute peut-être.

Accablé de misère et surpris en ce moment de son outrecuidance, le pauvre néophyte ne serait pas entré chez le peintre auquel nous devons

20 l'admirable portrait de Henri IV,[6] sans un secours extraordinaire que lui envoya le hasard. Un vieillard vint à monter l'escalier. A la bizarrerie de son costume, à la magnificence de son rabat de dentelle,[7] à la prépondérante sécurité de sa démarche, le jeune homme devina dans ce personnage ou le protecteur ou l'ami du peintre ; il se recula sur le palier pour lui faire place, et

25 l'examina curieusement, espérant trouver en lui la bonne nature d'un artiste ou le caractère serviable des gens qui aiment les arts ; mais il aperçut quelque chose de diabolique dans cette figure, et surtout ce *je ne sais quoi* qui affriande les artistes. Imaginez un front chauve bombé, proéminent, retombant en saillie sur[8] un petit nez écrasé, retroussé du bout comme celui

30 de Rabelais ou de Socrate ;[9] une bouche rieuse et ridée, un menton court, fièrement relevé, garni d'une barbe grise taillée en pointe, des yeux vert de mer ternis en apparence par l'âge, mais qui par le contraste du blanc nacré dans lequel flottait la prunelle devaient parfois jeter des regards magnétiques

6. portrait de Henri IV : *one of Porbus's most famous paintings, now to be found in the Louvre.* **7. rabat de dentelle :** lace collar. **8. retombant en saillie sur :** protruding over. **9. un petit nez écrasé, retroussé du bout... :**

Both the French writer and the Greek philosopher had this physical trait. Balzac emphasizes such characteristics because of his belief that physiognomy is an accurate representation of the inner man.

au fort de la colère ou de l'enthousiasme. Le visage était d'ailleurs singulièrement flétri par les fatigues de l'âge, et plus encore par ces pensées qui creusent
également l'âme et le corps. Les yeux n'avaient plus de cils, et à peine voyait-
on quelques traces de sourcils au-dessus de leurs arcades saillantes. Mettez
cette tête sur un corps fluet et débile, entourez-la d'une dentelle étincelante   5
de blancheur et travaillée comme une truelle à poisson,[10] jetez sur le pourpoint noir du vieillard une lourde chaîne d'or, et vous aurez une image
imparfaite de ce personnage auquel le jour faible de l'escalier prêtait
encore une couleur fantastique. Vous eussiez dit d'une toile de Rembrandt[11]
marchant silencieusement et sans cadre dans la noire atmosphère que s'est   10
appropriée ce grand peintre. Le vieillard jeta sur le jeune homme un regard
empreint de sagacité, frappa trois coups à la porte, et dit à un homme valétudinaire,[12] âgé de quarante ans environ, qui vint ouvrir : Bonjour, maître.

Porbus s'inclina respectueusement, il laissa entrer le jeune homme en le
croyant amené par le vieillard et s'inquiéta d'autant moins de lui que le   15
néophyte demeura sous le charme que doivent éprouver les peintres-nés à
l'aspect du premier atelier qu'ils voient et où se révèlent quelques-uns des
procédés matériels de l'art. Un vitrage ouvert dans la voûte éclairait l'atelier
de maître Porbus. Concentré sur une toile accrochée au chevalet, et qui
n'était encore touchée que de trois ou quatre traits blancs, le jour n'atteignait   20
pas jusqu'aux noires profondeurs des angles de cette vaste pièce; mais
quelques reflets égarés allumaient dans cette ombre rousse une paillette
argentée au ventre d'une cuirasse de reître[13] suspendue à la muraille,
rayaient d'un brusque sillon de lumière la corniche sculptée et cirée d'un
antique dressoir chargé de vaisselles curieuses, ou piquaient de points éclatants   25
la trame grenue de quelques vieux rideaux de brocart d'or aux grands plis
cassés, jetés là comme modèles. Des écorchés de plâtre,[14] des fragments et
des torses de déesses antiques, amoureusement polis par les baisers des siècles,
jonchaient les tablettes et les consoles. D'innombrables ébauches, des études
aux trois crayons,[15] à la sanguine[16] ou à la plume, couvraient les murs   30
jusqu'au plafond. Des boîtes à couleurs, des bouteilles d'huile et d'essence,[17]
des escabeaux renversés ne laissaient qu'un étroit chemin pour arriver sous
l'auréole que projetait la haute verrière dont les rayons tombaient à plein sur

---

10. **truelle à poisson:** fish slice.   **11.**
Rembrandt van Rijn (1609–69), Dutch
painter known for his glowing dark
colors.   **12. valétudinaire:** sickly.
13. reître: a German knight serving
in France during the Middle Ages.   **14.**

écorchés de plâtre: plaster figures.
15. des études aux trois crayons:
sketches on colored paper drawn with
white, brown, and black crayons.   **16.**
sanguine: red chalk.   **17. essence:**
turpentine.

la pâle figure de Porbus et sur le crâne d'ivoire de l'homme singulier. L'attention du jeune homme fut bientôt exclusivement acquise à un tableau qui, par
ce temps de trouble et de révolutions, était déjà devenu célèbre, et que
visitaient quelques-uns de ces entêtés auxquels on doit la conservation du
5   feu sacré pendant les jours mauvais. Cette belle page représentait une
Marie Egyptienne[18] se disposant à payer le passage du bateau. Ce chef-d'-
œuvre, destiné à Marie de Médicis, fut vendu par elle aux jours de sa
misère.[19]

— Ta sainte me plaît, dit le vieillard à Porbus, et je te la paierais dix écus
10 d'or[20] au delà du prix que donne la reine; mais aller sur ses brisées?...[21] du
diable!

— Vous la trouvez bien?

— Heu! heu! fit le vieillard, bien?... oui et non. Ta bonne femme n'est
pas mal troussée,[22] mais elle ne vit pas. Vous autres, vous croyez avoir tout
15 fait lorsque vous avez dessiné correctement une figure et mis chaque chose
à sa place d'après les lois de l'anatomie! Vous colorez ce linéament[23] avec un
ton de chair fait d'avance sur votre palette en ayant soin de tenir un côté
plus sombre que l'autre, et parce que vous regardez de temps en temps une
femme nue qui se tient debout sur une table, vous croyez avoir copié la
20 nature, vous vous imaginez être des peintres et avoir dérobé le secret de
Dieu!... Prrr! Il ne suffit pas pour être un grand poète de savoir à fond la
syntaxe et de ne pas faire de fautes de langue! Regarde ta sainte, Porbus!
Au premier aspect, elle semble admirable; mais au second coup d'œil on
s'aperçoit qu'elle est collée au fond de la toile et qu'on ne pourrait pas faire
25 le tour de son corps. C'est une silhouette qui n'a qu'une seule face, c'est une
apparence découpée, une image qui ne saurait se retourner, ni changer de
position. Je ne sens pas d'air entre ce bras et le champ du tableau; l'espace et
la profondeur manquent; cependant tout est bien en perspective, et la
dégradation[24] aérienne est exactement observée; mais, malgré de si louables
30 efforts, je ne saurais croire que ce beau corps soit animé par le tiède souffle
de la vie. Il me semble que si je portais la main sur cette gorge d'une si
ferme rondeur, je la trouverais froide comme du marbre! Non, mon ami, le
sang ne court pas sous cette peau d'ivoire, l'existence ne gonfle pas de sa
rosée de pourpre les veines et les fibrilles[25] qui s'entrelacent en réseaux sous

---

18. **Marie Egyptienne:** *a lost painting.*   19. *Marie de Médicis, impov-
erished at the end of her life, died on a
farm near Cologne.*   20. **écus d'or:**
coins of the period.   21. **aller sur ses**

brisées: to follow in her footsteps.   22.
n'est pas mal troussée: isn't badly
arranged.   23. **linéament:** feature.
24. **dégradation:** shading.   25.
fibrilles: muscle fibers.

la transparence ambrée des tempes et de la poitrine. Cette place palpite, mais
cette autre est immobile, la vie et la mort luttent dans chaque détail : ici
c'est une femme, là une statue, plus loin un cadavre. Ta création est incomplète. Tu n'as pu souffler qu'une portion de ton âme à ton œuvre chérie. Le
flambeau de Prométhée s'est éteint plus d'une fois dans tes mains,[26] et   5
beaucoup d'endroits de ton tableau n'ont pas été touchés par la flamme
céleste.

— Mais pourquoi, mon cher maître? dit respectueusement Porbus au
vieillard tandis que le jeune homme avait peine à réprimer une forte envie
de l'abattre.   10

— Ah! voilà, dit le petit vieillard. Tu as flotté indécis entre les deux sys-
tèmes, entre le dessin et la couleur,[27] entre le flegme[28] minutieux, la raideur
précise des vieux maîtres allemands et l'ardeur éblouissante, l'heureuse abon-
dance des peintres italiens. Tu as voulu imiter à la fois Hans Holbein et
Titien, Albrecht Durer et Paul Véronèse.[29] Certes c'était là une magnifique   15
ambition! Mais qu'est-il arrivé? Tu n'as eu ni le charme sévère de la sécheresse, ni les décevantes magies du clair-obscur.[30] Dans cet endroit, comme un
bronze en fusion[31] qui crève son trop faible moule, la riche et blonde couleur
du Titien a fait éclater le maigre contour d'Albrecht Durer où tu l'avais
coulée. Ailleurs, le linéament[32] a résisté et contenu les magnifiques déborde- 20
ments de la palette vénitienne. Ta figure n'est ni parfaitement dessinée, ni
parfaitement peinte, et porte partout les traces de cette malheureuse indécision. Si tu ne te sentais pas assez fort pour fondre ensemble au feu de ton
génie les deux manières rivales, il fallait opter franchement entre l'une ou
l'autre, afin d'obtenir l'unité qui simule une des conditions de la vie. Tu   25
n'es vrai que dans les milieux, tes contours sont faux, ne s'enveloppent pas
et ne promettent rien par derrière. Il y a de la vérité ici, dit le vieillard en
montrant la poitrine de la sainte. — Puis, ici, reprit-il en indiquant le
point où sur le tableau finissait l'épaule.

---

26. *Prometheus stole fire from the gods and brought it to man. Thus his torch is a symbol of the life-giving element which is not present in this painting.* **27. entre le dessin et la couleur:** *This is a reference to the debate between the followers of Poussin and those of Rubens. The former favored the use of line to recreate an ideal Greek model, while the latter gave precedence to color, in order to create a more sensual art.* **28. flegme:** emotionlessness. **29. Holbein, Titien, Durer, Véronèse:** *famous painters of the Renaissance; in order to underline the conflict, he mentions two German and two Italian painters.* **30. clair-obscur:** chiaroscuro, *an art style which employs shades of light and dark.* **31. en fusion:** molten. **32. linéament:** contour.

— Mais là, fit-il en revenant au milieu de la gorge, tout est faux. N'analysons rien, ce serait faire ton désespoir.

Le vieillard s'assit sur une escabelle,[33] se tint la tête dans les mains et resta muet.

5 — Maître, lui dit Porbus, j'ai cependant bien étudié sur le nu cette gorge ; mais, pour notre malheur, il est des effets vrais dans la nature qui ne sont plus probables sur la toile...

— La mission de l'art n'est pas de copier la nature, mais de l'exprimer ! Tu n'es pas un vil copiste, mais un poète ! s'écria vivement le vieillard en inter-
10 rompant Porbus par un geste despotique. Autrement un sculpteur serait quitte de tous ses travaux en moulant une femme ! Hé ! bien, essaie de mouler la main de ta maîtresse et de la poser devant toi, tu trouveras un horrible cadavre sans aucune ressemblance, et tu seras forcé d'aller trouver le ciseau de l'homme qui, sans te la copier exactement, t'en figurera le mouvement et la vie. Nous
15 avons à saisir l'esprit, l'âme, la physionomie des choses et des êtres. Les effets ! les effets ! mais ils sont les accidents de la vie, et non la vie. Une main, puisque j'ai pris cet exemple, une main ne tient pas seulement au corps, elle exprime et continue une pensée qu'il faut saisir et rendre. Ni le peintre, ni le poète, ni le sculpteur ne doivent séparer l'effet de la cause qui sont
20 invinciblement l'un dans l'autre ! La véritable lutte est là ! Beaucoup de peintres triomphent instinctivement sans connaître ce thème de l'art. Vous dessinez une femme, mais vous ne la voyez pas ! Ce n'est pas ainsi que l'on parvient à forcer l'arcane[34] de la nature. Votre main reproduit, sans que vous y pensiez, le modèle que vous avez copié chez votre maître. Vous ne descendez
25 pas assez dans l'intimité de la forme, vous ne la poursuivez pas avec assez d'amour et de persévérance dans ses détours et dans ses fuites. La beauté est une chose sévère et difficile qui ne se laisse point atteindre ainsi, il faut attendre ses heures, l'épier, la presser et l'enlacer étroitement pour la forcer à se rendre. La Forme est un Protée[35] bien plus insaisissable et plus fertile
30 en replis que le Protée de la fable, ce n'est qu'après de longs combats qu'on peut la contraindre à se montrer sous son véritable aspect ; vous autres ! vous vous contentez de la première apparence qu'elle vous livre, ou tout au plus de la seconde, ou de la troisième ; ce n'est pas ainsi qu'agissent les victorieux lutteurs ! Ces peintres invaincus ne se laissent pas tromper à tous ces faux-

---

33. escabelle : *another form of* escabeau.   34. l'arcane : the mystery.
35. *Proteus, a sea god able to change*
form constantly to evade those who
would question him.

fuyants, ils persévèrent jusqu'à ce que la nature en soit réduite à se montrer
toute nue et dans son véritable esprit. Ainsi a procédé Raphaël[36], dit le vieillard
en ôtant son bonnet de velours noir pour exprimer le respect que lui inspirait
le roi de l'art, sa grande supériorité vient du sens intime qui, chez lui, semble
vouloir briser la Forme. La Forme est, dans ses figures, ce qu'elle est chez   5
nous, un truchement pour se communiquer des idées, des sensations, une
vaste poésie. Toute figure est un monde, un portrait dont le modèle est
apparu dans une vision sublime, teint de lumière, désigné par une voix intérieure, dépouillé par un doigt céleste qui a montré, dans le passé de toute une
vie, les sources de l'expression. Vous faites à vos femmes de belles robes de   10
chair, de belles draperies de cheveux, mais où est le sang qui engendre le
calme ou la passion et qui cause des effets particuliers. Ta sainte est une femme
brune, mais ceci, mon pauvre Porbus, est d'une blonde! Vos figures sont
alors de pâles fantômes colorés que vous nous promenez devant les yeux, et
vous appelez cela de la peinture et de l'art. Parce que vous avez fait quelque   15
chose qui ressemble plus à une femme qu'à une maison, vous pensez avoir
touché le but, et, tout fiers de n'être plus obligés d'écrire à côté de vos figures,
currus venustus ou *pulcher homo*,[37] comme les premiers peintres, vous vous
imaginez être des artistes merveilleux! Ha! ha! vous n'y êtes pas encore, mes
braves compagnons, il vous faudra user bien des crayons, couvrir bien des   20
toiles avant d'arriver. Assurément, une femme porte sa tête de cette manière,
elle tient sa jupe ainsi, ses yeux s'alanguissent et se fondent avec cet air de
douceur résignée, l'ombre palpitante des cils flotte ainsi sur les joues! C'est
cela, et ce n'est pas cela. Qu'y manque-t-il? un rien, mais ce rien est tout.
Vous avez l'apparence de la vie, mais vous n'exprimez pas son trop-plein qui   25
déborde, ce je ne sais quoi qui est l'âme peut-être et qui flotte nuageusement
sur l'enveloppe; enfin cette fleur de vie que Titien et Raphaël ont surprise.
En partant du point extrême où vous arrivez, on ferait peut-être d'excellente
peinture; mais vous vous lassez trop vite. Le vulgaire admire, et le vrai
connaisseur sourit.[38] O Mabuse,[39] ô mon maître, ajouta ce singulier personnage, 30
tu es un voleur, tu as emporté la vie avec toi! — A cela près, reprit-il, cette
toile vaut mieux que les peintures de ce faquin de Rubens avec ses montagnes
de viandes flamandes, saupoudrées de vermillon, ses ondées de chevelures

36. *Balzac, like many of his contem-*
poraries, considered Raphael the great-
est of the Renaissance painters.   37.
currus venustus ou pulcher homo:
(*Latin*) a lovely cart or a beautiful
man.   38. *This critique expresses*

Balzac's own aesthetics and his position
in regard to realism.   39. *Here the*
strange old man invokes his former
master, the Flemish painter Jean
Gossaert, known as Mabuse.

rousses, et son tapage de couleurs.[40] Au moins, avez-vous là couleur, sentiment et dessin, les trois parties essentielles de l'Art.

— Mais cette sainte est sublime, bon homme! s'écria d'une voix forte le
jeune homme en sortant d'une rêverie profonde. Ces deux figures, celle
de la sainte et celle du batelier, ont une finesse d'intention ignorée des peintres italiens, je n'en sais pas un seul qui eût inventé l'indécision du batelier.

— Ce petit drôle est-il à vous? demanda Porbus au vieillard.

— Hélas! maître, pardonnez à ma hardiesse, répondit le néophyte en rougissant. Je suis inconnu, barbouilleur d'instinct, et arrivé depuis peu dans cette
ville, source de toute science.

— A l'œuvre! lui dit Porbus en lui présentant un crayon rouge et une feuille
de papier.

L'inconnu copia lestement la Marie au trait.[41]

— Oh! oh! s'écria le vieillard. Votre nom?

Le jeune homme écrivit au bas Nicolas Poussin.[42]

— Voilà qui n'est pas mal pour un commençant, dit le singulier personnage
qui discourait si follement. Je vois que l'on peut parler peinture devant toi.
Je ne te blâme pas d'avoir admiré la sainte de Porbus. C'est un chef-d'œuvre
pour tout le monde, et les initiés aux plus profonds arcanes de l'art peuvent
seuls découvrir en quoi elle pèche. Mais puisque tu es digne de la leçon, et
capable de comprendre, je vais te faire voir combien peu de chose il faudrait
pour compléter cette œuvre. Sois tout œil et tout attention, une pareille occasion de t'instruire ne se représentera peut-être jamais. Ta palette, Porbus?

Porbus alla chercher palette et pinceaux. Le petit vieillard retroussa ses
manches avec un mouvement de brusquerie convulsive, passa son pouce
dans la palette diaprée et chargée de tons que Porbus lui tendait; il lui
arracha des mains plutôt qu'il ne les prit une poignée de brosses de toutes
dimensions, et sa barbe taillée en pointe se remua soudain par des efforts
menaçants qui exprimaient le prurit d'une amoureuse fantaisie. Tout en
chargeant son pinceau de couleur, il grommelait entre ses dents : — Voici
des tons bons à jeter par la fenêtre avec celui qui les a composés, ils sont d'une
crudité et d'une fausseté révoltantes, comment peindre avec cela? Puis il
trempait avec une vivacité fébrile la pointe de la brosse dans les différents
tas de couleurs dont il parcourait quelquefois la gamme entière plus rapide-

40. *Rubens is known for all of these
elements of style.* 41. au trait: in outline. 42. *Balzac recounts the famous
painter's first trip to Paris in 1612.
While there are some historical inaccu-* *racies in this account, the description of
the character of Poussin, especially his
passion for art, his lively imagination,
and his enthusiasm, is in accord with
what is known about the artist.*

ment qu'un organiste de cathédrale ne parcourt l'étendue de son clavier à
l'*O Filii*[43] de Pâques.

Porbus et Poussin se tenaient immobiles chacun d'un côté de la toile,
plongés dans la plus véhémente contemplation.

— Vois-tu, jeune homme, disait le vieillard sans se détourner, vois-tu comme   5
au moyen de trois ou quatre touches et d'un petit glacis[44] bleuâtre, on
pouvait faire circuler l'air autour de la tête de cette pauvre sainte qui devait
étouffer et se sentir prise dans cette atmosphère épaisse! Regarde comme
cette draperie voltige à présent et comme on comprend que la brise la soulève!
Auparavant elle avait l'air d'une toile empesée et soutenue par des épin-   10
gles. Remarques-tu comme le luisant satiné[45] que je viens de poser sur la
poitrine rend bien la grasse souplesse d'une peau de jeune fille, et comme
le ton mélangé de brun-rouge et d'ocre calciné[46] réchauffe la grise froideur de
cette grande ombre où le sang se figeait au lieu de courir. Jeune homme,
jeune homme, ce que je te montre là, aucun maître ne pourrait te l'enseig-   15
ner. Mabuse seul possédait le secret de donner de la vie aux figures. Mabuse
n'a eu qu'un élève, qui est moi. Je n'en ai pas eu, et je suis vieux! Tu as assez
d'intelligence pour deviner le reste, par ce que je te laisse entrevoir.

Tout en parlant, l'étrange vieillard touchait à toutes les parties du tableau:
ici deux coups de pinceau, là un seul, mais toujours si à propos qu'on aurait   20
dit une nouvelle peinture, mais une peinture trempée de lumière. Il travaillait avec une ardeur si passionnée que la sueur se perla sur son front dépouillé; il allait si rapidement par de petits mouvements si impatients, si
saccadés, que pour le jeune Poussin il semblait qu'il y eût dans le corps de ce
bizarre personnage un démon qui agissait par ses mains en les prenant fan-   25
tastiquement contre le gré de l'homme.[47] L'éclat surnaturel des yeux, les
convulsions qui semblaient l'effet d'une résistance donnaient à cette idée un
semblant de vérité qui devait agir sur une jeune imagination. Le vieillard
allait disant : — Paf, paf, paf! voilà comment cela se beurre,[48] jeune homme!
venez, mes petites touches, faites-moi roussir ce ton glacial! Allons donc!   30
Pon! pon! pon! disait-il en réchauffant les parties où il avait signalé un défaut
de vie, en faisant disparaître par quelques plaques de couleur les différences
de tempérament, et rétablissant l'unité de ton que voulait une ardente
Egyptienne.

---

43. **O Filii:** *a popular piece for organ*
variations. **44. glacis:** glaze. **45.**
satiné: burnish. **46. ocre calciné:**
burnt ochre. **47.** *The genius possessed*
by the demon is frequently to be found
in the works of Balzac. **48. voilà**
comment cela se beurre: that's how
you smear it on.

— Vois-tu, petit, il n'y a que le dernier coup de pinceau qui compte. Porbus en a donné cent, moi, je n'en donne qu'un. Personne ne nous sait gré[49] de ce qui est dessous. Sache bien cela !

Enfin ce démon s'arrêta, et se tournant vers Porbus et Poussin muets d'admiration, il leur dit : — Cela ne vaut pas encore ma *Belle-Noiseuse*,[50] cependant on pourrait mettre son nom au bas d'une pareille œuvre. Oui, je la signerais, ajouta-t-il en se levant pour prendre un miroir dans lequel il la regarda. — Maintenant, allons déjeuner, dit-il. Venez tous deux à mon logis. J'ai du jambon fumé, du bon vin ! Hé ! hé ! malgré le malheur des temps, nous causerons peinture ! Nous sommes de force. Voici un petit bonhomme, ajouta-t-il en frappant sur l'épaule de Nicolas Poussin, qui a de la facilité.

Apercevant alors la piètre casaque du Normand, il tira de sa ceinture une bourse de peau, y fouilla, prit deux pièces d'or, et les lui montrant : — J'achète ton dessin, dit-il.

— Prends, dit Porbus à Poussin en le voyant tressaillir et rougir de honte, car ce jeune adepte avait la fierté du pauvre. Prends donc, il a dans son escarcelle[51] la rançon de deux rois !

Tous trois, ils descendirent de l'atelier et cheminèrent en devisant sur les arts, jusqu'à une belle maison de bois, située près du pont Saint-Michel, et dont les ornements, le heurtoir, les encadrements de croisées, les arabesques émerveillèrent Poussin. Le peintre en espérance se trouva tout à coup dans une salle basse, devant un bon feu, près d'une table chargée de mets appétissants, et par un bonheur inouï, dans la compagnie de deux grands artistes pleins de bonhomie.

— Jeune homme, lui dit Porbus en le voyant ébahi devant un tableau, ne regardez pas trop cette toile, vous tomberiez dans le désespoir.

C'était l'*Adam*[52] que fit Mabuse pour sortir de prison où ses créanciers le retinrent si longtemps. Cette figure offrait, en effet, une telle puissance de réalité, que Nicolas Poussin commença dès ce moment à comprendre le véritable sens des confuses paroles dites par le vieillard. Celui-ci regardait le tableau d'un air satisfait, mais sans enthousiasme, et semblait dire : «J'ai fait mieux !»

— Il y a de la vie, dit-il, mon pauvre maître s'y est surpassé ; mais il manquait encore un peu de vérité dans le fond de la toile. L'homme est bien vi-

---

49. **personne ne nous sait gré**: nobody appreciates. 50. **Belle-Noiseuse**: *the masterpiece of the as yet unidentified painter*. **Noiseuse** *is archaic for* quarrel-some woman; scold. 51. **escarcelle**: wallet. 52. *Mabuse did paint an* "*Adam and Eve.*"

vant, il se lève et va venir à nous. Mais l'air, le ciel, le vent que nous respirons,
voyons et sentons, n'y sont pas. Puis il n'y a encore là qu'un homme! Or le
seul homme qui soit immédiatement sorti des mains de Dieu, devait avoir
quelque chose de divin qui manque. Mabuse le disait lui-même avec dépit
quand il n'était pas ivre.   5

Poussin regardait alternativement le vieillard et Porbus avec une inquiète
curiosité. Il s'approcha de celui-ci comme pour lui demander le nom de leur
hôte; mais le peintre se mit un doigt sur les lèvres d'un air de mystère, et le
jeune homme, vivement intéressé, garda le silence, espérant que tôt ou tard
quelque mot lui permettrait de deviner le nom de son hôte, dont la richesse   10
et les talents étaient suffisamment attestés par le respect que Porbus lui
témoignait, et par les merveilles entassées dans cette salle.

Poussin, voyant sur la sombre boiserie de chêne un magnifique portrait
de femme, s'écria : — Quel beau Giorgion! 53
— Non! répondit le vieillard, vous voyez un de mes premiers barbouillages! 15
— Tudieu! 54 je suis donc chez le dieu de la peinture, dit naïvement le
Poussin.

Le vieillard sourit comme un homme familiarisé depuis longtemps avec
cet éloge.
— Maître Frenhofer! 55 dit Porbus, ne sauriez-vous faire venir un peu de   20
votre bon vin du Rhin pour moi?
— Deux pipes, 56 répondit le vieillard. Une pour m'acquitter du plaisir que
j'ai eu ce matin en voyant ta jolie pécheresse, et l'autre comme un présent
d'amitié.
— Ah! si je n'étais pas toujours souffrant, reprit Porbus, et si vous vouliez me 25
laisser voir votre *Belle-Noiseuse*, je pourrais faire quelque peinture haute,
large et profonde, où les figures seraient de grandeur naturelle.
— Montrer mon œuvre, s'écria le vieillard tout ému. Non, non, je dois la
perfectionner encore. Hier, vers le soir, dit-il, j'ai cru avoir fini. Ses yeux
me semblaient humides, sa chair était agitée. Les tresses de ses cheveux   30
remuaient. Elle respirait! Quoique j'aie trouvé le moyen de réaliser sur une
toile plate le relief et la rondeur de la nature, ce matin, au jour, j'ai reconnu
mon erreur. Ah! pour arriver à ce résultat glorieux, j'ai étudié à fond les
grands maîtres du coloris, j'ai analysé et soulevé couche par couche les

53. Giorgion: *a Venetian painter*
greatly admired by the Romantics and
by Balzac. **54. Tudieu:** *a mild oath.*
55. *We finally learn the name of the*
strange old man who is the protagonist
of this story. He is the only fictitious
painter in this work. **56. pipes:** *wine*
casks.

tableaux de Titien, ce roi de la lumière; j'ai, comme ce peintre souverain, ébauché ma figure dans un ton clair avec une pâte souple et nourrie, car l'ombre n'est qu'un accident, retiens cela, petit. Puis je suis revenu sur mon œuvre, et au moyen de demi-teintes et de glacis dont je diminuais de plus en
5   plus la transparence, j'ai rendu les ombres les plus vigoureuses et jusqu'aux noirs les plus fouillés; car les ombres des peintres ordinaires sont d'une autre nature que leurs tons éclairés; c'est du bois, de l'airain, c'est tout ce que vous voudrez, excepté de la chair dans l'ombre. On sent que si leur figure changeait de position, les places ombrées ne se nettoieraient pas et ne deviendraient pas
10 lumineuses. J'ai évité ce défaut où beaucoup d'entre les plus illustres sont tombés, et chez moi la blancheur se révèle sous l'opacité de l'ombre la plus soutenue! Comme une foule d'ignorants qui s'imaginent dessiner correctement parce qu'ils font un trait soigneusement ébarbé, je n'ai pas marqué sèchement les bords extérieurs de ma figure et fait ressortir jusqu'au moindre
15 détail anatomique, car le corps humain ne finit pas par des lignes. En cela, les sculpteurs peuvent plus approcher de la vérité que nous autres. La nature comporte une suite de rondeurs qui s'enveloppent les unes dans les autres. Rigoureusement parlant, le dessin n'existe pas! Ne riez pas, jeune homme! Quelque singulier que vous paraisse ce mot, vous en comprendrez quelque
20 jour les raisons. La ligne est le moyen par lequel l'homme se rend compte de l'effet de la lumière sur les objets; mais il n'y a pas de lignes dans la nature où tout est plein: c'est en modelant qu'on dessine, c'est-à-dire qu'on détache les choses du milieu où elles sont, la distribution du jour donne seule l'apparence au corps! Aussi, n'ai-je pas arrêté les linéaments, j'ai
25 répandu sur les contours un nuage de demi-teintes blondes et chaudes qui fait que l'on ne saurait précisément poser le doigt sur la place où les contours se rencontrent avec les fonds. De près, ce travail semble cotonneux et paraît manquer de précision, mais à deux pas, tout se raffermit, s'arrête et se détache; le corps tourne, les formes deviennent saillantes, l'on sent l'air
30 circuler tout autour. Cependant je ne suis pas encore content, j'ai des doutes. Peut-être faudrait-il ne pas dessiner un seul trait, et vaudrait-il mieux attaquer une figure par le milieu en s'attachant d'abord aux saillies les plus éclairées, pour passer ensuite aux portions les plus sombres. N'est-ce pas ainsi que procède le soleil, ce divin peintre de l'univers.
35 Oh! nature, nature! qui jamais t'a surprise dans tes fuites! Tenez, le trop de science, de même que l'ignorance, arrive à une négation. Je doute de mon œuvre!

Le vieillard fit une pause, puis il reprit : — Voilà dix ans, jeune homme,

que je travaille; mais que sont dix petites années quand il s'agit de lutter
avec la nature? Nous ignorons le temps qu'employa le seigneur Pygmalion[57]
pour faire la seule statue qui ait marché!

Le vieillard tomba dans une rêverie profonde, et resta les yeux fixes en
jouant machinalement avec son couteau.   5

— Le voilà en conversation avec son *esprit*, dit Porbus à voix basse.

A ce mot, Nicolas Poussin se sentit sous la puissance d'une inexplicable
curiosité d'artiste. Ce vieillard aux yeux blancs, attentif et stupide, devenu
pour lui plus qu'un homme, lui apparut comme un génie fantasque qui
vivait dans une sphère inconnue. Il réveillait mille idées confuses en l'âme.   10
Le phénomène moral de cette espèce de fascination ne peut pas plus se définir
qu'on ne peut traduire l'émotion excitée par un chant qui rappelle la patrie
au cœur de l'exilé. Le mépris que ce vieil homme affectait d'exprimer pour
les belles tentatives de l'art, sa richesse, ses manières, les déférences de
Porbus pour lui, cette œuvre tenue si longtemps secrète, œuvre de patience,   15
œuvre de génie sans doute, s'il fallait en croire la tête de Vierge que le
jeune Poussin avait si franchement admirée, et qui belle encore, même
près de l'*Adam* de Mabuse, attestait le faire impérial d'un des princes de
l'art; tout en ce vieillard allait au delà des bornes de la nature humaine.
Ce que la riche imagination de Nicolas Poussin put saisir de clair et de per-   20
ceptible en voyant cet être surnaturel, était une complète image de la nature
artiste, de cette nature folle à laquelle tant de pouvoirs sont confiés, et qui
trop souvent en abuse, emmenant la froide raison, les bourgeois et même
quelques amateurs, à travers mille routes pierreuses, où, pour eux, il n'y a
rien; tandis que folâtre en ses fantaisies, cette fille aux ailes blanches y   25
découvre des épopées, des châteaux, des œuvres d'art. Nature moqueuse et
bonne, féconde et pauvre! Ainsi, pour l'enthousiaste Poussin, ce vieillard
était devenu, par une transfiguration subite, l'Art lui-même, l'art avec ses secrets, ses fougues et ses rêveries.

— Oui, mon cher Porbus, reprit Frenhofer, il m'a manqué jusqu'à présent de   30
rencontrer une femme irréprochable, un corps dont les contours soient d'une
beauté parfaite, et dont la carnation...[58] Mais où est-elle vivante, dit-il en
s'interrompant, cette introuvable Vénus des anciens, si souvent cherchée, et
de qui nous rencontrons à peine quelques beautés éparses? Oh! pour voir un
moment, une seule fois, la nature divine, complète, l'idéal enfin, je donnerais   35

---

57. Pygmalion: *mythical   sculptor*
whose statue of Galatea was so beautiful
that he fell in love with it. According to

legend, Venus gave life to the artist's
creation so that he could marry her.
58. carnation: flesh tint.

toute ma fortune, mais j'irais te chercher dans tes limbes,[59] beauté céleste!
Comme Orphée,[60] je descendrais dans l'enfer de l'art pour en ramener la vie.

— Nous pouvons partir d'ici, dit Porbus à Poussin, il ne nous entend plus,
ne nous voit plus!

5 — Allons à son atelier, répondit le jeune homme émerveillé.

— Oh! le vieux reître[61] a su en défendre l'entrée. Ses trésors sont trop bien
gardés pour que nous puissions y arriver. Je n'ai pas attendu votre avis et
votre fantaisie pour tenter l'assaut du mystère.

— Il y a donc un mystère?

10 — Oui, répondit Porbus. Le vieux Frenhofer est le seul élève que Mabuse ait
voulu faire. Devenu son ami, son sauveur, son père, Frenhofer a sacrifié la
plus grande partie de ses trésors à satisfaire les passions de Mabuse; en échange,
Mabuse lui a légué le secret du relief, le pouvoir de donner aux figures
cette vie extraordinaire, cette fleur de nature, notre désespoir éternel, mais

15 dont il possédait si bien *le faire*, qu'un jour, ayant vendu et bu le damas à
fleurs[62] avec lequel il devait s'habiller à l'entrée de Charles-Quint, il accom-
pagna son maître avec un vêtement de papier peint en damas. L'éclat particulier de l'étoffe portée par Mabuse surprit l'empereur, qui, voulant en
faire compliment au protecteur du vieil ivrogne, découvrit la supercherie.

20 Frenhofer est un homme passionné pour notre art, qui voit plus haut et
plus loin que les autres peintres. Il a profondément médité sur les couleurs,
sur la vérité absolue de la ligne; mais, à force de recherches, il est arrivé à
douter de l'objet même de ses recherches. Dans ses moments de désespoir,
il prétend que le dessin n'existe pas et qu'on ne peut rendre avec des traits

25 que des figures géométriques; ce qui est au delà du vrai, puisque avec le
trait et le noir, qui n'est pas une couleur, on peut faire une figure; ce qui
prouve que notre art est, comme la nature, composé d'une infinité d'éléments : le dessin donne un squelette, la couleur est la vie, mais la vie sans le
squelette est une chose plus incomplète que le squelette sans la vie. Enfin,

30 il y a quelque chose de plus vrai que tout ceci, c'est que la pratique et l'observation sont tout chez un peintre, et que si le raisonnement et la poésie se
querellent avec les brosses, on arrive au doute comme le bonhomme, qui est
aussi fou que peintre. Peintre sublime, il a eu le malheur de naître riche,
ce qui lui a permis de divaguer, ne l'imitez pas! Travaillez! les peintres ne

35 doivent méditer que les brosses à la main.

59. **limbes**: limbo. 60. *According to
myth Orpheus descended into Hades to
bring back his beloved alive.* 61. **vieux**
reître: old trooper. 62. **ayant vendu
et bu le damas à fleurs**: *he had sold
his damask jacket in order to drink.*

— Nous y pénétrerons, s'écria Poussin n'écoutant plus Porbus et ne doutant plus de rien.

Porbus sourit à l'enthousiasme du jeune inconnu, et le quitta en l'invitant à venir le voir.

Nicolas Poussin revint à pas lents vers la rue de la Harpe, et dépassa sans   5
s'en apercevoir la modeste hôtellerie où il était logé. Montant avec une inquiète promptitude son misérable escalier, il parvint à une chambre haute, située sous une toiture en colombage,[63] naïve et légère couverture des maisons du vieux Paris. Près de l'unique et sombre fenêtre de cette chambre, il vit une jeune fille qui, au bruit de la porte, se dressa soudain par un   10
mouvement d'amour; elle avait reconnu le peintre à la manière dont il avait attaqué le loquet.

— Qu'as-tu? lui dit-elle.

— J'ai, j'ai, s'écria-t-il en étouffant de plaisir, que je me suis senti peintre! J'avais douté de moi jusqu'à présent, mais ce matin j'ai cru en moi-même!   15
Je puis être un grand homme! Va, Gillette, nous serons riches, heureux! Il y a de l'or dans ces pinceaux.

Mais il se tut soudain. Sa figure grave et vigoureuse perdit son expression de joie quand il compara l'immensité de ses espérances à la médiocrité de ses ressources. Les murs étaient couverts de simples papiers chargés d'esquisses   20
au crayon. Il ne possédait pas quatre toiles propres. Les couleurs avaient alors un haut prix, et le pauvre gentilhomme voyait sa palette à peu près nue. Au sein de cette misère, il possédait et ressentait d'incroyables richesses de cœur, et la surabondance d'un génie dévorant. Amené à Paris par un gentil-homme de ses amis, ou peut-être par son propre talent, il y avait rencontré   25
soudain une maîtresse, une de ces âmes nobles et généreuses qui viennent souffrir près d'un grand homme, en épousent les misères et s'efforcent de comprendre leurs caprices; forte pour la misère et l'amour, comme d'autres sont intrépides à porter le luxe, à faire parader leur insensibilité. Le sourire errant sur les lèvres de Gillette dorait ce grenier et rivalisait avec l'éclat du   30
ciel. Le soleil ne brillait pas toujours, tandis qu'elle était toujours là, recueillie dans sa passion, attachée à son bonheur, à sa souffrance, consolant le génie qui débordait dans l'amour avant de s'emparer de l'art.

— Ecoute, Gillette, viens.

L'obéissante et joyeuse fille sauta sur les genoux du peintre. Elle était toute   35
grâce, toute beauté, jolie comme un printemps, parée de toutes les richesses féminines et les éclairant par le feu d'une belle âme.

63. toiture en colombage: high-pitched roof.

— O Dieu! s'écria-t-il, je n'oserai jamais lui dire...

— Un secret? reprit-elle, je veux le savoir.

Le Poussin resta rêveur.

— Parle donc.

5 — Gillette! pauvre cœur aimé!

— Oh! tu veux quelque chose de moi?

— Oui.

— Si tu désires que je pose encore devant toi comme l'autre jour, reprit-elle
d'un petit air boudeur, je n'y consentirai plus jamais, car, dans ces mo-
10 ments-là, tes yeux ne me disent plus rien. Tu ne ne penses plus à moi, et
cependant tu me regardes.

— Aimerais-tu mieux me voir copiant une autre femme?

— Peut-être, dit-elle, si elle était bien laide.

— Eh! bien, reprit Poussin d'un ton sérieux, si pour ma gloire à venir, si
15 pour me faire grand peintre, il fallait aller poser chez un autre?

— Tu veux m'éprouver, dit-elle. Tu sais bien que je n'irais pas.

Le Poussin pencha sa tête sur sa poitrine comme un homme qui succombe
à une joie ou à une douleur trop forte pour son âme.

— Ecoute, dit-elle en tirant Poussin par la manche de son pourpoint usé, je
20 t'ai dit, Nick, que je donnerais ma vie pour toi; mais je ne t'ai jamais
promis, moi vivante, de renoncer à mon amour.

— Y renoncer? s'écria Poussin.

— Si je me montrais ainsi à un autre, tu ne m'aimerais plus. Et, moi-même
je me trouverais indigne de toi. Obéir à tes caprices, n'est-ce pas chose natur-
25 elle et simple? Malgré moi, je suis heureuse, et même fière de faire ta chère
volonté. Mais pour un autre! fi donc.

— Pardonne, ma Gillette, dit le peintre en se jetant à ses genoux. J'aime
mieux être aimé que glorieux. Pour moi, tu es plus belle que la fortune et
les honneurs. Va, jette mes pinceaux, brûle ces esquisses. Je me suis trompé.
30 Ma vocation, c'est de t'aimer. Je ne suis pas peintre, je suis amoureux.
Périssent et l'art et tous ses secrets!

Elle l'admirait, heureuse, charmée! Elle régnait, elle sentait instinctivement que les arts étaient oubliés pour elle, et jetés à ses pieds comme un grain
d'encens.

35 — Ce n'est pourtant qu'un vieillard, reprit Poussin. Il ne pourra voir que
la femme en toi. Tu es si parfaite!

— Il faut bien aimer, s'écria-t-elle prête à sacrifier ses scrupules d'amour
pour récompenser son amant de tous les sacrifices qu'il lui faisait. Mais,

reprit-elle, ce serait me perdre. Ah! me perdre pour toi. Oui, cela est bien beau! mais tu m'oublieras. Oh! quelle mauvaise pensée as-tu donc eue là!

— Je l'ai eue et je t'aime, dit-il avec une sorte de contrition, mais je suis donc un infâme.

— Consultons le père Hardouin? dit-elle.   5

— Oh, non! que ce soit un secret entre nous deux.

— Eh! bien, j'irai; mais ne sois pas là, dit-elle. Reste à la porte, armé de ta dague; si je crie, entre et tue le peintre.

Ne voyant plus que son art, le Poussin pressa Gillette dans ses bras.

— Il ne m'aime plus! pensa Gillette quand elle se trouva seule.   10

Elle se repentait déjà de sa résolution. Mais elle fut bientôt en proie à une épouvante plus cruelle que son repentir, elle s'efforça de chasser une pensée affreuse qui s'élevait dans son cœur. Elle croyait aimer déjà moins le peintre en le soupçonnant moins estimable qu'auparavant.

II

CATHERINE LESCAULT

Trois mois après la rencontre du Poussin et de Porbus, celui-ci vint voir   15
maître Frenhofer. Le vieillard était alors en proie à l'un de ces découragements profonds et spontanés dont la cause est, s'il faut en croire les mathématiciens de la médecine, dans une digestion mauvaise, dans le vent, la chaleur ou quelque empâtement des hypocondres;[64] et, suivant les spiritualistes, dans l'imperfection de notre nature morale. Le bonhomme s'était   20
purement et simplement fatigué à parachever son mystérieux tableau. Il était languissamment assis dans une vaste chaire de chêne sculpté, garnie de cuir noir; et, sans quitter son attitude mélancolique, il lança sur Porbus le regard d'un homme qui s'était établi dans son ennui.

— Eh! bien, maître, lui dit Porbus, l'outremer[65] que vous êtes allé chercher   25
à Bruges[66] était-il mauvais, est-ce que vous n'avez pas su broyer notre nouveau blanc, votre huile est-elle méchante, ou les pinceaux rétifs?

— Hélas! s'écria le vieillard, j'ai cru pendant un moment que mon œuvre était accomplie; mais je me suis, certes, trompé dans quelques détails, et je ne serai tranquille qu'après avoir éclairci mes doutes. Je me décide à voyager 30
et vais aller en Turquie, en Grèce, en Asie pour y chercher un modèle et comparer mon tableau à diverses natures. Peut-être ai-je là-haut, reprit-il en

64. **empâtement des hypocondres:** *slowing down of the functions of the liver or the spleen.* **65. outremer:** ultramarine. **66. Bruges:** *a Flemish port in Belgium*

laissant échapper un sourire de contentement, la nature elle-même. Parfois, j'ai quasi peur qu'un souffle ne me réveille cette femme et qu'elle ne disparaisse.

Puis il se leva tout à coup, comme pour partir.

5 — Oh! oh! répondit Porbus, j'arrive à temps pour vous éviter la dépense et les fatigues du voyage.

— Comment? demanda Frenhofer étonné.

— Le jeune Poussin est aimé par une femme dont l'incomparable beauté se trouve sans imperfection aucune. Mais, mon cher maître, s'il consent à 10 vous la prêter, au moins faudra-t-il nous laisser voir votre toile.

Le vieillard resta debout, immobile, dans un état de stupidité parfaite.

— Comment! s'écria-t-il enfin douloureusement, montrer ma créature, mon épouse? déchirer le voile sous lequel j'ai chastement couvert mon bonheur? Mais ce serait une horrible prostitution! Voilà dix ans que je vis avec cette 15 femme, elle est à moi, à moi seul, elle m'aime. Ne m'a-t-elle pas souri à chaque coup de pinceau que je lui ai donné? Elle a une âme, l'âme dont je l'ai douée. Elle rougirait si d'autres yeux que les miens s'arrêtaient sur elle. La faire voir! mais quel est le mari, l'amant assez vil pour conduire sa femme au déshonneur? Quand tu fais un tableau pour la cour, tu n'y mets pas toute 20 ton âme, tu ne vends aux courtisans que des mannequins coloriés. Ma peinture n'est pas une peinture, c'est un sentiment, une passion! Née dans mon atelier, elle doit y rester vierge, et n'en peut sortir que vêtue. La poésie et les femmes ne se livrent nues qu'à leurs amants! Possédons-nous le modèle de Raphaël, l'Angélique[67] de l'Arioste, la Béatrix[68] du Dante? Non! 25 nous n'en voyons que les Formes. Eh! bien, l'œuvre que je tiens là-haut sous mes verrous est une exception dans notre art. Ce n'est pas une toile, c'est une femme! une femme avec laquelle je pleure, je ris, je cause et pense. Veux-tu que tout à coup je quitte un bonheur de dix années comme on jette un manteau? Que tout à coup je cesse d'être père, amant et Dieu. Cette femme n'est 30 pas une créature, c'est une création. Vienne ton jeune homme, je lui donnerai mes trésors, je lui donnerai des tableaux du Corrège, de Michel-Ange, du Titien, je baiserai la marque de ses pas dans la poussière; mais en faire mon rival? honte à moi! Ha! ha! je suis plus amant encore que je ne suis peintre. Oui, j'aurai la force de brûler ma *Belle-Noiseuse* à mon dernier soupir; mais 35 lui faire supporter le regard d'un homme, d'un jeune homme, d'un peintre?

67. Angélique: *the heroine of Ariosto's epic poem* Orlando Furioso.   **68. Beatrix:** *Dante's beloved and the model*   *for the angelic guide in* The Divine Comedy.

non, non! Je tuerais le lendemain celui qui l'aurait souillée d'un regard!
Je te tuerais à l'instant, toi, mon ami, si tu ne la saluais pas à genoux! Veux-
tu maintenant que je soumette mon idole aux froids regards et aux stupides
critiques des imbéciles? Ah! l'amour est un mystère, il n'a de vie qu'au fond
des cœurs, et tout est perdu quand un homme dit même à son ami : — Voilà   5
celle que j'aime!

Le vieillard semblait être redevenu jeune; ses yeux avaient de l'éclat et de
la vie; ses joues pâles étaient nuancées d'un rouge vif, et ses mains tremblaient. Porbus, étonné de la violence passionnée avec laquelle ces paroles
furent dites, ne savait que répondre à un sentiment aussi neuf que profond.   10
Frenhofer était-il raisonnable ou fou? Se trouvait-il subjugué par une fantaisie d'artiste, ou les idées qu'il avait exprimées procédaient-elles de ce
fanatisme inexprimable produit en nous par le long enfantement d'une
grande œuvre? Pouvait-on jamais espérer de transiger avec cette passion
bizarre?   15

En proie à toutes ces pensées, Porbus dit au vieillard :

— Mais n'est-ce pas femme pour femme? Poussin ne livre-t-il pas sa
maîtresse à vos regards?

— Quelle maîtresse? répondit Frenhofer. Elle le trahira tôt ou tard. La
mienne me sera toujours fidèle!   20

— Eh! bien, reprit Porbus, n'en parlons plus. Mais avant que vous ne trou-
viez, même en Asie, une femme aussi belle, aussi parfaite que celle dont je
parle, vous mourrez peut-être sans avoir achevé votre tableau.

— Oh! il est fini, dit Frenhofer. Qui le verrait, croirait apercevoir une
femme couchée sur un lit de velours, sous des courtines.[69] Près d'elle un   25
trépied d'or exhale des parfums. Tu serais tenté de prendre le gland des
cordons qui retiennent les rideaux et il te semblerait voir le sein de *Catherine
Lescault*, une belle courtisane appelée *La Belle-Noiseuse*, rendre le mouvement de sa respiration. Cependant, je voudrais bien être certain...

— Va donc en Asie, répondit Porbus en apercevant une sorte d'hésitation   30
dans le regard de Frenhofer.

Et Porbus fit quelques pas vers la porte de la salle.

En ce moment, Gillette et Nicolas Poussin étaient arrivés près du logis
de Frenhofer. Quand la jeune fille fut sur le point d'y entrer, elle quitta le
bras du peintre, et se recula comme si elle eût été saisie par quelque soudain   35
pressentiment.

69. **courtines**: curtains.

— Mais que viens-je donc faire ici ? demanda-t-elle à son amant d'un son de voix profond et en le regardant d'un œil fixe.

— Gillette, je t'ai laissée maîtresse et veux t'obéir en tout. Tu es ma conscience et ma gloire. Reviens au logis, je serai plus heureux, peut-être, que si tu...

5 — Suis-je à moi quand tu me parles ainsi ? Oh! non, je ne suis plus qu'une enfant. — Allons, ajouta-t-elle en paraissant faire un violent effort, si notre amour périt, et si je mets dans mon cœur un long regret, ta célébrité ne sera-t-elle pas le prix de mon obéissance à tes désirs ? Entrons, ce sera vivre encore que d'être toujours comme un souvenir dans ta palette.

10 En ouvrant la porte de la maison, les deux amants se rencontrèrent avec Porbus qui, surpris par la beauté de Gillette dont les yeux étaient alors pleins de larmes, la saisit toute tremblante, et l'amenant devant le vieillard :

— Tenez, dit-il, ne vaut-elle pas tous les chefs-d'œuvre du monde ?

Frenhofer tressaillit. Gillette était là, dans l'attitude naïve et simple 15 d'une jeune Géorgienne[70] innocente et peureuse, ravie et présentée par des brigands à quelque marchand d'esclaves. Une pudique rougeur colorait son visage, elle baissait les yeux, ses mains étaient pendantes à ses côtés, ses forces semblaient l'abandonner, et des larmes protestaient contre la violence faite à sa pudeur. En ce moment, Poussin, au désespoir d'avoir sorti ce beau 20 trésor de ce grenier, se maudit lui-même. Il devint plus amant qu'artiste, et mille scrupules lui torturèrent le cœur quand il vit l'œil rajeuni du vieillard, qui, par une habitude de peintre, déshabilla, pour ainsi dire, cette jeune fille en en devinant les formes les plus secrètes. Il revint alors à la féroce jalousie du véritable amour.

25 — Gillette, partons! s'écria-t-il.

A cet accent, à ce cri, sa maîtresse joyeuse leva les yeux sur lui, le vit, et courut dans ses bras.

— Ah! tu m'aimes donc, répondit-elle en fondant en larmes.

Après avoir eu l'énergie de taire sa souffrance, elle manquait de force pour 30 cacher son bonheur.

— Oh! laissez-la-moi pendant un moment, dit le vieux peintre, et vous la comparerez à ma Catherine. Oui, j'y consens.

Il y avait encore de l'amour dans le cri de Frenhofer. Il semblait avoir de la coquetterie pour son semblant de femme, et jouir par avance du triomphe 35 que la beauté de sa vierge allait remporter sur celle d'une vraie jeune fille.

— Ne le laissez pas se dédire, s'écria Porbus en frappant sur l'épaule de Poussin. Les fruits de l'amour passent vite, ceux de l'art sont immortels.

70. Géorgienne: Georgian, *the inhabitant of a Russian province.*

— Pour lui, répondit Gillette en regardant attentivement le Poussin et Porbus, ne suis-je donc pas plus qu'une femme ? Elle leva la tête avec fierté ; mais quand, après avoir jeté un coup d'œil étincelant à Frenhofer, elle vit son amant occupé à contempler de nouveau le portrait qu'il avait pris naguère pour un Giorgion : — Ah! dit-elle, montons! Il ne m'a jamais regardée ainsi. 5

— Vieillard, reprit Poussin tiré de sa méditation par la voix de Gillette, vois cette épée, je la plongerai dans ton cœur au premier mot de plainte que prononcera cette jeune fille, je mettrai le feu à ta maison, et personne n'en sortira. Comprends-tu ?

Nicolas Poussin était sombre, et sa parole fut terrible. Cette attitude et 10 surtout le geste du jeune peintre consolèrent Gillette qui lui pardonna presque de la sacrifier à la peinture et à son glorieux avenir. Porbus et Poussin restèrent à la porte de l'atelier, se regardant l'un l'autre en silence. Si, d'abord, le peintre de la *Marie Egyptienne* se permit quelques exclamations : — Ah! elle se déshabille, il lui dit de se mettre au jour! Il la com- 15 pare! bientôt il se tut à l'aspect du Poussin dont le visage était profondément triste ; et, quoique les vieux peintres n'aient plus de ces scrupules si petits en présence de l'art, il les admira tant ils étaient naïfs et jolis. Le jeune homme avait la main sur la garde de sa dague et l'oreille presque collée à la porte. Tous deux, dans l'ombre et debout, ressemblaient ainsi à deux conspirateurs 20 attendant l'heure de frapper un tyran.

— Entrez, entrez, leur dit le vieillard rayonnant de bonheur. Mon œuvre est parfaite, et maintenant je puis la montrer avec orgueil. Jamais peintre, pinceaux, couleurs, toile et lumière ne feront une rivale à Catherine Lescault la belle courtisane. 25

En proie à une vive curiosité, Porbus et Poussin coururent au milieu d'un vaste atelier couvert de poussière, où tout était en désordre, où ils virent çà et là des tableaux accrochés aux murs. Ils s'arrêtèrent tout d'abord devant une figure de femme de grandeur naturelle, demi-nue, et pour laquelle ils furent saisis d'admiration. 30

— Oh! ne vous occupez pas de cela, dit Frenhofer, c'est une toile que j'ai barbouillée pour étudier une pose, ce tableau ne vaut rien. Voilà mes erreurs, reprit-il en leur montrant de ravissantes compositions suspendues aux murs, autour d'eux.

A ces mots, Porbus et Poussin, stupéfaits de ce dédain pour de telles 35 œuvres, cherchèrent le portrait annoncé, sans réussir à l'apercevoir.

— Eh! bien, le voilà! leur dit le vieillard dont les cheveux étaient en désordre, dont le visage était enflammé par une exaltation surnaturelle, dont

les yeux pétillaient, et qui haletait comme un jeune homme ivre d'amour
— Ah! ah! s'écria-t-il, vous ne vous attendiez pas à tant de perfection!
Vous êtes devant une femme et vous cherchez un tableau. Il y a tant de
profondeur sur cette toile, l'air y est si vrai, que vous ne pouvez plus le
5 distinguer de l'air qui nous environne. Où est l'art? perdu, disparu! Voilà
les formes mêmes d'une jeune fille. N'ai-je pas bien saisi la couleur, le vif de la
ligne qui paraît terminer le corps? N'est-ce pas le même phénomène que
nous présentent les objets qui sont dans l'atmosphère comme les poissons
dans l'eau? Admirez comme les contours se détachent du fond! Ne semble-t-
10 il pas que vous puissiez passer la main sur ce dos? Aussi, pendant sept années,
ai-je étudié les effets de l'accouplement du jour et des objets. Et ces cheveux,
la lumière ne les inonde-t-elle pas?... Mais elle a respiré, je crois!... Ce
sein, voyez? Ah! qui ne voudrait l'adorer à genoux? Les chairs palpitent.
Elle va se lever, attendez.
15 — Apercevez-vous quelque chose? demanda Poussin à Porbus.
— Non. Et vous?
— Rien.
Les deux peintres laissèrent le vieillard à son extase, regardèrent si la
lumière, en tombant d'aplomb sur la toile qu'il leur montrait, n'en neutrali-
20 sait pas tous les effets. Ils examinèrent alors la peinture en se mettant à
droite, à gauche, de face, en se baissant et se levant tour à tour.
— Oui, oui, c'est bien une toile, leur disait Frenhofer en se méprenant sur le
but de cet examen scrupuleux. Tenez, voilà le châssis, le chevalet, enfin voici
mes couleurs, mes pinceaux.
25 Et il s'empara d'une brosse qu'il leur présenta par un mouvement naïf.
— Le vieux lansquenet[71] se joue de nous, dit Poussin en revenant devant le
prétendu tableau. Je ne vois là que des couleurs confusément amassées et con-
tenues par une multitude de lignes bizarres qui forment une muraille de
peinture.
30 — Nous nous trompons, voyez?... reprit Porbus.
En s'approchant, ils aperçurent dans un coin de la toile le bout d'un pied
nu qui sortait de ce chaos de couleurs, de tons, de nuances indécises, espèce
de brouillard sans forme; mais un pied délicieux, un pied vivant! Ils restèrent pétrifiés d'admiration devant ce fragment échappé à une incroyable, à
35 une lente et progressive destruction. Ce pied apparaissait là comme le torse de
quelque Vénus en marbre de Paros[72] qui surgirait parmi les décombres d'une
ville incendiée.

71. **le vieux lansquenet:** the old trooper.   72. **Paros:** *a Greek island famous for
its white marble.*

— Il y a une femme là-dessous, s'écria Porbus en faisant remarquer à Poussin les couches de couleurs que le vieux peintre avait successivement superposées en croyant perfectionner sa peinture.

Les deux peintres se tournèrent spontanément vers Frenhofer, en commençant à s'expliquer, mais vaguement, l'extase dans laquelle il vivait.   5

— Il est de bonne foi, dit Porbus.

— Oui, mon ami, répondit le vieillard en se réveillant, il faut de la foi, de la foi dans l'art, et vivre pendant longtemps avec son œuvre pour produire une semblable création. Quelques-unes de ces ombres m'ont coûté bien des travaux. Tenez, il y a là sur la joue, au-dessous des yeux, une légère pénom-   10
bre qui, si vous l'observez dans la nature, vous paraîtra presque intraduisible. Eh! bien, croyez-vous que cet effet ne m'ait pas coûté des peines inouïes à reproduire? Mais aussi, mon cher Porbus, regarde attentivement mon travail, et tu comprendras mieux ce que je te disais sur la manière de traiter le modelé et les contours. Regarde la lumière du sein, et vois comme, par   15
une suite de touches et de *rehauts* fortement empâtés, je suis parvenu à accrocher la véritable lumière et à la combiner avec la blancheur luisante des tons éclairés et comme, par un travail contraire, en effaçant les saillies et le grain de la pâte, j'ai pu, à force de caresser le contour de ma figure, noyé dans la demi-teinte, ôter jusqu'à l'idée de dessin et de moyens artificiels, et lui   20
donner l'aspect et la rondeur même de la nature. Approchez, vous verrez mieux ce travail. De loin, il disparaît. Tenez? là il est, je crois, très remarquable.

Et du bout de sa brosse, il désignait aux deux peintres un pâté de couleur claire.

Porbus frappa sur l'épaule du vieillard en se tournant vers Poussin : —   25
Savez-vous que nous voyons en lui un bien grand peintre? dit-il.

— Il est encore plus poète que peintre, rèpondit gravement Poussin.

— Là, reprit Porbus en touchant la toile, finit notre art sur terre.

— Et, de là, il va se perdre dans les cieux, dit Poussin.

— Combien de jouissances sur ce morceau de toile! s'écria Porbus.   30

Le vieillard absorbé ne les écoutait pas, et souriait à cette femme imaginaire.

— Mais, tôt ou tard, il s'apercevra qu'il n'y a rien sur sa toile, s'écria Poussin.

— Rien sur ma toile, dit Frenhofer en regardant tour à tour les deux peintres et son prétendu tableau.

— Qu'avez-vous fait! répondit Porbus à Poussin.   35

Le vieillard saisit avec force le bras du jeune homme et lui dit : — Tu ne vois rien, manant! maheustre! bêlitre! bardache![73] Pourquoi donc es-tu monté ici? — Mon bon Porbus, reprit-il en se tournant vers le peintre, est-ce

73. **manant! maheustre! bêlitre! bardache!** *colorful insults.*

que, vous aussi, vous vous joueriez de moi ? répondez ! je suis votre ami, dites,
aurais-je donc gâté mon tableau ?

Porbus, indécis, n'osa rien dire ; mais l'anxiété peinte sur la physionomie
blanche du vieillard était si cruelle, qu'il montra la toile en disant : —
5 Voyez !

Frenhofer contempla son tableau pendant un moment et chancela.

— Rien, rien ! Et avoir travaillé dix ans !

Il s'assit et pleura.

— Je suis donc un imbécile, un fou ! je n'ai donc ni talent, ni capacité, je
10 ne suis plus qu'un homme riche qui, en marchant, ne fait que marcher !
Je n'aurai-donc rien produit !

Il contempla sa toile à travers ses larmes, il se releva tout à coup avec
fierté, et jeta sur les deux peintres un regard étincelant.

— Par le sang, par le corps, par la tête du Christ, vous êtes des jaloux qui
15 voulez me faire croire qu'elle est gâtée pour me la voler ! Moi, je la vois ! cria-
t-il, elle est merveilleusement belle.

En ce moment, Poussin entendit les pleurs de Gillette, oubliée dans un
coin.

— Qu'as-tu, mon ange ? lui demanda le peintre redevenu subitement
20 amoureux.

— Tue-moi ! dit-elle. Je serais une infâme de t'aimer encore, car je te
méprise. Je t'admire, et tu me fais horreur. Je t'aime et je crois que je te hais
déjà.

Pendant que Poussin écoutait Gillette, Frenhofer recouvrait sa Catherine
25 d'une serge verte, avec la sérieuse tranquillité d'un joaillier qui ferme ses
tiroirs en se croyant en compagnie d'adroits larrons. Il jeta sur les deux
peintres un regard profondément sournois, plein de mépris et de soupçon,
les mit silencieusement à la porte de son atelier, avec une promptitude convulsive. Puis, il leur dit sur le seuil de son logis : — Adieu, mes petits amis.

30 Cet adieu glaça les deux peintres. Le lendemain, Porbus, inquiet, revint
voir Frenhofer, et apprit qu'il était mort dans la nuit, après avoir brûlé ses
toiles.

CHARLES BAUDELAIRE
Les Phares

Rubens,[1] fleuve d'oubli, jardin de la paresse,
Oreiller de chair fraîche où l'on ne peut aimer,
Mais où la vie afflue et s'agite sans cesse,
Comme l'air dans le ciel et la mer dans la mer;

5 Léonard de Vinci,[2] miroir profond et sombre,
Où des anges charmants, avec un doux souris
Tout chargé de mystère, apparaissent à l'ombre
Des glaciers et des pins qui ferment leur pays;

Rembrandt,[3] triste hôpital tout rempli de murmures,
10 Et d'un grand crucifix décoré seulement,
Où la prière en pleurs s'exhale des ordures,
Et d'un rayon d'hiver traversé brusquement;

Michel-Ange,[4] lieu vague où l'on voit des Hercules[5]
Se mêler à des Christs, et se lever tout droits
15 Des fantômes puissants qui dans les crépuscules
Déchirent leur suaire en étirant leurs doigts;

1. *Peter Paul Rubens (1577–1640),
Flemish painter.* 2. *Leonardo da
Vinci (1452–1519), Florentine painter.*
3. *Rembrandt van Rijn (1606–69),*
Dutch painter. 4. *Michelangelo Buon-
arroti (1475–1564), Italian painter and
sculptor.* 5. **Hercule:** *the mythical
demigod whose strength is legendary.*

227

Colères de boxeur, impudences de faune,
Toi qui sus ramasser la beauté des goujats,[6]
Grand coeur gonflé d'orgueil, homme débile et jaune,
20   Puget,[7] mélancolique empereur des forçats;

Watteau,[8] ce carnaval où bien des coeurs illustres,
Comme des papillons, errent en flamboyant,
Décors frais et légers éclairés par des lustres
Qui versent la folie à ce bal tournoyant;

25   Goya,[9] cauchemar plein de choses inconnues,
De foetus qu'on fait cuire au milieu des sabbats,[10]
De vieilles au miroir et d'enfants toutes nues,
Pour tenter les démons ajustant bien leurs bas;

Delacroix,[11] lac de sang hanté des mauvais anges,
30   Ombragé par un bois de sapins toujours vert,
Où, sous un ciel chagrin, des fanfares étranges
Passent, comme un soupir étouffé de Weber;[12]

Ces malédictions, ces blasphèmes, ces plaintes,
Ces extases, ces cris, ces pleurs, ces *Te Deum*,[13]
35   Sont un écho redit par mille labyrinthes;
C'est pour les coeurs mortels un divin opium!

C'est un cri répété par mille sentinelles,
Un ordre renvoyé par mille porte-voix;
C'est un phare allumé sur mille citadelles,
40   Un appel de chasseurs perdus dans les grands bois!

Car c'est vraiment, Seigneur, le meilleur témoignage
Que nous puissions donner de notre dignité
Que cet ardent sanglot qui roule d'âge en âge
Et vient mourir au bord de votre éternité!

6. goujat: boor or churlish fellow. *Like Baudelaire, Puget saw beauty where it was not evident.* **7.** *Pierre Puget (1620–94), French sculptor.* **8.** *Antoine Watteau (1684–1721), French painter.* **9.** *Francisco José de Goya y Luciente (1746–1828), Spanish painter.* **10. sabbats:** *nocturnal celebration of* *witches.* **11.** *Eugène Delacroix (1793–1863), French painter.* **12.** *(1786–1826), German romantic composer.* **13. Te Deum:** *Latin canticle, part of the Roman Catholic rite, which begins with the words "Lord, we praise you."*

PAUL VERLAINE
L'Art poétique

De la musique avant toute chose,
Et pour cela préfère l'Impair[1]
Plus vague et plus soluble dans l'air,
Sans rien en lui qui pèse ou qui pose.

5   Il faut aussi que tu n'ailles point
Choisir tes mots sans quelque méprise :
Rien de plus cher que la chanson grise
Où l'Indécis au Précis se joint.

C'est des beaux yeux derrière des voiles,
10 C'est le grand jour tremblant de midi,
C'est, par un ciel d'automne attiédi,
Le bleu fouillis des claires étoiles!

Car nous voulons la Nuance encor,
Pas la Couleur, rien que la nuance!
15 Oh! la nuance seule fiance
Le rêve au rêve et la flûte au cor!

1. **Impair**: *verse with lines containing an uneven number of syllables. Since the seventeeth century French poetry had been based on the* **vers pair** *in the form of the twelve-syllable alexandrine or a variation thereof. Verlaine and the Symbolists revolutionized French versification by introducing irregularities into this fixed pattern.*

Fuis du plus loin la Pointe assassine,
L'Esprit cruel et le Rire impur,
Qui font pleurer les yeux de l'Azur,
20   Et tout cet ail de basse cuisine![2]

Prends l'éloquence et tords-lui son cou![3]
Tu feras bien, en train d'énergie,[4]
De rendre un peu la Rime assagie.
Si l'on n'y veille, elle ira jusqu'où?

25   O qui dira les torts de la Rime!
Quel enfant sourd ou quel nègre fou
Nous a forgé ce bijou d'un sou[5]
Qui sonne creux et faux sous la lime?

De la musique encore et toujours!
30   Que ton vers soit la chose envolée
Qu'on sent qui fuit d'une âme en allée
Vers d'autres cieux à d'autres amours.

Que ton vers soit la bonne aventure
Eparse au vent crispé du matin
35   Qui va fleurant la menthe et le thym...
Et tout le reste est littérature.[6]

---

2. **tout cet ail...:** *Excessive use of garlic is an indication of poor cooking.*
3. **Prends l'éloquence et tords-lui son cou!** *an indirect reference to the rhetorical poetry of the Romantics,* *and especially to Victor Hugo.* 4. **en train d'énergie:** while being energetic.
5. **sou:** a former coin of little value.
6. **littérature:** *in a derogatory sense.*

ANATOLE FRANCE
Gestas

Gestas, dixt li Signor,[1] entrez
en Paradis.
«Gestas, dans nos anciens mystères,[2] c'est le nom du larron
crucifié à la droite de Jésus-
Christ.»

(AUGUSTIN THIERRY,
la Rédemption de Larmor.)[3]

On conte qu'il est en ce temps-ci un mauvais garçon nommé Gestas,[4] qui
fait les plus douces chansons du monde. Il était écrit sur sa face camuse qu'il
serait un pécheur charnel et, vers le soir, les mauvaises joies luisent dans
ses yeux verts. Il n'est plus jeune. Les bosses de son crâne ont pris l'éclat
du cuivre; sur sa nuque pendent de longs cheveux verdis. Pourtant il est   5
ingénu et il a gardé la foi naïve de son enfance. Quand il n'est point à
l'hôpital, il loge en quelque chambrette d'hôtel entre le Panthéon[5] et le
Jardin des Plantes.[6] Là dans le vieux quartier pauvre, toutes les pierres le
connaissent, les ruelles sombres lui sont indulgentes, et l'une de ces ruelles
est selon son cœur, car, bordée de mastroquets et de bouges,[7] elle porte, à   10
l'angle d'une maison, une sainte Vierge grillée dans sa niche bleue.[8] Il va le
soir de café en café et fait ses stations de bière[9] et d'alcool dans un ordre
constant : les grands travaux de la débauche veulent de la méthode et de la
régularité. La nuit s'avance quand il a regagné son taudis sans savoir comment, et retrouvé, par un miracle quotidien, le lit de sangles où il tombe   15

1. **dixt li Signor:** *Old French for* **dit
le Seigneur.** 2. **mystères:** medieval
passion plays. 3. **la Rédemption de
Larmor:** *a story published in 1882 by
Thierry, a minor novelist of the period.*
4. *Gestas is clearly based on Paul
Verlaine.* 5. **Panthéon:** *the monu-
ment in which the great men of France
are buried.* 6. **Jardin des Plantes:** *a*
*popular Parisian zoo. The area de-
scribed is the Latin Quarter.* 7. **mastroquets et bouges:** bars and brothels.
8. *This street is an image of Verlaine's
poetry, which ranged from the obscene
to the pious.* 9. **stations de bière:** *an
ironic reference to the Stations of the
Cross.*

tout habillé. Il y dort à poings fermés du sommeil des vagabonds et des enfants. Mais ce sommeil est court.

Dès que l'aube blanchit la fenêtre et jette entre les rideaux, dans la mansarde, ses flèches lumineuses, Gestas ouvre les yeux, se soulève, se secoue
5 comme le chien sans maître qu'un coup de pied réveille, descend à la hâte la longue spirale de l'escalier et revoit avec délices la rue, la bonne rue si complaisante aux vices des humbles et des pauvres. Ses paupières clignent sous la fine pointe du jour; ses narines de Silène[10] se gonflent d'air matinal. Robuste et droit, la jambe raidie par son vieux rhumatisme, il va s'appuyant
10 sur ce bâton de cornouiller[11] dont il a usé le fer en vingt années de vagabondage. Car, dans ses aventures nocturnes, il n'a jamais perdu ni sa pipe ni sa canne. Alors, il a l'air très bon et très heureux. Et il l'est en effet. En ce monde, sa plus grande joie, qu'il achète au prix de son sommeil, est d'aller dans les cabarets boire avec les ouvriers le vin blanc du matin. Innocence
15 d'ivrogne : ce vin clair, dans le jour pâle, parmi les blouses blanches des maçons, ce sont là des candeurs qui charment son âme restée naïve dans le vice.

Or, un matin de printemps, ayant de la sorte cheminé de son garni[12] jusqu'au *Petit More*,[13] Gestas eut la douceur de voir s'ouvrir la porte que
20 surmontait une tête de Sarrasin en fonte[14] peinte et d'aborder le comptoir d'étain dans la compagnie d'amis qu'il ne connaissait pas : toute une escouade d'ouvriers de la Creuse,[15] qui choquaient leurs verres en parlant du pays et faisaient des *gabs* comme les douze pairs de Charlemagne.[16] Ils buvaient un verre et cassaient une croûte;[17] quand l'un d'eux avait une
25 bonne idée, il en riait très fort, et, pour la mieux faire entendre aux camarades, leur donnait de grands coups de poing dans le dos. Cependant les vieux levaient lentement le coude en silence. Quand ces hommes s'en furent allés à leur ouvrage, Gestas sortit le dernier du *Petit More* et gagna le *Bon Coing*,[18] dont la grille en fers de lance lui était connue. Il y but encore
30 en aimable compagnie et même il offrit un verre à deux gardiens de la paix méfiants et doux. Il visita ensuite un troisième cabaret dont l'antique

---

10. **Silène:** *in Greek mythology father of the Satyrs. Verlaine was often compared to him because of his physical resemblance to the portraits of the god and because of his lasciviousness.* **11. cornouiller:** dogwood. **12. garni:** furnished room. **13. Petit More:** *a café.* **14. fonte:** cast iron. *Signs of this sort were very common.* **15. Creuse:** *a district in central France.* **16.** *According to legend, the twelve peers of the Emperor Charlemagne held a boasting contest in which they told* **gabs** *or incredible stories.* **17. cassaient une croûte:** *(coll.)* were having a snack. **18. Bon Coing:** *another café.*

enseigne de fer forgé représente deux petits hommes portant une énorme grappe de raisin, et là il fut servi par la belle madame Trubert, célèbre dans tout le quartier pour sa sagesse, sa force et sa jovialité. Puis, s'approchant des fortifications, il but encore chez les distillateurs où l'on voit, dans l'ombre, luire les robinets de cuivre des tonneaux et chez les débitants dont les volets verts demeurent clos entre deux caisses de lauriers. Après quoi, il rentra dans les quartiers populeux et se fit servir le vermout et le marc[19] en divers cafés. Huit heures sonnaient. Il marchait très droit, d'une allure égale, rigide et solennelle, étonné quand des femmes, courant aux provisions, nu-tête, le chignon tordu sur la nuque, le poussaient avec leurs lourds paniers ou lorsqu'il heurtait, sans la voir, une petite fille serrant dans ses bras un pain énorme. Parfois encor, s'il traversait la chaussée, la voiture du laitier où dansaient en chantant les boîtes de fer-blanc s'arrêtait si près de lui, qu'il sentait sur sa joue le souffle chaud du cheval. Mais, sans hâte, il suivait son chemin, sous les jurons dédaignés du laitier rustique. Certes, sa démarche, assurée sur le bâton de cornouiller, était fière et tranquille. Mais au dedans le vieil homme chancelait. Il ne lui restait plus rien de l'allégresse matinale. L'alouette qui avait jeté ses trilles joyeux dans son être avec les premières gouttes du vin paillet[20] s'était envolée à tire-d'aile,[21] et maintenant son âme était une rookery[22] brumeuse où les corbeaux croassaient sur les arbres noirs. Il était mortellement triste. Un grand dégoût de lui-même lui soulevait le cœur.[23] La voix de son repentir et de sa honte lui criait : «Cochon! cochon! Tu es un cochon!» Et il admirait cette voix irritée et pure, cette belle voix d'ange qui était en lui mystérieusement et qui répétait : «Cochon! cochon! Tu es un cochon!» Il lui naissait un désir infini d'innocence et de pureté. Il pleurait; de grosses larmes coulaient sur sa barbe de bouc. Il pleurait sur lui-même. Docile à la parole du maître qui a dit : «Pleurez sur vous et sur vos enfants, filles de Jérusalem»,[24] il versait la rosée amère de ses yeux sur sa chair prostituée aux sept péchés[25] et sur ses rêves obscènes, enfantés par l'ivresse. La foi de son enfance se ranimait en lui, s'épanouissait toute fraîche et toute fleurie. De ses lèvres coulaient des prières naïves. Il disait tout bas : «Mon Dieu, donnez-moi de redevenir semblable au petit enfant que j'étais.»

---

19. marc: *a very strong brandy distilled from the dregs of local wine.*
20. paillet: pale.   21. à tire-d'aile: swiftly.   22. rookery: *a collection of the nests of rooks, very black birds.*

23. lui soulevait le coeur: made his gorge rise.   24. *Christ's words to the weeping women who followed him to the Crucifixion (Luke 23:28).*   25. sept péchés: the seven mortal sins.

Un jour qu'il faisait cette simple oraison, il se trouva sous le porche d'une
église.

C'était une vieille église, jadis blanche et belle sous sa dentelle de pierre,
que le temps et les hommes ont déchirée. Maintenant elle est devenue noire
5 comme la Sulamite[26] et sa beauté ne parle plus qu'au cœur des poètes ; c'était
une église «pauvrette et ancienne» comme la mère de François Villon,[27] qui,
peut-être, en son temps, vint s'y agenouiller et vit sur les murailles,
aujourd'hui blanchies à la chaux,[28] ce paradis peint dont elle croyait entendre les harpes, et cet enfer où les damnés sont «bouillus»,[29] ce qui faisait
10 grand'peur à la bonne créature. Gestas entra dans la maison de Dieu. Il n'y
vit personne, pas même un donneur d'eau bénite, pas même une pauvre
femme comme la mère de François Villon. Formée en bon ordre dans la nef,
l'assemblée des chaises attestait seule la fidélité des paroissiens et semblait continuer la prière en commun.

15 Dans l'ombre humide et fraîche qui tombait des voûtes, Gestas tourna
sur sa droite vers le bas côté[30] où, près du porche, devant la statue de la
Vierge, un if de fer[31] dressait ses dents aiguës, sur lesquelles aucun cierge
votif ne brûlait encore. Là, contemplant l'image blanche, bleue et rose,
qui souriait au milieu des petits cœurs d'or et d'argent suspendus en off-
20 rande, il inclina sa vieille jambe raidie, pleura les larmes de saint Pierre[32]
et soupira des paroles très douces qui ne se suivaient pas : «Bonne Vierge, ma
mère, Marie, Marie, votre enfant, votre enfant, maman !» Mais, très vite,
il se releva, fit quelques pas rapides et s'arrêta devant un confessionnal. De
chêne bruni par le temps, huilé comme les poutres des pressoirs,[33] ce con-
25 fessionnal avait l'air honnête, intime et domestique d'une vieille armoire
à linge. Sur les panneaux, des emblèmes religieux, sculptés dans des écussons
de coquilles et de rocailles,[34] faisaient songer aux bourgeoises de l'ancien
temps qui vinrent incliner là leur bonnet à hautes barbes de dentelle[35] et
laver à cette piscine symbolique leur âme ménagère. Où elles avaient mis le
30 genou Gestas mit le genou et, les lèvres contre le treillis de bois, il appela

à voix basse : «Mon père, mon père!» Comme personne ne répondait à son appel, il frappa tout doucement du doigt au guichet.

— Mon père, mon père!

Il s'essuya les yeux pour mieux voir par les trous du grillage, et il crut deviner dans l'ombre le surplis blanc d'un prêtre.   5

Il répétait :

— Mon père, mon père, écoutez-moi donc! Il faut que je me confesse, il faut que je lave mon âme; elle est noire et sale; elle me dégoûte, j'en ai le cœur soulevé. Vite, mon père, le bain de la pénitence, le bain du pardon, le bain de Jésus. A la pensée de mes immondices le cœur me monte aux lèvres,   10 et je me sens vomir du dégoût de mes impuretés. Le bain, le bain!

Puis il attendit. Tantôt croyant voir qu'une main lui faisait signe au fond du confessionnal, tantôt ne découvrant plus dans la logette qu'une stalle vide, il attendit longtemps. Il demeurait immobile, cloué par les genoux au degré de bois, le regard attaché sur ce guichet d'où lui devaient venir le pardon, la   15 paix, le rafraîchissement, le salut, l'innocence, la réconciliation avec Dieu et avec lui-même, la joie céleste, le contentement dans l'amour, le souverain bien. Par intervalles, il murmurait des supplications tendres :

— Monsieur le curé, mon père, monsieur le curé! j'ai soif, donnez-moi à boire, j'ai bien soif! Mon bon monsieur le curé, donnez-moi de quoi vous   20 avez, de l'eau pure, une robe blanche et des ailes pour ma pauvre âme. Donnez-moi la pénitence et le pardon.

Ne recevant point de réponse, il frappa plus fort à la grille et dit tout haut :

— La confession, s'il vous plaît!   25

Enfin, il perdit patience, se releva et frappa à grands coups de son bâton de cornouiller les parois du confessionnal en hurlant :

— Oh! hé! le curé! Oh! hé! le vicaire!

Et, à mesure qu'il parlait, il frappait plus fort, les coups tombaient furieusement sur le confessionnal d'où s'échappaient des nuées de poussière et   30 qui répondait à ces offenses par le gémissement de ses vieux ais vermoulus.

Le suisse[36] qui balayait la sacristie accourut au bruit, les manches retroussées. Quand il vit l'homme au bâton, il s'arrêta un moment, puis s'avança vers lui avec la lenteur prudente des serviteurs blanchis dans les devoirs de la plus humble police. Parvenu à portée de voix, il demanda :   35

— Qu'est-ce que vous voulez?

---

36. **suisse**: beadle, *a church guardian.*

— Je veux me confesser.

— On ne se confesse pas à cette heure-ci.

— Je veux me confesser.

— Allez-vous-en!

5 — Je veux voir le curé.

— Pourquoi faire?

— Pour me confesser.

— Le curé n'est pas visible.

— Le premier vicaire, alors.

10 — Il n'est pas visible non plus. Allez-vous-en!

— Le second vicaire, le troisième vicaire, le quatrième vicaire, le dernier vicaire.

— Allez-vous-en!

— Ah çà! est-ce qu'on va me laisser mourir sans confession? C'est pire
15 qu'en 93,[37] alors! Un tout petit vicaire. Qu'est-ce que ça vous fait que je me confesse à un tout petit vicaire pas plus haut que le bras? Dites à un prêtre qu'il vienne m'entendre en confession. Je lui promets de lui confier des péchés plus rares, plus extraordinaires et plus intéressants, bien sûr, que tous ceux que peuvent lui défiler ses péronnelles[38] de pénitentes. Vous pouvez
20 l'avertir qu'on le demande pour une belle confession.

— Allez-vous-en!

— Mais tu n'entends donc pas, vieux Barrabas?[39] Je te dis que je veux me réconcilier avec le bon Dieu, sacré nom de Dieu!

Bien qu'il n'eût pas la stature majestueuse d'un suisse de paroisse riche, ce
25 porte-hallebarde[40] était robuste. Il vous prit notre Gestas[41] par les épaules et vous le jeta dehors.

Gestas, dans la rue, n'avait qu'une idée en tête, qui était de rentrer dans l'église par une porte latérale afin de surprendre, s'il était possible, le suisse sur ses derrières et de mettre la main sur un petit vicaire qui consentît
30 à l'entendre en confession.

Malheureusement pour le succès de ce dessein, l'église était entourée de vieilles maisons et Gestas se perdit sans espoir de retour dans un dédale[42] inextricable de rues, de ruelles, d'impasses et de venelles.

37. *He is referring to 1793 when the Church was abolished by the revolutionary government.* **38. péronnelles:** stupid gabbers. **39. Barrabas:** *the prisoner who was condemned to death at the same time as Christ. When the Jews* *were allowed to choose between the two, they preferred the murderer to the Savior, and Barrabas was freed.* **40. porte-hallebarde:** official staff-bearer. **41. Il vous prit notre Gestas:** (*fam.*) He just took our Gestas. **42. dédale:** maze.

Il s'y trouvait un marchand de vin où le pauvre pénitent pensa se consoler dans l'absinthe. Il y parvint. Mais il lui poussa bientôt un nouveau repentir. Et c'est ce qui assure ses amis dans l'espérance qu'il sera sauvé. Il a la foi, la foi simple, forte et naïve. Ce sont les œuvres plutôt qui lui manqueraient. Pourtant il ne faut pas désespérer de lui, puisque lui-même, il ne 5 désespère jamais.

Sans entrer dans les difficultés considérables de la prédestination ni considérer à ce sujet les opinions de saint Augustin, de Gotescalc, des Albigeois, des wiclefistes, des hussites, de Luther, de Calvin, de Jansénius et du grand Arnaud,[43] on estime que Gestas est prédestiné à la béatitude éternelle. 10

Gestas, dixt li Signor, entrez en paradis.

43. Augustin... Arnaud: *theologians and sects deeply concerned in the dispute* *over the role of predestination and divine grace.*

JEAN TARDIEU
La Société Apollon

ou Comment parler des arts

PERSONNAGES

MADEMOISELLE, monitrice des «Conférences-Promenades» de la «Société Apollon».¹ Personne sèche et péremptoire.

DADAIS, jeune homme niais et prétentieux.

NANINE, sa sœur, jolie jeune fille. Amoureuse d'Alphonse.

5 MADAME GOUFFRE, grosse dame ridicule mais de bonne volonté.

MONSIEUR QUIDONC, grand vieillard grave et décoré.

LE CHARMANT-PETIT-MENAGE, deux être aimables et insignifiants.

ALPHONSE, jeune étudiant sympathique, amoureux de Nanine.

tous membres de la «Société Apollon».

10 LA BONNE, paysanne fruste et revêche.

LE MAITRE, front dégarni;² agité, l'air un peu fou, prétentieux, volubile, et assez vulgaire.

PREMIER TABLEAU

Une petite place, quelque part vers Montmartre.³ Un banc, un arbre, un réverbère. Ce tableau peut aussi se passer simplement devant le rideau. Mademoiselle est seule, assise sur le banc. Arrivent Dadais et sa sœur.

---

1. *The god Apollo is closely identified with the arts.* **2. dégarni:** bald. **3. Montmartre:** *a section of Paris known for its artist's colony.*

DADAIS, *timidement, à Mademoiselle.* La «Société Apollon», s'il vous
plaît?

MADEMOISELLE, *péremptoire.* La «Société Apollon», c'est moi.

DADAIS. Ah! bien, Madame! Enchanté, Madame! Je vous présente mes
hommages, Madame![4]   5

MADEMOISELLE, *rectifiant.* Mademoiselle, appelez-moi Mademoiselle!

DADAIS. Ah! bon, Madame! Pardon, Mademoiselle! Mademoiselle comment?...

MADEMOISELLE, *négligemment.* Qu'importe![5]

DADAIS. Mademoiselle Quimporte? Bon! Je vais vous présenter à ma   10
sœur... Mademoiselle, je vous présente ma sœur. Ma sœur s'appelle
Nanine.

NANINE. Mes respects, Mademoiselle.

MADEMOISELLE. Bonjour, mademoiselle.

DADAIS. Tu vois, Nanine : c'est Mademoiselle, Mademoiselle Quimporte,   15
qui va diriger aujourd'hui la conférence-promenade de la «Société
Apollon»... Vous nous excuserez, Mademoiselle, nous sommes un
peu en retard, Mademoiselle.

MADEMOISELLE. En tout cas, vous êtes moins en retard que... ceux
qui le sont davantage. Tout le monde devrait être là depuis dix   20
minutes au moins!... Ah! voici quelques autres membres de notre
Société (*Arrivent en courant: Madame Gouffre, grosse dame avec
un petit chapeau ridicule; Monsieur Quidonc, vieux monsieur, genre
militaire retraité, grand, maigre, avec une rosette de la Légion
d'honneur,*[6] *puis le Charmant-petit-ménage : l'air banal et gai,*   25
les joues roses, le mari et la femme se tiennent par la main et disent
les mêmes choses en même tempts.) Bonjour Madame Gouffre, bonjour
Monsieur Quidonc... Et voici notre Charmant-petit-ménage!...
Allons, vous avez couru, votre retard est donc pardonné!

MADAME GOUFFRE, *encore essoufflée.* Pensez donc, Mademoiselle!...   30
Plutôt que de... manquer nos séances du Dimanche... j'aimerais
mieux... j'aimerais mieux...

MONSIEUR QUIDONC, *très grave et très galant.* ...mourir, peut-être?

MADAME GOUFFRE. Oui, c'est cela : j'aimerais mieux mourir que de
manquer nos séances! Pensez donc : tous ces musées, sous votre...   35
sous votre...

---

4. Madame: *a very formal greeting.*   **Légion d'honneur:** *a decoration given*
5. Qu'importe: What matter? **6. la**   *by the French government.*

MONSIEUR QUIDONC, *même jeu.*   ...férule?[7]

MADEMOISELLE, *protestant.*   Oh non, pas de férule entre nous!

MADAME GOUFFRE.   Bien sûr!... Je voulais dire : sous votre conduite, oui, sous votre conduite, j'apprends tant de choses!

5   MADEMOISELLE.   Vous vous calomniez, Madame Gouffre : vous savez beaucoup plus de choses que vous n'en avez l'air.

LE CHARMANT-PETIT-MENAGE, *ensemble.*   Nous, ce qui nous plaît, c'est de nous lever de bon matin, et de faire des kilomètres[8] dans les salles des musées.

10   DADAIS, *candide et légèrement prétentieux.*   Mais alors, c'est du sport, ce n'est plus de l'Art!

MONSIEUR QUIDONC, *toujours très grave.*   Le sport et l'art ont toujours été associés : voyez les Grecs!

MADAME GOUFFRE.   Parfaitement! D'ailleurs, ne sommes-nous pas la

15   «Société Apollon»?

MADEMOISELLE.   Eh bien, je vais peut-être vous décevoir les uns et les autres. Aujourd'hui, pas de musée!

DADAIS.   Comment? On a des vacances?

MONSIEUR QUIDONC.   Jeune homme, une pareille exclamation n'est pas

20   digne de vous.

MADEMOISELLE.   Je veux dire qu'aujourd'hui, notre conférence-promenade ne nous entraînera pas dans un musée, mais dans un atelier...

MADAME GOUFFRE, *déçue.*   Oh! Un atelier de couture?

MADEMOISELLE.   Non, Madame Gouffre, tout autre chose; un atelier

25   d'artiste.

LE CHARMANT-PETIT-MENAGE, *battant des mains.*   Un atelier! Un atelier! Comme ça va être amusant!

MADEMOISELLE.   Oui, un atelier de sculpteur. D'un sculpteur très moderne.

MONSIEUR QUIDONC, *d'une voix caverneuse.*   Dommage! Je n'aime pas le

30   moderne.

NANINE.   Tant pis pour vous! Moi je n'aime que ça!

DADAIS.   Nanine, voyons! Ne parle donc pas à la légère!

MADEMOISELLE.   Je suis sûre qu'après quelques explications, vous serez tous du même avis que Nanine, même Monsieur Quidonc.

35   LE CHARMANT-PETIT-MENAGE.   Alors, allons-y, à l'atelier du sculpteur!

NANINE, *précipitamment.*   Attendez! Je crois qu'il manque quelqu'un.

7. **sous votre . . . férule:** under your iron rod.   8. **kilomètre:** *approximately three-fifths of a mile.*

DADAIS. Nanine, voyons!

Nanine rougit et se tait. Arrive le jeune Alphonse.

MADAME GOUFFRE. Quand on parle du loup...[9]

ALPHONSE, *saluant.* Excusez-moi, Mademoiselle! Comme je n'habite pas
loin d'ici, je ne me suis pas méfié et...

MADEMOISELLE. Nous n'attendions plus que vous, jeune homme. Nous   5
vous attendions d'autant plus que vous connaissez bien le quartier :
c'est vous qui devez nous aider aujourd'hui à trouver notre chemin.

ALPHONSE, *saluant successivement tout le monde.* Très volontiers!...
Madame! Monsieur! Madame et Monsieur!... Bonjour, Nanine!

NANINE, *à mi-voix.* Alphonse, vous n'êtes pas sage, vous vous êtes fait   10
attendre!

ALPHONSE, *bas à Nanine.* Pourtant, je ne viens que pour vous. (*Haut
et sèchement à Dadais.*) Bonjour, ça va?

DADAIS, *sèchement.* Bonjour, Alphonse.

MADEMOISELLE. Je répète pour notre jeune étudiant : la Société Apollon   15
rend visite ce matin à un sculpteur moderne... Certains d'entre
vous seront peut-être quelque peu... déroutés par la manière origi-
nale de cet artiste. Il appartient à l'école dite «Soustraite».[10] Oui :
soustraite à la réalité! Il faut que vous vous rappeliez ce que je vous
ai dit l'autre jour de la Forme.   20

DADAIS, *vite, comme récitant une leçon.* La Forme n'est pas le Sujet.

MADEMOISELLE. Parfait! En art, le sujet n'est que le prétexte, le support
de la Forme. De nos jours, certains artistes ont rejeté le sujet. Délibérément. La représentation des objets ne les intéresse plus...

Tout le monde entoure Mademoiselle qui continue à parler au second plan.[11]
Seuls Nanine et Alphonse se détachent du groupe et viennent au premier
plan.[12]

NANINE. Vous êtes quand même gentil d'être venu.   25

ALPHONSE. Oh! ce n'est pas pour entendre le cours de cette brave Mademoiselle! J'en sais plus long[13] qu'elle sur tout cela.

NANINE, *avec admiration.* Bien sûr! Quand on prépare un certificat d'esthétique!

---

9. Quand on parle du loup: *the*
equivalent of "speaking of the devil."
10. Soustraite: *an imaginary school*
of art. The name indicates a satire on
abstract art. **11. au second plan:**
upstage. **12. au premier plan:** down-
stage. **13. J'en sais plus long:** I know
more about.

ALPHONSE, *tendrement.* Le plus beau cours d'esthétique, c'est vous qui
me le donnez, Nanine!... Vous avez une jolie robe!

NANINE, *ravie.* Vous trouvez? Allons, soyez sage, venez!

Elle le prend par la main, ils rejoignent le groupe.

MADEMOISELLE, *continuant son explication.* Ainsi donc, plus de visage!
5   Plus de corps humain! Plus d'objets reconnaissables! Et voilà pourquoi
ces artistes, qu'ils soient peintres ou sculpteurs, sont appelés «non-
corporatifs».[14]

MADAME GOUFFRE. Une sculpture sans corps humain, ça doit être...
terrible?

10   MONSIEUR QUIDONC, *très grave.* Terrible! Absolument terrible!

LE CHARMANT-PETIT-MENAGE. Tant pis! On verra bien! N'ayons pas peur!
Le tout est de s'habituer, n'est-ce pas?

MADEMOISELLE. Vous verrez : je suis sûre de vous convaincre... Allons,
Mesdames et Messieurs, veuillez passer par ici... Vous voyez,
15   là-bas, cette série de maisons basses entourées de petits jardins identi-
ques : le Maître a son atelier dans une de ces maisons.

DADAIS, *avec candeur.* Alors, il y a un sculpteur dans chaque atelier?

ALPHONSE, *haussant les épaules.* Mais non, il n'y a pas que des sculpteurs!
On trouve là aussi des peintres, des architectes, même des ingénieurs,
20   des inventeurs... et des musiciens. En été, quand les fenêtres sont
ouvertes, j'entends quelquefois...

MADEMOISELLE. Bon! Bon, bon! Pour le moment il ne s'agit pas d'entendre, mais de voir. (*S'adressant à Alphonse.*) Ainsi donc, mon jeune
ami, puisque vous connaissez bien cette cité d'artistes, veuillez, je
25   vous prie, nous conduire! Nous risquerions de nous égarer... Mesdames, Messieurs, partons! Le Maître nous attend.

DEUXIEME TABLEAU

*Un atelier. Au fond, la porte d'entrée. Vers la droite, bien en évidence, une
sellette surmontée d'une armature géometrique en fer, de forme indéfinissable,
mais très schématique : une tige centrale et verticale, d'où partent une
roue dentée et deux ou trois bras coudés*[15] *à angle droit. Une table à dessin,
des tabourets, des outils épars. Aux murs, des épures*[16] *sans signification précise.*

14. non-corporatif: non-corporeal, *a neologism for* abstrait.   15. coudés: bent.
16. épures: working drawings.

On sonne, la bonne apparait côté jardin et traverse l'atelier. Elle ouvre la porte. Entre Mademoiselle, suivie bientôt de tout le groupe.

MADEMOISELLE.   Le Maître est-il là ?

LA BONNE, *très fruste.*   Non, il est[17] pas là.

MADEMOISELLE.   Comment! Ah! que c'est contrariant!...[18] Pourtant, il était bien prévenu de notre visite? Nous sommes la «Société Apollon».

LA BONNE.   J'sais pas, moi! Il vient de sortir. Il a rien dit.   5

MADEMOISELLE.   Mais, sans doute va-t-il revenir bientôt ?

LA BONNE.   Dame,[19] j'en sais rien.

MADEMOISELLE.   Pouvons-nous l'attendre un moment ?

LA BONNE.   P't'être bien que oui! Vous pouvez l'attendre.

MADEMOISELLE.   C'est bon, je vous remercie... (*La bonne s'éloigne. S'ad-*   10
ressant Alphonse.) Et je remercie aussi notre jeune ami de nous
avoir si bien pilotés à travers les méandres de ce labyrinthe des
arts!... (*S'adressant au groupe.*) Mesdames et Messieurs, le Maître
est donc sorti, mais va revenir dans quelques minutes. En l'attendant,
nous pouvons commencer la visite de son atelier. Les œuvres d'un   15
grand créateur parlent suffisamment d'elles-mêmes!... (*Elle jette
un coup d'œil sur l'atelier. Son regard s'arrête sur la sellette. Elle
paraît saisie d'une forte émotion.*) Tenez! Nous avons de la chance!
Voici une œuvre qui doit tout de suite retenir notre attention. Elle
est très caractéristique, très représentative de la manière du Maître!   20
Oui, regardez! Là, sur cette sellette!

MADAME GOUFFRE.   Oh! quelle drôle de chose!

MADEMOISELLE, *sévère.*   Non, Madame! Ce n'est pas «drôle»: c'est beau!
C'est trés beau!

DADAIS, *s'approchant de la sellette.*   Est-ce que c'est une... Forme ?   25

MADEMOISELLE.   Bien sûr, une Forme! Et quelle Forme! C'est *La Forme,*
dans toute sa splendeur! La Forme pure!

MONSIEUR QUIDONC.   Ma foi, je ne vois rien là qu'un peu de ferraille!

MADEMOISELLE.   C'est le miracle de l'Art, Monsieur! Un peu de couleur...
et c'est la Peinture...   30

LE CHARMANT-PETIT-MENAGE, *enchaînant.*   ...Un peu de sons... et c'est la
Musique!...

---

17. *The maid characteristically drops the* **ne** *in negative constructions, a colloquial form of speech.* **18. con-** trariant: annoying. **19. Dame:** *a mild oath.*

MADEMOISELLE, *enchaînant à son tour*.   ...Un peu de ferraille, ou un peu
de terre... et c'est la Sculpture! Rappelez-vous ce que je vous ai
dit : pour un sculpteur «non-corporatif», il n'est plus nécessaire de
s'embarrasser d'un corps humain, d'un sujet... concret, tel que
5   l'homme...

MONSIEUR QUIDONC, *se penchant avec raideur, mais avec galanterie*.   ...ou
la femme!

MADEMOISELLE.   Il n'y a plus que des volumes.

MADAME GOUFFRE, *se méprenant sur le sens du mot et regardant autour
10   d'elle*. Mais où sont-ils, les volumes, ici?

LE CHARMANT-PETIT-MENAGE, *étourdiment*.   C'est gentil, ici, il y a de la
lumière!

MADEMOISELLE, *éclatant*.   Et c'est tout ce que vous trouvez à dire : «C'est
gentil, ici», alors que vous contemplez une des œuvres maîtresses de
15   la sculpture contemporaine! Un peu de respect, je vous prie!

LE CHARMANT-PETIT-MENAGE.   Oh, pardon, Mademoiselle, on a été distraits!

MADAME GOUFFRE, *marchant sur la pointe des pieds et retenant son souffle*.
Comme c'est curieux! On dirait que cette... chose tourne en même
temps que nous!

20   MADEMOISELLE.   Voilà une juste remarque! C'est le propre de l'art du
statuaire de donner cette impression : une bonne sculpture, contemporaine ou non, paraît toujours tourner dans le même sens que
celui qui tourne autour d'elle.

MONSIEUR QUIDONC, *profond*.   Ou qui tourne en sens inverse!

25   MADEMOISELLE.   Ou en sens inverse, selon les cas; c'est exact!

Ils tournent un moment en silence autour de la «statue».

DADAIS.   Puis-je me permettre une observation?

MADEMOISELLE.   Je vous en prie.

DADAIS.   Je trouve que ce qu'il y a de plus remarquable dans cette sculpture,
c'est qu'on peut... voir le jour au-travers!

30   MADEMOISELLE.   Très juste. Vous observez en effet que la grande infirmité
de la sculpture, d'ordinaire, c'est son opacité! Celle-ci, au contraire,
grâce à sa minceur, nous permet d'atteindre directement l'essence
de sa forme, cette essence qui, par rapport aux trois dimensions des
objets visibles, constitue, en somme, l'expression typique de la
35   Quatrième Dimension...

MONSIEUR QUIDONC. La quatrième dimension? C'est terrible. Je vous le
  disais bien, c'est terrible!

LE CHARMANT-PETIT-MENAGE, *avec respect.* La quatrième dimension,
  fichtre![20]

ALPHONSE, *faisant l'idiot s'adressant à Mademoiselle, pour lui tendre un*   5
  piège. On parle beaucoup aussi, en ce moment, de la cinquième
  dimension, n'est-ce pas, Mademoiselle?

MADEMOISELLE. Sans doute, sans doute! Mais elle est encore très mal
  connue!

ALPHONSE, *bas, à Nanine.* Elle tombe dans tous les pièges.   10

NANINE, *même jeu, avec un reproche plein de tendresse.* Alphonse! Je vous
  déteste!

A ce moment, la porte s'ouvre. La bonne apparaît, en train d'essuyer une
casserole et annonce tout de go.[21]

LA BONNE. Voilà Monsieur!... (*A la cantonade.*) Monsieur, c'est une
  société qui est venue pour visiter vot'atelier!

Le «Maître» apparaît. Pour jouer au grand seigneur, il remet son manteau
et son chapeau à la bonne qui, toute surprise, laisse tomber sa casserole.

LE MAITRE, *avec une hauteur affectée.* Anne-Marie! Voyons, faites atten-   15
  tion!

La bonne, interloquée, se retire.

LE MAITRE, *s'avançant vers le groupe.* Très flatté, Mesdames et Messieurs,
  de votre visite. A qui ai-je l'honneur?

MADEMOISELLE. Maître, je me permets de vous présenter le Groupe
  Apollon, dont je suis la monitrice. Nous sommes fiers de pouvoir   20
  admirer ici même vos dernières créations, et nous vous remercions de
  votre accueil.

LE MAITRE. Du tout, du tout, c'est la moindre des choses! Regardez...
  Promenez-vous... Vous êtes ici comme chez vous!

ALPHONSE, *bas, à Nadine.* Faites bien attention à ce qui va se passer!   25

MADEMOISELLE. Maître, puisque nous avons la chance de vous rencontrer...
  serait-ce beaucoup vous demander que... de vous inviter à nous
  donner quelques explications...

20. fichtre: *a mild oath.* **21. tout de go:** abruptly.

LE MAITRE. Des explications! Volontiers, mais à quel sujet?

MADEMOISELLE, *désignant avec un mélange de respect et d'effroi l'objet qui est sur la sellette.* Au sujet de... ceci!

LE MAITRE. Si vous voulez!

Il s'approche de la sellette et se place à côté d'elle, face au public.

5 MADEMOISELLE. Approchez, Mesdames et Messieurs, et écoutez bien. J'espère que les paroles du Maître se graveront dans votre mémoire!

Le groupe s'approche, avec Mademoiselle en tête, et attend avec respect. Alphonse et Nanine se cachent derrière les autres.

LE MAITRE, *prenant une pose avantageuse et pérorant.*[22] J'ai longtemps réfléchi avant d'arriver à concevoir ce que vous voyez ici... Bien des soucis m'ont retardé! Et surtout, j'avais la conviction que ma pen-
10 sée n'était pas encore mûre! La maturité de la pensée : tout est là! Une idée germe dans votre esprit : deviendra-t-elle quelque chose ou rien? Cela dépend en partie de vous-même, mais en partie aussi des circonstances étrangères à l'idée : votre santé, le temps qu'il fait, une histoire d'amour, des difficultés d'argent, que sais-je?...

Mademoiselle et Madame Gouffre prennent des notes.

15 LE MAITRE. Ne prenez pas de notes, je vous en prie! Tout cela, ce ne sont que des confidences si intimes! (*Poussant un soupir.*) Ah, si vous saviez! Si vous saviez par quelles tortures j'ai passé, avant de concevoir ce fragile ouvrage!... (*Familier.*) Tout d'abord, il s'est posé pour moi des questions d'équilibre : les masses devaient être proportionnées de part
20 et d'autre de l'axe central... (*Il fait des gestes explicatifs en désignant diverses partie de «l'objet».*)... de manière à permettre un balancement harmonieux...

NANINE, *bas, à Alphonse.* Comme il parle bien!

ALPHONSE (*Même jeu, avec ironie.*) Attendez la suite!

25 LE MAITRE, *continuant.* La création d'un objet — si modeste soit-il — pose, en effet, des problèmes que vous ne soupçonnez pas!... Surtout quand il s'agit d'un objet usuel.

La stupéfaction se peint, peu à peu, sur tous les visages. Alphonse, au comble de la jubilation, pousse du coude Nanine.

22. **pérorant**: orating.

MADEMOISELLE. (*Avec précipitation et une admiration trop appuyée, comme pour secouer une idée fâcheuse.*) Voyez, Mesdames et Messieurs, la modestie du Maître : un objet usuel!

LE MAITRE, *continuant, d'abord lentement, comme cherchant ses mots.* Enfin, après mille tâtonnements... mille essais infructueux... dont le récit serait trop long... je parvins à... concevoir le modèle que voici : c'est le prototype, non encore industrialisé (*ici, son débit, s'accélérant, devient exactement celui d'un bonimenteur*[23] *de foire*), d'une moulinette à capsules interchangeables, permettant ins-tan-ta-né-ment — et dans les cuisines les plus humbles comme les plus luxueuses — de convertir les carottes les plus dures, les navets les plus intrépides, les pommes de terre les plus inattaquables en toutes sortes de croquettes, tortillons, frisons, spirales, bâtonnets, et autres brimborions[24] comestibles, tant pour parfumer le potage que pour orner les rôtis et les volailles de toutes conditions! Mesdames et Messieurs (*il fait les gestes appropriés à sa démonstration*), il suffira d'appuyer avec la main gauche sur la manette que voici, tout en ayant soin de maintenir solidement la poignée de la tige centrale au creux de la main droite, et d'introduire hardiment le légume réfractaire, puis d'imprimer à la roue que voici un mouvement d'arrière en avant, dit mouvement de rotation, pour que, de l'autre côté de l'appareil, vous voyiez apparaître les savoureux objets de votre gourmandise familiale et de votre appétit personnel. (*Saluant.*) Mesdames et Messieurs, je vous remercie; vous pourrez sans doute admirer les premiers exemplaires industriels de ce prototype au prochain Salon de la Cuisine Bourgeoise, entre mon protège-côtelettes en caoutchouc galvanisé, ma bouteille inépuisable et mon rince-oreilles pour chiens...

Scène muette : Mademoiselle est sur le point de se trouver mal. M. Quidonc paraît indigné. Mme Gouffre lève les bras au ciel. Le jeune ménage pousse des cris d'horreur. Alphonse et Nanine, en riant, s'esquivent prudemment les premiers et tout le monde les suit pendant que le Maître continue à saleur et à débiter avec volubilité des syllabes confuses où l'on ne discerne que quelques mots par-ci, par-là.

23. **bonimenteur**: showman.   24. **brimborions**: trinkets.

ALBERT CAMUS
Jonas

ou L'Artiste au travail

> Jetez-moi dans la mer... car je sais
> que c'est moi qui attire sur vous
> cette grande tempête.
>
> JONAS, I, 12.[1]

Gilbert Jonas, artiste peintre, croyait en son étoile. Il ne croyait d'ailleurs
qu'en elle, bien qu'il se sentît du respect, et même une sorte d'admiration,
devant la religion des autres. Sa propre foi, pourtant, n'était pas sans vertus,
puisqu'elle consistait à admettre, de façon obscure, qu'il obtiendrait beaucoup
5 sans jamais rien mériter. Aussi, lorsque, aux environs de sa trente-cinquième
année, une dizaine de critiques se disputèrent soudain la gloire d'avoir
découvert son talent, il n'en montra point de surprise. Mais sa sérénité,
attribuée par certains à la suffisance, s'expliquait très bien, au contraire, par
une confiante modestie. Jonas rendait justice à son étoile plutôt qu'à ses
10 mérites.

Il se montra un peu plus étonné lorsqu'un marchand de tableaux lui
proposa une mensualité[2] qui le délivrait de tout souci. En vain, l'architecte
Rateau, qui depuis le lycée aimait Jonas et son étoile, lui représenta-t-il que
cette mensualité lui donnerait une vie à peine décente et que le marchand n'y
15 perdrait rien. «Tout de même», disait Jonas. Rateau, qui réussissait, mais
à la force du poignet, dans tout ce qu'il entreprenait, gourmandait son ami.
«Quoi, tout de même? Il faut discuter.» Rien n'y fit. Jonas en lui-même
remerciait son étoile. «Ce sera comme vous voudrez», dit-il au marchand.
Et il abandonna les fonctions qu'il occupait dans la maison d'éditions patern-
20 elle, pour se consacrer tout entier à la peinture. «Ça, disait-il, c'est une
chance!»

---

1. Jonas: *the French form of* Jonah.　**2. une mensualité:** a monthly payment.

Il pensait en réalité : «C'est une chance qui continue.» Aussi loin qu'il
pût remonter dans sa mémoire, il trouvait cette chance à l'œuvre. Il nourrissait ainsi une tendre reconnaissance à l'endroit de ses parents, d'abord parce
qu'ils l'avaient élevé distraitement, ce qui lui avait fourni le loisir de la rêverie, ensuite parce qu'ils s'étaient séparés pour raison d'adultère. C'était du   5
moins le prétexte invoqué par son père qui oubliait de préciser qu'il s'agissait d'un adultère assez particulier : il ne pouvait supporter les bonnes œuvres
de sa femme, véritable sainte laïque, qui, sans y voir malice, avait fait le
don de sa personne à l'humanité souffrante. Mais le mari prétendait disposer
en maître des vertus de sa femme. «J'en ai assez, disait cet Othello, d'être   10
trompé avec les pauvres.»

Ce malentendu fut profitable à Jonas. Ses parents, ayant lu, ou appris,
qu'on pouvait citer plusieurs cas de meurtriers sadiques issus de parents di-
vorcés, rivalisèrent de gâteries pour étouffer dans l'œuf [3] les germes d'une aussi
fâcheuse évolution. Moins apparents étaient les effets du choc subi, selon eux,   15
par la conscience de l'enfant, et plus ils s'en inquiétaient : les ravages
invisibles devaient être les plus profonds. Pour peu que Jonas se déclarât
content de lui ou de sa journée, l'inquiétude ordinaire de ses parents touchait
à l'affolement. Leurs attentions redoublaient et l'enfant n'avait alors plus
rien à désirer.   20

Son malheur supposé valut enfin à Jonas un frère dévoué en la personne
de son ami Rateau. Les parents de ce dernier invitaient souvent son petit
camarade de lycée parce qu'ils plaignaient son infortune. Leurs discours
apitoyés inspirèrent à leur fils, vigoureux et sportif, le désir de prendre
sous sa protection l'enfant dont il admirait déjà les réussites nonchalantes.   25
L'admiration et la condescendance firent un bon mélange pour une amitié
que Jonas reçut, comme le reste, avec une simplicité encourageante.

Quand Jonas eut terminé, sans effort particulier, ses études, il eut encore la
chance d'entrer dans la maison d'éditions de son père pour y trouver une
situation et, par des voies indirectes, sa vocation de peintre. Premier éditeur   30
de France, le père de Jonas était d'avis que le livre, plus que jamais, et en
raison même de la crise de la culture, était l'avenir. «L'histoire montre, disait-
il, que moins on lit et plus on achète de livres.» Partant, il ne lisait que rarement les manuscrits qu'on lui soumettait, ne se décidait à les publier que sur
la personnalité de l'auteur ou l'actualité de son sujet (de ce point de vue, le   35
seul sujet toujours actuel étant le sexe, l'éditeur avait fini par se spécialiser)

---

3. **pour étouffer dans l'oeuf:** to nip in the bud.

et s'occupait seulement de trouver des présentations curieuses et de la publicité gratuite. Jonas reçut donc, en même temps que le département des lectures, de nombreux loisirs dont il fallut trouver l'emploi. C'est ainsi qu'il rencontra la peinture.

5   Pour la première fois, il se découvrit une ardeur imprévue, mais inlassable, consacra bientôt ses journées à peindre et, toujours sans effort, excella dans cet exercice. Rien d'autre ne semblait l'intéresser et c'est à peine s'il put se marier à l'age convenable : la peinture le dévorait tout entier. Aux êtres et aux circonstances ordinaires de la vie, il ne réservait qu'un sourire bienveil-
10 lant qui le dispensait d'en prendre souci. Il fallut un accident de la motocy-clette que Rateau conduisait trop vigoureusement, son ami en croupe, pour que Jonas, la main droite enfin immobilisée dans un bandage, et s'ennuyant, pût s'intéresser à l'amour. Là encore, il fut porté à voir dans ce grave accident les bons effets de son étoile. Sans lui, il n'eût pas pris le temps de regarder
15 Louise Poulin comme elle le méritait.

    Selon Rateau, d'ailleurs, Louise ne méritait pas d'être regardée. Petit et râblé lui-même, il n'aimait que les grandes femmes. «Je ne sais pas ce que tu trouves à cette fourmi», disait-il. Louise était en effet petite, noire de peau, de poils et d'œil, mais bien faite, et de jolie mine. Jonas, grand et solide,
20 s'attendrissait sur la fourmi, d'autant plus qu'elle était industrieuse. La vocation de Louise était l'activité. Une telle vocation s'accordait heureuse-ment au goût de Jonas pour l'inertie, et pour ses avantages. Louise se dévoua d'abord à la littérature, tant qu'elle crut du moins que l'édition intéressait Jonas. Elle lisait tout, sans ordre, et devint, en peu de semaines,
25 capable de parler de tout. Jonas l'admira et se jugea définitivement dispensé de lectures puisque Louise le renseignait assez, et lui permettait de connaître l'essentiel des découvertes contemporaines. «Il ne faut plus dire, affirmait Louise, qu'un tel est méchant ou laid, mais qu'il se veut méchant ou laid.» La nuance était importante et risquait de mener au moins, comme le fit
30 remarquer Rateau, à la condamnation du genre humain. Mais Louise trancha en montrant que cette vérité étant à la fois soutenue par la presse du cœur[4] et les revues philosophiques, elle était universelle et ne pouvait être discutée. «Ce sera comme vous voudrez», dit Jonas, qui oublia aussitôt cette cruelle découverte pour rêver à son étoile.
35   Louise déserta la littérature dès qu'elle comprit que Jonas ne s'intéressait qu'à la peinture. Elle se dévoua aussitôt aux arts plastiques, courut musées et

---

4. **presse du cœur**: *the French equivalent of glossy magazines, sentimental journals.*

expositions, y traîna Jonas qui comprenait mal ce que peignaient ses contemporains et s'en trouvait gêné dans sa simplicité d'artiste. Il se réjouissait cependant d'être si bien renseigné sur tout ce qui touchait à son art. Il est vrai que le lendemain, il perdait jusqu'au nom du peintre dont il venait de voir les œuvres. Mais Louise avait raison lorsqu'elle lui rappelait péremptoirement une des certitudes qu'elle avait gardées de sa période littéraire, à savoir qu'en réalité on n'oubliait jamais rien. L'étoile décidément protégeait Jonas qui pouvait ainsi cumuler sans mauvaise conscience les certitudes de la mémoire et les commodités de l'oubli.

Mais les trésors de dévouement que prodiguait Louise étincelaient de leurs plus beaux feux dans la vie quotidienne de Jonas. Ce bon ange lui évitait les achats de chaussures, de vêtements et de linge qui abrègent, pour tout homme normal, les jours d'une vie déjà si courte. Elle prenait à charge, résolument, les mille inventions de la machine à tuer le temps, depuis les imprimés obscurs de la sécurité sociale jusqu'aux dispositions sans cesse renouvelées de la fiscalité.[5] «Oui, disait Rateau, c'est entendu. Mais elle ne peut aller chez le dentiste à ta place.» Elle n'y allait pas, mais elle téléphonait et prenait les rendez-vous, aux meilleures heures; elle s'occupait des vidanges[6] de la 4 CV,[7] des locations dans les hôtels de vacances, du charbon domestique; elle achetait elle-même les cadeaux que Jonas désirait offrir, choisissait et expédiait ses fleurs et trouvait encore le temps, certains soirs, de passer chez lui, en son absence, pour préparer le lit qu'il n'aurait pas besoin cette nuit-là d'ouvrir avant de se coucher.

Du même élan, aussi bien, elle entra dans ce lit, puis s'occupa du rendez-vous avec le maire, y mena Jonas deux ans avant que son talent fût enfin reconnu et organisa le voyage de noces de manière que tous les musées fussent visités. Non sans avoir trouvé, auparavant, en pleine crise du logement, un appartement de trois pièces où ils s'installèrent, au retour. Elle fabriqua ensuite, presque coup sur coup, deux enfants, garçon et fille, selon son plan qui était d'aller jusqu'à trois et qui fut rempli peu après que Jonas eut quitté la maison d'éditions pour se consacrer à la peinture.

Dès qu'elle eut accouché, d'ailleurs, Louise ne se dévoua plus qu'à son, puis ses enfants. Elle essayait encore d'aider son mari mais le temps lui manquait. Sans doute, elle regrettait de négliger Jonas, mais son caractère décidé l'empêchait de s'attarder à ces regrets. «Tant pis, disait-elle, chacun

---

5. **dispositions sans cesse renouvelées de la fiscalité:** the constantly changing moods of the internal revenue service.   6. **vidanges:** oil changes. 7. **4 CV:** *a small and very popular car produced by Citroën.*

son établi.» Expression dont Jonas se déclarait d'ailleurs enchanté, car il désirait, comme tous les artistes de son époque, passer pour un artisan. L'artisan fut donc un peu négligé et dut acheter ses souliers lui-même. Cependant, outre que cela était dans la nature des choses, Jonas fut encore

5 tenté de s'en féliciter. Sans doute, il devait faire effort pour visiter les magasins, mais cet effort était récompensé par l'une de ces heures de solitude qui donne tant de prix au bonheur des couples.

Le problème de l'espace vital l'emportait de loin, pourtant, sur les autres problèmes du ménage, car le temps et l'espace se rétrécissaient du même

10 mouvement, autour d'eux. La naissance des enfants, le nouveau métier de Jonas, leur installation étroite, et la modestie de la mensualité qui interdisait d'acheter un plus grand appartement, ne laissaient qu'un champ restreint à la double activité de Louise et de Jonas. L'appartement se trouvait au premier étage d'un ancien hôtel[8] du XVIIIᵉ siècle, dans le vieux quartier de la

15 capitale. Beaucoup d'artistes logeaient dans cet arrondissement, fidèles au principe qu'en art la recherche du neuf doit se faire dans un cadre ancien. Jonas, qui partageait cette conviction, se réjouissait beaucoup de vivre dans ce quartier.

Pour ancien, en tout cas, son appartement l'était. Mais quelques arrange-

20 ments très modernes lui avaient donné un air original qui tenait principalement à ce qu'il offrait à ses hôtes un grand volume d'air alors qu'il n'occupait qu'une surface réduite. Les pièces, particulièrement hautes, et ornées de superbes fenêtres, avaient été certainement destinées, si on en jugeait par leurs majestueuses proportions, à la réception et à l'apparat. Mais les né-

25 cessités de l'entassement urbain et de la rente immobilière[9] avaient contraint les propriétaires successifs à couper par des cloisons ces pièces trop vastes, et à multiplier par ce moyen les stalles qu'ils louaient au prix fort[10] à leur troupeau de locataires. Ils n'en faisaient pas moins valoir ce qu'ils appelaient «l'important cubage d'air». Cet avantage n'était pas niable. Il fallait seule-

30 ment l'attribuer à l'impossibilité où s'étaient trouvés les propriétaires de cloisonner aussi les pièces dans leur hauteur. Sans quoi, ils n'eussent pas hésité à faire les sacrifices nécessaires pour offrir quelques refuges de plus à la génération montante, particulièrement marieuse[11] et prolifique à cette époque. Le cubage d'air ne présentait pas, d'ailleurs, que des avantages. Il

35 offrait l'inconvénient de rendre les pièces difficiles à chauffer en hiver, ce qui

---

8. **un ancien hôtel:** a former town house. 9. **rente immobilière:** real-estate prices. 10. **prix fort:** at top prices. 11. **marieuse:** inclined to marry.

obligeait malheureusement les propriétaires à majorer l'indemnité de chauffage. En été, à cause de la vaste surface vitrée, l'appartement était littérale-
ment voilé par la lumière : il n'y avait pas de persiennes. Les propriétaires
avaient négligé d'en placer, découragés sans doute par la hauteur des fenêtres et le prix de la menuiserie. D'épais rideaux, après tout, pouvaient jouer   5
le même rôle, et ne posaient aucun problème quant au prix de revient,[12]
puisqu'ils étaient à la charge des locataires. Les propriétaires, au demeurant,
ne refusaient pas d'aider ces derniers et leur offraient à des prix imbattables
des rideaux venus de leurs propres magasins. La philanthropie immobilière
était en effet leur violon d'Ingres.[13] Dans l'ordinaire de la vie, ces nouveaux   10
princes vendaient de la percale et du velours.

Jonas s'était extasié sur les avantages de l'appartement et en avait admis
sans peine les inconvénients. «Ce sera comme vous voudrez», dit-il au propriétaire pour l'indemnité de chauffage. Quant aux rideaux, il approuvait
Louise qui trouvait suffisant de garnir la seule chambre à coucher et de   15
laisser les autres fenêtres nues. «Nous n'avons rien à cacher», disait ce
cœur pur. Jonas avait été particulièrement séduit par la plus grande pièce
dont le plafond était si haut qu'il ne pouvait être question d'y installer un
système d'éclairage. On entrait de plain-pied[14] dans cette pièce qu'un étroit
couloir reliait aux deux autres, beaucoup plus petites, et placées en enfilade.   20
Au bout de l'appartement, la cuisine voisinait avec les commodités[15] et un
réduit décoré du nom de salle de douches. Il pouvait en effet passer pour tel
à la condition d'y installer un appareil, de le placer dans le sens vertical,
et de consentir à recevoir le jet bienfaisant dans une immobilité absolue.

La hauteur vraiment extraordinaire des plafonds, et l'exiguïté des pièces,   25
faisaient de cet appartement un étrange assemblage de parallélépipèdes presque entièrement vitrés, tout en portes et en fenêtres, où les meubles ne
pouvaient trouver d'appui et où les êtres, perdus dans la lumière blanche et
violente, semblaient flotter comme des ludions[16] dans un aquarium vertical.
De plus, toutes les fenêtres donnaient sur la cour, c'est-à-dire, à peu de dis-   30
tance, sur d'autres fenêtres du même style derrière lesquelles on apercevait
presque aussitôt le haut dessin de nouvelles fenêtres donnant sur une deuxième cour. «C'est le cabinet des glaces[17]», disait Jonas ravi. Sur le conseil
de Rateau, on avait décidé de placer la chambre conjugale dans l'une des

12. **prix de revient**: income. 13. **leur
violon d'Ingres**: their hobby. 14. **de
plain-pied**: on the same level. 15.
commodités: lavatory. 16. **ludion**:
bottle-imp, *an imp or spirit confined in
a bottle.* 17. **cabinet des glaces**: hall
of mirrors.

petites pièces, l'autre devant abriter l'enfant qui s'annonçait déjà. La grande
pièce servait d'atelier à Jonas pendant la journée, de pièce commune le
soir et à l'heure des repas. On pouvait d'ailleurs, à la rigueur, manger dans
la cuisine, pourvu que Jonas, ou Louise, voulût bien se tenir debout. Rateau,
de son côt , avait multiplié les installations ingénieuses. A force de portes
roulantes, de tablettes escamotables et de tables pliantes, il était parvenu à
compenser la rareté des meubles, en accentuant l'air de boîte à surprises de
cet original appartement.

Mais quand les pièces furent pleines de tableaux et d'enfants, il fallut songer sans tarder à une nouvelle installation. Avant la naissance du troisième
enfant, en effet, Jonas travaillait dans la grande pièce, Louise tricotait dans
la chambre conjugale, tandis que les deux petits occupaient la dernière
chambre, y menaient grand train,[18] et roulaient aussi, comme ils le pouvaient, dans tout l'appartement. On décida alors d'installer le nouveau-né
dans un coin de l'atelier que Jonas isola en superposant ses toiles à la
manière d'un paravent, ce qui offrait l'avantage d'avoir l'enfant à la portée
de l'oreille et de pouvoir ainsi répondre à ses appels. Jonas d'ailleurs n'avait
jamais besoin de se déranger, Louise le prévenait. Elle n'attendait pas que
l'enfant criât pour entrer dans l'atelier, quoique avec mille précautions, et
toujours sur la pointe des pieds. Jonas, attendri par cette discrétion assura un
jour Louise qu'il n'était pas si sensible et qu'il pouvait très bien travailler
sur le bruit de ses pas. Louise répondit qu'il s'agissait aussi de ne pas réveiller
l'enfant. Jonas, plein d'admiration pour le cœur maternel qu'elle découvrait
ainsi, rit de bon cœur de sa méprise. Du coup, il n'osa pas avouer que les
interventions prudentes de Louise étaient plus gênantes qu'une franche
irruption. D'abord parce qu'elles duraient plus longtemps, ensuite parce
qu'elles s'exécutaient selon une mimique où Louise, les bras largement
écartés, le torse un peu renversé en arrière, et la jambe lancée très haut
devant elle, ne pouvait passer inaperçue. Cette méthode allait même contre
ses intentions avouées, puisque Louise risquait à tout moment d'accrocher
quelqu'une des toiles dont l'atelier était encombré. Le bruit réveillait alors
l'enfant qui manifestait son mécontentement selon ses moyens, du reste
assez puissants. Le père, enchanté des capacités pulmonaires de son fils,
courait le dorloter, bientôt relayé par sa femme, Jonas relevait alors ses
toiles, puis, pinceaux en mains, écoutait, charmé, la voix insistante et
souveraine de son fils.

Ce fut le moment aussi où le succès de Jonas lui valut beaucoup d'amis.

18. menaient grand train: made a racket.

Ces amis se manifestaient au téléphone ou à l'occasion de visites impromptu. Le téléphone qui, tout bien pesé,[19] avait été placé dans l'atelier, résonnait souvent, toujours au préjudice du sommeil de l'enfant qui mêlait ses cris à la sonnerie impérative de l'appareil. Si, d'aventure, Louise était en train de soigner les autres enfants, elle s'efforçait d'accourir avec eux, mais, la plupart du temps, elle trouvait Jonas tenant l'enfant d'une main et, de l'autre, les pinceaux avec le récepteur du téléphone qui lui transmettait une invitation affectueuse à déjeuner. Jonas s'émerveillait qu'on voulût bien déjeuner avec lui, dont la conversation était banale, mais préférait les sorties du soir afin de garder intacte sa journée de travail. La plupart du temps, malheureusement, l'ami n'avait que le déjeuner, et ce déjeuner-ci, de libre; il tenait absolument à le réserver au cher Jonas. Le cher Jonas acceptait : «Comme vous voudrez!», raccrochait : «Est-il gentil celui-là!», et rendait l'enfant à Louise. Puis il reprenait son travail, bientôt interrompu par le déjeuner ou le dîner. Il fallait écarter les toiles, déplier la table perfectionnée, et s'installer avec les petits. Pendant le repas, Jonas gardait un œil sur le tableau en train, et il lui arrivait, au début du moins, de trouver ses enfants un peu lents à mastiquer et à déglutir, ce qui donnait à chaque repas une longueur excessive. Mais il lut dans son journal qu'il fallait manger avec lenteur pour bien assimiler, et trouva dès lors dans chaque repas des raisons de se réjouir longuement.

D'autres fois, ses nouveaux amis lui faisaient visite. Rateau, lui, ne venait qu'après dîner. Il était à son bureau dans la journée, et puis, il savait que les peintres travaillent à la lumière, du jour. Mais les nouveaux amis de Jonas appartenaient presque tous à l'espèce artiste ou critique. Les uns avaient peint, d'autres allaient peindre, et les derniers enfin s'occupaient de ce qui avait été peint ou le serait. Tous, certainement, plaçaient très haut les travaux de l'art, et se plaignaient de l'organisation du monde moderne qui rend si difficile la poursuite des dits travaux et l'exercice, indispensable à l'artiste, de la méditation. Ils s'en plaignaient des après-midi durant, suppliant Jonas de continuer à travailler, de faire comme s'ils n'étaient pas là, et d'en user librement avec eux qui n'étaient pas bourgeois et savaient ce que valait le temps d'un artiste. Jonas, content d'avoir des amis capables d'admettre qu'on pût travailler en leur présence, retournait à son tableau sans cesser de répondre aux questions qu'on lui posait, ou de rire aux anecdotes qu'on lui contait.

Tant de naturel mettait ses amis de plus en plus à l'aise. Leur bonne

19. **tout bien pesé:** everything having been considered.

humeur était si réelle qu'ils en oubliaient l'heure du repas. Les enfants, eux, avaient meilleure mémoire. Ils accouraient, se mêlaient à la société, hurlaient, étaient pris en charge par les visiteurs, sautaient de genoux en genoux. La lumière déclinait enfin sur le carré du ciel dessiné par la cour, Jonas posait ses pinceaux. Il ne restait qu'à inviter les amis, à la fortune du pot,[20] et à parler encore, tard dans la nuit, de l'art bien sûr, mais surtout des peintres sans talent, plagiaires ou intéressés, qui n'étaient pas là. Jonas, lui, aimait à se lever tôt, pour profiter des premières heures de la lumière. Il savait que ce serait difficile, que le petit déjeuner ne serait pas prêt à temps, et que lui-même serait fatigué. Mais il se réjouissait aussi d'apprendre, en un soir, tant de choses qui ne pouvaient manquer de lui être profitables, quoique de manière invisible, dans son art. «En art, comme dans la nature, rien ne se perd, disait-il. C'est un effet de l'étoile.»

Aux amis se joignaient parfois les disciples : Jonas maintenant faisait école.[21] Il en avait d'abord été surpris, ne voyant pas ce qu'on pouvait apprendre de lui qui avait tout à découvrir. L'artiste, en lui, marchait dans les ténèbres ; comment aurait-il enseigné les vrais chemins ? Mais il comprit assez vite qu'un disciple n'était pas forcément quelqu'un qui aspire à apprendre quelque chose. Plus souvent, au contraire, on se faisait disciple pour le plaisir désintéressé d'enseigner son maître. Dès lors, il put accepter, avec humilité, ce surcroît d'honneurs. Les disciples de Jonas lui expliquaient longuement ce qu'il avait peint, et pourquoi. Jonas découvrait ainsi dans son œuvre beaucoup d'intentions qui le surprenaient un peu, et une foule de choses qu'il n'y avait pas mises. Il se croyait pauvre et, grâce à ses élèves, se trouvait riche d'un seul coup. Parfois, devant tant de richesses jusqu'alors inconnues, un soupçon de fierté effleurait Jonas. «C'est tout de même vrai, se disait-il. Ce visage-là, au dernier plan,[22] on ne voit que lui. Je ne comprends pas bien ce qu'ils veulent dire en parlant d'humanisation indirecte. Pourtant, avec cet effet, je suis allé assez loin.» Mais bien vite, il se débarrassait sur son étoile de cette incommode maîtrise. «C'est l'étoile, disait-il, qui va loin. Moi, je reste près de Louise et des enfants.»

Les disciples avaient d'ailleurs un autre mérite : ils obligeaient Jonas à une plus grande rigueur envers lui-même. Ils le mettaient si haut dans leurs discours, et particulièrement en ce qui concernait sa conscience et sa force de travail, qu'après cela aucune faiblesse ne lui était plus permise. Il perdit ainsi sa vieille habitude de croquer un bout de sucre ou de chocolat

---

20. **à la fortune du pot:** to take pot luck. 21. **faisait école:** was becoming fashionable. 22. **au dernier plan:** in the background.

quand il avait terminé un passage difficile, et avant de se remettre au travail. Dans la solitude, malgré tout, il eût cédé clandestinement à cette faiblesse. Mais il fut aidé dans ce progrès moral par la présence presque constante de ses disciples et amis devant lesquels il se trouvait un peu gêné de grignoter du chocolat et dont il ne pouvait d'ailleurs, pour une si petite manie, inter- 5 rompre l'intéressante conversation.

De plus, ses disciples exigeaient qu'il restât fidèle à son esthétique. Jonas, qui peinait longuement pour recevoir de loin en loin une sorte d'éclair fugitif où la réalité surgissait alors à ses yeux dans une lumière vierge, n'avait qu'une idée obscure de sa propre esthétique. Ses disciples, au contraire, en 10 avaient plusieurs idées, contradictoires et catégoriques; ils ne plaisantaient pas là-dessus. Jonas eût aimé, parfois, invoquer le caprice, cet humble ami de l'artiste. Mais les froncements de sourcils de ses disciples devant certaines toiles qui s'écartaient de leur idée le forçaient à réfléchir un peu plus sur son art, ce qui était tout bénéfice. 15

Enfin, les disciples aidaient Jonas d'une autre manière en le forçant à don- ner son avis sur leur propre production. Il ne se passait pas de jours, en effet, qu'on ne lui apportât quelque toile à peine ébauchée que son auteur plaçait entre Jonas et le tableau en train, afin de faire bénéficier l'ébauche de la meil- leure lumière. Il fallait donner un avis. Jusqu'à cette époque, Jonas avait 20 toujours eu une secrète honte de son incapacité profonde à juger d'une œuvre d'art. Exception faite pour une poignée de tableaux qui le transpor- taient, et pour les gribouillages évidemment grossiers, tout lui paraissait également intéressant et indifférent. Il fut donc forcé de se constituer un arsenal de jugements, d'autant plus variés que ses disciples, comme tous les 25 artistes de la capitale, avaient en somme un certain talent, et qu'il lui fallait établir, lorsqu'ils étaient là, des nuances assez diverses pour satisfaire chacun. Cette heureuse obligation le contraignit donc à se faire un vocabu- laire, et des opinions sur son art. Sa naturelle bienveillance ne fut d'ailleurs pas aigrie par cet effort. Il comprit rapidement que ses disciples ne lui deman- 30 daient pas des critiques, dont ils n'avaient que faire,[23] mais seulement des encouragements et, s'il se pouvait, des éloges. Il fallait seulement que les éloges fussent différents. Jonas ne se contenta plus d'être aimable, à son ordi- naire. Il le fut avec ingéniosité.

Ainsi coulait le temps de Jonas, qui peignait au milieu d'amis et d'élèves, 35 installés sur des chaises maintenant disposées en rangs concentriques autour

---

23. **dont ils n'avaient que faire**: which they weren't interested in.

du chevalet. Souvent, aussi bien, des voisins apparaissaient aux fenêtres d'en face et s'ajoutaient à son public. Il discutait, échangeait des vues, examinait les toiles qui lui étaient soumises, souriait aux passages de Louise, consolait les enfants et répondait chaleureusement aux appels téléphoniques, 5   sans jamais lâcher ses pinceaux avec lesquels, de temps en temps, il ajoutait une touche au tableau commencé. Dans un sens, sa vie était bien remplie, toutes ses heures étaient employées, et il rendait grâces au destin qui lui épargnait l'ennui. Dans un autre sens, il fallait beaucoup de touches pour remplir un tableau et il pensait parfois que l'ennui avait du bon puisqu'on 10   pouvait s'en évader par le travail acharné. La production de Jonas, au contraire, ralentissait dans la mesure où ses amis devenaient plus intéressants. Même dans les rares heures où il était tout à fait seul, il se sentait trop fatigué pour mettre les bouchées doubles.[24] Et dans ces heures, il ne pouvait que rêver d'une nouvelle organisation qui concilierait les plaisirs de l'amitié et 15   les vertus de l'ennui.

Il s'en ouvrit à Louise qui, de son côté, s'inquiétait devant la croissance de ses deux aînés et l'étroitesse de leur chambre. Elle proposa de les installer dans la grande pièce en masquant leur lit par un paravent, et de transporter le bébé dans la petite pièce où il ne serait pas réveillé par le téléphone. Comme le 20   bébé ne tenait aucune place, Jonas pouvait faire de la petite pièce son atelier. La grande servirait alors aux réceptions de la journée, Jonas pourrait aller et venir, rendre visite à ses amis ou travailler, sûr qu'il était d'être compris dans son besoin d'isolement. De plus, la nécessité de coucher les grands enfants permettrait d'écourter les soirées. «Superbe, dit Jonas après réflexion. — Et 25   puis, dit Louise, si tes amis partent tôt, nous nous verrons un peu plus.» Jonas la regarda. Une ombre de tristesse passait sur le visage de Louise. Emu, il la prit contre lui, l'embrassa avec toute sa tendresse. Elle s'abandonna et, pendant un instant, ils furent heureux comme ils l'avaient été au début de leur mariage. Mais elle se secoua : la pièce était peut-être trop 30   petite pour Jonas. Louise se saisit d'un mètre pliant[25] et ils découvrirent qu'en raison de l'encombrement créé par ses toiles et par celles de ses élèves, de beaucoup les plus nombreuses, il travaillait, ordinairement, dans un espace à peine plus grand que celui qui lui serait, désormais, attribué. Jonas procéda sans tarder au déménagement.

35   Sa réputation, par chance, grandissait d'autant plus qu'il travaillait moins. Chaque exposition était attendue et célébrée d'avance. Il est vrai qu'un petit

24. **mettre les bouchées doubles:** to work doubly fast.   25. **mètre pliant:** a folding ruler.

nombre de critiques, parmi lesquels se trouvaient deux des visiteurs habituels de l'atelier, tempéraient de quelques réserves la chaleur de leur compte rendu.[26] Mais l'indignation des disciples compensait, et au delà, ce petit malheur. Bien sûr, affirmaient ces derniers avec force, ils mettaient audessus de tout les toiles de la première période, mais les recherches actuelles pré- 5 paraient une véritable révolution. Jonas se reprochait le léger agacement qui lui venait chaque fois qu'on exaltait ses premières œuvres et remerciait avec effusion. Seul Rateau grognait : «Drôles de pistolets...[27] Ils t'aiment en statue, immobile. Avec eux, défense de vivre!» Mais Jonas défendait ses disciples : «Tu ne peux pas comprendre, disait-il à Rateau, toi, tu aimes tout 10 ce que je fais.» Rateau riait : «Parbleu.[28] Ce ne sont pas tes tableaux que j'aime. C'est ta peinture.»

Les tableaux continuaient de plaire en tout cas et, après une exposition accueillie chaleureusement, le marchand proposa, de lui-même, une augmentation de la mensualité. Jonas accepta, en protestant de sa gratitude. «A vous 15 entendre, dit le marchand, on croirait que vous attachez de l'importance à l'argent.» Tant de bonhomie conquit le cœur du peintre. Cependant, comme il demandait au marchand l'autorisation de donner une toile à une vente de charité, celui-ci s'inquiéta de savoir s'il s'agissait d'une charité «qui rapportait».[29] Jonas l'ignorait. Le marchand proposa donc d'en rester honnêtement 20 aux termes du contrat qui lui accordait un privilège exclusif quant à la vente. «Un contrat est un contrat», dit-il. Dans le leur, la charité n'était pas prévue. «Ce sera comme vous voudrez», dit le peintre.

La nouvelle organisation n'apporta que des satisfactions à Jonas. Il put, en effet, s'isoler assez souvent pour répondre aux nombreuses lettres qu'il 25 recevait maintenant et que sa courtoisie ne pouvait laisser sans réponse. Les unes concernaient l'art de Jonas, les autres, de beaucoup les plus nombreuses, la personne du correspondant, soit qu'il voulût être encouragé dans sa vocation de peintre, soit qu'il eût à demander un conseil ou une aide financière. A mesure que le nom de Jonas paraissait dans les gazettes, il fut aussi sollicité, 30 comme tout le monde, d'intervenir pour dénoncer des injustices très révoltantes. Jonas répondait, écrivait sur l'art, remerciait, donnait son conseil, se privait d'une cravate pour envoyer un petit secours, signait enfin les justes protestations qu'on lui soumettait. «Tu fais de la politique, maintenant? Laisse ça aux écrivains et aux filles laides», disait Rateau. Non, il ne signait 35 que les protestations qui se déclaraient étrangères à tout esprit de parti. Mais

26. **compte rendu:** review.　27.
Drôles de pistolets: queer chaps.　　28. **Parbleu:** *a mild oath.*　29. **qui rapportait:** which was making a profit.

toutes se réclamaient de cette belle indépendance. A longueur de semaines, Jonas traînait ses poches gonflées d'un courrier, sans cesse négligé et renouvelé. Il répondait aux plus pressantes, qui venaient généralement d'inconnus, et gardait pour un meilleur temps celles qui demandaient une réponse à loisir, c'est-à-dire les lettres d'amis. Tant d'obligations lui interdisaient en tout cas la flânerie, et l'insouciance du cœur. Il se sentait toujours en retard, et toujours coupable, même quand il travaillait, ce qui lui arrivait de temps en temps.

Louise était de plus en plus mobilisée par les enfants, et s'épuisait à faire tout ce que lui-même, en d'autres circonstances, eût pu faire dans la maison. Il en était malheureux. Après tout, il travaillait, lui, pour son plaisir, elle avait la plus mauvaise part. Il s'en apercevait bien quand elle était en courses.[30] «Le téléphone!» criait l'aîné, et Jonas plantait là son tableau pour y revenir, le cœur en paix, avec une invitation supplémentaire. «C'est pour le gaz!» hurlait un employé dans la porte qu'un enfant lui avait ouverte. «Voilà, voilà!» Quand Jonas quittait le téléphone, ou la porte, un ami, un disciple, les deux parfois, le suivaient jusqu'à la petite pièce pour terminer la conversation commencée. Peu à peu, tous devinrent familiers du couloir. Ils s'y tenaient, bavardaient entre eux, prenaient de loin Jonas à témoin, ou bien faisaient une courte irruption dans la petite pièce. «Ici, au moins, s'exclamaient ceux qui entraient, on peut vous voir un peu, et à loisir.» Jonas s'attendrissait : «C'est vrai, disait-il. Finalement, on ne se voit plus.» Il sentait bien aussi qu'il décevait ceux qu'il ne voyait pas, et il s'en attristait. Souvent, il s'agissait d'amis qu'il eût préféré rencontrer. Mais le temps lui manquait, il ne pouvait tout accepter. Aussi, sa réputation s'en ressentit. «Il est devenu fier, disait-on, depuis qu'il a réussi. Il ne voit plus personne.» Ou bien : «Il n'aime personne, que lui.» Non, il aimait sa peinture, et Louise, ses enfants, Rateau, quelques-uns encore, et il avait de la sympathie pour tous. Mais la vie est brève, le temps rapide, et sa propre énergie avait des limites. Il était difficile de peindre le monde et les hommes et, en même temps, de vivre avec eux. D'un autre côté, il ne pouvait se plaindre ni expliquer ses empêchements. Car on lui frappait alors sur l'épaule. «Heureux gaillard! C'est la rançon de la gloire!»

Le courrier s'accumulait donc, les disciples ne toléraient aucun relâchement, et les gens du monde maintenant affluaient que Jonas d'ailleurs estimait de s'intéresser à la peinture quand ils eussent pu, comme chacun, se passion-

30. **était en courses:** was shopping.

ner pour la royale famille d'Angleterre ou les relais gastronomiques.[31] A la vérité, il s'agissait surtout de femmes du monde, mais qui avaient une grande simplicité de manières. Elles n'achetaient pas elles-mêmes de toiles et amenaient seulement leurs amis chez l'artiste dans l'espoir, souvent déçu, qu'ils achèteraient à leur place. En revanche, elles aidaient Louise, parti-   5 culièrement en préparant du thé pour les visiteurs. Les tasses passaient de main en main, parcouraient le couloir, de la cuisine à la grande pièce, revenaient ensuite pour atterrir dans le petit atelier où Jonas, au milieu d'une poignée d'amis et de visiteurs qui suffisaient à remplir la chambre, conti- nuait de peindre jusqu'au moment où il devait déposer ses pinceaux pour   10 prendre, avec reconnaissance, la tasse qu'une fascinante personne avait spécialement remplie pour lui.

Il buvait son thé, regardait l'ébauche qu'un disciple venait de poser sur son chevalet, riait avec ses amis, s'interrompait pour demander à l'un deux de bien vouloir poster le paquet de lettres qu'il avait écrites dans la nuit, re-   15 dressait le petit deuxième tombé dans ses jambes, posait pour une photo- graphie et puis : «Jonas, le téléphone!» il brandissait sa tasse, fendait en s'excusant la foule qui occupait son couloir, revenait, peignait un coin de tableau, s'arrêtait pour répondre à la fascinante que, certainement, il ferait son portrait, et retournait au chevalet. Il travaillait, mais : «Jonas, une   20 signature! — Qu'est-ce que c'est, disait-il, le facteur? — Non, les forçats du Cachemire. — Voilà, voilà!» Il courait alors à la porte recevoir un jeune ami des hommes et sa protestation, s'inquiétait de savoir s'il s'agissait de politique, signait après avoir reçu un complet apaisement en même temps que des re- montrances sur les devoirs que lui créaient ses privilèges d'artiste et ré-   25 apparaissait pour qu'on lui présente, sans qu'il pût comprendre leur nom, un boxeur fraîchement victorieux, ou le plus grand dramaturge d'un pays étranger. Le dramaturge lui faisait face pendant cinq minutes, exprimant par des regards émus ce que son ignorance du français ne lui permettait pas de dire plus clairement, pendant que Jonas hochait la tête avec une sincère   30 sympathie. Heureusement, cette situation sans issue était dénouée par l'irrup- tion du dernier prédicateur de charme qui voulait être présenté au grand pein- tre. Jonas, enchanté, disait qu'il l'était, tâtait le paquet de lettres dans sa poche, empoignait ses pinceaux, se préparait à reprendre un passage, mais devait d'abord remercier pour la paire de setters qu'on lui amenait à   35 l'instant, allait les garer dans la chambre conjugale, revenait pour accepter

---

31. les relais gastronomiques: the finest restaurants.

l'invitation à déjeuner de la donatrice, ressortait aux cris de Louise pour con-
stater sans doute possible que les setters n'avaient pas été dressés à vivre en
appartement, et les menait dans la salle de douches où ils hurlaient avec
tant de persévérance qu'on finissait par ne plus les entendre. De loin en
loin, par-dessus les têtes, Jonas apercevait le regard de Louise et il lui
semblait que ce regard était triste. La fin du jour arrivait enfin, des visiteurs
prenaient congé, d'autres s'attardaient dans la grande pièce, et regardaient
avec attendrissement Louise coucher les enfants, aidée gentiment par une
élégante à chapeau qui se désolait de devoir tout à l'heure regagner son
hôtel particulier³² où la vie, dispersée sur deux étages, était tellement moins
intime et chaleureuse que chez les Jonas.

Un samedi après-midi, Rateau vint apporter à Louise un ingénieux séchoir
à linge qui pouvait se fixer au plafond de la cuisine. Il trouva l'appartement
bondé et, dans la petite pièce, entouré de connaisseurs, Jonas qui peignait la
donatrice aux chiens, mais était peint lui-même par un artiste officiel. Celui-
ci, selon Louise, exécutait une commande de l'Etat. «Ce sera *l'Artiste au
travail.*» Rateau se retira dans un coin de la pièce pour regarder son ami,
absorbé visiblement par son effort. Un des connaisseurs, qui n'avait jamais
vu Rateau, se pencha vers lui : «Hein, dit-il, il a bonne mine!» Rateau ne
répondit pas. «Vous peignez, continua l'autre. Moi aussi. Eh bien, croyez-
moi, il baisse. — Déjà? dit Rateau. — Oui. C'est le succès. On ne résiste pas au
succès. Il est fini. — Il baisse ou il est fini? — Un artiste qui baisse est fini.
Voyez, il n'a plus rien à peindre. On le peint lui-même et on l'accrochera
au mur.»

Plus tard, au milieu de la nuit, dans la chambre conjugale, Louise,
Rateau et Jonas, celui-ci debout, les deux autres assis sur un coin du lit, se
taisaient. Les enfants dormaient, les chiens étaient en pension à la campagne,
Louise venait de laver la nombreuse vaisselle que Jonas et Rateau avaient
essuyée, la fatigue était bonne. «Prenez une domestique», avait dit Rateau,
devant la pile d'assiettes. Mais Louise, avec mélancolie : «Où la mettrions-
nous?» Ils se taisaient donc. «Es-tu content?» demanda soudain Rateau.
Jonas sourit, mais il avait l'air las. «Oui. Tout le monde est gentil avec moi.
— Non, dit Rateau. Méfie-toi. Ils ne sont pas tous bons. — Qui? — Tes amis
peintres, par exemple. — Je sais, dit Jonas. Mais beaucoup d'artistes sont
comme ça. Ils ne sont pas sûrs d'exister, même les plus grands. Alors, ils
cherchent des preuves, ils jugent, ils condamnent. Ça les fortifie, c'est un com-

---

32. **hôtel particulier**: town house.

mencement d'existence. Ils sont seuls!» Rateau secouait la tête. «Crois-moi,
dit Jonas, je les connais. Il faut les aimer. — Et toi, dit Rateau, tu existes
donc? Tu ne dis jamais de mal de personne.» Jonas se mit à rire : «Oh!
j'en pense souvent du mal. Seulement, j'oublie.» Il devint grave : «Non, je
ne suis pas certain d'exister. Mais j'existerai, j'en suis sûr.»   5
    Rateau demanda à Louise ce qu'elle en pensait. Elle sortit de sa fatigue
pour dire que Jonas avait raison : l'opinion de leurs visiteurs n'avait pas
d'importance. Seul le travail de Jonas importait. Et elle sentait bien que l'enfant le gênait. Il grandissait d'ailleurs, il faudrait acheter un divan, qui
prendrait de la place. Comment faire, en attendant de trouver un plus grand   10
appartement! Jonas regardait la chambre conjugale. Bien sûr, ce n'était
pas l'idéal, le lit était très large. Mais la pièce était vide toute la journée. Il
le dit à Louise qui réfléchit. Dans la chambre, du moins, Jonas ne serait pas
dérangé; on n'oserait tout de même pas se coucher sur leur lit. «Qu'en
pensez-vous?» demanda Louise, à son tour, à Rateau. Celui-ci regardait Jonas.   15
Jonas contemplait les fenêtres d'en face. Puis, il leva les yeux vers le ciel sans
étoiles, et alla tirer les rideaux. Quand il revint, il sourit à Rateau et s'assit,
près de lui, sur le lit, sans rien dire. Louise, visiblement fourbue, déclara
qu'elle allait prendre sa douche. Quand les deux amis furent seuls, Jonas
sentit l'épaule de Rateau toucher la sienne. Il ne le regarda pas, mais dit :   20
«J'aime peindre. Je voudrais peindre ma vie entière, jour et nuit. N'est-ce
pas une chance, cela?» Rateau le regardait avec tendresse : «Oui, dit-il, c'est
une chance.»
    Les enfants grandissaient et Jonas était heureux de les voir gais et
vigoureux. Ils allaient en classe, et revenaient à quatre heures. Jonas pouvait   25
encore en profiter le samedi après-midi, le jeudi,[33] et aussi, à longueur de
journées, pendant de fréquentes et longues vacances. Ils n'étaient pas encore
assez grands pour jouer sagement, mais se montraient assez robustes pour
meubler l'appartement de leurs disputes et de leurs rires. Il fallait les calmer,
les menacer, faire mine parfois de les battre. Il y avait aussi le linge à tenir   30
propre, les boutons à recoudre; Louise n'y suffisait plus. Puisqu'on ne pouvait
loger une domestique, ni même l'introduire dans l'étroite intimité où ils
vivaient, Jonas suggéra d'appeler à l'aide la sœur de Louise, Rose, qui
était restée veuve avec une grande fille. «Oui, dit Louise, avec Rose, on ne
se gênera pas. On la mettra à la porte quand on voudra.» Jonas se réjouit de   35
cette solution qui soulagerait Louise en même temps que sa propre

---

33. *In France schoolchildren are free on Thursdays and Saturday afternoons.*

conscience, embarrassée devant la fatigue de sa femme. Le soulagement fut
d'autant plus grand que la sœur amenait souvent sa fille en renfort. Toutes
deux avaient le meilleur cœur du monde; la vertu et le désintéressement
éclataient dans leur nature honnête. Elles firent l'impossible pour venir en aide
5   au ménage et n'épargnèrent pas leur temps. Elles y furent aidées par l'ennui
de leurs vies solitaires et le plaisir d'aise qu'elles trouvaient chez Louise.
Comme prévu, en effet, personne ne se gêna et les deux parentes, dès le
premier jour, se sentirent vraiment chez elles. La grande pièce devint commune, à la fois salle à manger, lingerie, et garderie d'enfants.[34] La petite
10 pièce où dormait le dernier-né servit à entreposer les toiles et un lit de
camp[35] ou dormait parfois Rose, quand elle se trouvait sans sa fille.

Jonas occupait la chambre conjugale et travaillait dans l'espace qui séparait
le lit de la fenêtre. Il fallait seulement attendre que la chambre fût faite,
après celle des enfants. Ensuite, on ne venait plus le déranger que pour
15 chercher quelque pièce de linge : la seule armoire de la maison se trouvait
en effet dans cette chambre. Les visiteurs, de leur côté, quoique un peu moins
nombreux, avaient pris des habitudes et, contre l'espérance de Louise,
n'hésitaient pas à se coucher sur le lit conjugal pour mieux bavarder avec
Jonas. Les enfants venaient aussi embrasser leur père. «Fais voir l'image.»
20 Jonas leur montrait l'image qu'il peignait et les embrassait avec tendresse.
En les renvoyant, il sentait qu'ils occupaient tout l'espace de son cœur, pleinement, sans restriction. Privé d'eux, il ne retrouverait plus que vide et
solitude. Il les aimait autant que sa peinture parce que, seuls dans le monde,
ils étaient aussi vivants qu'elle.

25 Pourtant, Jonas travaillait moins, sans qu'il pût savoir pourquoi. Il était
toujours assidu, mais il avait maintenant de la difficulté à peindre, même
dans les moments de solitude. Ces moments, il les passait à regarder le ciel.
Il avait toujours été distrait et absorbé, il devint rêveur. Il pensait à la peinture, à sa vocation, au lieu de peindre. «J'aime peindre», se disait-il encore,
30 et la main qui tenait le pinceau pendait le long de son corps, et il écoutait une
radio lointaine.

En même temps, sa réputation baissait. On lui apportait des articles réti-
cents, d'autres mauvais, et quelques-uns si méchants que son cœur se serrait.
Mais il se disait qu'il y avait aussi du profit à tirer de ces attaques qui le
35 pousseraient à mieux travailler. Ceux qui continuaient à venir le traitaient
avec moins de déférence, comme un vieil ami, avec qui il n'y a pas à se gêner.

---

34. garderie d'enfants: nursery.   **35. lit de camp**: cot.

Quand il voulait retourner à son travail : «Bah! disaient-ils,tu as bien le
temps!» Jonas sentait que, d'une certaine manière, ils l'annexaient déjà à
leur propre échec. Mais, dans un autre sens, cette solidarité nouvelle avait
quelque chose de bienfaisant. Rateau haussait les épaules : «Tu es trop bête.
Ils ne t'aiment guère. — Ils m'aiment un peu maintenant, répondait   5
Jonas. Un peu d'amour, c'est énorme. Qu'importe comme on l'obtient!» Il
continuait donc de parler, d'écrire des lettres et de peindre, comme il pouvait.
De loin en loin, il peignait vraiment, surtout le dimanche après-midi, quand
les enfants sortaient avec Louise et Rose. Le soir, il se réjouissait d'avoir un
peu avancé le tableau en cours. A cette époque, il peignait des ciels.   10

Le jour où le marchand lui fit savoir qu'à son regret, devant la diminution
sensible des ventes, il était obligé de réduire sa mensualité, Jonas l'approuva,
mais Louise montra de l'inquiétude. C'était le mois de septembre, il fallait
habiller les enfants pour la rentrée.[36] Elle se mit elle même à l'ouvrage,
avec son courage habituel, et fut bientôt dépassée. Rose, qui pouvait raccom-   15
moder et coudre des boutons, n'était pas couturière. Mais la cousine de son
mari l'était; elle vint aider Louise. De temps en temps, elle s'installait dans
la chambre de Jonas, sur une chaise de coin, où cette personne silencieuse se
tenait d'ailleurs tranquille. Si tranquille même que Louise suggéra à Jonas
de peindre une *Ouvrière*. «Bonne idée», dit Jonas. Il essaya, gâcha deux toiles,   20
puis revint à un ciel commencé. Le lendemain, il se promena longuement
dans l'appartement et réfléchit au lieu de peindre. Un disciple, tout échauffé,
vint lui montrer un long article, qu'il n'aurait pas lu autrement, où il apprit
que sa peinture était en même temps surfaite et périmée; le marchand lui
téléphona pour lui dire encore son inquiétude devant la courbe des ventes.   25
Il continuait pourtant de rêver et de réfléchir. Il dit au disciple qu'il y avait du
vrai dans l'article, mais que lui, Jonas, pouvait compter encore sur beaucoup
d'années de travail. Au marchand, il répondit qu'il comprenait son inquiétude, mais qu'il ne la partageait pas. Il avait une grande œuvre, vraiment
nouvelle, à faire; tout allait recommencer. En parlant, il sentit qu'il disait   30
vrai et que son étoile était là. Il suffisait d'une bonne organisation.

Les jours qui suivirent, il tenta de travailler dans le couloir, le surlendemain dans la salle de douches, à l'électricité, le jour d'après dans la cuisine.
Mais, pour la première fois, il était gêné par les gens qu'il rencontrait partout, ceux qu'il connaissait à peine et les siens, qu'il aimait. Pendant quelque   35
temps, il s'arrêta de travailler et réfléchit. Il aurait peint sur le motif[37] si la

36. **rentrée:** opening of school.   37. **sur le motif:** a landscape.

saison s'y était prêtée. Malheureusement, on allait entrer dans l'hiver, il était difficile de faire du paysage avant le printemps. Il essaya cependant, et renonça : le froid pénétrait jusqu'à son cœur. Il vécut plusieurs jours avec ses toiles, assis près d'elles le plus souvent, ou bien planté devant la fenêtre; il
5 ne peignait plus. Il prit alors l'habitude de sortir le matin. Il se donnait le projet de croquer un détail, un arbre, une maison de guingois,[38] un profil saisi au passage. Au bout de la journée, il n'avait rien fait. La moindre tentation, les journaux, une rencontre, des vitrines, la chaleur d'un café, le fixait au contraire. Chaque soir, il fournissait sans trêve en bonnes excuses une mau-
10 vaise conscience qui ne le quittait pas. Il allait peindre, c'était sûr, et mieux peindre, après cette période de vide apparent. Ça travaillait au-dedans, voilà tout, l'étoile sortirait lavée à neuf, étincelante, de ces brouillards obscurs. En attendant, il ne quittait plus les cafés. Il avait découvert que l'alcool lui donnait la même exaltation que les journées de grand travail, au temps où il
15 pensait à son tableau avec cette tendresse et cette chaleur qu'il n'avait jamais ressenties que devant ses enfants. Au deuxième cognac, il retrouvait en lui cette émotion poignante qui le faisait à la fois maître et serviteur du monde. Simplement, il en jouissait dans le vide, les mains oisives, sans la faire passer dans une œuvre. Mais c'était là ce qui se rapprochait le plus de la joie pour
20 laquelle il vivait et il passait maintenant de longues heures, assis, rêvant, dans des lieux enfumés et bruyants.

Il fuyait pourtant les endroits et les quartiers fréquentés par les artistes. Quand il rencontrait une connaissance qui lui parlait de sa peinture, une panique le prenait. Il voulait fuir, cela se voyait, il fuyait alors. Il savait ce
25 qu'on disait derrière lui : «Il se prend pour Rembrandt», et son malaise grandissait. Il ne souriait plus, en tout cas, et ses anciens amis en tiraient une conclusion singulière, mais inévitable : «S'il ne sourit plus, c'est qu'il est très content de lui.» Sachant cela, il devenait de plus en plus fuyant et ombrageux. Il lui suffisait, entrant dans un café, d'avoir le sentiment d'être
30 reconnu par une personne de l'assistance[39] pour que tout s'obscurcît en lui. Une seconde, il restait planté là, plein d'impuissance et d'un étrange chagrin, le visage fermé sur son trouble, et aussi sur un avide et subit besoin d'amitié. Il pensait au bon regard de Rateau et il sortait brusquement. «Tu parles d'une gueule!»[40] dit un jour quelqu'un, tout près de lui, au moment où il
35 disparaissait.

---

38. de guingois: askew.   **39. par une** **personne de l'assistance:** by someone   there.   **40. Tu parles d'une gueule:** Just look at that wretched mug.

Il ne fréquentait plus que les quartiers excentriques où personne ne le connaissait. Là, il pouvait parler, sourire, sa bienveillance revenait, on ne lui demandait rien. Il se fit quelques amis peu exigeants. Il aimait particulièrement la compagnie de l'un d'eux, qui le servait dans un buffet de gare où il allait souvent. Ce garçon lui avait demandé «ce qu'il faisait dans la vie». 5 «Peintre, avait répondu Jonas. — Artiste peintre ou peintre en bâtiment? — Artiste. — Eh bien! avait dit l'autre, c'est difficile.» Et ils n'avaient plus abordé la question. Oui, c'était difficile, mais Jonas allait s'en tirer, dès qu'il aurait trouvé comment organiser son travail.

Au hasard des jours et des verres, il fit d'autres rencontres, des femmes 10 l'aidèrent. Il pouvait leur parler, avant ou après l'amour, et surtout se vanter un peu, elles le comprenaient même si elles n'étaient pas convaincues. Parfois, il lui semblait que son ancienne force revenait. Un jour où il avait été encouragé par une de ses amies, il se décida. Il revint chez lui, essaya de travailler à nouveau dans la chambre, la couturière étant absente. Mais 15 au bout d'une heure, il rangea sa toile, sourit à Louise sans la voir et sortit. Il but le jour entier et passa la nuit chez son amie, sans être d'ailleurs en état de la désirer. Au matin, la douleur vivante, et son visage détruit, le reçut en la personne de Louise. Elle voulut savoir s'il avait pris cette femme. Jonas dit qu'il ne l'avait pas fait, étant ivre, mais qu'il en avait pris d'autres 20 auparavant. Et pour la première fois, le cœur déchiré, il vit à Louise ce visage de noyée que donnent la surprise et l'excès de la douleur. Il découvrit alors qu'il n'avait pas pensé à elle pendant tout ce temps et il en eut honte. Il lui demanda pardon, c'était fini, demain tout recommencerait comme auparavant. Louise ne pouvait parler et se détourna pour cacher ses larmes. 25

Le jour d'après, Jonas sortit très tôt. Il pleuvait. Quand il rentra, mouillé comme un champignon, il était chargé de planches. Chez lui, deux vieux amis, venus aux nouvelles,[41] prenaient du café dans la grande pièce. «Jonas change de manières. Il va peindre sur bois!» dirent-ils. Jonas souriait : «Ce n'est pas cela. Mais je commence quelque chose de nouveau.» Il gagna le petit 30 couloir qui desservait la salle de douches, les toilettes et la cuisine. Dans l'angle droit que faisaient les deux couloirs, il s'arrêta et considéra longuement les hauts murs qui s'élevaient jusqu'au plafond obscur. Il fallait un escabeau qu'il descendit chercher chez le concierge.

Quand il remonta, il y avait quelques personnes de plus chez lui et il dut 35 lutter contre l'affection de ses visiteurs, ravis de le retrouver, et les questions

41. **venus aux nouvelles:** who had come to hear the latest.

de sa famille, pour parvenir au bout du couloir. Sa femme sortait à ce moment de la cuisine. Jonas, posant son escabeau, la serra très fort contre lui.
Louise le regardait : «Je t'en prie, dit-elle, ne recommence pas. — Non,
non, dit Jonas. Je vais peindre. Il faut que je peigne.» Mais il semblait se
5 parler à lui-même, son regard était ailleurs. Il se mit au travail. A mi-
hauteur des murs, il construisit un plancher pour obtenir une sorte de
soupente étroite, quoique haute et profonde. A la fin de l'après-midi, tout
était terminé. En s'aidant de l'escabeau, Jonas se pendit alors au plancher de
la soupente et, pour éprouver la solidité de son travail, effectua quelques
10 tractions.[42] Puis, il se mêla aux autres, et chacun se réjouit de le trouver à
nouveau si affectueux. Le soir, quand la maison fut relativement vide,
Jonas prit une lampe à pétrole, une chaise, un tabouret et un cadre. Il
monta le tout dans la soupente, sous le regard intrigué des trois femmes et
des enfants. «Voilà, dit-il du haut de son perchoir. Je travaillerai sans déranger
15 personne.» Louise demanda s'il en était sûr. «Mais oui, dit-il, il faut peu de
place. Je serai plus libre. Il y a eu de grands peintres qui peignaient à la
chandelle, et... — Le plancher est-il assez solide?» Il l'était. «Sois tranquille,
dit Jonas, c'est une très bonne solution.» Et il redescendit.

Le lendemain, à la première heure, il grimpa dans la soupente, s'assit,
20 posa le cadre sur le tabouret, debout contre le mur, et attendit sans allumer
la lampe. Les seuls bruits qu'il entendait directement venaient de la cuisine
ou des toilettes. Les autres rumeurs semblaient lointaines et les visites, les
sonneries de l'entrée ou du téléphone, les allées et venues, les conversations,
lui parvenaient étouffées à moitié, comme si elles arrivaient de la rue ou
25 de l'autre cour. De plus, alors que tout l'appartement regorgeait d'une
lumière crue, l'ombre était ici reposante. De temps en temps, un ami venait
et se campait sous la soupente. «Que fais-tu là, Jonas? — Je travaille. —
Sans lumière? — Oui, pour le moment.» Il ne peignait pas, mais il réfléchis-
sait. Dans l'ombre et ce demi-silence qui, par comparaison avec ce qu'il avait
30 vécu jusque-là, lui paraissait celui du désert ou de la tombe, il écoutait son
propre cœur. Les bruits qui arrivaient jusqu'à la soupente semblaient
désormais ne plus le concerner, tout en s'adressant à lui. Il était comme ces
hommes qui meurent seuls, chez eux, en plein sommeil, et, le matin venu,
les appels téléphoniques retentissent, fiévreux et insistants, dans la maison
35 déserte, au-dessus d'un corps à jamais sourd. Mais lui vivait, il écoutait en
lui-même ce silence, il attendait son étoile, encore cachée, mais qui se pré-

---

42. **effectua quelques tractions**: chinned himself several times.

parait à monter de nouveau, à surgir enfin, inaltérable, au-dessus du désordre de ces jours vides. «Brille, brille, disait-il. Ne me prive pas de ta lumière.» Elle allait briller de nouveau, il en était sûr. Mais il fallait qu'il
réfléchît encore plus longtemps, puisque la chance lui était enfin donnée
d'être seul sans se séparer des siens. Il fallait qu'il découvre ce qu'il n'avait   5
pas encore compris clairement, bien qu'il l'eût toujours su, et qu'il eût
toujours peint comme s'il le savait. Il devait se saisir enfin de ce secret qui
n'était pas seulement celui de l'art, il le voyait bien. C'est pourquoi il
n'allumait pas la lampe.

Chaque jour, maintenant, Jonas remontait dans sa soupente. Les visiteurs   10
se firent plus rares, Louise, préoccupée, se prêtant peu à la conversation.
Jonas descendait pour les repas et remontait dans le perchoir. Il restait
immobile, dans l'obscurité, la journée entière. La nuit, il rejoignait sa
femme déjà couchée. Au bout de quelques jours, il pria Louise de lui passer
son déjeuner, ce qu'elle fit avec un soin qui attendrit Jonas. Pour ne pas la   15
déranger en d'autres occasions, il lui suggéra de faire quelques provisions
qu'il entreposerait dans la soupente. Peu à peu, il ne redescendit plus de la
journée. Mais il touchait à peine à ses provisions.

Un soir, il appela Louise et demanda quelques couvertures : «Je passerai la
nuit ici.» Louise le regardait, la tête penchée en arrière. Elle ouvrit la bouche,   20
puis se tut. Elle examinait seulement Jonas avec une expression inquiète et
triste ; il vit soudain à quel point elle avait vieilli, et que la fatigue de leur vie
avait mordu profondément sur elle aussi. Il pensa alors qu'il ne l'avait
jamais vraiment aidée. Mais avant qu'il pût parler, elle lui sourit, avec une
tendresse qui serra le cœur de Jonas. «Comme tu voudras, mon chéri»,   25
dit-elle.

Désormais, il passa ses nuits dans la soupente dont il ne redescendait presque plus. Du coup, la maison se vida de ses visiteurs puisqu'on ne pouvait plus
voir Jonas ni dans la journée ni le soir. A certains, on disait qu'il était à la
campagne, à d'autres, quand on était las de mentir, qu'il avait trouvé un ate-   30
lier. Seul, Rateau venait fidèlement. Il grimpait sur l'escabeau, sa bonne
grosse tête dépassait le niveau du plancher : «Ça va ? disait-il. — Le mieux du
monde. — Tu travailles ? — C'est tout comme. — Mais tu n'as pas de toile !
— Je travaille quand même.» Il était difficile de prolonger ce dialogue de l'escabeau et de la soupente. Rateau hochait la tête, redescendait, aidait Louise   35
en réparant les plombs[43] ou une serrure, puis, sans monter sur l'escabeau,

3. **plombs:** fuses.

venait dire au revoir à Jonas qui répondait dans l'ombre : «Salut, vieux frère.» Un soir, Jonas ajouta un merci à son salut. «Pourquoi merci? — Parce que tu m'aimes. — Grande nouvelle!» dit Rateau et il partit.

Un autre soir, Jonas appela Rateau qui accourut. La lampe était allumée 5 pour la première fois. Jonas se penchait avec une expression anxieuse, hors de la soupente. «Passe-moi une toile, dit-il. — Mais qu'est-ce que tu as? Tu as maigri, tu as l'air d'un fantôme. — J'ai à peine mangé depuis plusieurs jours. Ce n'est rien, il faut que je travaille. — Mange d'abord. — Non, je n'ai pas faim.» Rateau apporta une toile. Au moment de disparaître dans la sou- 10 pente, Jonas lui demanda : «Comment sont-ils? — Qui? — Louise et les enfants. — Ils vont bien. Ils iraient mieux si tu étais avec eux. — Je ne les quitte pas. Dis-leur surtout que je ne les quitte pas.» Et il disparut. Rateau vint dire son inquiétude à Louise. Celle-ci avoua qu'elle se tourmentait elle-même depuis plusieurs jours. «Comment faire? Ah! si je pouvais travailler 15 à sa place!» Elle faisait face à Rateau, malheureuse. «Je ne peux vivre sans lui», dit-elle. Elle avait de nouveau son visage de jeune fille qui surprit Rateau. Il s'aperçut alors qu'elle avait rougi.

La lampe resta allumée toute la nuit et toute la matinée du lendemain. A ceux qui venaient, Rateau ou Louise, Jonas répondait seulement : «Laisse, 20 je travaille.» A midi, il demanda du pétrole. La lampe, qui charbonnait, brilla de nouveau d'un vif éclat jusqu'au soir. Rateau resta pour dîner avec Louise et les enfants. A minuit, il salua Jonas. Devant la soupente toujours éclairée, il attendit un moment, puis partit sans rien dire. Au matin du deuxième jour, quand Louise se leva, la lampe était encore allumée.

25 Une belle journée commençait, mais Jonas ne s'en apercevait pas. Il avait retourné la toile contre le mur. Epuisé, il attendait, assis, les mains offertes sur ses genoux. Il se disait que maintenant il ne travaillerait plus jamais, il était heureux. Il entendait les grognements de ses enfants, des bruits d'eau, les tintements de la vaisselle. Louise parlait. Les grandes vitres 30 vibraient au passage d'un camion sur le boulevard. Le monde était encore là, jeune, adorable : Jonas écoutait la belle rumeur que font les hommes. De si loin, elle ne contrariait pas cette force joyeuse en lui, son art, ces pensées qu'il ne pouvait pas dire, à jamais silencieuses, mais qui le mettaient au-dessus de toutes choses, dans un air libre et vif. Les enfants couraient à travers les 35 pièces, la fillette riait, Louise aussi maintenant, dont il n'avait pas entendu le rire depuis longtemps. Il les aimait! Comme il les aimait! Il éteignit la lampe et, dans l'obscurité revenue, là, n'était-ce pas son étoile qui brillait

toujours? C'était elle, il la reconnaissait, le cœur plein de gratitude, et il la regardait encore lorsqu'il tomba, sans bruit.

«Ce n'est rien, déclarait un peu plus tard le médecin qu'on avait appelé. Il travaille trop. Dans une semaine, il sera debout. — Il guérira, vous en êtes sûr? disait Louise, le visage défait. — Il guérira.» Dans l'autre pièce, 5 Rateau regardait la toile, entièrement blanche, au centre de laquelle Jonas avait seulement écrit, en très petits caractères, un mot qu'on pouvait déchiffrer, mais dont on ne savait s'il fallait y lire *solitaire* ou *solidaire*.

5
DE LA MORT

«Qui, au sein de certaines angoisses,
au fond de quelques rêves n'a
connu la mort comme une sensation brisante et merveilleuse avec
quoi rien ne peut se confondre.»

ARTAUD

I

Angoisses et rêves, expérience brisante ou merveilleuse, sensation et esprit:
tout le vocabulaire qui se rapporte à l'imagination de la mort est par nature
antinomique. A cette expérience, rien ne ressemble. Aucun mot ne l'exprime, ni aucune alliance de termes antithétiques. Toute comparaison
essayée est aussitôt rejetée par la sensibilité moderne, comme n'ayant pas
de prise sur la réalité douloureuse et sans analogie. La phrase citée ou
plutôt la question en elle-même angoissante que nous pose Artaud, ouvre la
série d'essais dont se compose *L'Art et la mort*, et cependant ce point de
départ spirituel («dans l'order de l'esprit») du voyage imaginaire et initia-
tique sera lui-même dépassé immédiatement vers un autre point de départ,
purement physique cette fois-ci : Artaud nous parlera alors d'un «corps
parvenu à la limite de sa distension,» et ce point extrême sera lui aussi
dépassé à son tour. Les images ne se renforcent point; elles se nient. Chacune
se pose *contre* la précédente, comme si en effet il était question de procéder
non par les moyens ordinaires — affirmation, description, élaboration —
mais par un chemin plus difficile, par des moyens plus sévères. Poésie et
folie se touchent, suscitant un vertige physique doublé d'un vertige de
l'esprit.

Voyage imaginaire préparatoire ou inutile? Puisque le cavalier bizarre
dont parle Gheldérode arrivera, à son heure et non à la nôtre, par ses
moyens à lui et non ceux que nous aurions choisis pour lui, quel rôle pour-
rions-nous répéter dans ce «Théâtre par la poésie» qu'Artaud a réclamé, à la

273

Brueghel le Vieux. *Le Triomphe de la mort.*
Anderson–Art Reference Bureau

fois synthèse et sommet idéal de notre expérience esthétique? Ou bien, à l'autre pôle, quel rôle jouer dans le théâtre dénudé et lyrique de Beckett, où l'imagination la plus fertile ne mènera qu'à la *Comédie*?[1] Que le voyage soit poussé jusqu'aux limites du dépouillé et au-delà, comme le voyage mystérieusement immobile auquel nous invite Beckett, dans lequel les détails de la scène importent peu, aussi peu que les personnages circulant parmi objets et paroles non-sensées selon toute évidence, ou qu'il soit entrepris dans les royaumes de l'exotique comme celui que Baudelaire fait raconter au voyageur, à l'Autre que nous sommes aussi, il finit au même endroit. Héros, pitre ou pélerin, accompagné ou seul, qu'il voyage à l'intérieur ou à l'extérieur, il risque de ne voir finalement que son propre visage à la place des visions promises par la tradition du voyage d'aventure épique dans sa démesure et, dans sa situation, historique.

Et peut-être ce geste désespéré et, malgré nous, littéraire, accompli et répété sur cette page qui servira de scène, n'aura-t-il de valeur qu'en tant que manifestation esthétique. Si les lamentations et les invectives proférées par Hugo narrateur du destin ne quittent que rarement le cadre du mélodrame, il est également évident que les efforts frénétiques des vieillards dans la pièce de Ghelderode ne finissent qu'en spectacle macabre et, pire encore, dans l'immobilisé. Pourtant, la volonté de dépenser, d'aimer, de boire *le donné* jusqu'à la dernière goutte en face de la mort, ces défis lancés par les malheureux contre le sort sont autant de manifestations (des manifestes, pour ainsi dire) en faveur de la vie. Car en fait, le «savoir-vivre» dont ces gestes font preuve ne s'acquiert qu'au moment de la plus théâtrale connaissance de la mort.

Faire transparaître dans la poésie l'expérience vitale à sa limite, avec la pleine conscience du certain échec final, c'est *jouer* avec une parole dangereuse et non toujours efficace. Selon René Char, «Faire un poème, c'est prendre possession d'un au-delà nuptial qui se trouve bien dans cette vie, très rattaché à elle, et cependant à proximité des urnes de la mort».[2] Seule *Une Parole en archipel*[3] peut fournir la perspective nécessaire sur les immensités non-terrestres, seuls *Les Matinaux*[4] peuvent bien parler de la nuit. La défaite

1. Samuel Beckett, *Comédie* (Editions de Minuit, 1966). 2. René Char, *Les Matinaux*, suivi de *La Parole en archipel* (Gallimard, 1969). Cette citation vient de «Nous avons», où ce don de poésie apparaît comme la possession la plus tragique et, de ce fait, la plus merveilleuse. 3. René Char, *Une Parole en archipel* (Gallimard, 1962). 4. René Char, *Les Matinaux* (Gallimard, 1950).

personnelle donne sa saveur à la victoire de la nature. Notre tentative d'exprimer *L'Ephémère*[5] ne fait que rehausser l'éclat du cycle saisonnier. Avec son éloquence coutumière, Char proclame sa foi en la terre en dépit de la brièveté de notre passage:

> Et qui sait voir la terre aboutir à des fruits
> Point ne l'émeut l'échec quoiqu'il ait tout perdu.[6]

Un autre des grands poètes de notre époque, Yves Bonnefoy, appelle un recueil récent *Pierre écrite*,[7] suggérant ainsi que c'est de la matière des pierres tombales qu'on fait les poèmes les plus durables, parce que les plus dures. La conscience présente d'une mort toujours imminente confère au poème une intensité féroce et au poète une noblesse hautement pathétique. C'est à Pompéi qu'on comprend le mieux la «plénitude» extraordinaire du geste et son innocence. Dans le geste figé on devine le moment d'une mobilité transmuée en moment immuable.

Condamnés mais non coupables, nous pratiquons délibérément dans chaque forme classique et close une ouverture tragique parce que nécessaire. Pour rendre la technique de notre geste semblable à son inévitable résultat, aussi déchirant dans ses implications et dans sa surface texturale que dans son effet émotionnel, le poète français choisit souvent l'*e* muet, cette «faille» dans la structure sonore. Il fuit le concept qui cacherait l'expérience mortelle et passagère pour s'appliquer au particulier, cette imperfection que refuserait une pensée se voulant immortelle. Méditer la mort, mais d'une façon aussi concrète que possible, saluer dans la forme d'une feuille flétrie la loi de la disparition de toute chose, décrire, au lieu de ce qui subsiste, ce qui se perd, choisir le manque et non le bien-être, c'est le propre de la poésie, sa matière inaliénable. Comme «charte de la poésie retrouvée», Bonnefoy nomme non quelque manifeste poétique, non quelque «art de la poésie», mais un simple sonnet que Baudelaire adresse «A une passante». En saluant ce qui passe, Baudelaire s'affirme amant de la vie, autrement dit poète. Et voici la réponse de Bonnefoy à la question d'Artaud, qui n'en appelait pas une, réponse d'une concision sublime, faite en des termes volontairement nus, donc appropriés à notre situation combien limitée : «Rien n'est que par la mort. Et rien n'est vrai qui ne se prouve par la mort.»[8] Ainsi et seulement ainsi, les forces

5. Revue d'art et de littérature fondée par Yves Bonnefoy. 6. René Char, *Fureur et mystère* (Gallimard, 1967), p. 165. 7. Yves Bonnefoy, *Pierre écrite* (Mercure de France, 1965). 8. Yves Bonnefoy, *L'Improbable* (Mercure de France, 1959), p. 40.

opposées de l'expérience humaine participent enfin du monde de l'unité ; ainsi «L'Art et la mort» se transforme à tout jamais en un art vivant parce que mortel.

II

> Mourant, je peux encore mourir.
> Voilà notre signe d'homme.
>
> BLANCHOT

S'approprier la mort, ce serait la preuve la plus sûre de notre puissance. Selon Maurice Blanchot, le rapport de l'homme avec son propre *moi* reste ouvert jusqu'à sa fin ; et même là, le fait qu'on parle de la mort diminue son altérité, la rendant «saisissable». *L'Entretien infini*[9] une fois commencé n'admet pas de limites pour le langage. Si la parole dure, elle durera uniq ie, et cela en grande partie à cause de la situation privilégiée et éphémère de chaque homme-écrivant.[10] Il est vrai que ni l'heure ni le cadre de notre mort n'est de notre choix ; mais ils n'appartiennent qu'à nous. «Personne ne peut mourir ma mort à ma place et en mon lieu», nous dit Blanchot. En nous engageant dans l'actualité de la parole mortelle où l'orgeuil humain coincide avec la souffrance humaine, nous perdons la notion d'un terme à notre vie, perdant en même temps la hantise de la *coupure*. Ici la langue torturée de l'auteur trahit la difficulté sentie dans l'entreprise : regagner, contre la mort, notre puissance et notre possibilité :

> Et aussi... si la possibilité a sa source dans notre fin même qu'elle éclaire comme notre pouvoir le plus propre, selon la requête de Hölderlin : «*Car c'est mourir que je veux, et c'est un droit pour l'homme*», c'est de cette même source, mais cette fois originellement scellée, et se refusant à toute ressource, que «l'impossibilité» est originaire ; là où mourir, c'est, pendant le temps où l'on peut encore prendre fin, s'engager dans le «présent» infini de la mort impossible à mourir, présent vers lequel l'expérience de la souffrance est manifestement orientée, elle qui ne nous laisse plus le temps d'y mettre

9. Maurice Blanchot, *L'Entretien infini* (Gallimard, 1969). 10. Terme actif qui distingue l'homme *en acte* d'écrire de l'écrivain par profession.

un terme, fût-ce en mourant, ayant aussi perdu la mort comme
terme.[11]

Ainsi, toute une partie de notre littérature est destinée à durer bien plus
longtemps que notre mémoire, par la résonance de quelques grandes scènes
mortelles. Autour des héros, et en face d'eux, la mort occupe toute la place,
se substituant au décor traditionnel et à tout antagoniste humain. La
nudité terrible du seul lieu que nous offre Beckett répond au vide matériel
de ce préau où meurent les héros/victimes de Malraux; que l'image
d'une «Imagination morte» puisse répondre à celle d'une mort déterminée
par les exigences politiques, cela s'explique par le refus dans les deux cas
d'une certaine *Condition humaine* et la conquête, à travers celle-ci, d'une
autre. Le tempérament héroïque réclame une tâche héroïque, «Mourir de sa
propre mort».[12] Il faudrait l'assumer pleinement, ce rôle impossible qu'on
nous donne à jouer, réussir à le faire nôtre et le *dire* bien. Et voici que la puissance, la parole et le destin individuel s'unissent en un seul moment. En cet
instant grave, dramatique et littéraire dans le meilleur sens, le théâtre de la
parole devient enfin le théâtre de la Solennité dont Artaud se fait le célé-
brant.

Changer la vie incolore en expérience de l'intensité, provoquer une prise
de conscience qui mettra fin au repos : le but de tout l'effort surréaliste ne fut
rien d'autre. Vertige du merveilleux, pouvoir affolant du venin poétique —
si l'on refuse de mettre des garde-fous au-dessus de l'abîme, on risque de
partager le sort de Nadja[13] ou d'Artaud, de finir ses jours à l'asile ou dans
une peur tenace. Mais de l'autre visage de l'effrai poétique rayonne une
lumière toute aussi intense, une véritable connaissance lumineuse par la
poésie interprétée dans sa signification la plus théâtrale parce que la plus
vertigineuse. Comme première étape sur cette route de la poésie, on pourrait méditer deux paroles célèbres de René Char, paroles originellement

11. Blanchot, *op. cit.*, p. 64. L'ouverture nécessaire de l'homme à la
conscience de la mort a un parallèle
dans l'ouverture de la parole littéraire
sur son propre néant (sa néantisation),
sur «ce dedans vide» ou ce silence que
Blanchot considère l'essence de la
littérature qui nie pour créer, qui
crée en niant. Voir son essai «La

Littérature et le droit à la mort»,
dans *La Part du feu* (Gallimard, 1949).
12. La devise des héros d'André
Malraux, surtout dans le roman *La
Condition humaine* (Gallimard, 1933).
13. Héroïne du roman surréaliste du
même nom par André Breton (Gallimard, 1928).

isolées en forme de maximes mais qui se répondent de loin, se complétant
comme les îles de l'archipel :

> Si nous habitons un éclair, il est le coeur de
> l'éternel.[14]
> La poésie me volera ma mort.[15]

MARY ANN CAWS
Hunter College

14. René Char, *Fureur et mystère*, p. 198.   15. René Char, *Les Matinaux* (ré-
édition, Gallimard, 1969), p. 147.

VICTOR HUGO
Mors[1]

Je vis cette faucheuse. Elle était dans son champ.
Elle allait à grands pas moissonnant et fauchant,
Noir squelette laissant passer le crépuscule.
Dans l'ombre où l'on dirait que tout tremble et recule,
5   L'homme suivait des yeux les lueurs de la faulx.[2]
Et les triomphateurs sous les arcs triomphaux
Tombaient; elle changeait en désert Babylone,
Le trône en échafaud et l'échafaud en trône,
Les roses en fumier, les enfants en oiseaux,
10   L'or en cendre, et les yeux des m res en ruisseaux.
Et les femmes criaient : — Rends-nous ce petit être.
Pour le faire mourir, pourquoi l'avoir fait naître? —
Ce n'était qu'un sanglot sur terre, en haut, en bas;
Des mains aux doigts osseux sortaient des noirs grabats;
15   Un vent froid bruissait dans les linceuls sans nombre;
Les peuples éperdus semblaient sous la faulx sombre
Un troupeau frissonnant qui dans l'ombre s'enfuit;
Tout était sous ses pieds deuil, épouvante et nuit.
Derrière elle, le front baigné de douces flammes,
20   Un ange souriant portait la gerbe d'âmes.

1. **Mors** (*Latin*) death.   2. **faulx** *old form of* **faux**: scythe.

281

CHARLES BAUDELAIRE
Le Voyage

I

Pour l'enfant, amoureux de cartes et d'estampes,
L'univers est égal à son vaste appétit.
Ah! que le monde est grand à la clarté des lampes!
Aux yeux du souvenir que le monde est petit!

5   Un matin nous partons, le cerveau plein de flamme,
Le coeur gros de rancune et de désirs amers,
Et nous allons, suivant le rhythme de la lame,
Berçant notre infini sur le fini des mers :

Les uns, joyeux de fuir une patrie infâme;
10 D'autres, l'horreur de leurs berceaux, et quelques-uns,
Astrologues noyés dans les yeux d'une femme,
La Circé[1] tyrannique aux dangereux parfums.

Pour n'être pas changés en bêtes, ils s'enivrent
D'espace et de lumière et de cieux embrasés;
15 La glace qui les mord, les soleils qui les cuivrent,
Effacent lentement la marque des baisers.

Mais les vrais voyageurs sont ceux-là seuls qui partent
Pour partir; coeurs légers, semblables aux ballons,
De leur fatalité jamais ils ne s'écartent,
20 Et, sans savoir pourquoi, disent toujours : Allons!

1. *The sorceress in the* Odyssey *who turns men into swine.*

Ceux-là dont les désirs ont la forme des nues,
Et qui rêvent, ainsi qu'un conscrit le canon,[2]
De vastes voluptés, changeantes, inconnues,
Et dont l'esprit humain n'a jamais su le nom!

II

25 Nous imitons, horreur! la toupie et la boule
Dans leur valse et leurs bonds; même dans nos sommeils
La Curiosité nous tourmente et nous roule,
Comme un Ange cruel qui fouette des soleils.

Singulière fortune où le but se déplace,
30 Et, n'étant nulle part, peut être n'importe où!
Où l'homme, dont jamais l'espérance n'est lasse,
Pour trouver le repos court toujours comme un fou!

Notre âme est un trois-mâts cherchant son Icarie;[3]
Une voix retentit sur le pont : «Ouvre l'oeil!»
35 Une voix de la hune,[4] ardente et folle, crie :
«Amour . . . gloire . . . bonheur!» Enfer! c'est un écueil!

Chaque îlot signalé par l'homme de vigie
Est un Eldorado[5] promis par le Destin;
L'Imagination qui dresse son orgie
40 Ne trouve qu'un récif aux clartés du matin.

O le pauvre amoureux des pays chimériques!
Faut-il le mettre aux fers, le jeter à la mer,
Ce matelot ivrogne, inventeur d'Amériques
Dont le mirage rend le gouffre plus amer?

45 Tel le vieux vagabond, piétinant dans la boue,
Rêve, le nez en l'air, de brillants paradis;
Son oeil ensorcelé découvre une Capoue[6]
Partout où la chandelle illumine un taudis.

---

2. **qu'un conscrit le canon:** as a soldier dreams of the cannon.   3. **Icarie:** *a Greek island, the site of Etienne Cabet's novel* Voyage en Icarie *(1842) which depicts Utopia as an ideal communist society.*   4. **hune:** *crow's-nest.*   5. **Eldorado:** *the Utopia depicted by Voltaire in* Candide.   6. **Capoue:** Capua, *an Italian city captured by Hannibal in 215. His soldiers were so happy with its beauty that the expression* «les délices de Capoue» *has become proverbial.*

III

Etonnants voyageurs! quelles nobles histoires
50 Nous lisons dans vos yeux profonds comme les mers!
Montrez-nous les écrins de vos riches mémoires,
Ces bijoux merveilleux, faits d'astres et d'éthers.

Nous voulons voyager sans vapeur et sans voile!
Faites, pour égayer l'ennui de nos prisons,
55 Passer sur nos esprits, tendus comme une toile,
Vos souvenirs avec leurs cadres d'horizons.

Dites, qu'avez-vous vu?

IV

                    «Nous avons vu des astres
Et des flots; nous avons vu des sables aussi;
60 Et, malgré bien des chocs et d'imprévus désastres,
Nous nous sommes souvent ennuyés, comme ici.

La gloire du soleil sur la mer violette,
La gloire des cités dans le soleil couchant,
Allumaient dans nos coeurs une ardeur inquiète
65 De plonger dans un ciel au reflet alléchant.

Les plus riches cités, les plus grands paysages,
Jamais ne contenaient l'attrait mystérieux
De ceux que le hasard fait avec les nuages.
Et toujours le désir nous rendait soucieux!

70 — La jouissance ajoute au désir de la force.
Désir, vieil arbre à qui le plaisir sert d'engrais,
Cependant que grossit et durcit ton écorce,
Tes branches veulent voir le soleil de plus près!

Grandiras-tu toujours, grand arbre plus vivace
75 Que le cyprès? — Pourtant nous avons, avec soin,
Cueilli quelques croquis pour votre album vorace,
Frères qui trouvez beau tout ce qui vient de loin!

Nous avons salué des idoles à trompe;
Des trônes constellés de joyaux lumineux;
80 Des palais ouvragés dont la féerique pompe
Serait pour vos banquiers un rêve ruineux;

Des costumes qui sont pour les yeux une ivresse;
Des femmes dont les dents et les ongles sont teints,
Et des jongleurs savants que le serpent caresse.»

V

85   Et puis, et puis encore?

VI

«O cerveaux enfantins!

Pour ne pas oublier la chose capitale,
Nous avons vu partout, et sans l'avoir cherché,
Du haut jusques en bas de l'échelle fatale,
90   Le spectacle ennuyeux de l'immortel péché :

La femme, esclave vile, orgueilleuse et stupide,
Sans rire s'adorant et s'aimant sans dégoût;
L'homme, tyran goulu, paillard, dur et cupide,
Esclave de l'esclave et ruisseau dans l'égout;

95   Le bourreau qui jouit, le martyr qui sanglote;
La fête qu'assaisonne et parfume le sang;
Le poison du pouvoir énervant le despote,
Et le peuple amoureux du fouet abrutissant;

Plusieurs religions semblables à la nôtre,
100   Toutes escaladant le ciel; la Sainteté,
Comme en un lit de plume un délicat se vautre,
Dans les clous et le crin cherchant la volupté;

L'Humanité bavarde, ivre de son génie,
Et, folle maintenant comme elle était jadis,
105   Criant à Dieu, dans sa furibonde agonie :
«O mon semblable, ô mon maître, je te maudis!»

Et les moins sots, hardis amants de la Démence,
Fuyant le grand troupeau parqué[7] par le Destin,
Et se réfugiant dans l'opium immense!
110   — Tel est du globe entier l'éternel bulletin.»

7. parqué: penned in.

VII

Amer savoir, celui qu'on tire du voyage!
Le monde, monotone et petit, aujourd'hui,
Hier, demain, toujours, nous fait voir notre image :
Une oasis d'horreur dans un désert d'ennui!

115   Faut-il partir? rester? Si tu peux rester, reste;
Pars, s'il le faut. L'un court, et l'autre se tapit
Pour tromper l'ennemi vigilant et funeste,
Le Temps! Il est, hélas! des coureurs sans répit,

Comme le Juif errant[8] et comme les apôtres,
120   A qui rien ne suffit, ni wagon ni vaisseau,
Pour fuir ce rétiaire[9] infâme; il en est d'autres
Qui savent le tuer sans quitter leur berceau.

Lorsque enfin il mettra le pied sur notre échine,
Nous pourrons espérer et crier : En avant!
125   De même qu'autrefois nous partions pour la Chine,
Les yeux fixés au large et les cheveux au vent,

Nous nous embarquerons sur la mer des Ténèbres
Avec le coeur joyeux d'un jeune passager.
Entendez-vous ces voix, charmantes et funèbres,
130   Qui chantent : «Par ici! vous qui voulez manger

Le Lotus[10] parfumé! c'est ici qu'on vendange
Les fruits miraculeux dont votre coeur a faim;
Venez vous enivrer de la douceur étrange
De cette après-midi qui n'a jamais de fin»?

135   A l'accent familier nous devinons le spectre;
Nos Pylades[11] là-bas tendent leurs bras vers nous.
«Pour refraîchir ton coeur nage vers ton Electre!»[12]
Dit celle dont jadis nous baisions les genoux.

8. le Juif errant: The Wandering *Jew of legend was condemned to roam the earth incessantly until the Last Judgment because he had refused to let Christ rest before his house.* **9. rétiaire:** a Roman gladiator. **10. Lotus:** *the fruit of oblivion, which made travelers forget their homes.* **11. Pylades:** *the confidant of Orestes and the symbol of the faithful friend.* **12. Electre:** *the sister of Orestes, who married Pylades.*

VIII

O Mort, vieux capitaine, il est temps! levons l'ancre.
140   Ce pays nous ennuie, ô Mort! Appareillons!
Si le ciel et la mer sont noirs comme de l'encre,
Nos coeurs que tu connais sont remplis de rayons!

Verse-nous ton poison pour qu'il nous réconforte!
Nous voulons, tant ce feu nous brûle le cerveau,
145   Plonger au fond du gouffre, Enfer ou Ciel, qu'importe?
Au fond de l'Inconnu pour trouver du *nouveau*!

MICHEL DE GHELDERODE
Le Cavalier bizarre
Pochade[1] en un acte

PERSONNAGES

LE GUETTEUR.

LES VIEILLARDS, tous calamiteux,[2] poussifs,[3] tousseux,[4] béquillards,[5] vêtus
d'invraisemblables défroques. Dans leur nombre, une vieille femme.
Cette humanité qui se disloque mais reste forte de couleur et riche
d'odeur, eut tenté le pinceau du Breughel[6] des mendiants ou le
burin[7] de Jacques Callot.[8] En plus, elle résonne singulièrement
dans le creux endroit qui la circonscrit.

LIEU

*En Flandre. Dans la salle voûtée d'un vieil hôpital. Au fond, une haute
fenêtre ogivale.[9] La porte est à gauche. A droite, un autel désaffecté.[10] Aux
murs chaulés,[11] de sombres tableaux d'église et des obits[12] en nombre offrant
leurs phantasmes héraldiques.*

1. **Pochade**: sketch.   2. **calamiteux**:
broken-down.   3. **poussifs**: wheezy.
4. **tousseux**: coughing.   5. **béquillards**: crippled.   6. **Breughel** the
Younger, *a Flemish painter of the
Renaissance, is known for his macabre
scenes. Many of Ghelderode's plays
are reminiscent of the atmosphere of
Breughel's paintings.*   7. **burin**:
etcher's needle.   8. **Jacques Callot**:
*seventeenth-century French print-maker
and painter who did a striking series
of etchings entitled* «Les Gueux»
(«The Beggars»).   9. **ogivale**: Gothic.
10. **désaffecté**: deconsecrated.   11.
chaulés: whitewashed.   12. **obits**:
(archaic) obituary notices.

288

Les vieillards sont couchés ou accroupis sur les lits. Un seul marche de long en large,[13] *rapidement et avec agitation. C'est le guetteur, barbu et chevelu.*

LE GUETTEUR. Je les ai entendues. La vérité! Et ce qui est vrai pour moi l'est pour vous, puisque nous sommes pareils! Ecoutez!

UN VIEILLARD. Le sommeil est sonore. Il contient non seulement des images, des lumières; mais aussi des saveurs, des odeurs, des musiques. Le sommeil a cinq sens, pauvre halluciné. Tu es halluciné comme le   5
sommeil!

LE GUETTEUR. La maigre raison! Il n'y a pas un instant, je les entendais : Cloches de métal!

UN AUTRE VIEILLARD. Il n'existe pas de clocher dans la plaine, à dix lieues.

LE GUETTEUR. Par mes oreilles! Cloches! Qu'on me les coupe, si je mens!   10
Cloches dures, cloches vivaces!

TROISIEME VIEILLARD. Cloches de fièvre, oui.

LE GUETTEUR. Et qui sonnaient quoi? me le direz-vous?

PREMIER VIEILLARD. La naissance de tes cauchemars.

DEUXIEME VIEILLARD. Ton mariage avec la folie.   15

TROISIEME VIEILLARD. Les funérailles de ta jugeote.[14]

LE GUETTEUR. Terribles, terribles cloches, encore que lointaines. Comment étaient ces cloches? Expliquez-moi?

PREMIER VIEILLARD. Quand un navire sombre dans la tempête...

DEUXIEME VIEILLARD. Quand l'incendie dévore les moissons...   20

TROISIEME VIEILLARD. Quand le peuple se révolte... Quand la guerre...

LE GUETTEUR. Comme tout cela... Un tocsin![15] J'ai pris peur.

QUATRIEME VIEILLARD, *debout*. Réponds froidement : As-tu entendu des cloches?

LE GUETTEUR. J'étais couché. Depuis longtemps, je les épiais, et mon esprit,   25
avant mon ouïe, les a reconnues. Mon Dieu! que signifient ces sonnailles[16] dans la désolation de notre plaine, dans ce pays de misère?

PREMIER VIEILLARD. Chacun voit, chacun entend ce qui lui plaît! Une fois, j'ai entrevu le paradis, mais je n'ai obligé personne à me croire.

LE GUETTEUR. Je l'affirme. C'est l'annonce du malheur!   30

DEUXIEME VIEILLARD. Distinguons-nous encore le bonheur du malheur? Si tu avoues que tu te moques de nous, je te donne la moitié de ma chique.

---

13. **de long en large**: back and forth. 14. **jugeote**: common sense. 15. **tocsin**: alarm-bell. 16. **sonnailles**: cattle-bells.

LE GUETTEUR. J'avoue. C'était lugubre... ubre... ubre...

DEUXIEME VIEILLARD. Crétin![7]

LE GUETTEUR. Et ma chique?

QUATRIEME VIEILLARD. Mâche les sons que tu entendais!

Les vieillards se recouchent, boudeurs. Un silence.

5 LE GUETTEUR. Cloches dans les nuées... Cloches au fond des marécages... Cloches dans mon crâne... Elles ne sonnent plus? C'est qu'on m'a fait douter. Pourtant ceux qui sont accoutumés au silence perçoivent des bruits, des chants, des plaintes qui viennent d'un autre monde. Cela fait ricaner les uns, rêver les autres. Je vais dormir. Tant pis
10 pour le sonneur! Mais jamais plus je ne révélerai ce que je surprends d'au delà notre monde...[18]

Soudain, trois coups de cloche battent nettement, aux environs. Les dormeurs se dressent.

PREMIER VIEILLARD. Des cloches? Hé, barbu? as-tu entendu?

LE GUETTEUR. Non! Qu'avez-vous entendu?

PREMIER VIEILLARD. Des cloches, nom de dial,[19] des cloches!

15 LE GUETTEUR. Ne serait-ce pas le temps passé qui vous remonte à la tête? Dans vos villages sonnaient des cloches! Pendez à la corde...

TROISIEME VIEILLARD. Je ne dormais pas.

QUATRIEME VIEILLARD. Pourquoi s'est-on mis à parler de cloches, céans?[20] Nous en entendrons le jour et la nuit, ce sera la mode.

20 CINQUIEME VIEILLARD. Qu'avons-nous d'autre à faire?

PREMIER VIEILLARD. Avant tout, ouvrons les oreilles et ne croyons qu'elles...

Un long silence. Les vieillards sont attentifs.

LE GUETTEUR, *imitant les cloches.* Bing, bong... Bing, bang... Bing, bang, bong...

Les vieillards, en colère, entourent le guetteur.

DEUXIEME VIEILLARD. C'était lui! Imposteur!

25 TROISIEME VIEILLARD. La méprisable farce!

QUATRIEME VIEILLARD. Une invention d'aliéné, oui!

---

17. Crétin: idiot. **18. d'au delà notre monde:** from beyond our everyday world. **19. nom de dial:** colloquial for **nom du diable,** *a mild oath.* **20. céans:** *archaic expression for* just then.

LA VIEILLE FEMME, *brandissant sa béquille.* Oserais-tu recommencer, sale
  type?

LE GUETTEUR. Mon gosier est de bronze! Je sonnerai de la gueule en votre
  honneur, béquille! Ecoutez! (*Il ouvre la bouche, mais c'est dans la
  campagne que, réelles, les cloches éclatent. Le guetteur rit.*) Ho! un   5
  jeu du diable. Du diable, je suis l'ami! (*Imitant les cloches.*) Bing,
  bang, bong... comme ceci... Doucement... Et plus fort... (*Les
  cloches, rapprochées.*) Et plus près encore... (*Les cloches battent un
  glas rapide.*) Et pas blanches, ni roses, ni bleues, ni d'or, les cloches,
  non! noires, noires, cloches nocturnes, cloches glaciales...   10

PREMIER VIEILLARD. On veut savoir quoi.

LA VEILLE FEMME. Présage...

LE GUETTEUR. Farce, qu'on disait! Farce, je maintiens!

CINQUIEME VIEILLARD. Pauvre de nous![21] cet événement a-t-il quelque
  sens? On ne sonne pas de cloches hors des clochers! Est-ce concev-   15
  able? Dites, les gens?...

LE GUETTEUR. Ce que vous ne pouvez concevoir ou expliquer vous effraye?
  Moi pas.

SIXIEME VIEILLARD. Prévenons le directeur.

LE GUETTEUR. Le directeur est un vieillard à nous pareil, qui ne sait rien   20
  faire d'autre qu'écrire dans son livre de parchemin les noms des
  vieillards qui trépassent.

PREMIER VIEILLARD. Je prétends qu'il n'y a pas de cloches. Je ne crois que
  ce que je vois, et ces cloches, je ne les vois pas!

LE GUETTEUR. Les cloches sont d'origine surnaturelle, vieux Thomas;[22]   25
  si elles se laissent entendre, il leur déplaît de se montrer, peut-être.
  On ne les voit qu'à leur baptême et à leur trépas.

PREMIER VIEILLARD. Contre tous, je soutiens qu'il n'y a pas de cloches.

Un glas, fortement scandé, tout près.

LA VIEILLE FEMME. God Jésus!

LE GUETTEUR, *la parodiant.* Godchuzes!   30

PREMIER VIEILLARD. C'est intolérable! Je propose de réclamer, de rédiger
  un placard, avec des mots à perruques.[23]

---

21. **Pauvre de nous:** Poor us. **22.**
Thomas: *a reference to Saint Thomas,*
the apostle known for his incredulity, the
original of the expression "doubting
Thomas." **23. mots à perruques:**
old-fashioned words.

DEUXIEME VIEILLARD. Et moi qui en ai tant vu dans ma vie! Voici que les
  cloches marchent, elles ont des jambes?

TROISIEME VIEILLARD. Qu'elles pérégrinent, c'est leur affaire; mais
  qu'elles ne prennent pas notre hospice pour une auberge, alors!

5 LE GUETTEUR. Apaisez-vous, vos cœurs antiques battent aussi fort que des
  cloches, et ils ne sont plus de métal. Je saurai bien ce qui marche et
  carillonne dans la campagne; j'irai voir, et vous m'en croirez. C'est
  peut-être très beau...

*Il court au fond de la salle et se hisse sur une table, jusqu'à hauteur de la
fenêtre. Un silence. Les vieillards se groupent vers le fond.*

  Ou préférez-vous ne rien savoir, des fois?

10 QUATRIEME VIEILLARD. Nous voulons savoir. N'est-ce pas? compères,[24]
  nous voulons...

CINQUIEME VIEILLARD. Nous voulons, trétous![25] Guetteur, que vois-tu?

LE GUETTEUR. Je découvre la plaine crépusculaire, rougeâtre toute, avec
  ses marécages d'étain.

15 SIXIEME VIEILLARD. Ensuite?

LE GUETTEUR. Je vois... (*Un silence.*) Ce que je vois se peut difficilement
  dépeindre. Moi, vous savez, rien ne m'étonne jamais...

PREMIER VIEILLARD. Pour l'amour de Dieu, que vois-tu?

LE GUETTEUR. Un cheval, grand, très grand. Aussi grand que celui qui se
20 nomme Bayard[26] dans l'ommegang.[27] A moins que ce ne soit une
  ombre! Il trotte, il va. L'extraordinaire animal! A son col, pendent
  des grelots, grands, très grands, qui sont des cloches...

PREMIER VIEILLARD. Des chevaux de cette sorte? ça n'existe pas!

CINQUIEME VIEILLARD. A moins que ce ne soit une ombre... Vers la chute
25 du soir, des mirages se produisent parfois dans nos plaines fiévreuses.
  Mais après, voyeur?

LE GUETTEUR. Celui qui monte cette bête est de belle taille aussi. Cavalier.
  bizarre! Et quelle prestance, mes aïeux! A moins que ce ne soit une
  ombre encore, chevauchant une ombre...

30 CINQUIEME VIEILLARD. D'abord, l'espace ne s'emplit-il pas de reflets, de
  miroirs?

24. compères: cronies. **25. trétous:**
archaic expression for every one of us.
26. Bayard: *a wondrous horse belong-
ing to the hero of the medieval epic*
Renaud de Montauban. **27. l'ommegang:** *a Flemish procession in which
legendary figures are impersonated.*

LE GUETTEUR. L'infini se dédore.[28] Il fait pourpre. La plaine est en sommeil déjà, déployée pour les rêves. Cela vous prend!

LA VIEILLE FEMME. Réveille-toi! Ce cavalier?

LE GUETTEUR. Se promène, se pavane. Il vient vers l'hôpital. D'ici quelques foulées,[29] il sera très distinct. 5

DEUXIEME VIEILLARD. Guetteur, ton propos est ambigu! Parle comme les honnêtes gens ou qu'un autre grimpe à la fenêtre!

LE GUETTEUR. Fiez-vous à moi! Si je parle moins bien, je vois mieux que quiconque. (*Un silence.*) Celui qui s'en arrive cavalcadant, je le connais, ah certes! Et trétous le connaissez. 10

SIXIEME VIEILLARD. Qui, mais qui donc?

LE GUETTEUR. Il considère notre Hôtel à l'enseigne du Bon Dieu, une vénérable maison où souvent il mit pied!

QUATRIEME VIEILLARD. Son nom, son titre?

LE GUETTEUR. Je n'en dirai pas plus. (*Un heurt de cloches, dehors.*) Gardez 15 le silence. Allez vous coucher.

PREMIER VIEILLARD. Pourquoi ces conseils?

LE GUETTEUR, *sautant sur le sol.* Répondez, redoutez-vous mourir?

PREMIER VIEILLARD. La sotte question! A notre âge?

DEUXIEME VIEILLARD. Tout n'est-il pas fini pour nous, depuis longs ans? 20

TROISIEME VIEILLARD. S'agit-il de mourir? Mais nous survivions!

QUATRIEME VIEILLARD. Mourir, c'est métier aux hommes.

LA VIEILLE FEMME. Que faisons-nous d'autre dans cette fondation qu'attendre notre fin dernière?

LE GUETTEUR. Vos paroles expriment tant de sagesse! Dès lors, vous ne 25 serez pas autrement surpris... (*Un silence.*) Le cavalier qui vient? (*Un glas.*) C'est la Mort!

CINQUIEME VIEILLARD. La Mort?

LE GUETTEUR. La Mort chevalière!

SIXIEME VIEILLARD. Que dis-tu? La Mort? 30

LE GUETTEUR. La Mort! pompeuse, casquée de cuivre, cimée de[30] plumes de paon!

PREMIER VIEILLARD. De quoi? La Mort?

LE GUETTEUR. La Mort! très infatuée de soi, la mâchoire en exergue,[31] un poing à la hanche, sa faulx en bandoulière,[32] bottée de cuir 35

---

28. **se dédore**: becomes tarnished. with. **31. en exergue**: jutting forth.
29. **D'ici quelques foulées**: In just a **32. en bandoulière**: slung across her
few strides. **30. cimée de**: crested back.

blanc, drapée dans un manteau déchiqueté et semé de petites croix d'argent.

LA VIELLE FEMME. La Mort qu'il a dit?

LE GUETTEUR. Rien qu'elle. (*Des glas.*) Et pour qui vient? Pour toi, pour
5   vous; pour moi, pour tous? Il s'agira de bien l'accueillir, de proprement se comporter. Surtout, cachez vos sentiments d'effroi, car elle
se croit aimable et plaisante, cette vieille gaupe.[33]

PREMIER VIEILLARD. Peur? Qu'elle entre voir! Je lui glapirai le compliment de joyeuse entrée en vrai latin de sacristie!

10   DEUXIEME VIEILLARD. Il me reste un bout de cierge. J'offre le luminaire!

TROISIEME VIEILLARD. Je chanterai la messe des ribauds[34] et nous danserons
le pas des hellequins.[35]

QUATRIEME VIEILLARD. On se fait les adieux?

LE GUETTEUR. Pensez plutôt au soin de vos âmes. Décapez la crasse qui les
15   enduit!

LA VIEILLE FEMME. Mais enfin? Est-ce la Mort? Au mardi gras,[36] on
l'imite à s'y méprendre.

LE GUETTEUR. L'authentique, l'inimitable...

CINQUIEME VIEILLARD, *à la vieille.* Femme, je veux commettre le dernier
20   péché,[37] toute puante que tu sois!

SIXIEME VIEILLARD. Ma gamelle pleine de sirop, je n'en laisse rien!

PREMIER VIEILLARD. Encore riche de sept écus,[38] je les dépense...

Les cloches battent, plus proches toujours.

LE GUETTEUR. La Mort ne goûtera pas vos cabrioles et grimaces; elle est
personne compassée, aimant le protocole.

25   PREMIER VIEILLARD. Et nous, goûtons-nous ses visites? Nous sommes des
vivants, dont le propre est de rire!

DEUXIEME VIEILLARD. Et qui vivent leur dernier jour! Je veux boire.

TROISIEME VIEILLARD. Je veux chanter, je chante la fin du monde!

QUATRIEME VIEILLARD, *déployant un accordéon.* Je mène le branle,[39] le
30   bal macabré!

CINQUIEME VIEILLARD. Dansons à la Mort! Dansons la macabrée! C'est
fête des vieux, c'est quadrille de moribonds!

---

33. **gaupe**: hag. 34. **ribauds**: ribald
fellows. 35. **hellequins**: harlequins.
36. **mardi gras**: *the popular and
traditional celebration which precedes*

Lent. 37. **le dernier péché**: adultery.
38. **écu**: *a former coin.* 39. **Je mène
le branle**: I lead the dance.

LA VIEILLE FEMME. Je valse à l'endroit et à l'envers!

SIXIEME VIEILLARD. Musique?

L'accordéon attaque une lourde danse. Un vieillard empoigne la vieille et l'entraîne. Les deux croquemitaines[40] *sautent sur place. Les autres font cercle, chantent l'air, battent des mains ou crient. Cette cacophonie dure quelques instants. Le vieux couple, hors d'haleine, s'écroule sur un lit; l'accordéon divague; le cercle de vieillards est déjà rompu.*

PREMIER VIEILLARD. Et les cloches, on ne les entend plus?

LE GUETTEUR. Elle a frappé au porche. J'ai entendu les coups, malgré votre kermesse.[41]   5

PREMIER VIEILLARD. Tu mens! Elle a poursuivi sa route.

DEUXIEME VIEILLARD. Lui a-t-on seulement ouvert?

TROISIEME VIEILLARD. Je vous dirai mon idée, elle a déjà fini et elle est repartie. Elle ne venait pas pour nous, ceux de l'hospice, mais pour ceux de l'hôpital, dans l'autre aile. Nous? On est les oubliés...   10

LE GUETTEUR. Je cours à sa rencontre.

Il va rapidement vers le fond. Les vieillards se jettent sur lui et le retiennent.

QUATRIEME VIEILLARD. Insensé! Tu veux attirer son attention sur notre salle?

LE GUETTEUR. Insensés vous-mêmes! N'avez-vous pas tout fait pour qu'elle gagne votre étage? D'ailleurs, c'est une question de savoir-vivre.   15
Et en allant à sa rencontre, je vous ménageais une moindre infortune.

CINQUIEME VIEILLARD. Reste!

LE GUETTEUR. C'est comme vous désirez. Je m'en désintéresse.

LA VIEILLE FEMME. Miserere![42]

LE GUETTEUR. Tu dis, grand'mère?   20

LA VIEILLE FEMME. Appelez le chapelain!

LE GUETTEUR. Il s'est caché dans un tonneau.

SIXIEME VIEILLARD. Mais alors, à qui nous confesser?

LE GUETTEUR. Dieu vous écoute, allez!

PREMIER VIEILLARD. Je ne suis pas parfait, que non!   25

DEUXIEME VIEILLARD. Moi, je me tiens pour un pécheur, mettons sérieux!

TROISIEME VIEILLARD. Et moi, pour un pécheur endurci. Un vrai!

QUATRIEME VIEILLARD. J'ai beaucoup bu!

---

40. **croquemitaines:** bogy-men. **41.**   *here used figuratively for* din. **42.**
kermesse: *literally*, a country fair;   **Miserere:** (*Latin*) pity.

CINQUIEME VIEILLARD.   J'ai parfois volé, plus ou moins!

SIXIEME VIEILLARD.   J'ai énormément forniqué!

LA VIEILLE FEMME.   J'étais belle, je vendais mon corps!

PREMIER VIEILLARD.   J'ai à mon actif quelques sacrilèges!

5   DEUXIEME VIEILLARD.   Peuh! Moi, mieux que des sacrilèges! Des péchés
que le pape seul peut absoudre!

LE GUETTEUR.   Le compte y sera. Numérotez-vous et suivez-moi, je
dégringole aux enfers.

LA VIEILLE FEMME.   N'évoquez pas l'Enfer! Il est sous nos pieds.

10   LE GUETTEUR.   Ha, oui? ça sent le soufre. Etait-ce la peine de traiter la
Mort avec tant de dédain? Cessez vos lamentations, retenez vos
chiasses.[43] La Mort est dans l'escalier, un peu embarrassée, je pré-
sume. Tant de portes!

TROISIEME VIEILLARD.   Qu'elle aille où elle veut, mais pas ici...

15   LE GUETTEUR.   Ha, ha, ha! Ce qu'on râle, aux étages! La vie est donc un
bien si précieux, à tous ces malades, ces infirmes? De l'ouvrage, ô
Mort, et combien de cercueils commandez-vous? Toute une forêt!

Les vieillards errent, égarés.

QUATRIEME VIEILLARD.   Que faire?

LE GUETTEUR.   Priez! Les hommes n'ont que cette ressource.

20   CINQUIEME VIEILLARD.   Comment prier?

LE GUETTEUR.   Sais-je? Dites par exemple : «Seigneur! j'ai peur. Peur de la
mort et du châtiment. Nous crions vers Toi dans le péril, une fois
n'est pas coutume. Nous voulons vivre, laisse-nous vivre. Amen!...»

LA VIEILLE FEMME.   Vivre!

25   SIXIEME VIEILLARD.   N'importe comment, malades, souffrants, en plaies et
couverts de vermine, mais vivre!

LE GUETTEUR.   Désespérez, mais pas comme des cochons qu'on mène à
l'égorgeur. Tenez, occupez-vous. Faites des devinettes. Qui de vous
crèvera le premier? Je le sais, le moins âgé d'abord.

30   PREMIER VIEILLARD.   J'ai cent ans tout juste.

DEUXIEME VIEILLARD.   J'en ai cent et un!

TROISIEME VIEILLARD.   Attendez, la Mort nous laissera bien un moment
pour calculer.

LE GUETTEUR.   Vite! Elle a toussé, la catarrheuse,[44] elle n'est plus loin.

---

43. retenez vos chiasses: (*vulg.*) don't do it in your pants.   **44. catarrheuse:** a
person afflicted with a chronic cold.

Quel creux dans cette carcasse! (*Il avance lentement vers le fond.*)
Elle a dû trébucher sur les marches. Ho! pas d'erreur, elle approche;
je le sens au remugle[45] qui la précède.

Les vieillards se sont glissés furtivement sous les couvertures ou sous les lits.
La salle semble soudainement vidée. Le guetteur continue d'avancer dans un
rêve, comme un ivrogne.

UNE VOIX DE VIEILLARD.   Et la Mort?

LE GUETTEUR.   Un peu de patience.   5

UNE AUTRE VOIX.   ...ora pro nobis?...[46]

LE GUETTEUR.   Elle joue des castagnettes, derrière la porte.

UNE AUTRE VOIX.   ...orate pro nobis?...

LE GUETTEUR.   Enfin! elle nous échoit![47] Son souffle, pouah! ce puissant
soufflet de forge! Si bien lunée,[48] elle fera vite, n'est-ce pas ma   10
chère? La mort subite, comme on dit. Et plouc! dans la trappe,
comme une grappe de poupées . . . (*Quelques gémissements, quelques*
jurons, quelques sanglots, quelques bouts de litanies sous les couvertures
et sous les lits. La pétarade d'une foirade[49] *aussi. Le guetteur donne*
plusieurs coups de poing contre la porte, s'effraye du bruit qu'il vient   15
faire, pousse la porte au large et recule dans la salle, sans qu'il sache
lui-même encore s'il joue son jeu ou non.) Qui v'là? (*Sa voix se fait*
puérile.) Si je vous connais? Allons donc! (*Un silence.*) Excellence!
(*Un silence.*) Votre serviteur! (*Un silence.*) Et votre Excellence désire
savoir... (*Un silence.*) Dans cette salle nommée Sainte-Gertrude?[50]   20
Il n'y a que moi qui me puis prétendre valide, oui. Ici, des vieillards,
rien que des vieillards, indignes de votre attention; des vieillards
ratatinés, déplumés, renâcleurs, décharnés, mal-torchés, saliveurs.[51]
Leur nombre? Achille qui chique, Romain qui vesse, Gommaire qui
module, Rombaut qui pèle, Simon qui buccine, Ghislain qui enfle,   25
Arnold qui sèche,[52] et cette ci-devant Vierge de la procession de

---

45. **remugle**: stench. 46. **ora pro
nobis**: (*Latin*) pray for us. 47. **elle
nous échoit**: she is allotted to us. 48.
Si bien lunée: In such a good mood.
49. **La pétarade d'une foirade**: the
sound of defecating from fear. 50.
Gertrude: *the patron saint of travelers
in Flanders.* 51. **ratatinés, déplumés,
renâcleurs, décharnés, mal torchés,
saliveurs**: wizened, bald-pated, snort-
ing, scraggy, filthy, drooling. 52.
**Achille qui chique, Romain qui vesse,
Gommaire qui module, Rombaut qui
pèle, Simon qui buccine, Ghislain qui
enfle, Arnold qui sèche**: Achille who
chews, Romain who breaks wind,
Gommaire whose voice is changing,
Rombaut whose skin is peeling, Simon
who snorts, Ghislain who is swelling,
Arnold who is drying up.

Furnes, Maria qui lacryme debout![53] Parole d'honneur! (*Il écoute incliné, la main à l'oreille.*) Non! Allez en bas, tout en bas... O perverse Mort! (*Il rit.*) Mes compliments! (*Il salue plusieurs fois.*) Excellence... (*Il disparaît un instant, revient et ferme la porte. Mais il reste à l'écoute.*) Elle descend. Elle cherche. Trouvera-t-elle ce qu'elle cherche? (*Un long silence.*) Aïe! elle a trouvé, me semble! Ce cri, ce cri de femme! Il a trouvé! Est-ce qu'il la viole, le vieux salaud de célibataire?[54] (*Il rit.*) Ho, ho, ho! Où Mort il y a, Luxure ne manque! (*Rapidement, il traverse la salle.*) Holà? vieillards? (*Rien ne bouge.*) Charognes,[55] sortez de vos paillasses!

UNE VOIX DE VIEILLARD.   La Mort?

LE GUETTEUR.   A fichu son camp![56] (*Aux têtes qui émergent des lits.*) L'auriez-vous vue?

PREMIER VIEILLARD.   Non, je suffoquais...

DEUXIEME VIEILLARD.   J'ai eu comme un éblouissement. Tout devenait noir et blanc.

TROISIEME VIEILLARD.   Mon sang s'était arrêté, sang de poisson.

QUATRIEME VIEILLARD.   Nous jurez-vous qu'elle est partie?

LE GUETTEUR.   Qu'a-t-elle bien pu foutre[57] en bas? Ecoutez, elle remonte à cheval.

On entend des heurts de cloches.

CINQUIEME VIEILLARD.   Je respire. Que c'est bon!

SIXIEME VIEILLARD.   On se retrouve vivant, vivant!

PREMIER VIEILLARD.   Qu'elle aille à son charnier; à nous les roses! (*Il va d'un lit à l'autre et crée un mouvement d'agitation.*) Debout!... (*Tous les vieillards sont sur pied et courent en tous sens, comme excités.*) Qui manque à l'appel? aucun! Mais qu'est-il donc venu faire, ce cavalier bizarre?

DEUXIEME VIEILLARD.   Et que signifient ses simagrées,[58] ses sonneries? Pourquoi bouleverser tout un hospice? Je crache sus![59]

On entend les cloches qui s'éloignent. Le guetteur, entre temps, a regagné la fenêtre et, haut juché, contemple au dehors les campagnes assombries.

---

53. **Furnes, Maria qui lacryme debout:** *He is referring to a Flemish town whose patron saint is a standing Virgin Mary in tears.* 54. **salaud de célibataire:** the unmarried rascal. 55. **Charognes:** wretches. 56. **A fichu son camp:** has left. 57. **Qu'a-t-elle bien pu foutre:** what could she have been doing? 58. **ses simagrées:** his airs. 59. **sus:** on it.

LE GUETTEUR.   Il s'en va. Le soir tombe. Peut-être est-ce une ombre...

PREMIER VIEILLARD.   Cherchez de l'alcool! J'offre du genièvre![60]

TROISIEME VIEILLARD.   Qui a l'accordéon?

DEUXIEME VIEILLARD.   Viens, femme? Ne te cache plus...

LA VIEILLE FEMME, *sortant d'un lit.*   Qui est défunt?   5

QUATRIEME VIEILLARD.   Pas nous, pas toi! Les autres, on s'en moque!

LE GUETTEUR.   Taisez-vous! La Mort emporte quelqu'un. Peut-être n'est-ce
aussi qu'une ombre...

LA VIEILLE FEMME.   Ah! dites, dites un petit chapelet!

CINQUIEME VIEILLARD.   Folle! Prier pour des ombres?   10

LE GUETTEUR.   Je vous en supplie, un peu de silence? La Mort emporte...

SIXIEME VIEILLARD.   Nous festoierons toute la nuit, malgré le couvre-feu.
Nous vivrons nos grandes heures, comme autrefois!

PREMIER VIEILLARD.   Ce cavalier, est-il seulement venu?

DEUXIEME VIEILLARD.   Et ces cloches, ces cloches imaginaires?   15

LE GUETTEUR.   ...emporte dans ses bras précautionneusement une petite
ombre...

TROISIEME VIEILLARD.   J'ai trouvé l'accordéon!

LA VIEILLE FEMME, *qui a couru vers la fenêtre.*   Qu'emporte-t-elle?

LE GUETTEUR.   Un nouveau-né!   20

*Il rit doucement et détourne son visage. La vieille femme se signe. Mais,
l'accordéon résonne. Le vacarme éclate. Cris. Danse spasmodique des vieillards
la bouche ouverte, les poings fermés comme de raides marionnettes.*

60. **genièvre:** *a type of gin.*

SAMUEL BECKET
imagination morte imaginez

Nulle part trace de vie, dites-vous, pah, la belle affaire, imagination pas morte, si, bon, imagination morte imaginez. Iles, eaux, azur, verdure, fixez, pff, muscade, une éternité, taisez. Jusqu'à toute blanche dans la blancheur la rotonde. Pas d'entrée, entrez, mesurez. Diamètre 80 centimètres,[1] même
5   distance du sol au sommet de la voûte. Deux diamètres à angle droit AB CD partagent en demi-cercles ACB BDA le sol blanc. Par terre deux corps blancs, chacun dans son demi-cercle. Blancs aussi la voûte et le mur rond hauteur 40 centimètres sur lequel elle s'appuie. Sortez, une rotonde sans ornement, toute blanche dans la blancheur, rentrez, frappez, du plein partout,
10   ça sonne comme dans l'imagination l'os sonne. A la lumière qui rend si blanc nulle source apparente, tout brille d'un éclat blanc égal, sol, mur, voûte, corps, point d'ombre. Forte chaleur, surfaces chaudes au toucher, sans être brûlantes, corps en sueur. Ressortez, reculez, elle disparaît, survolez, elle disparaît, toute blanche dans la blancheur, descendez, rentrez. Vide, silence,
15   chaleur, blancheur, attendez, la lumière baisse, tout s'assombrit de concert, sol, mur, voûte, corps, 20 secondes environ, tous les gris, la lumière s'éteint, tout disparaît. Baisse en même temps la température, pour atteindre son minimum, zéro environ, à l'instant où le noir se fait ce qui peut paraître étrange. Attendez, plus ou moins longtemps, lumière et chaleur reviennent,
20   sol, mur, voûte et corps blanchissent et chauffent de concert, 20 secondes

1. **80 centimètres**: *about* 2½ feet.

300

environ, tous les gris, atteignent leur palier d'avant, d'où la chute était partie. Plus ou moins longtemps, car peuvent intervenir, l'expérience le montre, entre la fin de la chute et le début de la montée des durées très diverses,
allant d'une fraction de seconde jusqu'à ce qui aurait pu, en d'autres temps
et lieux, paraître une éternité. Même remarque pour l'autre pause, entre la   5
fin de la montée et le début de la chute. Des extrêmes, tant qu'ils persistent,
la stabilité est parfaite, ce qui colonne chaleur peut paraître étrange, dans les
premiers temps. Il arrive aussi, l'expérience le montre, que chute et montée s'interrompent, et cela à n'importe quel palier, et marquent un temps plus
ou moins long d'arrêt, avant de reprendre, ou de se convertir, celle-là en   10
montée, celle-ci en chute, pouvant à leur tour soit aboutir, soit s'interrompre
avant, pour ensuite reprendre, ou de nouveau se renverser, au bout d'un
temps plus ou moins long, et ainsi de suite, avant d'aboutir à l'un ou à l'autre extrême. Par de tels hauts et bas, remontées et rechutes, se succédant dans
des rythmes sans nombre, il n'est pas rare que le passage se fasse, du blanc   15
au noir et de la chaleur au froid, et inversement. Seuls les extrêmes sont
stables, comme le souligne la pulsation qui se manifeste lors des pauses aux
paliers intermédiaires, quelles qu'en soient la durée et la hauteur. Frémis-
sent alors sol, mur, voûte et corps, gris blanc ou fumée ou entre les deux
selon. Mais il est plutôt rare, l'expérience le montre, que le passage se fasse   20
ainsi. Et le plus souvent, quand la lumière se met à baisser, et avec elle la
chaleur, le mouvement se poursuit sans heurt jusqu'au noir fermé et au
degré zéro environ, atteints simultanément l'un et l'autre au bout de quelque 20 secondes. De même pour le mouvement contraire, vers la chaleur et
la blancheur. Suit dans l'ordre des fréquences la chute ou montée avec temps   25
d'arrêt plus ou moins longs dans ces gris fiévreux, sans qu'à aucun moment
le mouvement soit renversé. N'empêche qu'une fois l'équilibre rompu, celui
du haut comme celui du bas, le passage au suivant est variable à l'infini. Mais
quels qu'en soient les hasards, le retour tôt ou tard au calme temporaire semble assuré, pour le moment, dans le noir ou la grande blancheur, avec   30
température afférente, monde à l'épreuve encore de la convulsion sans trêve.
Retrouvé par miracle après quelle absence dans des déserts parfaits il n'est
déjà plus tout à fait le même, à ce point de vue, mais il n'en est pas d'autre.
Extérieurement tout reste inchangé et le petit édifice d'un repérage toujours
aussi aléatoire,[2] sa blancheur se fondant dans l'environante. Mais entrez et   35
c'est le calme plus bref et jamais deux fois le même tumulte. Lumière et

---

2. **d'un repérage toujours aussi aléatoire**: of a layout still equally problematical.

chaleur demeurent liées comme si fournies par une seule et même source
dont nulle trace toujours. Toujours par terre, plié en trois, la tête contre le
mur à B, le cul contre le mur à A, les genoux contre le mur entre B et C, les
pieds contre le mur entre C et A, c'est-à-dire inscrit dans le demi-cercle ACB,
se confondant avec le sol n'était la longue chevelure d'une blancheur incertaine, un corps blanc finalement de femme. Contenu similairement dans
l'autre demi-cercle, contre le mur la tête à A, le cul à B, les genoux entre A
et D, les pieds entre D et B, blanc aussi à l'égal du sol, le partenaire. Sur le
flanc droit donc tous les deux et tête-bêche[3] dos à dos. Présentez une glace aux
lèvres, elle s'embue.[4] De la main gauche chacun se tient la jambe gauche un
peu au-dessous du genou, de la droite le bras gauche un peu au-dessus du
coude. Dans cette lumière agitée, au grand calme blanc devenu si rare et bref,
l'inspection est malaisée. Malgré la glace ils passeraient bien pour inanimés
sans les yeux gauches qui à des intervalles incalculables brusquement s'écarquillent et s'exposent béants bien au-delà des possibilités humaines. Bleu
pâle aigu l'effet en est saisissant, dans les premiers temps. Jamais les deux
regards ensemble sauf une seule fois une dizaine de secondes, le début de
l'un empiétant sur la fin de l'autre. Ni gras ni maigres, ni grands ni petits,
les corps paraissent entiers et en assez bon état, à en juger d'après les parties
offertes à la vue. Aux visages non plus, pour peu que les deux versants se
vaillent, il ne semble manquer rien d'essentiel. Entre leur immobilité absolue
et la lumière déchaînée le contraste est frappant, dans les premiers temps,
pour qui se souvient encore d'avoir été sensible au contraire. Il est cependant
clair, à mille petits signes trop longs à imaginer, qu'ils ne dorment pas.
Faites seulement ah à peine, dans ce silence, et dans l'instant même pour
l'œil de proie l'infime[5] tressaillement aussitôt réprimé. Laissez-les là, en sueur
et glacés, il y a mieux ailleurs. Mais non, la vie s'achève et non, il n'y a rien
ailleurs, et plus question de retrouver ce point blanc perdu dans la blancheur, voir s'ils sont restés tranquilles au fort de cet orage, ou d'un orage pire,
ou dans le noir fermé pour de bon, ou la grande blancheur immuable, et
sinon ce qu'ils font.

3. **tête-bêche**: head to foot.   4. **elle s'embue**: *the minimal sign of life*.   5. **infime**:
barely perceptible.

RENE CHAR

Berceuse[1] pour chaque jour jusqu'au dernier

Nombreuses fois, nombre de fois,
L'homme s'endort, son corps l'éveille;
Puis une fois, rien qu'une fois,
L'homme s'endort et perd son corps.

1. **Berceuse**: lullaby.

Rouault. "De profundis clamavi ad te domine." Plate 47, *Miserere.*
Etching, aquatint, drypoint, and roulette over heliogravure, printed in
black. The Museum of Modern Art, New York: Gift of the artist.

6
DE LA PAIX

«J'entre dans la paix comme
dans un inconnu obscur»
BATAILLE

Flaubert et Baudelaire se présentent à nous comme deux frères spirituels. Les parallélismes chronologiques (ils sont nés tous deux en 1821; en 1857, tous deux sont poursuivis pour offenses à la morale par la justice impériale) n'en sont que les signes extérieurs. La ressemblance profonde est ailleurs : dans leur sens monacal de la vocation artistique, leur convoitise de l'infini, leur goût du pathologique, leur attraction au néant. Flaubert rêve d'orgies néroniennes, Baudelaire de paradis artificiels. L'un et l'autre connaissent les séductions de l'exotisme, du départ imaginaire vers les régions inconnues. L'amour le plus charnel est chez eux associé aux velléités spirituelles. Admirateurs de Sade, ils sont tous les deux également spécialistes en cruautés, abhorrent la fécondité de la nature, cultivent la notion de l'artifice.

Ils se reconnaissaient d'ailleurs des affinités. Après lecture d'un des poèmes de Baudelaire, Flaubert lui écrit : «Ah! vous comprenez l'embêtement de l'existence, vous!» L'Ennui au baillement omnivore, pour l'un comme pour l'autre, assume des dimensions métaphysiques. Ironique et destructeur, vouant l'univers à la stérilité, le «monstre délicat» des *Fleurs du mal* semble présider également à l'oeuvre de Flaubert. Le romancier et le poète sont d'ailleurs épris tous deux de formes caricaturales; ils sont fascinés par le difforme, le monstrueux, le grotesque triste, le comique fantastique et macabre. Mais tous deux connaissent également la terreur de l'amorphe, et exigent des formes fixes, des formes contraignantes et rassurantes. Fidèles au romantisme, tout en paraissant s'en désolidariser, ils illustrent, au delà de leurs contradictions intimes, les contradictions profondes de leur époque.

Si en effet la sensibilité romantique pouvait être définie, c'est par une série d'oppositions dialectiques qu'il faudrait tenter l'entreprise. Même les grands lieux communs du romantisme se proposent à nous de façon ambivalente. La Solitude est ressentie comme une condamnation mais aussi comme un privilège; la Connaissance comme principe de joie, mais aussi comme malédiction; le Temps comme dynamique et comme principe érosif; la Nature comme principe d'harmonie mais aussi comme force hostile. D'un côté, l'imagination romantique se délecte de puissance, d'excès. Le goût du titanesque, de l'exhibitionnisme, de la rhétorique va de pair avec le mythe de l'énergie, les tendances démagogiques, les rêves de réforme et de révolte. De ce côté tout est orgueilleuse, parfois même stridente affirmation du *moi*.

Mais cette théâtralité, ce désir d'infliger une cicatrice au monde, de laisser une signature indélébile, sont compensés ou contredits — parfois chez le même écrivain — par un besoin d'introspection, un culte de l'intériorité. A l'affirmation de l'individu exceptionnel répond le désir de communion. D'où la poésie de l'isolement et le lyrisme cellulaire. La prison est en effet un des hauts lieux de la méditation romantique : les quatre murs de la cellule semblent garantir la paix et la liberté. Lieu de la purification et de la vie intime, le donjon romantique devient alors le symbole d'une vérité intime, d'un dépouillement au profit des valeurs cachées. L'écrivain romantique sait clamer et proclamer; mais il sait aussi parler doucement, chuchoter presque, parler de bouche à oreille, ou mieux d'esprit à esprit. Sa voix se fait ainsi parfois plus hermétique. Parfois il sombre dans le solipsisme, ne parlant plus qu'à lui-même. Parfois il se tait.

Les deux textes ici juxtaposés illustrent ce langage intérieur, ce langage presque muet, devant une douleur trop grande pour la parole. Le langage dramatique cède la place au drame du langage. Félicité, dans *Un Coeur simple*, ne sait pas articuler sa pensée. Elle finit par vivre dans l'intimité d'un perroquet, et même d'un perroquet empaillé. L'écho de ses propres paroles ne peut plus lui revenir. Baudelaire dans le sonnet «Recueillement» s'adresse à une «douleur» qui est la sienne. Le titre même suggère une descente dans une zone intime où règne le silence. Tout dans le poème — la tranquillité invoquée, l'atmosphère nocturne, l'enveloppement de l'ombre comparée à un linceul — appelle l'anesthésie, sinon le repos de la mort.

Il ne s'agit pas d'une pose : la biographie de Baudelaire suffirait pour le garantir. L'angoisse dont il se plaint dans ses carnets intimes (la sensation du gouffre lui donne un vertige à proprement parler pascalien) correspond au ton de ses lettres à la même époque : « ...je suis attaqué d'une effroyable maladie, qui ne m'a jamais tant ravagé que cette année, je veux dire *la rêverie, le marasme, le découragement et l'indécision.*» Il est hanté par la peur de la stérilité, la peur de la folie; souffrance physique et souffrance morale se confondent. Il songe au suicide.

Mais le poème ne s'explique pas par une simpliste référence aux circonstances de sa vie. C'est toute la thématique baudelairienne qui est en cause. Car cette Douleur à laquelle il s'adresse, ce substantif personnifié avec sa majuscule allégorisante, prend sa place dans le réseau d'images des *Fleurs du mal*, et n'assume sa pleine valeur que par rapport à ce réseau. C'est dans le contexte de son dandysme, de son ironie impertinente, de son agressivité, que la douceur tragique de «Recueillement» affirme son authenticité. Baudelaire joue avec le sadisme et le masochisme, il rivalise avec Petrus Borel dans le genre macabre, il proclame son amour des oeuvres caricaturales et hallucinatoires de Goya — mais cela ne fait que donner plus de prix à ces moments d'une lucidité supérieure où le «tête-à-tête sombre et limpide» avec sa propre conscience lui fait perdre tout goût pour l'histrionisme. En cela, il résume les deux tendances apparemment contradictoires du romantisme : le cri d'orgueil et de révolte; le repli sur soi-même, la quête d'une vérité intérieure.

«Recueillement» bien que paru à part, fait partie intégrante des poèmes parisiens des *Fleurs du mal*. La grande ville, la «fourmillante cité» pleine de rêves et de mystères, y est évoquée. Baudelaire, avec Balzac et Hugo, est un de ceux qui ont le mieux senti la fécondité poétique de la ville moderne, en tant que sujet et en tant que mythe. Il est fasciné par le «charme profond et compliqué», par la «noire majesté de la plus inquiétante des capitales». Mais devant cette ville-océan, symbole de l'angoisse et du naufrage spirituel, l'esprit du poète cherche un refuge. Il aime le moment crépusculaire, cette heure douteuse, lorsque la nuit s'épaissit «ainsi qu'une cloison», invitant l'homme à retourner à la sécurité de sa chambre. Tout dans la grande ville sue le crime. Paris, avec ses hôpitaux remplis de râles et ses maisons de prostitution où mort et vice sont accouplés, assume les dimensions métaphoriques d'un enfer moderne. La chambre devient alors le lieu de l'intimité rassurante, où l'esprit harcelé peut se délasser dans un bain de ténèbres.

C'est contre cet arrière-plan du tragique de la ville moderne et d'une angoisse indicible, qu'il convient de lire «Recueillement». Le langage intime y frôle parfois la prose. Le poète parle à sa douleur — à lui-même — comme on parle à un malade, avec une douceur pour ainsi dire funèbre. Et en effet, les images des «défuntes Années», du «Soleil moribond», et du linceul, impliquent bien l'idée d'une atmosphère mortuaire. Peut-être la beauté du poème provient-elle justement de cet effort pour se libérer d'un contact trop brutal avec la réalité ? L'apprivoisement de la douleur, de même que le contrôle artistique, ne serait alors possible que par une transcendance dans le domaine du posthume.

C'est également sur le plan esthétique qu'*Un Coeur simple* de Flaubert nous livre son secret. Certes la biographie de l'auteur nous aide à mieux comprendre le choix du sujet et le ton du conte. La tristesse de Flaubert, après la guerre Franco-Prussienne et les violences de la Commune, ne cherche pas à s'exprimer dans des oeuvres épiques et pittoresques. L'heure n'est pas à la pose héroïque. Des deuils privés surtout ont assombri son existence. En 1869 il a perdu son grand ami Louis Bouilhet ; en 1872 sa mère est morte. En 1876, il apprend la mort de son ancienne maîtresse, Louise Colet. Et c'est durant cette même année, alors qu'il a déjà commencé *Un Coeur simple*, que meurt celle pour qui il avait entrepris d'écrire ce conte : George Sand. Car elle avait conseillé à Flaubert, s'inquiétant de son hygiène psychologique, de se consoler en écrivant de la littérature de «consolation». Nouvelle désolation : «J'avais commencé *Un Coeur simple* à son intention exclusive, uniquement pour lui plaire. Elle est morte, comme j'étais au milieu de mon oeuvre. Il en est ainsi de tous nos rêves.» Flaubert, depuis longtemps déjà, avait l'impression de porter en son coeur une «nécropole». Cette fois-ci, on peut dire que l'oeuvre est écrite sous le signe de la mort.

Mais aussi sous le signe de la tendresse, et d'une immense nostalgie de paix intérieure. Dans une de ses lettres, il explique que le conte auquel il travaille n'a rien d'ironique. «Je veux apitoyer, faire pleurer les âmes sensibles, en étant une moi-même.» L'histoire de Félicité est en effet touchante : l'histoire sans histoires d'une servante au grand coeur, être dépourvu d'intelligence, mais riche dans son innocence et sa capacité d'aimer.

A première vue, l'on se demande quel rapport il peut y avoir entre ce texte et le drame d'une Emma Bovary où les angoisses d'un saint Antoine. Et pourtant les liens sont réels dès qu'on pénètre derrière les apparences. C'est tout un réseau thématique qui se tisse en profondeur à travers l'oeuvre de Flaubert : érosion de la vie par la vie, vieillissement, divorce entre l'idéal et la quotidienneté, retraite solipsiste, vocation de la sainteté. Le temps joue un rôle capital : en cela Flaubert, de même que Baudelaire, annonce Proust. Recherche d'un temps perdu : pour se documenter, Flaubert fait un voyage vers les régions de son enfance, Pont-l'Evêque et Honfleur. «Cette excursion m'a abreuvé de tristesse, car forcément j'y ai pris un bain de souvenirs.» En réalité, bien sûr, c'est un voyage dans son monde intérieur qu'il entreprend. Il ressuscite les moments de son enfance, les heures privilégiées de l'été, des vacances, des rêveries. Promenades, jeux, images maritimes — c'est tout un monde défunt qui renaît dans une atmosphère de douceur profonde.

Un Coeur simple se déroule ainsi dans le temps, mais un temps irréel, un temps atemporel. «Pendant un demi-siècle...» — la première phrase indique le rythme. Le reste ne fait que jouer des variations sur cette thématique temporelle : l'odeur de moisi, les meubles d'époque, le visage sans âge de Félicité, le retour et la ressemblance des saisons, la mort des personnages. Les événements politiques, les bouleversements sociaux, sont à peine perceptibles dans ce monde qui semble anesthésié, et comme fermé sur lui-même.

Cette fermeture est symbolisée par la maison de Mme Aubain, la chambre de Félicité (mélange de bazar et de chapelle), sa surdité qui l'isole, son tête-à-tête avec le perroquet empaillé. Le perroquet vivant était déjà une incarnation du principe de circularité : le langage parlé tourne sur lui-même. L'homme croit qu'il parle, alors qu'il est parlé. Mais le perroquet mort est comme la négation dérisoire du Logos. Ce n'est pas par hasard que Flaubert imagine que Félicité confond l'animal empaillé avec le Saint Esprit. Et ce n'est pas par hasard non plus qu'il suggère la possibilité d'une communication au delà du langage.

Inutile de souligner que c'est le tragique de la littérature qui est en cause. Banalisé et profané, le langage reste la matière première de l'écrivain, son mode d'expression et sa substance. L'élargissement hétéroclite du public moderne, la presse à grand tirage, les exigences de la réclame, contribuent à la consommation de plus en plus accélérée des mots, des formules, des images verbales. Cette prostitution justifie le malaise croissant des écrivains après la première période romantique. Stendhal avait déjà diagnostiqué l'«ère du soupçon». D'autres après lui dénonceront les différentes formes de «fausse monnaie». Mais comment *dire* sans se fier aux mots ? Comment communiquer, tout en protégeant la pureté de la parole ? Il n'est pas surprenant que certaines esprits — les plus délicats peut-être — aient été séduits par l'hermétisme. Le silence ou le langage secret sont des alternatives apparentées. Baudelaire et Flaubert ont opté, dans leurs oeuvres les plus troublantes, pour une solution intermédiaire, un langage derrière le langage. Cette solution leur convenait d'autant plus qu'elle garantissait une zone protégée, qu'elle leur permettait de se situer non à la frontière de leur oeuvre, mais dans une chambre royale intime, visible mais non pas transparente.

VICTOR BROMBERT
Yale University

GUSTAVE FLAUBERT
Un Coeur simple

Pendant un demi-siècle, les bourgeoises de Pont-l'Evêque[1] envièrent à
Mme Aubain sa servante Félicité.

Pour cent francs par an, elle faisait la cuisine et le ménage, cousait, lavait,
repassait, savait brider un cheval, engraisser les volailles, battre le beurre, et
resta fidèle à sa maîtresse, — qui cependant n'était pas une personne   5
agréable.

Elle avait épousé un beau garçon sans fortune, mort au commencement
de 1809, en lui laissant deux enfants très jeunes avec une quantité de dettes.
Alors elle vendit ses immeubles,[2] sauf la ferme de Touques et la ferme de
Geffosses, dont les rentes montaient à 5,000 francs tout au plus, et elle quitta   10
sa maison de Saint-Melaine pour en habiter une autre moins dispendieuse,
ayant appartenu à ses ancêtres et placée derrière les halles.

Cette maison, revêtue d'ardoises, se trouvait entre un passage et une ruelle
aboutissant à la rivière. Elle avait intérieurement des différences de niveau
qui faisaient trébucher. Un vestibule étroit séparait la cuisine de la *salle* où   15
Mme Aubain se tenait tout le long du jour, assise près de la croisée dans un
fauteuil de paille. Contre le lambris, peint en blanc, s'alignaient huit chaises
d'acajou. Un vieux piano supportait, sous un baromètre, un tas pyramidal
de boîtes et de cartons. Deux bergères de tapisserie flanquaient la cheminée
en marbre jaune et de style Louis XV.[3] La pendule, au milieu, représentait   20

1. **Pont-l'Evêque:** *a small town in Normandy*. 2. **immeubles:** landed property. 3. **Louis XV:** *a style of the mid-eighteenth century*.

un temple de Vesta,[4] — et tout l'appartement sentait un peu le moisi, car le plancher était plus bas que le jardin.

Au premier étage, il y avait d'abord la chambre de «Madame», très grande, tendue d'un papier à fleurs pâles, et contenant le portrait de «Monsieur» en costume de muscadin. Elle communiquait avec une chambre plus petite, où l'on voyait deux couchettes d'enfants, sans matelas. Puis venait le salon, toujours fermé, et rempli de meubles recouverts d'un drap. Ensuite un corridor menait à un cabinet d'étude; des livres et des paperasses garnissaient les rayons d'une bibliothèque entourant de ses trois côtés un large bureau de bois noir. Les deux panneaux en retour[5] disparaissaient sous des dessins à la plume, des paysages à la gouache et des gravures d'Audran,[6] souvenirs d'un temps meilleur et d'un luxe évanoui. Une lucarne au second étage éclairait la chambre de Félicité, ayant vue sur les prairies.

Elle se levait dès l'aube, pour ne pas manquer la messe, et travaillait jusqu'au soir sans interruption; puis, le dîner étant fini, la vaisselle en ordre et la porte bien close, elle enfouissait la bûche sous les cendres et s'endormait devant l'âtre, son rosaire à la main. Personne, dans les marchandages, ne montrait plus d'entêtement. Quant à la propreté, le poli de ses casseroles faisait le désespoir des autres servantes. Econome, elle mangeait avec lenteur, et recueillait du doigt sur la table les miettes de son pain, — un pain de douze livres, cuit exprès pour elle, et qui durait vingt jours.

En toute saison, elle portait un mouchoir d'indienne[7] fixé dans le dos par une épingle, un bonnet lui cachant les cheveux, des bas gris, un jupon rouge, et par-dessus sa camisole un tablier à bavette,[8] comme les infirmières d'hôpital.

Son visage était maigre et sa voix aiguë. A vingt-cinq ans, on lui en donnait quarante. Dès la cinquantaine, elle ne marqua plus aucun âge; — et, toujours silencieuse, la taille droite et les gestes mesurés, semblait une femme en bois, fonctionnant d'une manière automatique.

II

Elle avait eu, comme une autre, son histoire d'amour.

Son père, un maçon, s'était tué en tombant d'un échafaudage. Puis sa

4. **temple de Vesta:** a temple of the goddess of the hearth. *All of these furnishings are typically bourgeois.* 5. **en retour:** at right angles. 6. *Gérard Audran (1640–1703), a famous* *French engraver who reproduced the masterpieces of painters like Le Brun and Poussin.* 7. **mouchoir d'indienne:** calico neckerchief. 8. **tablier à bavette:** bibbed apron.

mère mourut, ses sœurs se dispersèrent, un fermier la recueillit, et l'employa
toute petite à garder les vaches dans la campagne. Elle grelottait sous des
haillons, buvait à plat ventre l'eau des mares, à propos de rien était battue,
et finalement fut chassée pour un vol de trente sols,[9] qu'elle n'avait pas
commis. Elle entra dans une autre ferme, y devint fille de basse-cour, et,   5
comme elle plaisait aux patrons, ses camarades la jalousaient.

Un soir du mois d'août (elle avait alors dix-huit ans), ils l'entraînèrent
à l'assemblée[10] de Colleville. Tout de suite elle fut étourdie, stupéfaite par
le tapage des ménétriers, les lumières dans les arbres, la bigarrure des
costumes, les dentelles, les croix d'or, cette masse de monde sautant à la fois.   10
Elle se tenait à l'écart modestement, quand un jeune homme d'apparence
cossue, et qui fumait sa pipe les deux coudes sur le timon d'un banneau,[11]
vint l'inviter à la danse. Il lui paya du cidre, du café, de la galette, un
foulard, et, s'imaginant qu'elle le devinait, offrit de la reconduire. Au bord
d'un champ d'avoine, il la renversa brutalement. Elle eut peur et se mit à   15
crier. Il s'éloigna.

Un autre soir, sur la route de Beaumont, elle voulut dépasser un grand
chariot de foin qui avançait lentement, et en frôlant les roues elle reconnut
Théodore.

Il l'aborda d'un air tranquille, disant qu'il fallait tout pardonner, puisque   20
c'était «la faute de la boisson».

Elle ne sut que répondre et avait envie de s'enfuir.

Aussitôt il parla des récoltes et des notables de la commune,[12] car son
père avait abandonné Colleville pour la ferme des Ecots, de sorte que maintenant ils se trouvaient voisins. — «Ah!» dit-elle. Il ajouta qu'on désirait   25
l'établir. Du reste, il n'était pas pressé, et attendait une femme à son goût.
Elle baissa la tête. Alors il lui demanda si elle pensait au mariage. Elle
reprit, en souriant, que c'était mal de se moquer. — «Mais non, je vous
jure!» et du bras gauche il lui entoura la taille; elle marchait soutenue par
son étreinte; ils se ralentirent. Le vent était mou, les étoiles brillaient,   30
l'énorme charretée de foin oscillait devant eux; et les quatre chevaux, en
traînant leurs pas, soulevaient de la poussière. Puis, sans commandement,
ils tournèrent à droite. Il l'embrassa encore une fois. Elle disparut dans
l'ombre.

Théodore, la semaine suivante, en obtint des rendez-vous.   35

---

9. **sol:** *a coin of very little value.* **10.**
l'assemblée: (*col.*) a local celebration.
11. timon d'un banneau: shaft of a

wagon. **12. commune:** *a French*
administrative division roughly equal
to a county.

Ils se rencontraient au fond des cours, derrière un mur, sous un arbre isolé. Elle n'était pas innocente à la manière des demoiselles, — les animaux l'avaient instruite; — mais la raison et l'instinct de l'honneur l'empêchèrent de faillir. Cette résistance exaspéra l'amour de Théodore, si bien que pour le
5 satisfaire (ou naïvement peut-être) il proposa de l'épouser. Elle hésitait à le croire. Il fit de grands serments.

Bientôt, il avoua quelque chose de fâcheux : ses parents, l'année dernière, lui avaient acheté un homme;[13] mais d'un jour à l'autre on pourrait le reprendre; l'idée de servir l'effrayait. Cette couardise fut pour Félicité une
10 preuve de tendresse; la sienne en redoubla. Elle s'échappait la nuit, et, parvenue au rendez-vous, Théodore la torturait avec ses inquiétudes et ses instances.

Enfin, il annonça qu'il irait lui-même à la Préfecture prendre des informations, et les apporterait dimanche prochain, entre onze heures et minuit.
15 Le moment arrivé, elle courut vers l'amoureux.

A sa place, elle trouva un des ses amis.

Il lui apprit qu'elle ne devait plus le revoir. Pour se garantir de la conscription, Théodore avait épousé une vieille femme très riche, Mme Lehoussais, de Touques.
20 Ce fut un chagrin désordonné. Elle se jeta par terre, poussa des cris, appela le bon Dieu, et gémit toute seule dans la campagne jusqu'au soleil levant. Puis elle revint à la ferme, déclara son intention d'en partir; et, au bout du mois, ayant reçu ses comptes, elle enferma tout son petit bagage dans un mouchoir, et se rendit à Pont-l'Evêque.
25 Devant l'auberge, elle questionna une bourgeoise en capeline de veuve, et qui précisément cherchait une cuisinière. La jeune fille ne savait pas grand'chose, mais paraissait avoir tant de bonne volonté et si peu d'exigences, que Mme Aubain finit par dire :

« — Soit, je vous accepte ! »
30 Félicité, un quart d'heure après, était installée chez elle.

D'abord elle y vécut dans une sorte de tremblement que lui causaient «le genre de la maison» et le souvenir de «Monsieur», planant sur tout ! Paul et Virginie,[14] l'un âgé de sept ans, l'autre de quatre à peine, lui semblaient formés d'une matière précieuse; elle les portait sur son dos comme un
35 cheval, et Mme Aubain lui défendit de les baiser à chaque minute, ce qui la

---

13. avaient acheté un homme: *At the time, in order to avoid military service, one could pay a substitute.*

14. Paul et Virginie: *named after the two protagonists of Bernadin de Saint-Pierre's popular novel of that title.*

mortifia. Cependant elle se trouvait heureuse. La douceur du milieu avait fondu sa tristesse.

Tous les jeudis, des habitués venaient faire une partie de boston.[15] Félicité préparait d'avance les cartes et les chaufferettes. Ils arrivaient à huit heures bien juste, et se retiraient avant le coup de onze. 5

Chaque lundi matin, le brocanteur qui logeait sous l'allée étalait par terre ses ferrailles. Puis la ville se remplissait d'un bourdonnement de voix, où se mêlaient des hennissements de chevaux, des bêlements d'agneaux, des grognements de cochons, avec le bruit sec des carrioles dans la rue. Vers midi, au plus fort du marché, on voyait paraître sur le seuil un vieux 10 paysan de haute taille, la casquette en arrière, le nez crochu, et qui était Robelin, le fermier de Geffosses. Peu de temps après, c'était Liébard, le fermier de Touques, — petit, rouge, obèse, portant une veste grise et des houseaux armés d'éperons.

Tous deux offraient à leur propriétaire des poules ou des fromages. 15 Félicité invariablement déjouait leurs astuces; et ils s'en allaient pleins de considération pour elle.

A des époques indéterminées, Mme Aubain recevait la visite du marquis de Gremanville, un de ses oncles, ruiné par la crapule et qui vivait à Falaise sur le dernier lopin de ses terres. Il se présentait toujours à l'heure du 20 déjeuner, avec un affreux caniche dont les pattes salissaient tous les meubles. Malgré ses efforts pour paraître gentilhomme, jusqu'à soulever son chapeau chaque fois qu'il disait : «Feu mon père»,[16] l'habitude l'entraînant, il se versait à boire coup sur coup, et lâchait des gaillardises. Félicité le poussait dehors poliment : «Vous en avez assez, Monsieur de Gremanville! A une 25 autre fois!» Et elle refermait la porte.

Elle l'ouvrait avec plaisir devant M. Bourais, ancien avoué. Sa cravate blanche et sa calvitie, le jabot de sa chemise, son ample redingote brune, sa façon de priser en arrondissant le bras, tout son individu lui produisait ce trouble où nous jette le spectacle des hommes extraordinaires. 30

Comme il gérait les propriétés de «Madame», il s'enfermait avec elle pendant des heures dans le cabinet de «Monsieur», et craignait toujours de se compromettre, respectait infiniment la magistrature, avait des prétentions au latin.

Pour instruire les enfants d'une manière agréable, il leur fit cadeau d'une 35 géographie en estampes. Elles représentaient différentes scènes du monde,

---

15. **boston:** *a card game.*   16. **Feu mon père:** my late lamented father.

des anthropophages[17] coiffés de plumes, un singe enlevant une demoiselle, des Bédouins dans le désert, une baleine qu'on harponnait, etc.

Paul donna l'explication de ces gravures à Félicité. Ce fut même toute son éducation littéraire.

5   Celle des enfants était faite par Guyot, un pauvre diable employé à la Mairie, fameux pour sa belle main,[18] et qui repassait son canif sur sa botte.

Quand le temps était clair, on s'en allait de bonne heure à la ferme de Geffosses.

La cour est en pente, la maison dans le milieu; et la mer, au loin, apparaît

10   comme une tache grise.

Félicité retirait de son cabas des tranches de viande froide, et on déjeunait dans un appartement faisant suite à la laiterie. Il était le seul reste d'une habitation de plaisance,[19] maintenant disparue. Le papier de la muraille en lambeaux tremblait aux courants d'air. Mme Aubain penchait son front,

15   accablée de souvenirs; les enfants n'osaient plus parler. «Mais jouez donc!» disait-elle; ils décampaient.

Paul montait dans la grange, attrapait des oiseaux, faisait des ricochets sur la mare, ou tapait avec un bâton les grosses futailles qui résonnaient comme des tambours.

20   Virginie donnait à manger aux lapins, se précipitait pour cueillir des bluets, et la rapidité de ses jambes découvrait ses petits pantalons brodés.

Un soir d'automne, on s'en retourna par les herbages.

La lune à son premier quartier éclairait une partie du ciel, et un brouillard flottait comme une écharpe sur les sinuosités de la Touques. Des bœufs,

25   étendus au milieu du gazon, regardaient tranquillement ces quatre personnes passer. Dans la troisième pâture quelques-uns se levèrent, puis se mirent en rond devant elles. — «Ne craignez rien!» dit Félicité; et, murmurant une sorte de complainte, elle flatta sur l'échine celui qui se trouvait le plus près; il fit volte-face, les autres l'imitèrent. Mais, quand l'herbage suivant

30   fut traversé, un beuglement formidable s'éleva. C'était un taureau, que cachait le brouillard. Il avança vers les deux femmes. Mme Aubain allait courir. — «Non! non! moins vite!» Elles pressaient le pas cependant, et entendaient par derrière un souffle sonore qui se rapprochait. Ses sabots, comme des marteaux, battaient l'herbe de la prairie; voilà qu'il galopait

35   maintenant! Félicité se retourna, et elle arrachait à deux mains des plaques de terre qu'elle lui jetait dans les yeux. Il baissait le mufle, secouait les

17. anthropophages: cannibals. 18. belle main: beautiful handwriting. 19. habitation de plaisance: country villa.

cornes et tremblait de fureur en beuglant horriblement. Mme Aubain, au
bout de l'herbage avec ses deux petits, cherchait éperdue comment franchir
le haut bord. Félicité reculait toujours devant le taureau, et continuellement
lançait des mottes de gazon qui l'aveuglaient, tandis qu'elle criait : —
«Dépêchez-vous! dépêchez-vous!»   5
    Mme Aubain descendit le fossé, poussa Virginie, Paul ensuite, tomba
plusieurs fois en tâchant de gravir le talus, et à force de courage y parvint.
    Le taureau avait acculé Félicité contre une claire-voie; sa bave lui rejail-
lissait à la figure, une seconde de plus il l'éventrait. Elle eut le temps de se
couler entre deux barreaux, et la grosse bête, toute surprise, s'arrêta.   10
    Cet événement, pendant bien des années, fut un sujet de conversation
à Pont-l'Evêque. Félicité n'en tira aucun orgueil, ne se doutant même pas
qu'elle eût rien fait d'héroïque.
    Virginie l'occupait exclusivement; — car elle eut, à la suite de son effroi,
une affection nerveuse, et M. Poupart, le docteur, conseilla les bains de mer   15
de Trouville.[20]
    Dans ce temps-là, ils n'étaient pas fréquentés. Mme Aubain prit des
renseignements, consulta Bourais, fit des préparatifs comme pour un long
voyage.
    Ses colis partirent la veille, dans la charrette de Liébard. Le lendemain, il   20
amena deux chevaux dont l'un avait une selle de femme, munie d'un dossier
de velours; et sur la croupe du second un manteau roulé formait une manière
de siège. Mme Aubain y monta, derrière lui Félicité se chargea de Virginie,
et Paul enfourcha l'âne de M. Lechaptois, prêté sous la condition d'en avoir
grand soin.   25
    La route était si mauvaise que ses huit kilomètres[21] exigèrent deux
heures. Les chevaux enfonçaient jusqu'aux paturons dans la boue, et
faisaient pour en sortir de brusques mouvements des hanches; ou bien
ils buttaient contre les ornières; d'autres fois, il leur fallait sauter. La
jument de Liébard, à de certains endroits, s'arrêtait tout à coup. Il attendait   30
patiemment qu'elle se remît en marche; et il parlait des personnes dont les
propriétés bordaient la route, ajoutant à leur histoire des réflexions morales.
Ainsi, au milieu de Touques, comme on passait sous des fenêtres entourées
de capucines, il dit, avec un haussement d'épaules : — «En voilà une, Mme
Lehoussais, qui au lieu de prendre un jeune homme... » Félicité n'entendit   35
pas le reste; les chevaux trottaient, l'âne galopait; tous enfilèrent un sentier,

20. **Trouville:** *a well-known ocean resort in Normandy.* 21. **huit kilomètres:**
about five miles.

une barrière tourna, deux garçons parurent, et l'on descendit devant le purin, sur le seuil même de la porte.

La mère Liébard, en apercevant sa maîtresse, prodigua les démonstrations de joie. Elle lui servit un déjeuner où il y avait un aloyau, des tripes, du
5   boudin, une fricassée de poulet, du cidre mousseux, une tarte aux compotes et des prunes à l'eau-de-vie,[22] accompagnant le tout de politesses à Madame qui paraissait en meilleure santé, à Mademoiselle devenue «magnifique», à M. Paul singulièrement «forci»,[23] sans oublier leurs grands-parents défunts que les Liébard avaient connus, étant au service de la famille depuis
10 plusieurs générations. La ferme avait, comme eux, un caractère d'ancien-neté. Les poutrelles du plafond étaient vermoulues, les murailles noires de fumée, les carreaux gris de poussière. Un dressoir en chêne supportait toutes sortes d'ustensiles, des brocs, des assiettes, des écuelles d'étain, des pièges à loup, des forces[24] pour les moutons; une seringue énorme fit rire les enfants.
15 Pas un arbre des trois cours qui n'eût des champignons à sa base, ou dans ses rameaux une touffe de gui. Le vent en avait jeté bas plusieurs. Ils avaient repris par le milieu; et tous fléchissaient sous la quantité de leurs pommes. Les toits de paille, pareils à du velours brun et inégaux d'épaisseur, résistaient aux plus fortes bourrasques. Cependant la charreterie[25] tombait
20 en ruines. Mme Aubain dit qu'elle aviserait, et commanda de reharnacher les bêtes.

On fut encore une demi-heure avant d'atteindre Trouville. La petite caravane mit pied à terre pour passer les Écores; c'était une falaise surplom-bant des bateaux; et trois minutes plus tard, au bout du quai, on entra dans
25 la cour de l'*Agneau d'or*, chez la mère David.

Virginie, dès les premiers jours, se sentit moins faible, résultat du change-ment d'air et de l'action des bains. Elle les prenait en chemise, à défaut d'un costume; et sa bonne la rhabillait dans une cabane de douaniers qui servait aux baigneurs.

30 L'après-midi, on s'en allait avec l'âne au-delà des Roches-Noires, du côté d'Hennequeville. Le sentier, d'abord, montait entre des terrains vallonnés comme la pelouse d'un parc, puis arrivait sur un plateau où alternaient des pâturages et des champs en labour.[26] A la lisière du chemin, dans le fouillis des ronces, des houx se dressaient; çà et là, un grand arbre mort faisait sur
35 l'air bleu des zigzags avec ses branches.

---

22. *The Normans are known for their copious meals.* 23. **forci:** grown strong. 24. **forces:** shears. 25.

charreterie: wagon shed. 26. **en labour:** ploughed.

Presque toujours on se reposait dans un pré, ayant Deauville[27] à gauche, le Havre[28] à droite et en face la pleine mer. Elle était brillante de soleil, lisse comme un miroir, tellement douce qu'on entendait à peine son murmure; des moineaux cachés pépiaient et la voûte immense du ciel recouvrait tout cela. Mme Aubain, assise, travaillait à son ouvrage de couture; Virginie   5 près d'elle tressait des joncs; Félicité sarclait des fleurs de lavande; Paul, qui s'ennuyait, voulait partir.

D'autres fois, ayant passé la Touques en bateau, ils cherchaient des coquilles. La marée basse laissait à découvert des oursins,[29] des godefiches,[30] des méduses; et les enfants couraient, pour saisir des flocons d'écume que le   10 vent emportait. Les flots endormis, en tombant sur le sable, se déroulaient le long de la grève; elle s'étendait à perte de vue, mais du côté de la terre avait pour limite les dunes la séparant du *Marais*, large prairie en forme d'hippodrome. Quand ils revenaient par là, Trouville, au fond, sur la pente du coteau, à chaque pas grandissait, et avec toutes ses maisons inégales   15 semblait s'épanouir dans un désordre gai.

Les jours qu'il faisait trop chaud, ils ne sortaient pas de leur chambre. L'éblouissante clarté du dehors plaquait des barres de lumière entre les lames des jalousies.[31] Aucun bruit dans le village. En bas, sur le trottoir, personne. Ce silence épandu augmentait la tranquillité des choses. Au loin,   20 les marteaux des calfats tamponnaient des carènes, et une brise lourde apportait la senteur du goudron.

Le principal divertissement était le retour des barques. Dès qu'elles avaient dépassé les balises, elles commençaient à louvoyer. Leurs voiles descendaient aux deux tiers des mâts; et, la misaine gonflée comme un   25 ballon, elles avançaient, glissaient dans le clapotement des vagues, jusqu'au milieu du port, où l'ancre tout à coup tombait. Ensuite le bateau se plaçait contre le quai. Les matelots jetaient par-dessus le bordage des poissons palpitants; une file de charrettes les attendait, et des femmes en bonnet de coton s'élançaient pour prendre les corbeilles et embrasser leurs hommes.   30

Une d'elles, un jour, aborda Félicité, qui peu de temps après entra dans la chambre, toute joyeuse. Elle avait retrouvé une sœur; et Nastasie Barette, femme Leroux, apparut, tenant un nourrisson à sa poitrine, de la main droite un autre enfant, et à sa gauche un petit mousse les poings sur les hanches et le béret sur l'oreille.   35

---

27. **Deauville**: *a famous resort on the Norman coast*. 28. **le Havre**: *an important port in Normandy*. 29.

oursins: sea urchins. 30. **godefiches**: scallops. 31. **lames des jalousies**: slats of the blinds.

Au bout d'un quart d'heure, Mme Aubain la congédia.

On les rencontrait toujours aux abords de la cuisine, ou dans les promenades que l'on faisait. Le mari ne se montrait pas.

Félicité se prit d'affection pour eux. Elle leur acheta une couverture, des
5   chemises, un fourneau; évidemment, ils l'exploitaient. Cette faiblesse agaçait Mme Aubain, qui d'ailleurs n'aimait pas les familiarités du neveu, — car il tutoyait son fils; — et, comme Virginie toussait et que la saison n'était plus bonne, elle revint à Pont-l'Evêque.

M. Bourais l'éclaira sur le choix d'un collège. Celui de Caen[32] passait pour
10 le meilleur. Paul y fut envoyé, et fit bravement ses adieux, satisfait d'aller vivre dans une maison où il aurait des camarades.

Mme Aubain se résigna à l'éloignement de son fils, parce qu'il était indispensable. Virginie y songea de moins en moins. Félicité regrettait son tapage. Mais une occupation vint la distraire; à partir de Noël, elle mena tous
15 les jours la petite fille au catéchisme.

III

Quand elle avait fait à la porte une génuflexion, elle s'avançait sous la haute nef entre la double ligne des chaises, ouvrait le banc de Mme Aubain, s'asseyait, et promenait ses yeux autour d'elle.

Les garçons à droite, les filles à gauche, emplissaient les stalles du chœur;
20 le curé se tenait debout près du lutrin; sur un vitrail de l'abside, le Saint-Esprit dominait la Vierge; un autre la montrait à genoux devant l'Enfant-Jésus, et, derrière le tabernacle, un groupe en bois représentait Saint-Michel terrassant le dragon.[33]

Le prêtre fit d'abord un abrégé de l'Histoire-Sainte. Elle croyait voir le
25 paradis, le déluge, la tour de Babel, des villes tout en flammes, des peuples qui mouraient, des idoles renversées; et elle garda de cet éblouissement le respect du Très-Haut et la crainte de sa colère. Puis, elle pleura en écoutant la Passion. Pourquoi l'avaient-ils crucifié, lui qui chérissait les enfants, nourrissait les foules, guérissait les aveugles, et avait voulu, par douceur,
30 naître au milieu des pauvres, sur le fumier d'une étable? Les semailles, les moissons, les pressoirs, toutes ces choses familières dont parle l'Evangile, se trouvaient dans sa vie; le passage de Dieu les avait sanctifiées; et elle aima

---

32. **Caen:** *one of the most important cities of Normandy.* **33.** *The battle in which the archangel Michael, head* *of the celestial forces, slew the dragon Satan is described in the book of Revelations.*

plus tendrement les agneaux par amour de l'Agneau, les colombes à cause du Saint-Esprit.

Elle avait peine à imaginer sa personne ; car il n'était pas seulement oiseau, mais encore un feu, et d'autres fois un souffle. C'est peut-être sa lumière qui voltige la nuit aux bords des marécages, son haleine qui pousse les nuées, 5 sa voix qui rend les cloches harmonieuses ; et elle demeurait dans une adoration, jouissant de la fraîcheur des murs et de la tranquillité de l'église.

Quant aux dogmes, elle n'y comprenait rien, ne tâcha même pas de comprendre. Le curé discourait, les enfants récitaient, elle finissait par s'endormir ; et se réveillait tout à coup, quand ils faisaient en s'en allant 10 claquer leurs sabots sur les dalles.

Ce fut de cette manière, à force de l'entendre, qu'elle apprit le catéchisme, son éducation religieuse ayant été négligée dans sa jeunesse ; et dès lors elle imita toutes les pratiques de Virginie, jeûnait comme elle, se confessait avec elle. A la Fête-Dieu,[34] elles firent ensemble un reposoir.[35] 15

La première communion la tourmentait d'avance. Elle s'agita pour les souliers, pour le chapelet, pour le livre, pour les gants. Avec quel tremblement elle aida sa mère à l'habiller !

Pendant toute la messe, elle éprouva une angoisse. M. Bourais lui cachait un côté du chœur ; mais juste en face, le troupeau des vierges portant des 20 couronnes blanches par-dessus leurs voiles abaissés formait comme un champ de neige ; et elle reconnaissait de loin la chère petite à son cou plus mignon et son attitude recueillie. La cloche tinta. Les têtes se courbèrent ; il y eut un silence. Aux éclats de l'orgue, les chantres et la foule entonnèrent l'*Agnus Dei* ;[36] puis le défilé des garçons commença ; et, après eux, les filles 25 se levèrent. Pas à pas, et les mains jointes, elles allaient vers l'autel tout illuminé, s'agenouillaient sur la première marche, recevaient l'hostie successivement, et dans le même ordre revenaient à leurs prie-Dieu.[37] Quand ce fut le tour de Virginie, Félicité se pencha pour la voir ; et, avec l'imagination que donnent les vraies tendresses, il lui sembla qu'elle était elle-même cette 30 enfant ; sa figure devenait la sienne, sa robe l'habillait, son cœur lui battait dans la poitrine ; au moment d'ouvrir la bouche, en fermant les paupières, elle manqua s'évanouir.

Le lendemain, de bonne heure, elle se présenta dans la sacristie, pour

---

34. Fête-Dieu: Corpus Christi, *a feast of the Catholic Church (on the Thursday after Trinity Sunday).* **35. reposoir:** a small wayside altar, *or* station of the cross. **36. Agnus Dei:** *a prayer in the mass to the* Lamb of God. **37. prie-Dieu:** prayer stool.

que M. le Curé lui donnât la communion. Elle la reçut dévotement, mais n'y goûta pas les mêmes délices.

Mme Aubain voulait faire de sa fille une personne accomplie; et, comme Guyot ne pouvait lui montrer ni l'anglais ni la musique, elle résolut de la mettre en pension chez les Ursulines[38] d'Honfleur.[39]

L'enfant n'objecta rien. Félicité soupirait, trouvant Madame insensible. Puis elle songea que sa maîtresse, peut-être, avait raison. Ces choses dépassaient sa compétence.

Enfin, un jour, une vieille tapissière s'arrêta devant la porte; et il en descendit une religieuse qui venait chercher Mademoiselle. Félicité monta les bagages sur l'impériale,[40] fit des recommandations au cocher, et plaça dans le coffre six pots de confitures et une douzaine de poires, avec un bouquet de violettes.

Virginie, au dernier moment, fut prise d'un grand sanglot; elle embrassait sa mère qui la baisait au front en répétant : — «Allons! du courage! du courage!» Le marchepied se releva, la voiture partit.

Alors Mme Aubain eut une défaillance; et le soir tous ses amis, le ménage Lormeau, Mme Lechaptois, *ces* demoiselles Rochefeuille, M. de Houppeville et Bourais se présentèrent pour la consoler.

La privation de sa fille lui fut d'abord très douloureuse. Mais trois fois la semaine elle en recevait une lettre, les autres jours lui écrivait, se promenait dans son jardin, lisait un peu, et de cette façon comblait le vide des heures.

Le matin, par habitude, Félicité entrait dans la chambre de Virginie, et regardait les murailles. Elle s'ennuyait de n'avoir plus à peigner ses cheveux, à lui lacer ses bottines, à la border dans son lit, — et de ne plus voir continuellement sa gentille figure, de ne plus la tenir par la main quand elles sortaient ensemble. Dans son désœuvrement, elle essaya de faire de la dentelle. Ses doigts trop lourds cassaient les fils; elle n'entendait à rien, avait perdu le sommeil, suivant son mot était «minée».[41]

Pour «se dissiper», elle demanda la permission de recevoir son neveu Victor.

Il arrivait le dimanche après la messe, les joues roses, la poitrine nue, et sentant l'odeur de la campagne qu'il avait traversée. Tout de suite, elle dressait son couvert. Ils déjeunaient l'un en face de l'autre; et, mangeant elle-même le moins possible pour épargner la dépense, elle le bourrait

---

38. Ursulines: *a religious order.* 39. Honfleur: *a fishing port in Normandy.*   40. l'impériale: roof deck of the carriage. 41. minée: done in.

tellement de nourriture qu'il finissait par s'endormir. Au premier coup
des vêpres, elle le réveillait, brossait son pantalon, nouait sa cravate, et
se rendait à l'église, appuyée sur son bras dans un orgueil maternel.

Ses parents le chargeaient toujours d'en tirer quelque chose, soit un
paquet de cassonade, du savon, de l'eau-de-vie, parfois même de l'argent.   5
Il apportait ses nippes à raccommoder; et elle acceptait cette besogne, heureuse d'une occasion qui le forçait à revenir.

Au mois d'août, son père l'emmena au cabotage.

C'était l'époque des vacances. L'arrivée des enfants la consola. Mais Paul
devenait capricieux, et Virginie n'avait plus l'âge d'être tutoyée, ce qui   10
mettait une gêne, une barrière entre elles.

Victor alla successivement à Morlaix, à Dunkerque et à Brighton;[42] au
retour de chaque voyage, il lui offrait un cadeau. La première fois, ce fut une
boîte en coquilles; la seconde, une tasse à café; la troisième, un grand
bonhomme en pain d'épices. Il embellissait, avait la taille bien prise,[43] un   15
peu de moustache, de bons yeux francs, et un petit chapeau de cuir, placé
en arrière comme un pilote. Il l'amusait en lui racontant des histoires
mêlées de termes marins.

Un lundi, 14 juillet 1819 (elle n'oublia pas la date), Victor annonça qu'il
était engagé au long cours, et, dans la nuit du surlendemain, par le paquebot   20
de Honfleur, irait rejoindre sa goélette, qui devait démarrer du Havre
prochainement. Il serait, peut-être, deux ans parti.

La perspective d'une telle absence désola Félicité; et pour lui dire encore
adieu, le mercredi soir, après le dîner de Madame, elle chaussa des galoches,
et avala les quatre lieues[44] qui séparent Pont-l'Evêque de Honfleur.   25

Quand elle fut devant le Calvaire,[45] au lieu de prendre à gauche, elle prit
à droite, se perdit dans des chantiers, revint sur ses pas; des gens qu'elle
accosta l'engagèrent à se hâter. Elle fit le tour du bassin rempli de navires,
se heurtait contre des amarres; puis le terrain s'abaissa, des lumières s'entre-
croisèrent, et elle se crut folle, en apercevant des chevaux dans le ciel.   30

Au bord du quai, d'autres hennissaient, effrayés par la mer. Un palan qui
les enlevait les descendait dans un bateau, où des voyageurs se bousculaient
entre les barriques de cidre, les paniers de fromage, les sacs de grain; on
entendait chanter des poules, le capitaine jurait; et un mousse restait accoudé sur le bossoir, indifférent à tout cela. Félicité, qui ne l'avait pas   35

42. **Morlaix, Dunkerque, Brighton:**   lieues: about ten miles.   45. **Calvaire:**
Channel ports.   43. **avait la taille**   *a cross along the side of the road.*
bien prise: was well-built.   44. **quatre**

reconnu, criait : «Victor!»; il leva la tête; elle s'élançait, quand on retira
l'échelle tout à coup.

Le paquebot, que des femmes halaient en chantant, sortit du port. Sa
membrure craquait, les vagues pesantes fouettaient sa proue. La voile
avait tourné, on ne vit plus personne; — et, sur la mer argentée par la
lune, il faisait une tache noire qui pâlissait toujours, s'enfonça, disparut.

Félicité, en passant près du Calvaire, voulut recommander à Dieu ce
qu'elle chérissait le plus; et elle pria pendant longtemps, debout, la face
baignée de pleurs, les yeux vers les nuages. La ville dormait, des douaniers
se promenaient; et de l'eau tombait sans discontinuer par les trous de
l'écluse, avec un bruit de torrent. Deux heures sonnèrent.

Le parloir n'ouvrirait pas avant le jour. Un retard, bien sûr, contrarierait
Madame; et, malgré son désir d'embrasser l'autre enfant, elle s'en retourna.
Les filles de l'auberge s'éveillaient, comme elle entrait dans Pont-l'Evêque.

Le pauvre gamin durant des mois allait donc rouler sur les flots! Ses
précédents voyages ne l'avaient pas effrayée. De l'Angleterre et de la
Bretagne, on revenait; mais l'Amérique, les colonies, les Iles, cela était perdu
dans une région incertaine, à l'autre bout du monde.

Dès lors, Félicité pensa exclusivement à son neveu. Les jours de soleil, elle
se tourmentait de la soif; quand il faisait de l'orage, craignait pour lui la
foudre. En écoutant le vent qui grondait dans la cheminée et emportait les
ardoises, elle le voyait battu par cette même tempête, au sommet d'un mât
fracassé, tout le corps en arrière, sous une nappe d'écume; ou bien, —
souvenirs de la *géographie en estampes*, — il était mangé par les sauvages,
pris dans un bois par des singes, se mourait le long d'une plage déserte. Et
jamais elle ne parlait de ses inquiétudes.

Mme Aubain en avait d'autres sur sa fille.

Les bonnes sœurs trouvaient qu'elle était affectueuse, mais délicate. La
moindre émotion l'énervait. Il fallut abandonner le piano.

Sa mère exigeait du couvent une correspondance réglée. Un matin que
le facteur n'était pas venu, elle s'impatienta; et elle marchait dans la salle,
de son fauteuil à la fenêtre. C'était vraiment extraordinaire! depuis quatre
jours, pas de nouvelles!

Pour qu'elle se consolât par son exemple, Félicité lui dit :

— «Moi, Madame, voilà six mois que je n'en ai reçu!...»

— «De qui donc?...»

La servante répliqua doucement.

— «Mais... de mon neveu!»

— «Ah! votre neveu!» Et, haussant les épaules, Mme Aubain reprit sa promenade, ce qui voulait dire : «Je n'y pensais pas!... Au surplus, je m'en moque! un mousse, un gueux, belle affaire!... tandis que ma fille... Songez donc!...»

Félicité, bien que nourrie dans la rudesse, fut indignée contre Madame, — puis oublia.

Il lui paraissait tout simple de perdre la tête à l'occasion de la petite.

Les deux enfants avaient une importance égale; un lien de son cœur les unissait, et leur destinée devait être la même.

Le pharmacien lui apprit que le bateau de Victor était arrivé à la Havane. Il avait lu ce renseignement dans une gazette.

A cause des cigares, elle imaginait la Havane un pays où l'on ne fait pas autre chose que de fumer, et Victor circulait parmi des nègres dans un nuage de tabac. Pouvait-on «en cas de besoin» s'en retourner par terre? A quelle distance était-ce de Pont-l'Evêque? Pour le savoir, elle interrogea M. Bourais.

Il atteignit son atlas, puis commença des explications sur les longitudes; et il avait un beau sourire de cuistre[46] devant l'ahurissement de Félicité. Enfin, avec son porte-crayon, il indiqua dans les découpures d'une tache ovale un point noir, imperceptible, en ajoutant : «Voici». Elle se pencha sur la carte; ce réseau de lignes coloriées fatiguait sa vue, sans lui rien apprendre; et Bourais, l'invitant à dire ce qui l'embarrassait, elle le pria de lui montrer la maison où demeurait Victor. Bourais leva les bras, il éternua, rit énormément; une candeur pareille excitait sa joie; et Félicité n'en comprenait pas le motif, — elle qui s'attendait peut-être à voir jusqu'au portrait de son neveu, tant son intelligence était bornée!

Ce fut quinze jours après que Liébard, à l'heure du marché, comme d'habitude, entra dans la cuisine, et lui remit une lettre qu'envoyait son beau-frère. Ne sachant lire aucun des deux, elle eut recours à sa maîtresse.

Mme Aubain, qui comptait les mailles d'un tricot, le posa près d'elle, décacheta la lettre, tressaillit, et, d'une voix basse, avec un regard profond :

— «C'est un malheur... qu'on vous annonce. Votre neveu...»

Il était mort. On n'en disait pas davantage.

Félicité tomba sur une chaise, en s'appuyant la tête à la cloison, et ferma ses paupières, qui devinrent roses tout à coup. Puis, le front baissé, les mains pendantes, l'œil fixe, elle répétait par intervalles :

---

46. il avait un beau sourire de cuistre: he smiled like a pedant.

— «Pauvre petit gars! pauvre petit gars!»

Liébard la considérait en exhalant des soupirs. Mme Aubain tremblait un peu.

Elle lui proposa d'aller voir sa sœur, à Trouville.

5 Félicité répondit, par un geste, qu'elle n'en avait pas besoin.

Il y eut un silence. Le bonhomme Liébard jugea convenable de se retirer.

Alors elle dit :

— «Ça ne leur fait rien, à eux!»

Sa tête retomba; et machinalement elle soulevait, de temps à autre, les

10 longues aiguilles sur la table à ouvrage.

Des femmes passèrent dans la cour avec un bard d'où dégouttelait du linge.

En les apercevant par les carreaux, elle se rappela sa lessive; l'ayant coulée la veille, il fallait aujourd'hui la rincer; et elle sortit de l'appartement.

15 Sa planche et son tonneau étaient au bord de la Touques. Elle jeta sur la berge un tas de chemises, retroussa ses manches, prit son battoir; et les coups forts qu'elle donnait s'entendaient dans les autres jardins à côté. Les prairies étaient vides, le vent agitait la rivière; au fond, de grandes herbes s'y penchaient, comme des chevelures de cadavres flottant dans l'eau. Elle

20 retenait sa douleur, jusqu'au soir fut très brave; mais, dans sa chambre, elle s'y abandonna, à plat ventre sur son matelas, le visage dans l'oreiller, et les deux poings contre les tempes.

Beaucoup plus tard, par le capitaine de Victor lui-même, elle connut les circonstances de sa fin. On l'avait trop saigné à l'hôpital, pour la fièvre jaune.

25 Quatre médecins le tenaient à la fois. Il était mort immédiatement, et le chef avait dit :

— «Bon! encore un!»

Ses parents l'avaient toujours traité avec barbarie. Elle aima mieux ne pas les revoir; et ils ne firent aucune avance, par oubli, ou endurcissement

30 de misérables.

Virginie s'affaiblissait.

Des oppressions, de la toux, une fièvre continuelle et des marbrures aux pommettes⁴⁷ décelaient quelque affection profonde. M. Poupart avait conseillé un séjour en Provence.⁴⁸ Mme Aubain s'y décida, et eût tout de suite

35 repris sa fille à la maison, sans le climat de Pont-l'Evêque.⁴⁹

---

47. des marbrures aux pommettes: southern France. 49. le climat de
mottled patches on her cheekbones.   Pont-l'Evêque: is very damp.
48. Provence: former province of

Elle fit un arrangement avec un loueur de voitures, qui la menait au couvent chaque mardi. Il y a dans le jardin une terrasse d'où l'on découvre la Seine. Virginie s'y promenait à son bras, sur les feuilles de pampres tombées. Quelquefois le soleil traversant les nuages la forçait à cligner ses paupières, pendant qu'elle regardait les voiles au loin et tout l'horizon, depuis le château de Tancarville[50] jusqu'aux phares du Havre. Ensuite on se reposait sous la tonnelle. Sa mère s'était procuré un petit fût d'excellent vin de Malaga;[51] et, riant à l'idée d'être grise, elle en buvait deux doigts,[52] pas davantage.

Ses forces reparurent. L'automne s'écoula doucement. Félicité rassurait Mme Aubain. Mais, un soir qu'elle avait été aux environs faire une course, elle rencontra devant la porte le cabriolet de M. Poupart; et il était dans le vestibule. Mme Aubain nouait son chapeau.

— «Donnez-moi ma chaufferette, ma bourse, mes gants; plus vite donc!» Virginie avait une fluxion de poitrine;[53] c'était peut-être désespéré.

— «Pas encore!» dit le médecin; et tous deux montèrent dans la voiture, sous des flocons de neige qui tourbillonnaient. La nuit allait venir. Il faisait très froid.

Félicité se précipita dans l'église, pour allumer un cierge. Puis elle courut après le cabriolet, qu'elle rejoignit une heure plus tard, sauta légèrement par derrière, où elle se tenait aux torsades, quand une réflexion lui vint : «La cour n'était pas fermée! si des voleurs s'introduisaient?» Et elle descendit.

Le lendemain, dès l'aube, elle se présenta chez le docteur. Il était rentré, et reparti à la campagne. Puis elle resta dans l'auberge, croyant que des inconnus apporteraient une lettre. Enfin, au petit jour, elle prit la diligence de Lisieux.

Le couvent se trouvait au fond d'une ruelle escarpée. Vers le milieu, elle entendit des sons étranges, un glas de mort. «C'est pour d'autres,» pensa-t-elle; et Félicité tira violemment le marteau.

Au bout de plusieurs minutes, des savates se traînèrent, la porte s'entrebâilla, et une religieuse parut.

La bonne sœur avec un air de componction dit qu' «elle venait de passer». En même temps, le glas de Saint-Léonard[54] redoublait.

Félicité parvint au second étage.

---

50. **Tancarville:** *a château on the Seine, about fifteen miles from Le Havre.* 51. **Malaga:** *a sweet wine.*

52. **deux doigts:** a drop. 53. **fluxion de poitrine:** pneumonia. 54. **Saint-Léonard:** *the local church.*

Dès le seuil de la chambre, elle aperçut Virginie étalée sur le dos, les mains jointes, la bouche ouverte, et la tête en arrière sous une croix noire s'inclinant vers elle, entre les rideaux immobiles, moins pâles que sa figure. Mme Aubain, au pied de la couche qu'elle tenait dans ses bras, poussait des
5   hoquets d'agonie. La supérieure[55] était debout, à droite. Trois chandeliers sur la commode faisaient des taches rouges, et le brouillard blanchissait les fenêtres. Des religieuses emportèrent Mme Aubain.

Pendant deux nuits, Félicité ne quitta pas la morte. Elle répétait les mêmes prières, jetait de l'eau bénite sur les draps, revenait s'asseoir, et la
10 contemplait. A la fin de la première veille, elle remarqua que la figure avait jauni, les lèvres bleuirent, le nez se pinçait, les yeux s'enfonçaient. Elle les baisa plusieurs fois, et n'eût pas éprouvé un immense étonnement si Virginie les eût rouverts; pour de pareilles âmes le surnaturel est tout simple. Elle fit sa toilette, l'enveloppa de son linceul, la descendit dans sa bière, lui
15 posa une couronne, étala ses cheveux. Ils étaient blonds, et extraordinaires de longueur à son âge. Félicité en coupa une grosse mèche, dont elle glissa la moitié dans sa poitrine, résolue à ne jamais s'en dessaisir.

Le corps fut ramené à Pont-l'Evêque, suivant les intentions de Mme Aubain, qui suivait le corbillard, dans une voiture fermée.
20 Après la messe, il fallut encore trois quarts d'heure pour atteindre le cimetière. Paul marchait en tête et sanglotait. M. Bourais était derrière, ensuite les principaux habitants, les femmes, couvertes de mantes noires, et Félicité. Elle songeait à son neveu, et, n'ayant pu lui rendre ces honneurs, avait un surcroît de tristesse, comme si on l'eût enterré avec l'autre.
25 Le désespoir de Mme Aubain fut illimité.

D'abord elle se révolta contre Dieu, le trouvant injuste de lui avoir pris sa fille, — elle qui n'avait jamais fait de mal, et dont la conscience était si pure! Mais non! elle aurait dû l'emporter dans le Midi.[56] D'autres docteurs l'auraient sauvée! Elle s'accusait, voulait la rejoindre, criait en détresse au
30 milieu de ses rêves. Un, surtout, l'obsédait. Son mari, costumé comme un matelot, revenait d'un long voyage, et lui disait en pleurant qu'il avait reçu l'ordre d'emmener Virginie. Alors ils se concertaient pour découvrir une cachette quelque part.

Une fois, elle rentra du jardin, bouleversée. Tout à l'heure (elle montrait
35 l'endroit) le père et la fille lui étaient apparus l'un auprès de l'autre, et ils ne faisaient rien; ils la regardaient.

55. **supérieure**: Mother Superior.   56. **Midi**: the South of France.

Pendant plusieurs mois, elle resta dans sa chambre, inerte. Félicité la
sermonnait doucement; il fallait se conserver pour son fils, et pour l'autre,
en souvenir «d'elle».

— «Elle?» reprenait Mme Aubain, comme se réveillant. «Ah! oui!... oui!...
Vous ne l'oubliez pas!» Allusion au cimetière, qu'on lui avait scrupuleuse-   5
ment défendu.

Félicité tous les jours s'y rendait.

A quatre heures précises, elle passait au bord des maisons, montait la
côte, ouvrait la barrière, et arrivait devant la tombe de Virginie. C'était
une petite colonne de marbre rose, avec une dalle dans le bas, et des chaînes   10
autour enfermant un jardinet. Les plates-bandes disparaissaient sous une
couverture de fleurs. Elle arrosait leurs feuilles, renouvelait le sable, se
mettait à genoux pour mieux labourer la terre. Mme Aubain, quand elle put
y venir, en éprouva un soulagement, une espèce de consolation.

Puis des années s'écoulèrent, toutes pareilles et sans autres épisodes que   15
le retour des grandes fêtes : Pâques, l'Assomption, la Toussaint.[57] Des
événements intérieurs faisaient une date, où l'on se reportait plus tard.
Ainsi, en 1825, deux vitriers badigeonnèrent le vestibule; en 1827, une
portion du toit, tombant dans la cour, faillit tuer un homme. L'été de 1828,
ce fut à Madame d'offrir le pain bénit; Bourais, vers cette époque, s'absenta   20
mystérieusement; et les anciennes connaissances peu à peu s'en allèrent :
Guyot, Liébard, Mme Lechaptois, Robelin, l'oncle Gremanville, paralysé
depuis longtemps.

Une nuit, le conducteur de la malle-poste annonça dans Pont-l'Evêque la
Révolution de Juillet.[58] Un sous-préfet[59] nouveau, peu de jours après, fut   25
nommé : le baron de Larsonnière, ex-consul en Amérique, et qui avait chez
lui, outre sa femme, sa belle-sœur avec trois demoiselles, assez grandes
déjà. On les apercevait sur leur gazon, habillées de blouses flottantes; elles
possédaient un nègre et un perroquet. Mme Aubain eut leur visite, et ne
manqua pas de la rendre. Du plus loin qu'elles paraissaient, Félicité accourait   30
pour la prévenir. Mais une chose était seule capable de l'émouvoir, les lettres
de son fils.

Il ne pouvait suivre aucune carrière, étant absorbé dans les estaminets.
Elle lui payait ses dettes; il en refaisait d'autres; et les soupirs que poussait

57. Toussaint: All Saints' Day. 58.
la   Révolution   de   Juillet: the
Revolution of 1830, which brought

Louis-Philippe to the throne. 59.
sous-préfet: a government-appointed
administrator.

Mme Aubain, en tricotant près de la fenêtre, arrivaient à Félicité, qui tournait son rouet dans la cuisine.

Elles se promenaient ensemble le long de l'espalier, et causaient toujours de Virginie, se demandant si telle chose lui aurait plu, en telle occasion ce
5 qu'elle eût dit probablement.

Toutes ses petites affaires occupaient un placard dans la chambre à deux lits. Mme Aubain les inspectait le moins souvent possible. Un jour d'été, elle se résigna; et des papillons s'envolèrent de l'armoire.

Ses robes étaient en ligne sous une planche où il y avait trois poupées,
10 des cerceaux, un ménage,[60] la cuvette qui lui servait. Elles retirèrent également les jupons, les bas, les mouchoirs, et les étendirent sur les deux couches, avant de les replier. Le soleil éclairait ces pauvres objets, en faisait voir les taches, et des plis formés par les mouvements du corps. L'air était chaud et bleu, un merle gazouillait, tout semblait vivre dans une douceur profonde.
15 Elles retrouvèrent un petit chapeau de peluche, à longs poils, couleur marron; mais il était tout mangé de vermine. Félicité le réclama pour elle-même. Leurs yeux se fixèrent l'une sur l'autre, s'emplirent de larmes; enfin la maîtresse ouvrit ses bras, la servante s'y jeta; et elles s'étreignirent, satisfaisant leur douleur dans un baiser qui les égalisait.
20 C'était la première fois de leur vie, Mme Aubain n'étant pas d'une nature expansive. Félicité lui en fut reconnaissante comme d'un bienfait, et désormais la chérit avec un dévouement bestial et une vénération religieuse.

La bonté de son cœur se développa.
25 Quand elle entendait dans la rue les tambours d'un régiment en marche, elle se mettait devant la porte avec une cruche de cidre, et offrait à boire aux soldats. Elle soigna des cholériques.[61] Elle protégeait les Polonais; et même il y en eut un qui déclarait la vouloir épouser. Mais ils se fâchèrent; car un matin, en rentrant de l'angélus, elle le trouva dans sa cuisine, où il s'était
30 introduit, et accommodé une vinaigrette[62] qu'il mangeait tranquillement.

Après les Polonais, ce fut le père Colmiche, un vieillard passant pour avoir fait des horreurs en 93.[63] Il vivait au bord de la rivière, dans les décombres d'une porcherie. Les gamins le regardaient par les fentes du mur, et lui jetaient des cailloux qui tombaient sur son grabat, où il gisait, con-

---

60. **ménage:** doll house. 61. **cholériques:** cholera patients. 62. **vinaigrette:** an oil and vinegar dressing. 63. **93:** *The execution of Louis XVI*

in January 1793, during the course of the French Revolution, was followed by a great deal of bloodshed.

tinuellement secoué par un catarrhe, avec des cheveux très longs, les
paupières enflammées, et au bras une tumeur plus grosse que sa tête. Elle
lui procura du linge, tâcha de nettoyer son bouge, rêvait à l'établir dans le
fournil,[64] sans qu'il gênât Madame. Quand le cancer eut crevé, elle le pansa
tous les jours, quelquefois lui apportait de la galette, le plaçait au soleil sur   5
une botte de paille ; et le pauvre vieux, en bavant et en tremblant, la
remerciait de sa voix éteinte, craignait de la perdre, allongeait les mains dès
qu'il la voyait s'éloigner. Il mourut ; elle fit dire une messe pour le repos de
son âme.

Ce jour-là, il lui advint un grand bonheur : au moment du dîner, le   10
nègre de Mme de Larsonnière se présenta, tenant le perroquet dans sa cage,
avec le bâton, la chaîne et le cadenas. Un billet de la baronne annonçait à
Mme Aubain que, son mari étant élevé à une préfecture, ils partaient le soir ;
et elle la priait d'accepter cet oiseau comme un souvenir, et en témoignage
de ses respects.   15

Il occupait depuis longtemps l'imagination de Félicité, car il venait
d'Amérique ; et ce mot lui rappelait Victor, si bien qu'elle s'en informait
auprès du nègre. Une fois même elle avait dit : — «C'est Madame qui
serait heureuse de l'avoir !»

Le nègre avait redit le propos à sa maîtresse, qui, ne pouvant l'emmener,   20
s'en débarrassait de cette façon.

    IV

Il s'appelait Loulou. Son corps était vert, le bout de ses ailes rose, son front
bleu, et sa gorge dorée.

Mais il avait la fatigante manie de mordre son bâton, s'arrachait les
plumes, éparpillait ses ordures, répandait l'eau de sa baignoire ; Mme   25
Aubain, qu'il ennuyait, le donna pour toujours à Félicité.

Elle entreprit de l'instruire ; bientôt il répéta : «Charmant garçon ! Serviteur,[65] monsieur ! Je vous salue, Marie !»[66] Il était placé auprès de la porte,
et plusieurs s'étonnaient qu'il ne répondît pas au nom de Jacquot, puisque
tous les perroquets s'appellent Jacquot. On le comparait à une dinde, à une   30
bûche : autant de coups de poignard pour Félicité ! Etrange obstination de
Loulou, ne parlant plus du moment qu'on le regardait !

Néanmoins il recherchait la compagnie ; car le dimanche, pendant que *ces*

---

64. fournil: bakehouse. **65. Serviteur:** at your service. **66. Je vous
salue, Marie:** Hail, Mary. *The first* *words of the* Ave Maria. *There is
certainly significance in the three
expressions which the parrot learns.*

demoiselles Rochefeuille, monsieur de Houppeville et de nouveaux habitués : Onfroy l'apothicaire, monsieur Varin et le capitaine Mathieu,
faisaient leur partie de cartes, il cognait les vitres avec ses ailes, et se démen-
ait si furieusement qu'il était impossible de s'entendre.

5   La figure de Bourais, sans doute, lui paraissait très drôle. Dès qu'il
l'apercevait, il commençait à rire, à rire de toutes ses forces. Les éclats de sa
voix bondissaient dans la cour, l'écho les répétait, les voisins se mettaient à
leurs fenêtres, riaient aussi ; et, pour n'être pas vu du perroquet, M. Bourais
se coulait le long du mur, en dissimulant son profil avec son chapeau,
10 atteignait la rivière, puis entrait par la porte du jardin ; et les regards qu'il
envoyait à l'oiseau manquaient de tendresse.

    Loulou avait reçu du garçon boucher une chiquenaude, s'étant permis
d'enfoncer la tête dans sa corbeille ; et depuis lors il tâchait toujours de le
pincer à travers sa chemise. Fabu menaçait de lui tordre le cou, bien qu'il ne
15 fût pas cruel, malgré le tatouage de ses bras et ses gros favoris. Au contraire ! il avait plutôt du penchant pour le perroquet, jusqu'à vouloir, par
humeur joviale, lui apprendre des jurons. Félicité, que ces manières
effrayaient, le plaça dans la cuisine. Sa chaînette fut retirée, et il circulait
par la maison.

20   Quand il descendait l'escalier, il appuyait sur les marches la courbe de son
bec, levait la patte droite, puis la gauche ; et elle avait peur qu'une telle
gymnastique ne lui causât des étourdissements. Il devint malade, ne
pouvait plus parler ni manger. C'était sous sa langue une épaisseur, comme
en ont les poules quelquefois. Elle le guérit, en arrachant cette pellicule avec
25 ses ongles. M. Paul, un jour, eut l'imprudence de lui souffler aux narines la
fumée d'un cigare ; une autrefois que Mme Lormeau l'agaçait du bout de son
ombrelle, il en happa la virole ;[67] enfin, il se perdit.

    Elle l'avait posé sur l'herbe pour le rafraîchir, s'absenta une minute ; et,
quand elle revint, plus de perroquet ! D'abord elle le chercha dans les buis-
30 sons, au bord de l'eau et sur les toits, sans écouter sa maîtresse qui lui criait :
« Prenez donc garde ! vous êtes folle ! » Ensuite elle inspecta tous les jardins
de Pont-l'Evêque ; et elle arrêtait les passants. — « Vous n'auriez pas vu,
quelquefois, par hasard, mon perroquet ? » A ceux qui ne connaissaient pas
le perroquet, elle en faisait la description. Tout à coup, elle crut distinguer
35 derrière les moulins, au bas de la côte, une chose verte qui voltigeait. Mais
au haut de la côte, rien ! Un porte-balle lui affirma qu'il l'avait rencontré

---

67. **virole**: metal tip.

tout à l'heure, à Saint-Melaine, dans la boutique de la mère Simon. Elle y
courut. On ne savait pas ce qu'elle voulait dire. Enfin elle rentra, épuisée,
les savates en lambeaux, la mort dans l'âme; et, assise au milieu du banc,
près de Madame, elle racontait toutes ses démarches, quand un poids léger
lui tomba sur l'épaule, Loulou! Que diable avait-il fait? Peut-être qu'il   5
s'était promené aux environs!

Elle eut du mal à s'en remettre, ou plutôt ne s'en remit jamais.

Par suite d'un refroidissement, il lui vint une angine; peu de temps après,
un mal d'oreilles. Trois ans plus tard, elle était sourde; et elle parlait très
haut, même à l'église. Bien que ses péchés auraient pu sans déshonneur pour   10
elle, ni inconvénient pour le monde, se répandre à tous les coins du diocèse,
M. le Curé jugea convenable de ne plus recevoir sa confession que dans la
sacristie.

Des bourdonnements illusoires achevaient de la troubler. Souvent sa
maîtresse lui disait : — «Mon Dieu! comme vous êtes bête!» elle répliquait :   15
— «Oui, Madame,» en cherchant quelque chose autour d'elle.

Le petit cercle de ses idées se rétrécit encore, et le carillon des cloches, le
mugissement des bœufs, n'existaient plus. Tous les êtres fonctionnaient
avec le silence des fantômes. Un seul bruit arrivait maintenant à ses oreilles,
la voix du perroquet.   20

Comme pour la distraire, il reproduisait le tic-tac du tournebroche, l'appel
aigu d'un vendeur de poisson, la scie du menuisier qui logeait en face; et,
aux coups de la sonnette, imitait Mme Aubain, — «Félicité! la porte! la
porte!»

Ils avaient des dialogues, lui, débitant à satiété les trois phrases de son   25
répertoire, et elle, y répondant par des mots sans plus de suite, mais où son
cœur s'épanchait. Loulou, dans son isolement, était presque un fils, un
amoureux. Il escaladait ses doigts, mordillait ses lèvres, se cramponnait à
son fichu; et, comme elle penchait son front en branlant la tête à la manière
des nourrices, les grandes ailes du bonnet et les ailes de l'oiseau frémissaient 30
ensemble.

Quand les nuages s'amoncelaient et que le tonnerre grondait, il poussait
des cris, se rappelant peut-être les ondées de ses forêts natales. Le ruissellement de l'eau excitait son délire; il voletait éperdu, montait au plafond, ren-
versait tout, et par la fenêtre allait barboter dans le jardin, mais revenait vite 35
sur un des chenets, et, sautillant pour sécher ses plumes, montrait tantôt sa
queue, tantôt son bec.

Un matin du terrible hiver de 1837, qu'elle l'avait mis devant la

cheminée, à cause du froid, elle le trouva mort, au milieu de sa cage, la tête
en bas, et les ongles dans les fils de fer. Une congestion l'avait tué, sans
doute? Elle crut à un empoisonnement par le persil; et, malgré l'absence de
toutes preuves, ses soupçons portèrent sur Fabu.

5   Elle pleura tellement que sa maîtresse lui dit : — «Eh bien! faites-le
empailler!»

Elle demanda conseil au pharmacien, qui avait toujours été bon pour le
perroquet.

Il écrivit au Havre. Un certain Fellacher se chargea de cette besogne.

10   Mais, comme la diligence égarait parfois les colis, elle résolut de le porter
elle-même jusqu'à Honfleur.

Les pommiers sans feuilles se succédaient aux bords de la route. De la
glace couvrait les fossés. Des chiens aboyaient autour des fermes; et les
mains sous son mantelet, avec ses petits sabots noirs et son cabas, elle mar-

15   chait prestement, sur le milieu du pavé.

Elle traversa la forêt, dépassa le Haut-Chêne, atteignit Saint-Gatien.

Derrière elle, dans un nuage de poussière et emportée par la descente,
une malle-poste au grand galop se précipitait comme une trombe. En
voyant cette femme qui ne se dérangeait pas, le conducteur se dressa par-

20   dessus la capote, et le postillon criait aussi, pendant que ses quatre chevaux
qu'il ne pouvait retenir accéléraient leur train; les deux premiers la frô-
laient; d'une secousse de ses guides, il les jeta dans le débord,[68] mais furieux
releva le bras, et à pleine volée, avec son grand fouet, lui cingla du ventre
au chignon un tel coup qu'elle tomba sur le dos.

25   Son premier geste, quand elle reprit connaissance, fut d'ouvrir son panier.
Loulou n'avait rien, heureusement. Elle sentit une brûlure à la joue droite;
ses mains qu'elle y porta étaient rouges. Le sang coulait.

Elle s'assit sur un mètre de cailloux,[69] se tamponna le visage avec son
mouchoir, puis elle mangea une croûte de pain, mise dans son panier par

30   précaution, et se consolait de sa blessure en regardant l'oiseau.

Arrivée au sommet d'Ecquemauville, elle aperçut les lumières de Honfleur qui scintillaient dans la nuit comme une quantité d'étoiles; la mer, plus
loin, s'étalait confusément. Alors une faiblesse l'arrêta; et la misère de son
enfance, la déception du premier amour, le départ de son neveu, la mort de

35   Virginie, comme les flots d'une marée, revinrent à la fois, et, lui montant
à la gorge, l'étouffaient.

68. dans le débord: to the side.   **69. mètre de cailloux:** heap of stones.

Puis elle voulut parler au capitaine du bateau; et, sans dire ce qu'elle envoyait, lui fit des recommandations.

Fellacher garda longtemps le perroquet. Il le promettait toujours pour la semaine prochaine; au bout de six mois, il annonça le départ d'une caisse; et il n'en fut plus question. C'était à croire que jamais Loulou ne reviendrait. 5 «Ils me l'auront volé!» pensait-elle.

Enfin il arriva, — et splendide, droit sur une branche d'arbre, qui se vissait dans un socle d'acajou, une patte en l'air, la tête oblique, et mordant une noix, que l'empailleur par amour du grandiose avait dorée.

Elle l'enferma dans sa chambre. 10

Cet endroit, où elle admettait peu de monde, avait l'air tout à la fois d'une chapelle et d'un bazar, tant il contenait d'objets religieux et de choses hétéroclites.

Une grande armoire gênait pour ouvrir la porte. En face de la fenêtre surplombant le jardin, un œil de bœuf regardait la cour; une table, près du 15 lit de sangle,[70] supportait un pot à l'eau, deux peignes, et un cube de savon bleu dans une assiette ébréchée. On voyait contre les murs, des chapelets, des médailles, plusieurs bonnes Vierges, un bénitier en noix de coco; sur la commode, couverte d'un drap comme un autel, la boîte en coquillages que lui avait donnée Victor; puis un arrosoir et un ballon, des cahiers d'écriture, 20 la géographie en estampes, une paire de bottines; et au clou du miroir, accroché par ses rubans, le petit chapeau de peluche! Félicité poussait même ce genre de respect si loin, qu'elle conservait une des redingotes de Monsieur. Toutes les vieilleries dont ne voulait plus Mme Aubain, elle les prenait pour sa chambre. C'est ainsi qu'il y avait des fleurs artificielles au bord de la 25 commode, et le portrait du comte d'Artois dans l'enfoncement de la lucarne.

Au moyen d'une planchette, Loulou fut établi sur un corps de cheminée qui avançait dans l'appartement. Chaque matin, en s'éveillant, elle l'apercevait à la clarté de l'aube, et se rappelait alors les jours disparus, et d'insignifiantes actions jusqu'en leurs moindres détails, sans douleur, pleine de 30 tranquillité.

Ne communiquant avec personne, elle vivait dans une torpeur de somnambule. Les processions de la Fête-Dieu la ranimaient. Elle allait quêter chez les voisines des flambeaux et des paillassons,[71] afin d'embellir le reposoir que l'on dressait dans la rue. 35

A l'église, elle contemplait toujours le Saint-Esprit, et observa qu'il avait

70. **lit de sangle**: cot. 71. **paillassons**: mats.

quelque chose du perroquet. Sa ressemblance lui parut encore plus manifeste sur une image d'Epinal,[72] représentant le baptême de Notre-Seigneur. Avec ses ailes de pourpre et son corps d'émeraude, c'était vraiment le portrait de Loulou.

5   L'ayant acheté, elle le suspendit à la place du comte d'Artois, — de sorte que, du même coup d'œil, elle les voyait ensemble. Ils s'associèrent dans sa pensée, le perroquet se trouvant sanctifié par ce rapport avec le Saint-Esprit, qui devenait plus vivant à ses yeux et intelligible. Le Père, pour s'énoncer, n'avait pu choisir une colombe, puisque ces bêtes-là n'ont pas de voix, mais
10   plutôt un des ancêtres de Loulou. Et Félicité priait en regardant l'image, mais de temps à autre se tournait un peu vers l'oiseau.

Elle eut envie de se mettre dans les demoiselles de la Vierge.[73] Mme Aubain l'en dissuada.

Un événement considérable surgit : le mariage de Paul.

15   Après avoir été d'abord clerc de notaire, puis dans le commerce, dans la douane, dans les contributions,[74] et même avoir commencé des démarches pour les eaux et forêts, à trente-six ans, tout à coup, par une inspiration du ciel, il avait découvert sa voie : l'enregistrement![75] et y montrait de si hautes facultés qu'un vérificateur lui avait offert sa fille, en lui promettant
20   sa protection.

Paul, devenu sérieux, l'amena chez sa mère.

Elle dénigra les usages de Pont-l'Evêque, fit la princesse, blessa Félicité. Mme Aubain, à son départ, sentit un allégement.

La semaine suivante, on apprit la mort de M. Bourais, en basse Bretagne,
25   dans une auberge. La rumeur d'un suicide se confirma; des doutes s'élevèrent sur sa probité. Mme Aubain étudia ses comptes, et ne tarda pas à connaître la kyrielle[76] de ses noirceurs : détournements d'arrérages,[77] ventes de bois dissimulées, fausses quittances, etc. De plus, il avait un enfant naturel,[78] et «des relations avec une personne de Dozulé».

30   Ces turpitudes l'affligèrent beaucoup. Au mois de mars 1853, elle fut prise d'une douleur dans la poitrine; sa langue paraissait couverte de fumée, les sangsues[79] ne calmèrent pas l'oppression; et le neuvième soir elle expira, ayant juste soixante-douze ans.

---

72. image d'Epinal: *inexpensive color print.*   73. les demoiselles de la Vierge: *a religious order.*   74. les contributions: revenue service.   75. l'enregistrement: Wills and Probate Department.   76. kyrielle: long list.

77. détournements d'arrérages: misappropriation of arrears.   78. enfant naturel: illegitimate child.   79. sangsues: leeches, *which were commonly used for blood-letting.*

On la croyait moins vieille, à cause de ses cheveux bruns, dont les band-
eaux entouraient sa figure blême, marquée de petite vérole. Peu d'amis la
regrettèrent, ses façons étant d'une hauteur qui éloignait.

Félicité la pleura, comme on ne pleure pas les maîtres. Que Madame
mourût avant elle, cela troublait ses idées, lui semblait contraire à l'ordre   5
des choses, inadmissible et monstrueux.

Dix jours après (le temps d'accourir de Besançon),[80] les héritiers survinrent. La bru fouilla les tiroirs, choisit des meubles, vendit les autres, puis ils
regagnèrent l'enregistrement.

Le fauteuil de Madame, son guéridon, sa chaufferette, les huit chaises,   10
étaient partis! La place des gravures se dessinait en carrés jaunes au milieu
des cloisons. Ils avaient emporté les deux couchettes, avec leurs matelas, et
dans le placard on ne voyait plus rien de toutes les affaires de Virginie!
Félicité remonta les étages, ivre de tristesse.

Le lendemain il y avait sur la porte une affiche; l'apothicaire lui cria dans   15
l'oreille que la maison était à vendre.

Elle chancela, et fut obligée de s'asseoir.

Ce qui la désolait principalement, c'était d'abandonner sa chambre, — si
commode pour le pauvre Loulou. En l'enveloppant d'un regard d'angoisse,
elle implorait le Saint-Esprit, et contracta l'habitude idolâtre de dire ses   20
oraisons agenouillée devant le perroquet. Quelquefois, le soleil entrant par
la lucarne frappait son œil de verre, et en faisait jaillir un grand rayon lumineux qui la mettait en extase.

Elle avait une rente de trois cent quatre-vingt francs, léguée par sa
maîtresse. Le jardin lui fournissait des légumes. Quant aux habits, elle   25
possédait de quoi se vêtir jusqu'à la fin de ses jours, et épargnait l'éclairage
en se couchant dès le crépuscule.

Elle ne sortait guère, afin d'éviter la boutique du brocanteur, où s'étalaient
quelques-uns des anciens meubles. Depuis son étourdissement, elle traînait
une jambe; et, ses forces diminuant, la mère Simon, ruinée dans l'épicerie,   30
venait tous les matins fendre son bois et pomper de l'eau.

Ses yeux s'affaiblirent. Les persiennes n'ouvraient plus. Bien des années
se passèrent. Et la maison ne se louait pas, et ne se vendait pas.

Dans la crainte qu'on ne la renvoyât, Félicité ne demandait aucune
réparation. Les lattes du toit pourrissaient; pendant tout un hiver son   35
traversin fut mouillé. Après Pâques, elle cracha du sang.

---

80. **Besançon:** *a city in southeastern France, thus at some distance from Pont-l'Evêque.*

Alors la mère Simon eut recours à un docteur. Félicité voulut savoir ce qu'elle avait. Mais, trop sourde pour entendre, un seul mot lui parvint : «Pneumonie.» Il lui était connu, et elle répliqua doucement : — «Ah! comme Madame», trouvant naturel de suivre sa maîtresse.

5   Les moments des reposoirs approchait.

Le premier était toujours au bas de la côte, le second devant la poste, le troisième vers le milieu de la rue. Il y eut des rivalités à propos de celui-là; et les paroissiennes choisirent finalement la cour de Mme Aubain.

Les oppressions et la fièvre augmentaient. Félicité se chagrinait de ne rien

10   faire pour le reposoir. Au moins, si elle avait pu y mettre quelque chose! Alors elle songea au perroquet. Ce n'était pas convenable, objectèrent les voisines. Mais le curé accorda cette permission; elle en fut tellement heureuse qu'elle le pria d'accepter, quand elle serait morte, Loulou, sa seule richesse.

15   Du mardi au samedi, veille de la Fête-Dieu, elle toussa plus fréquemment. Le soir son visage était grippé,[81] ses lèvres se collaient à ses gencives, des vomissements parurent; et le lendemain, au petit jour, se sentant très bas, elle fit appeler un prêtre.

Trois bonnes femmes l'entouraient pendant l'extrême onction. Puis elle

20   déclara qu'elle avait besoin de parler à Fabu.

Il arriva en toilette des dimanches, mal à son aise dans cette atmosphère lugubre.

— «Pardonnez-moi», dit-elle avec un effort pour étendre le bras, «je croyais que c'était vous qui l'aviez tué!»

25   Que signifiaient des potins pareils?[82] L'avoir soupçonné d'un meurtre, un homme comme lui! et il s'indignait, allait faire du tapage.[83]

— «Elle n'a plus sa tête,[84] vous voyez bien!»

Félicité de temps à autre parlait à des ombres. Les bonnes femmes s'éloignèrent. La Simonne déjeuna.

30   Un peu plus tard, elle prit Loulou, et, l'approchant de Félicité :

— «Allons! dites-lui adieu!»

Bien qu'il ne fût pas un cadavre, les vers le dévoraient; une de ses ailes était cassée, l'étoupe[85] lui sortait du ventre. Mais, aveugle à présent, elle le baisa au front, et le gardait contre sa joue. La Simonne le reprit, pour le

35   mettre sur le reposoir.

---

81. **grippé:** pinched. 82. **des potins pareils:** such nonsense. 83. **faire du tapage:** to make a scene. 84. **Elle** **n'a plus sa tête:** she is no longer in her right mind. 85. **l'étoupe:** stuffing.

V

Les herbages envoyaient l'odeur de l'été; des mouches bourdonnaient; le soleil faisait luire la rivière, chauffait les ardoises. La mère Simon, revenue dans la chambre, s'endormait doucement.

Des coups de cloche la réveillèrent; on sortait des vêpres. Le délire de Félicité tomba. En songeant à la procession, elle la voyait, comme si elle l'eût suivie.

Tous les enfants des écoles, les chantres et les pompiers marchaient sur les trottoirs, tandis qu'au milieu de la rue, s'avançaient premièrement : le suisse[86] armé de sa hallebarde, le bedeau[87] avec une grande croix, l'instituteur surveillant les gamins, la religieuse inquiète de ses petites filles; trois des plus mignonnes, frisées comme des anges, jetaient dans l'air des pétales de roses; le diacre,[88] les bras écartés, modérait la musique; et deux encenseurs se retournaient à chaque pas vers le Saint-Sacrement, que portait, sous un dais de velours ponceau tenu par quatre fabriciens,[89] M. le Curé, dans sa belle chasuble. Un flot de monde se poussait derrière, entre les nappes blanches couvrant le mur des maisons; et l'on arriva au bas de la côte.

Une sueur froide mouillait les tempes de Félicité. La Simonne l'épongeait avec un linge, en se disant qu'un jour il lui faudrait passer par là.

Le murmure de la foule grossit, fut un moment très fort, s'éloignait.

Une fusillade ébranla les carreaux. C'était les postillons saluant l'ostensoir.[90] Félicité roula ses prunelles, et elle dit, le moins bas qu'elle put :

— «Est-il bien?» tourmentée du perroquet.

Son agonie commença. Un râle, de plus en plus précipité, lui soulevait les côtes. Des bouillons d'écume venaient aux coins de sa bouche, et tout son corps tremblait.

Bientôt, on distingua le ronflement des ophicléides,[91] les voix claires des enfants, la voix profonde des hommes. Tout se taisait par intervalles, et le battement des pas, que des fleurs amortissaient, faisait le bruit d'un troupeau sur du gazon.

Le clergé parut dans la cour. La Simonne grimpa sur une chaise pour atteindre à l'œil-de-bœuf, et de cette manière dominait le reposoir.

Des guirlandes vertes pendaient sur l'autel, orné d'un falbala en point d'Angleterre.[92] Il y avait au milieu un petit cadre enfermant des reliques,

---

86. **suisse:** *a church officer.* 87. **bedeau:** beadle, *a church official.* 88. **diacre:** deacon. 89. **fabriciens:** church wardens. 90. **l'ostensoir:** monstrance, *a vessel in which the Host is exposed.* 91. **le ronflement des ophicléides:** blaring of the wind instruments. 92. **falbala en point d'Angleterre:** flounce of English needlepoint lace.

deux orangers dans les angles, et, tout le long, des flambeaux d'argent et des vases en porcelaine, d'où s'élançaient des tournesols, des lis, des pivoines, des digitales, des touffes d'hortensias. Ce monceau de couleurs éclatantes descendait obliquement, du premier étage jusqu'au tapis se prolongeant sur
5 les pavés; et des choses rares tiraient les yeux. Un sucrier de vermeil avait une couronne de violettes, des pendeloques en pierres d'Alençon[93] brillaient sur de la mousse, deux écrans chinois montraient leurs paysages. Loulou, caché sous des roses, ne laissait voir que son front bleu, pareil à une plaque de lapis.[94]
10 Les fabriciens, les chantres, les enfants se rangèrent sur les trois côtés de la cour. Le prêtre gravit lentement les marches, et posa sur la dentelle son grand soleil d'or qui rayonnait. Tous s'agenouillèrent. Il se fit un grand silence. Et les encensoirs, allant à pleine volée, glissaient sur leurs chaînettes.

Une vapeur d'azur monta dans la chambre de Félicité. Elle avança les
15 narines, en la humant avec une sensualité mystique; puis ferma les paupières. Ses lèvres souriaient. Les mouvements de son cœur se ralentirent un à un, plus vagues chaque fois, plus doux, comme une fontaine s'épuise, comme un écho disparaît; et, quand elle exhala son dernier souffle, elle crut voir, dans les cieux entr'ouverts, un perroquet gigantesque, planant au-
20 dessus de sa tête.

93. **pendeloques en pierres d'Alen-**
çon: crystals from Alençon, *a town in* *central France noted for their manu-*
facture. 94. **lapis:** *a bright blue stone.*

CHARLES BAUDELAIRE
Recueillement

Sois sage, ô ma Douleur, et tiens-toi plus tranquille.
Tu réclamais le Soir; il descend; le voici :
Une atmosphère obscure enveloppe la ville,
Aux uns portant la paix, aux autres le souci.

Pendant que des mortels la multitude vile,
Sous le fouet du Plaisir, ce bourreau sans merci,
Va cueillir des remords dans la fête servile,
Ma Douleur, donne-moi la main; viens par ici,

Loin d'eux. Vois se pencher les défuntes Années,
Sur les balcons du ciel, en robes surannées;[1]
Surgir du fond des eaux le Regret souriant;

Le Soleil moribond s'endormir sous une arche,
Et, comme un long linceul traînant à l'Orient,
Entends, ma chère, entends la douce Nuit qui marche.

1. surannées: old-fashioned.

Vocabulary

abaisser to lower
abattre to knock down
abeille f. bee
abîme m. abyss
abondant abundant
abord m. approach; d'— first
aborder to approach
aboutir to end up
aboyer to bark
abrégé m. summary
abréger to shorten
abreuver to fill; to quench
abriter to shelter
abrutir to stupefy
abside f. apse
absoudre to absolve
abuser to take advantage of
acajou m. mahogany
accabler to overwhelm
acception f. meaning
acclamer to hail
accomoder to make comfortable;
to prepare
accomplir to accomplish
accord m. agreement
d'accord all right; être — to be
in agreement

accorder to grant; to tune
accoster to approach
accoucher to give birth
accoudé leaning
accouder to lean
accouplement m. joining
accourir to run
accoutumé used to; habitual
accroc m. hitch
accrocher to hang up, to hook;
to seize
accroissement m. growth
accroître to augment
s'accroupir to squat, to crouch
down
accueil m. reception
accueillir to welcome, to receive
acculer to drive back
s'acharner to make an effort
achat m. purchase
acheter to buy
achèvement m. conclusion
achever to finish, to complete
acier m. steel
acquérir to acquire
acte m. deed
adieu m. farewell

343

admettre to admit
adoucir to assuage
advenir to happen
affadi insipid
affaiblir to weaken
affaire *f.* matter, business
affamé starving
affection *f.* ailment
affectueux affectionate
afférent assignable
affiche *f.* poster
affilé sharp
affirmer to assert
affliger to sadden
affluer to abound
affolement *m.* panic
affoler to drive mad; **s'—** to become panicky
affreux horrible
affriander to entice
affront *m.* insult
agacer to annoy
s'agenouiller to kneel down
agir to act; **s'— de** to be a question of
s'agiter to get excited
agneau *m.* lamb
agonie *f.* death throes
agrandir to enlarge
agréable pleasant
ahurir to astonish
ahurissement *m.* stupefaction
aider to help
aïeux *m.pl.* forebears
aigle *m.* eagle
aigre sharp
s'aigrir to become bitter
aigu sharp
aiguille *f.* needle
aiguisser to sharpen
ail *m.* garlic
aile *f.* wing
ailleurs elsewhere; **d'—** moreover
aimable friendly
aimer to like, to love; **— mieux** to prefer
aîné elder
air *m.* appearance
airain *m.* bronze

ais *m.* plank
aise pleased
aise *f.* comfort, ease
ajonc *m.* gorse
ajourner to postpone
ajouter to add
alanguir to languish
aliéné deranged
aligner to line up
alléchant attractive
allée *f.* lane
allégement *m.* relief
alléger to ease
allégresse *f.* cheerfulness, gladness
Allemagne *f.* Germany
allemand German
aller to go; **— de soi** to go without saying; **s'en —** to go away
allonger to stretch out
allumer to light
allure *f.* appearance
alouette *f.* lark
aloyau *m.* sirloin of beef
altéré thirsty
amant *m.* lover
amarres *f.pl.* moorings
amasser to pile up
amateur *m.* fancier
ambré amber-colored; warm
âme *f.* soul
amener to bring
amer bitter
amical friendly
amiral *m.* admiral
amitié *f.* friendship
amoindrir to lessen
amonceler to heap up
amoncellement *m.* pile
amortir to muffle
amoureux *m.* lover
amour-propre *m.* self-esteem
s'amuser to have a good time
an *m.* year
ancêtre *m.* ancestor
ancien former; old
ancre *f.* anchor
âne *m.* ass
ange *m.* angel

anglais English
angle *m.* corner
Angleterre *f.* England
angoisse *f.* anguish
animer to give life to; **s'—** to become lively
anneau *m.* ring
année *f.* year
annoncer to announce
antinomique paradoxical
antiquaire *m.* antiquarian
août *m.* August
apaiser to calm
apercevoir to notice, to see
apitoyer to commiserate
d'aplomb solidly
apothicaire *m.* druggist
apôtre *m.* apostle
apparaître to appear
apparat *m.* state, pomp
appareil *m.* device, machine
appareiller to pair off; to get under way
apparenté related
appartenir to belong
appât *m.* bait
appel *m.* call
appeler to call
apporter to bring
apprendre to learn; to teach, to inform
apprêter to get ready
apprivoiser to tame
approcher to come near
appui *m.* support
appuyer to lean against, to press; **s'—** to support oneself
après-midi *m.* afternoon
araignée *f.* spider
arbre *m.* tree
arbrisseau *m.* shrubby tree
arc *m.* bow, arch
arcade *f.* arch
arcane *m.* mystery
arc-en-ciel *m.* rainbow
ardeur *f.* eagerness
ardoise *f.* slate, shingle
ardu difficult
argent *m.* money, silver

argenté silvery
argile *f.* clay
arme *f.* weapon
armée *f.* army
armoire *f.* cabinet
arracher to tear off
arranger to manage
arrêt *m.* sentence; halt
arrêter to stop, to arrest; to decide
arriéré retarded
arrière-pensée *f.* mental reservation
arrière-plan *m.* backdrop
arriver to happen
arroger to assume
arrondir to round
arrondissement *m.* quarter
arroser to water
arrosoir *m.* watering can
artificieux guileful
asile *m.* refuge
assagi sober
assaisonner to season
assaut *m.* assault
asseoir to seat
assez enough; rather
assiduité *f.* perseverance
assiette *f.* plate
assistance *f.* audience
assister to attend
associé *m.* associate
assombrir to darken
assorti matched
assourdissant deafening
assouvir to sate, to appease
assujetir to fasten
assurément surely
assurer to reassure; to make certain
astre *m.* star
astuce *f.* wile
atelier *m.* studio
âtre *m.* hearth
attacher to tie up
attarder to delay
atteindre to reach
atteinte *f.* reach
attendre to wait for; **s'— à** to expect

attendri fond, tender, touched
s'attendrir sur to become fond of
attente *f.* wait
atterir to land
attester to affirm
attiédi lukewarm
attirer to attract
attouchement *m.* contact
attrait *m.* attraction
attraper to catch
attrister to sadden
aube *f.* dawn
auberge *f.* inn
audace *f.* boldness
augmentation *f.* raise
augure *m.* omen
auparavant before
auréole *f.* halo
aurore *f.* dawn
aussi also; so
aussitôt at once
autant as many; **d'—** all the more
autel *m.* altar
autre other
autrefois formerly
autrichien Austrian
avaler to swallow
avancer to move forward
avare stingy
avenir *m.* future
aventurer to risk
avertir to warn
avertissement *m.* warning
aveu *m.* confession
aveugle blind
aveugler to blind
avion *m.* airplane
avis *m.* warning; opinion; **changer d'—** to change one's mind
aviser to see to
avocat *m.* lawyer
avoine *f.* oats
avorter to abort
avoué *m.* lawyer
avouer to admit
avril *m.* April

badigeonner to whitewash
badiner to jest, to trifle

bafoué baffled
bagarreur squabbling
bagatelle *f.* trifle
bague *f.* ring
baie *f.* berry
baigner to bathe
baigneur *m.* bather
baignoire *f.* bath
bâillement *m.* yawning
bâiller to yawn
bain *m.* bath
baiser to kiss
baiser *m.* kiss
baisser to lower
bal *m.* ball
balance *f.* scale
se balancer to sway
balançoire *f.* swing
balayer to sweep
balcon *m.* balcony
baleine *f.* whale
balise *f.* beacon
balle *f.* bullet
ballon *m.* balloon
ballotter to shake
banc *m.* bench; pew
bandeau *m.* hair parted down
the middle
banquier *m.* banker
banquise *f.* ice floe
baptême *m.* baptism
barbarie *f.* cruelty
barbe *f.* beard
barbelé *m.* barbed wire
barboter to splash
barbouillage *m.* scrawling
barbouiller to scrawl
barbouilleur *m.* dauber
barbu bearded
bard *m.* hand-barrow
barque *f.* boat
barre *f.* stripe
barreau *m.* rung
barrer to block
barrière *f.* gate
barrique *f.* cask
bas below; softly; low
bas *m.* stocking
basse-cour *f.* poultry yard

bassin *m.* dock
bataille *f.* battle
bateau *m.* ship
batelier *m.* boatman
bâter to load (a mule)
bâtiment *m.* ship
bâtir to build
baton *m.* staff
bâtonnet *m.* stick
battement *m.* beating
battoir *m.* paddle
battre to beat
bavard talkative
bavardage *m.* chatter
bavarder to chat
bave *f.* slaver
baver to slobber
bavette *f.* bib
bazar *m.* cheap store
béant gaping, wide open
avoir beau to do in vain
beau-frère *m.* brother-in-law
bébé *m.* baby
bec *m.* beak; — **de gaz** gas
lantern
bêcher to dig
bedeau *m.* verger
bêlement *m.* bleating
belle-sœur *f.* sister-in-law
bénédicité *m.* grace
bénéficier to benefit
bénir to bless, to give blessing
bénitier *m.* holy-water basin
béquille *f.* crutch
berceau *m.* cradle
bercer to cradle
berge *f.* bank
berger *m.* shepherd
bergère *f.* easy chair
berné ridiculed
besogne *f.* work, task
besoin *m.* need; **avoir —** **de** to
need
bête stupid
bête *f.* animal
bêtise *f.* stupidity
beuglement *m.* bellowing
beugler to bellow
beurre *m.* butter

beurrer to butter
de biais askew
bibliothèque *f.* library
biche *f.* doe
bidon *m.* drum; can
bien *m.* property
bienfait *m.* gift
bienveillance *f.* good will
bière *f.* beer; coffin
bigarrure *f.* medley of colors
bijou *m.* jewel
bille *f.* (glass) marble
billet *m.* ticket, note; — **de**
faire-part announcement
blâmer to find fault with, to
reprimand
blanc white, pale
blancheur *f.* whiteness
blanchir to make white
blason *m.* blazon (in heraldry)
blé *m.* wheat
blême pale
blesser to wound
blessure *f.* wound
bleu blue
bleuâtre bluish
bleuet *m.* cornflower
bleuir to turn blue
bloc-notes *m.* writing pad
bluet *m.* cornflower
bocage *m.* grove
bœuf *m.* ox
boire to drink
bois *m.* wood
boiserie *f.* woodwork
boisson *f.* drink
boîte *f.* box
bomber to bulge
bonbon *m.* candy
bond *m.* leap
bondé crowded
bondir to leap; to rebound
bonheur *m.* happiness, good fortune
bonhomie *f.* good nature
bonne *f.* maid
bonté *f.* goodness
bord *m.* deck (of a ship); edge;
— **de la mer** seashore

bordage *m.* planking
bordé de lined with
border to tuck in; to line
borne *f.* limit
borner to limit
bosse *f.* lump
bossoir *m.* bow (of a ship)
botte *f.* boot; pile
botté in boots
bottine *f.* half-boot
bouc *m.* billy-goat
bouche *f.* mouth
boucher *m.* butcher
bouder to pout
boudeur sullen
boudin *m.* sausage
boue *f.* mud
bouffi swollen
bouge *m.* hovel
bouger to move, to stir, to budge
bougie *f.* candle
bouillir to boil
bouillon *m.* bubble
boulanger *m.* baker
boule *f.* ball
boulet *m.* cannonball
bouleversement *m.* upheaval
bouleverser to overwhelm
bourbeux muddy
bourdon *m.* bell; bumblebee;
drone
bourdonnement *m.* buzzing
bourdonner to buzz
bourg *m.* town
bourgeon *m.* bud
bourrasque *f.* squall
bourreau *m.* tormentor; execu-
tioner
bourrelier *m.* harness-maker
bourrer to stuff
bourse *f.* purse
bousculer to jostle, to hustle
bout *m.* tip, end
bouteille *f.* bottle
boutique *f.* store
bouton *m.* button; — d'or butter-
cup
braise *f.* ember
brandir to brandish

branler to shake
braquer to aim
bras *m.* arm; — dessus — dessous arm in arm
brassard *m.* arm-guard
brave good, solid
bref brief
Bretagne *f.* Britanny
brick *m.* brig
bricoler to do odd jobs
brider to bridle
briller to shine
brin *m.* bit, fragment
brise *f.* wind
briser to break
broc *m.* pitcher
brocanteur *m.* junk dealer
brocart *m.* brocade
broder to embroider
brodeuse *f.* embroiderer
brosse *f.* brush
brosser to brush
brouette *f.* wheelbarrow
brouillard *m.* fog
broussaille *f.* underbrush
broyer to grind
bru *f.* daughter-in-law
bruire to rustle
bruit *m.* sound, noise
brûlant burning
brûler to burn
brûlure *f.* burn
brume *f.* mist
brun brown
brusque sudden
bruyant noisy
bruyère *f.* heather
bûche *f.* log
buée *f.* steam
buisson *m.* bush
bureau *m.* desk; office
but *m.* goal
buter to stumble

cabane *f.* hut
cabas *m.* basket
cabinet *m.* toilet; — d'étude
study
cabotage *m.* cruise

cabriole *f.* caper
cabriolet *m.* carriage
cacher to hide
cachet *m.* seal
cacheter to seal
cachette *f.* hiding-place
cachot *m.* dungeon
cachotterie *f.* secretive act
cadavre *m.* corpse
cadeau *m.* present
cadenas *m.* padlock
cadet *m.* younger brother
cadre *m.* frame
café *m.* coffee
cahier *m.* notebook
cahoter to jolt
caillou *m.* pebble
caisse *f.* box
cale *f.* hold (of a ship)
calèche *f.* carriage
caleçon *m.* underpants
calfat *m.* caulker
calomnier to slander
calvaire *m.* calvary
calvitie *f.* baldness
camarade *m.* comrade
camion *m.* truck
camisole *f.* jacket
campagne *f.* country
camus snub-nosed
canaille vulgar
canard *m.* duck
caniche *m.* poodle
canif *m.* pocket knife
canne *f.* cane
canot *m.* dinghy
cantonade *f.* wings (of a theatre);
à la — aside
caoutchouc *m.* rubber
capeline *f.* cape
capote *f.* hood
caprice *m.* whim
capricieux moody
capucine *f.* nasturtium
caractère *m.* personality
carafe *f.* pitcher
carapace *f.* shell
carène *f.* hull
carillon *m.* chime

carnet *m.* notebook
carré *m.* square
carreau *m.* square; pane
carrière *f.* career
carriole *f.* light cart
carte *f.* card; map
carton *m.* cardboard; score; box
cartouche *f.* shell
cas *m.* case, situation; en tout —
in any case
casaque *f.* jacket
case *f.* cabin
casqué helmeted
casquette *f.* peaked cap
cassé worn out
casser to break
casserole *f.* pot
cassonade *f.* brown sugar
catarrhe *m.* cough
cauchemar *m.* nightmare
causer to chat; to cause
cavalier *m.* horseman
cave *f.* cellar
caveau *m.* cellar
céder to give way, to yield
ceinture *f.* belt; — de sauvetage
life belt
célèbre notorious, famous
céleste heavenly
célibataire *m.* bachelor
cellule *f.* cell
cendres *f.* ashes
cerceau *m.* hoop
cercle *m.* circle
cercueil *m.* coffin
cerise *f.* cherry
cerner to surround, to encompass
cerveau *m.* brain
cervelle *f.* brain; mind
cesser to cease
chagrin *m.* sorrow
chagriner to make unhappy
chaînette *f.* chain
chair *f.* flesh
chaise *f.* chair
châle *m.* shawl
chaleur *f.* heat, warmth
chambre *f.* bedroom
chambrette *f.* attic

champ *m.* field
champignon *m.* mushroom
chance *f.* luck
chanceler to stagger, to shake
chandelier *m.* candle-holder
chandelle *f.* candle
chanson *f.* song
chant *m.* song
chanter to sing
chanteur *m.* singer
chantier *m.* shipyard
chantre *m.* cantor, chorister
chapeau *m.* hat; — melon bowler hat
chapelet *m.* rosary
chaque each
charbon *m.* coal
charbonnier collier
chardon *m.* thistle
charge *f.* duty
charger to load; to instruct; se — de to take care of
chariot *m.* cart
charmille *f.* arbor
charnel carnal
charnier *m.* charnel-house
charpentier *m.* carpenter
charreté *f.* cart-load
charretier *m.* carter
charrette *f.* cart
chasse *f.* hunt
chasser to drive away
chasuble *f.* sacerdotal dress
chat *m.* cat
château *m.* castle
châtiment *m.* punishment
chatouiller to tickle
chaud hot
chauffer to warm
chaufferette *f.* foot-warmer
chaumière *f.* hut
chaussée *f.* road
chausser to put on (shoes)
chaussure *f.* shoe
chauve bald
chef *m.* leader
chef-d'oeuvre *m.* masterpiece
chemin *m.* road; faire du — to make progress

cheminée *f.* fireplace
cheminement *m.* route
cheminer to wander
chemise *f.* shirt; nightgown
chemiserie *f.* shirt store
chêne *m.* oak
chenet *m.* andiron
chenille *f.* caterpillar
cher dear
chercher to look for; to try
chéri darling
chérir to hold dear
cheval *m.* horse
chevalet *m.* easel
chevalier *m.* knight
chevauchée *f.* ride; cavalcade
chevaucher to ride
chevelu long-haired
chevelure *f.* hair
cheveu *m.* hair
chevrier *m.* goatherd
chien *m.* dog
chienne *f.* bitch
chimérique imaginary
chinois Chinese
chique *f.* quid of tobacco
chiquenaude *f.* tweak
choc *m.* shock
choeur *m.* chorus, choir
choisir to choose
choix *m.* choice
choquer to strike
chose *f.* thing
choux *m.* cabbage
chrétien Christian
chuchoter to whisper
chute *f.* fall
cible *m.* target
cicatrice *f.* scar
ciel *m.* heaven
cierge *m.* candle
cil *m.* eyelash
cime *f.* crest
cimetière *m.* cemetery
cingler to lash
circonscrire to circumscribe
circonstance *f.* circumstance
circuler to keep moving
cirer to wax

ciseau *m.* scissors; chisel
citadin *m.* city dweller
citer to quote
citoyen *m.* citizen
clair clear, light
claire-voie *f.* skylight; latticework
  fence
clamer to cry out
clameur *f.* outcry
clapotement *m.* splashing
claque *f.* slap
claquer to smack; to crack; —
  les doigts to snap one's fingers
clarté *f.* brightness
clavier *m.* keyboard
clé, clef *f.* key
cligner to blink
cloche *f.* bell
clocher *m.* belltower
cloison *f.* partition
cloisonner to partition
cloître *m.* convent
clore to end
clos shut up
clou *m.* nail
clouer to nail
cocasse comical
cocher *m.* driver
cochon *m.* pig
cocotier *m.* coconut palm
cocu cuckolded
coeur *m.* heart
coffre *m.* trunk
cogner to knock
coiffer to don (a hat); to groom
  someone's hair
coiffeur *m.* barber
coiffeuse *f.* dressing-table
coin *m.* corner
coincer to jam
col *m.* collar
colère *f.* anger; en — furious
colis *m.* package
collège *m.* boarding school
coller to stick
collier *m.* necklace
colline *f.* hill
colombe *f.* dove
colon *m.* (coll.) colonel

colonne *f.* column
coloris *m.* coloring
combat *m.* fight, struggle
comble *m.* climax
combler to fill
comestible edible
commandant *m.* captain
commande *f.* order
commandement *m.* order; donner le — à to put in command of
commander to order
commencement *m.* beginning
commencer to begin
commerce *m.* business
commettre to commit
commis *m.* clerk
commissariat *m.* police station
commode convenient
commode *f.* dresser
communiquer to adjoin
commutateur *m.* switch
compacte dense
compagne *m.* or *f.* companion
compagnie *f.* company
compassé formal
compenser to make up for
complainte *f.* lament
complaisant obliging
complice *m.* accomplice
complimenteur *m.* flatterer
comporter to behave
compote *f.* stewed fruit
comprendre to understand
compromettre to compromise
compte *m.* account; se rendre —
  de to realize; tout — fait all told
compter to count
comptoir *m.* counter
comte *m.* count
se concerter to consult
concevoir to understand, to con-
  ceive
concilier to reconcile
concourir to compete; to contri-
  bute
conducteur *m.* driver
conduire to lead
conduite *f.* conduct
conférence *f.* lecture

confiance *f.* confidence; **faire —
à** to rely on
confiant confident
confier to entrust
confins *m.pl.* limits
confiture *f.* jam
confondre to confuse; to astonish
confus unclear
congé *m.* vacation; **prendre —**
to take leave
congédier to dismiss
connaissance *f.* acquaintance
connaître to know
conquérir to conquer
conquête *f.* conquest
consacrer to devote
conscription *f.* draft
conscrit *m.* recruit
conseil *m.* advice
conseiller to suggest
conseiller *m.* counselor
consentement *m.* approval
consentir to grant
conserver to keep, to save
consommateur *m.* drinker
consommation *f.* drink; consumption
constellé covered with stars
conte *m.* fairy tale
contenance *f.* countenance
contenir to contain
se contenter de to be satisfied
with
contenu *m.* contents
conter to tell
contraindre to force
contrarier to vex
contredire to contradict
contrée *f.* region
contre-pied *m.* opposite sense
convaincre to convince
convenable fitting
convenance *f.* decorum
convenir to admit; to be fitting;
to be convenient; to agree
convier to enjoin, to invite
convive *m.* guest
convoitise *f.* greed
copieux copious

coq *m.* rooster
coque *f.* shell
coquelicot *m.* poppy
coquet coy
coquillage *m.* shell
coquille *f.* shell
coquin *m.* scoundrel
coquine *f.* hussy
cor *m.* horn
corbeau *m.* raven
corbeille *f.* basket
corbillard *m.* hearse
corde *f.* rope
cordon *m.* string
corne *f.* horn
corniche *f.* cornice
corps *m.* body; **— de garde**
guardroom
corriger to correct
cortège *n.* procession
cossu well-to-do
costume *m.* dress
côte *f.* slope; side
côté *m.* side; **à — de** next to;
du — de in the direction of
coteau *m.* hillside
côtelette *f.* cutlet
cotonneux downy
cou *m.* neck
couardise *f.* cowardice
couche *f.* bed; layer
coucher to put to sleep; **se —** to
go to sleep
coucher *m.* setting (of sun)
couchette *f.* bunk
coude *m.* elbow
coudre to sew
couler to pour; to flow; to soak;
se — to slip
couleur *f.* color
coulisse *f.* wings (of a theatre)
couloir *m.* corridor
coup *m.* blow, tap; **— de feu**
shot; **tout à —** suddenly; **—
d'oeil** glance; **— de pied** kick;
— sur — one on top of the
other; **du même —** at the same
time
coupable guilty

coupe *f.* glass
couper to cut
coupure *f.* cut
cour *f.* courtyard, court; **faire la —** to court
courant common; **au —** in the know
courant *m.* current
courbe *f.* curve
courber to bow
coureur *m.* racer
courir to run
couronne *f.* crown; wreath
courrier *m.* mail
cours *m.* course; path; trip
course *f.* errand; walk
court brief, short
courtoisie *f.* politeness
couteau *m.* knife
coûter to cost
coutume *f.* custom; **de —** usual
coutumier habitual
couture *f.* sewing
couturier *m.* dressmaker
couvent *m.* convent
couver to incubate; to hatch
couvert *m.* (table) setting
couverture *f.* blanket
couvre-feu *m.* curfew
couvrir to cover
cracher to spit, to spit out
craindre to fear
crainte *f.* fear
craintif fearful
se cramponner to clutch
crâne *m.* skull
crapule *f.* dissoluteness, debauchery
craquer to burst; to creak
crasse *f.* squalor, filth
crasseux dirty
cravate *f.* tie
crayon *m.* pencil
créancier *m.* creditor
créer to create
crépuscule *m.* twilight
creuser to undermine
creux hollow
crever to burst; to die (*vulg.*)

cri *m.* cry
cribler to riddle
crier to cry
crin *m.* horsehair
crisper to contract
croasser to croak
crochet *m.* hook
crochu hooked
croire to think, to believe
croisade *f.* crusade
croisée *f.* casement-window
croiser to intersect, to cross
croissance *f.* growth
croître to grow
croix *f.* cross
croquer to nibble
croquis *m.* sketch
crosse *f.* grip (of a pistol)
croupe *f.* rump
croûte *f.* crust
croyance *f.* belief
cruauté *f.* cruelty
cruche *f.* jug
cubage *m.* volume
cueillette *f.* picking of flowers
cueillir to pick
cuir *m.* leather
cuirasse *f.* breast-plate
cuire to cook
cuisine *f.* kitchen; **faire la —** to cook
cuisinier *m.* cook
cuisse *f.* thigh
cuistre *m.* pedant
cuit cooked
cuivre *m.* brass
cuivrer to bronze
cul *m.* ass
cupide avaricious
cure *f.* parish
curé *m.* priest
curieux strange
cuvette *f.* basin

dactylo *f.* typist
dague *f.* dagger
daigner to deign
dais *m.* canopy
dalle *f.* flagstone

dame *f.* lady; — **d'honneur**
  bridesmaid
dandiner to sway
darder to flash; to hurl
dater to be out of date
davantage more
débarrasser to rid
se débattre to struggle
débile weak
débit *m.* delivery
débitant *m.* retailer
débiter to recite
déblayer to remove, to clear
  away
débordement *m.* overflowing
déborder to overflow
déboucher to arrive
debout standing
début *m.* beginning
décacheter to unseal
décamper to make off
décaper to scour
décapiter to behead
déceler to reveal
déception *f.* disappointment
décevant deceptive
décevoir to disappoint
déchaîné unleashed
décharné emaciated
déchéance *f.* misery
déchiffrer to decipher
déchiqueté slashed
déchirer to tear
décolleté low-cut
décolorer to discolor
décombres *m.pl.* debris
déconcerté abashed
découpé cut out
découpure *f.* fretwork
découragé discouraged
décousu disjointed
à découvert exposed
découverte *f.* discovery
découvrir to uncover, to discover
décréter to decree
décrire to describe
décrocher to unhook
décroître to diminish
déculotter to take off

dédaigné disdainful
dédain *m.* disdain
dedans inside
se dédire to retract
déesse *f.* goddess
défaillance *f.* lapse, moment of
  weakness
défaire to undo
défait unmade
défaite *f.* defeat
défaut *m.* lack, fault; **à — de**
  lacking
défendre to prohibit; to defend
défense *f.* prohibition
déferler to unfurl
défi *m.* challenge
se défier to be suspicious
défilé *m.* parade
défiler to parade
défoncer to stave in
défriper to smooth out
défroques *f.pl.* cast-off clothing
défunt defunct
dégager to disengage
dégâts *m.pl.* damage
déglutir to swallow
dégoût *m.* abhorrence
dégoûter to disgust; **se —** to
  become disgusted
dégoutter to drip
dégrafer to unhook
degrés *m.pl.* steps
dégringoler to tumble
dehors outside
déjeuner to lunch
déjeuner *m.* lunch
déjouer to thwart
délaisser to abandon
délasser to relax
se délecter to enjoy, to delight
délicat fragile
délice *f.* delight
délier to free, to untie
délire *m.* delirium
délivrer to save
déluge *m.* flood
demain tomorrow
demander to ask; **se —** to wonder
démarche *f.* approach; gait; step

démarrer to start up
démasquer to reveal
démêler to untangle
déménagement *m.* moving
démence *f.* madness
démener to fling about
démentir to belie
démesuré huge
au demeurant after all
demeure *f.* house
demeurer to remain; to live
demi half
demi-cercle *m.* half-circle
démodé out of style
demoiselle *f.* young lady
démolir to destroy
dénigrer to belittle
dénouer to untie, to undo
dent *f.* tooth
denté spoked
dentelle *f.* lace
départ *m.* departure
dépasser to pass beyond, to overtake
se dépêcher to hurry
dépeindre to depict
dépense *f.* expense
dépenser to spend
dépérir to perish
dépeupler to depopulate
dépit *m.* resentment; en — de
   despite
déplacement *m.* trip
se déplacer to move about; to
   move aside
déplaire to displease
déplier to unfold
déploiement *m.* unfolding
déployer to unfold
déporté *m.* someone condemned
   to be deported
déposer to set down
dépouiller to lay bare, to strip
dépourvu deprived
dépravé debauched
déraciner to uproot
déraison *f.* madness
déraisonnable unreasonable
déranger to disturb

derechef once again
dérisoire ridiculous
dernier last; latter
dérober to steal
se dérouler to unfold
dérouté baffled
derrière behind
désaccord *m.* disagreement
désapprendre to unlearn
désarmé disarmed
desceller to unseal, to loosen
descendre to come down
désespéré hopeless
désespérer to have no hope
désespoir *m.* despair
déshabiller to undress
déshonneur *m.* disgrace
désigner to point out
désoeuvrement *m.* idleness
désolé sorry; unhappy
désoler to make unhappy
désordonné wild
désordre *m.* disorder
désormais henceforth
se dessaisir to relinquish
désséché dried out
dessein *m.* design
desservir to serve
dessin *m.* drawing
dessiner to design; to draw
dessous underneath
dessus on top of
destinée *f.* fate
désunir to disunite
détacher to untie
détailler to inspect; to enumerate
détester to hate
détour *m.* roundabout way
détourner to turn away
détraqué maniac
détresse *f.* distress
détroit *m.* strait, sound
détruire to destroy
dette *f.* debt
deuil *m.* mourning
devancer to precede
devant in front of
devenir to become
déverser to pour

dévêtir to undress
dévider to unwind
deviner to sense; to guess
devinette *f.* riddle
deviser to talk, to chat
dévoiler to reveal
devoir to owe
devoir *m.* duty
dévorer to devour
dévouement *m.* devotion
dévouer to devote
diable *m.* devil
diacre *m.* deacon
diamant *m.* diamond
diapré speckled
dieu *m.* god
différé put off
difficile difficult
difforme deformed
digitale *f.* foxglove
digne worthy
digue *f.* dyke
diligence *f.* stagecoach
dimanche *m.* Sunday
diminuer to diminish
dinde *f.* turkey
dindon *m.* turkey
dire to say, to tell; **vouloir** — to mean
dirigeable *m.* dirigible
diriger to direct; **se** — to move
discontinuer to cease
discordance *f.* disharmony
discourir to talk
discours *m.* speech
disloquer to break up
disparaître to disappear
disparition *f.* disappearance
dispendieux expensive
se dispenser to get out of
disperser to scatter
disposer to arrange; **se** — to make ready
disposition *f.* disposal; frame of mind
dissimuler to hide
dissoudre to dissolve
distraire to amuse, to distract
distrait listless

divaguer to digress
divan *m.* sofa
divers several, different
divertir to amuse
divertissement *m.* amusement
doigt *m.* finger; — **de pied** toe
domestique *m.* servant
dominer to dominate, to hang over
dommage *m.* pity
donner to give; — **sur** to open onto
doré gilded, golden
dorer to gild
dorloter to fondle
dormir to sleep
dortoir *m.* dormitory
dorure *f.* gilding
dos *m.* back
dossier *m.* file; back (of seat)
douane *f.* customs
douanier *m.* customs official
doublé de added to
doubler to overtake, to pass
doucement gently, slowly
douceur *f.* sweetness, mildness
douche *f.* shower
douer to endow
douleur *f.* pain, sorrow
douloureux painful
se douter de to suspect
douve *f.* moat
doux soft, gentle
douzaine *f.* dozen
drap *m.* sheet
drapeau *m.* flag
draper to bedeck
draperie *f.* drape
dresser to rise; to erect; to draw up; to train
dressoir *m.* sideboard
drogue *f.* drug
droit right; straight
droit *m.* right
drôle funny
dur hard
durcir to become hard
durée *f.* duration
durement roughly

durer to last
dureté *f.* hardness

eau *f.* water
eau-de-vie *f.* brandy
ébahi astonished
ébarbé trimmed
ébauche *f.* sketch
ébaucher to sketch
éblouir to dazzle
éblouissant dazzling
éblouissement *m.* dazzlement
éboulement *m.* falling of stones
ébranler to shake
ébréché chipped
écarquiller to open wide
écart *m.* divergence; à l'— to the side
écarter to move aside, to spread out
échafaud *m.* scaffold
échafaudage *m.* scaffolding
échange *m.* exchange
échanger to exchange
échapper to escape
écharpe *f.* scarf
s'échauffer to become angry
échec *m.* failure
échelle *f.* ladder
s'échelonner to be spread out
écheveau *m.* skein
échine *f.* spine
échouer to fail
éclair *m.* flash
éclairage *m.* lighting
éclaircir to shed light on
éclairer to enlighten; to shed light on; to light up
éclat *m.* burst; brilliance; rire aux —s to laugh uproariously
éclatant dazzling
éclatement *m.* bursting
éclater to break out, to burst
éclore to blossom
éclosion *f.* blossoming
écluse *f.* canal lock
écoeurer to disgust
école *f.* school
écolier *m.* schoolboy

écorce *f.* bark (of tree)
s'écouler to pass
écourter to abbreviate
écoute *f.* listening-place; à l'— de listening in on
écouter to listen
écran *m.* screen; à grand — wide screen
écraser to crush
s'écrier to shout
écrin *m.* jewel-case
écrire to write
écriture *f.* writing
écrivain *m.* writer
s'écrouler to fall, to collapse
écueil *m.* reef
écuelle *f.* bowl
écume *f.* foam
écumer to foam; — la mer to rove the seas
écumoire *f.* skimmer
écurie *f.* stable
écuyer *m.* squire
effacer to erase
effectuer to carry out
effeuillé bare
effleurer to brush against
s'efforcer to make an effort
effrayer to frighten
effriter to crumble
effroi *m.* fright
égal equal
également also; equally
égaliser to make equal
égaré lost
égarer to misplace; to confuse
égayer to cheer up
église *f.* church
égorger to slaughter
égout *m.* sewer
égratignure *f.* scratch
égratiner to scratch
s'élancer to leap, to spring forward
élargir to enlarge
élève *m.* pupil
élever to bring up, to raise
éloge *m.* eulogy
éloignement *m.* departure

éloigner to turn away; s'— to go away
embarcation *f.* boat
embarras *m.* difficulty
embarrasser to encumber; to trouble
embaumer to perfume
embellir to beautify; to become more beautiful
embêtant annoying
embêter to annoy; s'— to be bored
emboîter to encase; — le pas to fall in step with
embrasé blazing
embrasser to kiss
embrouiller to confuse
embuer to cloud
émeraude *f.* emerald
émerveiller to astonish
emmener to take along
émouvoir to move
empailler to stuff
empailleur *m.* taxidermist
s'emparer to take hold of, to seize
empâtement *m.* thickening
empâter to thicken
empêcher to prevent, to forbid; n'empêche que nonetheless
empesé starched
empiéter to encroach
emplir to fill
emploi *m.* employment
employer to hire
empoigner to grab
empoisonnement *m.* poisoning
empoisonner to poison
emporter to take away
empreint marked
empreinte *f.* imprint
empressement *m.* eagerness
emprunter to borrow
ému moved
encadrement *m.* framework
encadrer to frame
encens *m.* incense
encenseur *m.* incense bearer
encensoir *m.* incense burner
enchaînement *m.* sequence

enchaîner to continue
enchanté delighted
encombré cluttered
encore again; still; pas — not yet
encre *f.* ink
s'endormir to fall asleep
endroit *m.* place
enduire to smear
endurcir to harden
endurcissement *m.* callousness
énervement *m.* irritation
énerver to irritate
enfance *f.* childhood
enfant *m.* or *f.* child
enfantement *m.* birth
enfanter to give birth to
enfer *m.* hell
enfermer to shut up, to lock up
enfilade *f.* row
enfiler to slip into
enflammé inflamed
enfler to swell
enfoncement *m.* recess
enfoncer to thrust in; to push in; to sink
enfouir to bury
enfourcher to bestride
s'enfuir to flee
engager to hire
engendrer to give birth
engloutir to engulf
engouement *m.* infatuation
engrais *m.* fertilizer
engraisser to fatten
engueuler to bawl out
s'enhardir to become bold
s'enivrer to become intoxicated
enlacer to intertwine; to embrace
enlever to take off
ennui *m.* boredom
ennuyer to bore; to annoy
ennuyeux annoying
énoncer to articulate
enregistrement *m.* registration
s'enrhumer to catch cold
enseigne *f.* sign
enseigner to teach
ensemble together

ensevelir to bury
ensorcelé bewitched
entassement *m.* accumulation
s'entasser to pile up, to accumulate
entendre to understand; to hear; to mean; s'— to get along (with)
enterrer to bury
entêté persistent
entêtement *m.* stubbornness
entier entire
entonner to intone
entourer to surround
entraîner to carry away
entrebâiller to half-open
entre-croiser to criss-cross
entrelacer to interlace
entremetteur *m.* go-between
entreprendre to undertake
entretien *m.* conversation
entrevoir to perceive
entr'ouvrir to open up
envahir to flood
envelopper to wrap up
envers *m.* reverse side; à l'— backwards
envie *f.* desire; avoir — to want
envier to envy
environ approximately
environner to surround
envol *m.* flight
s'envoler to fly off
envoyer to send
épais thick
épaisseur *f.* thickness
épaissir to thicken
épanchement *m.* effusion
s'épancher to unbosom oneself
épandu spread out
s'épanouir to bloom
épargner to spare
éparpiller to scatter
épars disheveled; scattered
épaule *f.* shoulder
épave *f.* wreck (of a ship)
épée *f.* sword
éperdu frantic
éperon *m.* spur

épice *f.* spice; pain d'— gingerbread
épicerie *f.* grocery store
épier to watch
épingle *f.* pin; monter en — to exhibit
éponger to wipe off
épopée *f.* epic
époque *f.* period
épouse *f.* wife, bride
épousée *f.* bride
épouser to marry
épouvantable frightful
épouvante *f.* fright, terror
époux *m.* husband
s'éprendre de to take a fancy to
épreuve *f.* trial
épris in love
éprouver to feel; to test
épuiser to wear out
épure *f.* sketch
équipage *m.* retinue
ère *f.* epoch
errer to wander
erreur *f.* mistake
escabeau *m.* stool
escalader to climb
escalier *m.* stairway
escamoter to make vanish
escarmouche *f.* skirmish
escarpé steep
esclave *m.* slave
escouade *f.* gang
espace *m.* space
espagnol Spanish
espèce *f.* sort
espérance *f.* hope
espérer to hope
espoir *m.* hope
esprit *m.* nature, mind, spirit
esquisse *f.* sketch
esquisser to outline
s'esquiver to slip away
essai *m.* attempt
essaim *m.* swarm
essayer to try
s'essouffler to get out of breath
essuyer to wipe
estaminet *m.* tavern

estampe *f.* engraving
estimable worthy
estimer to believe; to value
estomper to blur
étable *f.* stable
établi *m.* workbench
établir to establish; to determine
étage *m.* storey (of a building)
étain *m.* pewter
étaler to spread out
étancher to quench
étang *m.* pond
étape *f.* stage
état *m.* state
étayer to prop up
été *m.* summer
éteindre to extinguish
étendre to stretch out
étendue *f.* expanse
éternuer to sneeze
étincelant sparkling
étincelle *f.* spark
étirer to stretch
étoffe *f.* material
étoile *f.* star
étonnement *m.* surprise
étonner to astonish
étouffer to choke, to smother
étourdi bewildered
étourdir to deafen
étourdissement *m.* dizziness
étrange strange
étranger foreign
être *m.* being
étreindre to embrace
étreinte *f.* embrace, grasp
étrier *m.* stirrup
étroit narrow
étroitement closely
étude *f.* study
étudiant *m.* student
étudier to study
s'évanouir to faint
éveil *m.* wakening
éveiller to wake up
événement *m.* event
éventail *m.* fan
éventrer to disembowel
évier *m.* sink

éviter to avoid
évolué advanced
examen *m.* examination
exaucer to fulfill
excédé out of patience
exclure to exclude
exécrer to hate
exemplaire *m.* copy
exigence *f.* requirement
exiger to demand, to require
exiguïté *f.* narrowness
expédier to send
expliquer to explain
exploiter to take advantage of
exposition *f.* exhibit
exprès on purpose
exprimer to express
s'extasier to become enthusiastic
extraire to extract

fabriquer to make
fabuleux prodigious
face *f.* face; en — de opposite
fâcher to anger, to annoy
fâcheux annoying
facile easy
façon *f.* means, way, manner
facteur *m.* mailman
factice artificial
faible weak
faiblesse *f.* weakness
faiblir to become weak
faille *f.* fault
faillir to fail
faim *f.* hunger
faire to do, to make
fait *m.* fact; au — in fact; être
  son — to be one's strong point
falaise *f.* cliff
falloir to be necessary
familier domestic; familiar
famille *f.* family
fané wilted
fanfaron *m.* braggart
fange *f.* mud
fantasque strange
fantoche *m.* puppet
faquin *m.* cad
fard *m.* makeup

farder to make (someone) up
farouche fierce
fastidieux tedious
fastueux sumptuous
fatiguer to tire
fatras *m.* jumble
fatuité *f.* self-complacency
faucher to mow down
faucheuse *f.* reaper
fausseté *f.* falseness
faute *f.* mistake, fault
fauteuil *m.* armchair
fauve *m.* wild beast
faux false
faux-fuyant *m.* subterfuge
favoris *m.pl.* sideburns
fébrile feverish
fécond fertile
fée *f.* fairy
feindre to pretend
feinte *f.* pretense
félicité *f.* bliss
féliciter to congratulate
femme *f.* woman, wife
fendre to cleave, to split open
fenêtre *f.* window
fente *f.* crack
fer *m.* iron
fer-blanc *m.* tin
ferme firm
ferme *f.* farm
fermer to close
fermier *m.* farmer
féroce fierce
ferraille *f.* scrap iron
festoyer to celebrate
fête *f.* feast, celebration
fêter to celebrate
fétide stinking
feu *m.* fire; light; **en — ** red;
   faire — to set fire to
feuillage *m.* leaves
feuille *f.* leaf
feuilleter to leaf through
ficelle *f.* string
se ficher de to not give a damn
   about; to make fun of
fichu *m.* scarf
fidèle faithful

fier proud
se fier to trust
fierté *f.* pride
fièvre *f.* fever
figer to freeze
figure *f.* face; shape
figurer to represent; **se —** to
   imagine
fil *m.* wire; thread; **— de fer
   barbelé** barbed wire
file *f.* line
filer to slip, to escape, to fly
filet *m.* net
fille *f.* daughter, girl
fillette *f.* little girl
fils *m.* son
fin elegant
fin *f.* end; **à la —** at last
finesse *f.* delicacy
finir to finish, to put an end to
fissure *f.* crack
fixe immobile
fixer to immobilize; to attach;
   to stare at
flacon *m.* flask
flageoler to tremble
flairer to smell
flamand Flemish
flambeau *m.* taper
flamboyer to blaze
flamme *f.* flame
flanc *m.* side
flânerie *f.* idling
flanquer to flank
flasque limp
flatter to stroke; to flatter; **se —**
   to delude oneself
flèche *f.* arrow
fléchir to sag
flétrir to fade
fleur *f.* flower
fleurer to be fragrant
fleurir to blossom
fleuve *m.* river
flibustier *m.* pirate
flocon *m.* flake
flot *m.* wave
flotter to float
fluet slender

foi *f.* faith; **ma —** indeed
foin *m.* hay
foire *f.* fair
fois *f.* time
folâtre mad
folie *f.* madness
foncé dark
fonction *f.* function
fond *m.* bottom; **au —** in the back; basically
fondre to melt; to dissolve
fonds *m.* stock
fontaine *f.* fountain
forçat *m.* convict
être de force to have the strength (to)
forcément necessarily
forêt *f.* forest
forfait *m.* crime
forme *f.* shape
formidable wonderful
fort strong; greatly
de fortune makeshift
fossé *m.* ditch
fou mad
foudre *f.* lightning
fouet *m.* whip
fouetter to flog
fougue *f.* flight
fouillé elaborate
fouiller to search
fouillis *m.* jumble
foulard *m.* scarf
foule *f.* crowd, rabble
fourbu exhausted
fourmi *f.* ant
fourmillant swarming
fourneau *m.* stove
fournir to supply
fourreau *m.* sheath
fourrer to stuff
foyer *m.* home
fracasser to shatter
fraîcheur *f.* coolness
frais fresh, cool
franc, franche straightforward
franchir to cross
franchise *f.* frankness
frapper to strike; to knock

frayer la voie to lead the way
frégate *f.* frigate
freiner to brake
frêle frail
frémir to tremble
fréquenter to attend; to frequent
frère *m.* brother
fringant frisky
friper to crumple
frisé curly
frison *m.* curl
frissonner to shiver; to tremble
froid cold
froisser to wrinkle
frôler to brush against
fromage *m.* cheese
froncer to furrow
front *m.* forehead
frotter to rub
fructueux fruitful
fruitier *m.* fruit tree
fruste rough
fuir to escape, to flee
fuite *f.* flight; leak
fumée *f.* smoke
fumer to smoke
fumet *m.* scent
fumier *m.* dung-heap
funèbre funeral, gloomy
funérailles *f. pl.* funeral
funeste baleful
fureter to ferret
fureur *f.* fury
furibond furious
furtivement sneakily
fusée *f.* rocket
fusil *m.* gun; **— de chasse** hunting gun
fusillade *f.* shooting, volley
fusiller to shoot
fusil-mitrailleur *m.* automatic rifle
fût *m.* cask
futaille *f.* cask

gâcher to spoil
gâchette *f.* trigger
gage *m.* pledge
gagner to reach; to win; to earn

gaillard *m.* strapping fellow; — **d'arrière** quarter-deck
galerie *f.* gallery
galet *m.* pebble
galette *f.* cake
galoche *f.* clog
gamelle *f.* mess-bowl
gamin *m.* young boy
gamme *f.* gamut
gant *m.* glove
garantir to assure
garçon *m.* boy
garde *f.* guard, protection; **prendre** — to be careful
garde-fou *m.* railing
garder to keep; to guard; **se** — **de** to be careful not to
gardeuse *f.* watcher
gardien *m.* guardian
gare *f.* station
garer to park
gargouille *f.* gargoyle
garnir to line; to adorn
gars *m.* boy
gâteau *m.* cake
gâter to spoil
gâterie *f.* over-indulgence
gauche left
gazon *m.* lawn, grass
gazouiller to warble
geindre to complain, to moan
geler to freeze
gémir to groan
gémissement *m.* groan
gênant annoying
gencives *f.pl.* gums
gêne *f.* embarrassment
gêner to embarrass, to bother; **se** — to make a fuss
génie *m.* talent
genou *m.* knee; **à** — **on one's** knees
genre *m.* style, type, species
gens *m.pl.* people
gentil nice
gentilhomme *m.* gentleman
gerbe *f.* sheaf
gérer to administer
germer to germinate

gésir to lie helpless
geste *m.* gesture
gifle *m.* slap
glace *f.* mirror; ice
glacer to freeze
glaçon *m.* block of ice
gland *m.* tassel
glapir to bark
glas *m.* knell
glisser to slip
gloire *f.* glory
gober to swallow
goëlette *f.* schooner
goémon *m.* seaweed
gomme *f.* eraser
gond *m.* hinge (of a door)
gonfler to swell; to inflate
gorge *f.* throat; breast
gorgée *f.* gulp
gorger to stuff
gosier *m.* throat
gouache *f.* watercolor
goudron *m.* tar
gouffre *m.* abyss
goujat *m.* cad, boor
goulu greedy
gourmander to rebuke
gourmandise *f.* greediness
goût *m.* taste
goûter to taste
goutte *f.* drop
gouvernail *m.* rudder
gouvernante *f.* governess
gouvernement *m.* government
grabat *m.* pallet
grâce *f.* charm; favor; **de** — **for** pity's sake
grâce à thanks to
gracieux graceful; gracious
gracilité *f.* slenderness
grade *m.* rank
grand big
grandeur *f.* size
grandir to increase in size; to grow up
grange *f.* barn
grappe *f.* bunch, cluster
gras fat; rich
gratuit gratuitous

gravats *m.pl.* rubbish
grave solemn, serious
graver to engrave
gravier *m.* gravel
gravir to climb
gravure *f.* engraving
gré *m.* liking; **au — de** to the measure of
grêle high-pitched
grêle *f.* hail
grelot *m.* small bell
grelotter to shiver
grenier *m.* attic
grenu grainy
grève *f.* shore; strike
gribouillage *m.* scrawling
grief *m.* grievance
griffe *f.* claw
grignoter to gnaw
grillage *m.* latticework
grille *f.* iron gate
grillon *m.* cricket
grimper to climb
grincer to grate
gris gray; tipsy
grisâtre grayish
griser to inebriate
grognement *m.* grunting
grogner to grumble
grommeler to mutter
gronder to rumble; to scold
gros big
grossier crude
grossir to grow
guéridon pedestal table
guérir to cure
guerre *f.* war
guerrier *m.* warrior
guetter to lie in wait for, to watch for
guetteur *m.* watchman
gueule *f.* mouth
gueux *m.* beggar, tramp
gui *m.* mistletoe
guichet *m.* window
guide *f.* rein
guirlande *f.* wreath

habiller to dress

habit *m.* dress, jacket
habitant *m.* inhabitant
habiter to inhabit, to live
habitude *f.* habit; **comme d'—** as usual
haie *f.* row
haillon *m.* rag
haine *f.* hatred
haïr to hate
halage *m.* towing
haleine *f.* breath
haler to tow
haleter to pant
halles *f.pl.* market
halluciné obsessed
hamac *m.* hammock
hanche *f.* hip, haunch
hanter to haunt
hantise *f.* obsession
happer to snatch
harceler to torment
hardi daring
hardiesse *f.* boldness
harponner to harpoon
hasard *m.* chance
hasarder to venture
hâte *f.* haste
hâter to hasten
haussement *m.* shrug
hausser to raise; **— les épaules** to shrug one's shoulders
haut high, highly placed, loud
hautain haughty
hauteur *f.* height; **à la — de** equal to, on the same level as
hébété dazed
hein what?
hélas alas
hennir to whinny
hennissement *m.* whinny
herbage *m.* pasture
herbe *f.* grass
hérisser to stand on end
héritier *m.* inheritor
hésiter to hesitate
hétéroclite unusual
heure *f.* hour, time; **de bonne —** early
heureux happy

heurt *m.* shock
heurter to run up against, to knock against
heurtoir *m.* door-knocker
hideux hideous
hier yesterday
hippodrome *m.* arena
hisser to hoist
histoire *f.* story
hiver *m.* winter
hocher to nod
hochet *m.* bauble
homme *m.* man
honnête decent, honest
honte *f.* shame; avoir — to be ashamed
honteux ashamed
hôpital *m.* hospital
hoquet *m.* gasp
horloge *f.* clock
hormis with the exception of
hors beyond
hospice *m.* asylum
hostie *f.* host (wafer)
hôte *m.* host, guest
hôtel *m.* palace
hôtellerie *f.* inn
houseaux *m.pl.* leggings
houx *m.* holly
huile *f.* oil
huissier *m.* usher
humer to suck in
humeur *f.* mood
hurler to shout, to howl, to yell

idée *f.* idea
idiot stupid
if *m.* yew
ignorer to be unaware of
île *f.* island
illimité limitless
illuminer to light up
illusoire imaginary
illustre illustrious
îlot *m.* island
immeuble *m.* apartment building
s'immobiliser to come to a standstill
immondices *f. pl.* filth, refuse

immuable immutable, unchanging
imparfait imperfect
impasse *f.* blind alley
impassible impassive
impatienter to make impatient
impitoyable pitiless
n'importe no matter
importer to matter
imprévu unforeseen
imprimé *m.* (printed) form
imprimer to print
imprudence *f.* rashness
impuissance *f.* impotence
impuissant powerless
incendie *m.* fire
incendié burnt down
s'incliner to tilt; to bow
incommode inconvenient
incommoder to disturb
inconnu *m.* stranger
incroyable incredible
indécis undecided
indéterminé indefinite
indicible unspeakable
indigne unworthy
s'indigner to get angry
indiquer to point out
individu *m.* individual
indu undeserved
induire to induce
inégal unequal
inépuisable inexhaustible
inerte lifeless
inestimable invaluable
inexprimable beyond words
infâme evil
infime miniscule
infirmière *f.* nurse
informe misshapen
infortune *f.* misfortune
infranchissable uncrossable
ingénieur *m.* engineer
ingénu simple
inique unjust
injurier to insult
inlassable unflagging
inonder to flood
inouï unheard of

inquiet worried
inquiéter to disturb, to worry
inquiétude *f.* worry
insaisissable elusive
insensé mad
insensibilité *f.* hardness, indifference
insensible imperceptible, hard
insolite unusual, unwonted
insouciance *f.* unconcern
s'installer to settle down
instance *f.* solicitation
instituteur *m.* schoolmaster
instruction *f.* education
instruire to instruct
interdire to prohibit
interdit disconcerted
interloqué disconcerted
interroger to question
interrompre to interrupt
intervenir to intervene
intimité *f.* intimacy
intraduisible untranslatable
intrigue *f.* plot
introduire to bring in; **s'—** to get in
introuvable not to be found
inutile useless
invraisemblable unlikely
faire irruption to burst into, to rush into
isolement *m.* isolation
issu de born of
ivoire *m.* ivory
ivraie *f.* tares
ivre intoxicated
ivrogne *m.* drunkard
ivrognerie *f.* drunkenness

jabot *m.* ruffle
jacinthe *f.* hyacinth
jadis of old; former times
jaillir to spring forth
jalouser to envy
jalousie *f.* venetian blind; jealousy
jaloux jealous
jambe *f.* leg
jambon *m.* ham
janvier *m.* January

jardin *m.* garden
jardinet *m.* little garden
jardinier *m.* gardener
jarretière *f.* garter
jaser to chatter
jatte *f.* bowl
jaune yellow
jaunir to turn yellow
jet *m.* throw; spray; **— d'eau** fountain
jeter to throw
jeu *m.* game
jeudi *m.* Thursday
jeune young
jêuner to fast
jeunesse *f.* youth
joaillier *m.* jeweler
joie *f.* joy
joindre to join
joli pretty
jonc *m.* rush (plant)
joncher to strew
jongleur *m.* juggler
joue *f.* cheek
jouer to play; **se — de** to tease
jouet *m.* toy
jouir to enjoy
jouissance *f.* rapture
jour *m.* day, daylight; **donner le — à** to give rise to; **petit —** dawn; **se faire —** to be revealed
journal *m.* newspaper
journaliste *m.* reporter
journée *f.* day
joyau *m.* jewel
jucher to perch
juillet *m.* July
juin *m.* June
jumelle *f.* binocular
jument *f.* mare
jupe *f.* skirt
jupon *m.* petticoat
jurer to swear
juron *m.* oath
jusque until, to
juste exact; **au —** exactly

labourer to till
lac *m.* lake

lacer to lace up
lâche cowardly
lâcher to release, to let go of
laid ugly
laideur *f.* ugliness
laine *f.* wool
laisser to leave; to let
lait *m.* milk
laiterie *f.* dairy
laitier *m.* milkman
lambeau *m.* rag, shred of cloth
lambris *m.* panelling
lame *f.* blade; wave
lampion *m.* Chinese lantern
lancer to throw
lande *f.* moor
langue *f.* tongue; language
languir to languish
lapin *m.* rabbit
large *m.* open sea
larme *f.* tear
larron *m.* thief
se lasser to become tired
latte *f.* slat
laurier *m.* laurel
lavabo *m.* sink; rest room
lavande *f.* lavender
laver to wash
leçon *f.* lesson
lecteur *m.* reader
lecture *f.* reading
léger light
légèrement lightly
légerté *f.* lightness, triviality
léguer to will
légume *m.* vegetable
lendemain *m.* day after
lentement slowly
lenteur *f.* slowness
lessive *f.* wash
lestement nimbly
lever to raise; se — to arise
lever *m.* rising
lèvre *f.* lip
liane *f.* vine
libertin dissolute; freethinking
libre free
lien *m.* bond, tie
lier to tie up

lierre *m.* moss
lieu *m.* place; league; au — de instead of; avoir — to take place; — commun banality
lilas *m.* lilac
limace *f.* slug
limaçon *m.* snail
lime *f.* file
linceul *m.* shroud
linge *m.* cloth, laundry
lire to read
liseron *m.* convulvulus
lisière *f.* edge
lisse smooth
lit *m.* bed; — de sangles camp bed
livre *m.* book
livre *f.* pound
livrer to deliver; to give; se — à to indulge in
locataire *m.* renter, tenant
location *f.* reservation
logement *m.* housing
loger to live
logis *m.* lodging
loi *f.* law
loin far; au — in the distance
lointain distant, far off
loisir *m.* leisure
de long en large back and forth
longer to hug the side of; to go along
lopin *m.* plot (of land)
loquet *m.* latch
lorgnon *m.* eyeglasses
lorsque when
louable praiseworthy
louche shady, suspicious
louer to rent
loueur *m.* renter
loup *m.* wolf
lourd heavy
louvoyer to tack
lucarne *f.* small window
lueur *f.* gleam; glowing
luire to shine
luisant shining
lumière *f.* light
luminaire *m.* lighting

lundi *m.* Monday
lune *f.* moon
lustre *m.* chandelier
lutrin *m.* lectern
lutte *f.* struggle
lutter to fight
lutteur *m.* wrestler
luxe *m.* luxury
luzerne *f.* field of purple clover
lys *m.* lily

mâcher to chew
machinal mechanical
mâchoire *f.* jaw
maçon *m.* mason
magasin *m.* store
magie *f.* magic
magistral masterly
maigre thin
maille *f.* stitch
main *f.* hand
maintenir to maintain; to hold
maire *m.* mayor
mairie *f.* town hall
maison *f.* house; establishment
maître *m.* master
maîtresse *f.* mistress
maîtrise *f.* mastery
majorer to increase
mal badly
mal *m.* evil, trouble; **faire —** to
   hurt
malade ill
maladif morbid, sickly
maladroit clumsy
malaise *m.* uneasiness
malaisé difficult
malchance *f.* bad luck
malédiction *f.* curse
malentendu *m.* misunderstanding
malgré despite
malheur *m.* misfortune
malheureux unfortunate
malin clever
malle *f.* trunk
malle-poste *f.* stagecoach
malsain unhealthy
malséant unfitting
maltraiter to mistreat

manche *f.* sleeve
manège *m.* game, tricks
manette *f.* switch
manger to eat
manie *f.* habit
manière *f.* manner
manifester to give evidence of
manque *m.* lack
manquer to miss; to lack
mansarde *f.* attic
mante *f.* mantle
manteau *m.* coat
mantelet *m.* cloak
marais *m.* marsh
marasme *m.* depression
marbre *m.* marble
marbrure *f.* splotch
marchand *m.* merchant
marchandage *m.* bargaining
marche *f.* stair; **en —** marching
marché *m.* market; **par-dessus
   le —** on top of that
marchepied *m.* running-board
marcher to walk; to function
mardi *m.* Tuesday
mare *f.* pool, pond
marécage *m.* swamp
marée *f.* tide
marguerite *f.* daisy
mari *m.* husband
marier to marry
marin *m.* sailor
marine *f.* navy
marmotter to mumble
marquer to indicate
marraine *f.* godmother
marron *m.* chestnut
marronnier *m.* chestnut tree
mars *m.* March
marteau *m.* hammer
mastiquer to chew
mât *m.* mast
matelas *m.* mattress
matelot *m.* sailor
mater to put down; to tame
matin *m.* morning
matinée *f.* morning
maudire to curse
mauvais bad

mécanique *f.* mechanism
méchant bad
mèche *f.* lock; fuse
méconnaissable unrecognizable
méconnu unrecognized
mécontentement *m.* displeasure
médaille *f.* medal
médecin *m.* doctor
méduse *f.* jellyfish
méfiance *f.* distrust
se méfier to be suspicious
meilleur best; better
mélange *m.* mixture
mélanger to mix
mêler to mix; **se — de** to take a
  hand in
melon *m.* bowler hat
membre *m.* limb
membrure *f.* hull
même even; same; **tout de —**
  after all
mémoire *f.* memory
menacer to threaten
ménage *m.* household; **faire le —**
  to clean up
ménagement *m.* consideration
ménager to take care of
ménagère *f.* housekeeper
mendiant *m.* beggar
mener to lead
ménétrier *m.* strolling fiddler
menotte *f.* handcuff
mensonge *m.* falsehood
menteur *m.* liar
menthe *f.* mint
mentir to lie
menton *m.* chin
menuiserie *f.* carpentry
menuisier *m.* carpenter
méprendre to misunderstand
mépris *m.* disdain
méprisable contemptible
méprise *f.* misunderstanding
mépriser to disdain
mer *f.* sea, ocean; **en pleine —**
  on the high seas
mercredi *m.* Wednesday
mère *f.* mother
mériter to deserve

merle *m.* blackbird
merveille *f.* wonder
mésange *f.* titmouse
messe *f.* mass
métamorphoser to transform
métier *m.* trade
mets *m.* food
mettre to put; to put on; **se — à**
  to begin; **se — debout** to get up
meuble *m.* piece of furniture
meubler to furnish
meurtre *m.* murder
meurtri bruised; spoiled
meurtrier murderer
meurtrir to torment
meute *f.* pack
midi *m.* noon
miette *f.* crumb
mignard delicate
mignon cute
milieu *m.* center; place; **au —**
  in the middle
mince thin
mine *f.* appearance
mineur minor
ministère *m.* ministry
minuit midnight
minutieux scrupulous
mirer to mirror
miroir *m.* mirror
miroiter to reflect
misaine *f.* foresail
misérable wretched
misère *f.* misfortune
miséricorde *f.* mercy
mitraillade *f.* burst of machine-
  gun fire
mode *f.* fashion
modeste unassuming
moeurs *f.pl.* habits
moindre least; lesser
moine *m.* monk
moineau *m.* sparrow
moins less; **au —** at least
mois *m.* month
moisi moldy
moisir to mildew
moisson *f.* harvest
moissonner to harvest

moitié *f.* half
mollet *m.* calf (of leg)
monacal monastic
monastère *m.* monastery
monceau *m.* heap, pile
monde *m.* world; people; **tout le —** everybody
monitrice *f.* instructor
monnaie *f.* money
monseigneur *m.* lord
montagne *f.* mountain
montée *f.* rising
monter to come up; to rise; to lift
montrer to show
se moquer de to make fun of; to not care about
morceau *m.* piece
mordiller to nibble
mordre to bite
moribond *m.* dying man
morne gloomy
mort dead
mort *f.* death
mortel deadly
mortifier to humiliate
mot *m.* word
motte *f.* clump
mou soft
mouche *f.* fly
moucheron *m.* gnat
mouchoir *m.* handkerchief
mouiller to dampen, to wet
moule *f.* mould
mouler to model
moulin *m.* mill
mourir to die
mousse *m.* ship's boy
mousse *f.* moss
mousseux sparkling
mouton *m.* sheep
mouvement *m.* motion
moyen *m.* means
muet silent
mufle *m.* muzzle
mugissement *m.* bellowing
mulet *m.* mule
munir to equip
mûr ripe

mur *m.* wall
muraille *f.* wall
murer to wall up
muscade *f.* nutmeg
muscadin *m.* dandy
musée *m.* museum
musette *f.* knapsack

nacre *f.* mother-of-pearl
nager to swim
naguère formerly
nain *m.* dwarf
naissance *f.* birth
naître to be born
nappe *f.* tablecloth
narguer to flout
narine *f.* nostril
natale native
naufrage *m.* shipwreck
navet *m.* turnip
navire *m.* ship
navré aggrieved; heartbroken
néanmoins nonetheless
néant *m.* nothingness
nef *f.* nave
néfaste baneful; fatal
négliger to neglect
nègre *m.* Negro
neige *f.* snow
néophyte *m.* beginner
nerf *m.* nerve
net clear
nettement definitely
nettoyer to clean
neuf new
neutre neutral
neveu *m.* nephew
nez *m.* nose
niais foolish
niaiserie *f.* nonsense
nid *m.* nest
nier to deny
nippes *f.pl.* old clothes
niveau *m.* level
noblesse *f.* nobility
noces *f.pl.* nuptials
noeud *m.* knot
noir black; dark
noirceur *f.* misdeed

noisetier   hazel tree
noix *f.*   nut; — de coco coconut
nom *m.*   name
nombre *m.*   number
nombreux   numerous
nombril *m.*   navel
nommer   to name
nonne *f.*   nun
notable *m.*   person of importance
notaire *m.*   notary public
note *f.*   account
nouer   to tie
nourrice *f.*   nurse
nourrir   to feed
nourrisson *m.*   infant
nouveau   new; à — again; de —
   again
nouveau-né *m.*   newborn infant
nouvelle *f.*   news
noyé *m.*   drowned body
noyer   to drown
noyer *m.*   chestnut tree
nu   naked; bare
nu *m.*   nude
nuage *m.*   cloud
nuée *f.*   cloud
nuit *f.*   night
nuque *f.*   nape

obéir   to obey
obéissance *f.*   obedience
obèse   fat
obliger   to force
oblique   slanting
obscurcir   to turn dark
obséder   to obsess
obstruer   to obstruct
obtenir   to obtain
obus *m.*   (artillery) shell
occasion *f.*   opportunity, circumstance
occuper   to keep busy; s'— de to
   take care of
octroyer   to grant
odeur *f.*   smell
oeil *m.*   eye; — de boeuf circular
   window
oeillet *m.*   carnation
oeuf *m.*   egg

oeuvre *f.*   work
offenser   to offend
office *f.*   pantry
offrande *f.*   offering
offrir   to offer
oiseau *m.*   bird
oisif   idle
ombrage *m.*   shade
ombragé   shaded
ombre *f.*   shadow
ombrelle *f.*   parasol
oncle *m.*   uncle
onction *f.*   unctuousness
onde *f.*   wave
ondée *f.*   deluge
onduler   to wave
ongle *m.*   fingernail
oppression *f.*   congestion
or *m.*   gold
orage *m.*   storm
oraison *f.*   prayer
oranger *m.*   orange tree
oratoire *m.*   private chapel
ordonnance *f.*   orderly
ordonner   to order; to arrange
ordure *f.*   filth, dung
orée *f.*   edge (of a forest)
oreille *f.*   ear
oreiller *m.*   pillow
orgue *m.*   organ
orgueil *m.*   pride
orgueilleux   proud
ormeau *m.*   elm
orné   decorated
ornement *m.*   decoration
orner   to adorn
ornière *f.*   rut
os *m.*   bone
osciller   to sway
oser   to dare
osseux   bony
ostensoir *m.*   monstrance
ôter   to take away, to take off
oubli *m.*   forgetfulness
oublier   to forget
ouïe *f.*   sense of hearing
ouïr   to hear
oursin *m.*   sea urchin
outil *m.*   tool

outre   in   addition   to;   **en —**   moreover
outrecuidance *f.* presumptuousness
ouverture *f.*   opening, openness
ouvrage *m.*   work
ouvreuse *f.*   usher
ouvrier *m.*   worker
ouvrir   to open

paillard   lewd
paillasse *f.*   pallet
paillasson *m.*   mat, doormat
paille *f.*   straw
paillette *f.*   speck
pain *m.*   bread
aller de pair   to go together
paisible   peaceful
paix *f.*   peace
palais *m.*   palace
palan *m.*   pulley
palier *m.*   landing (of stairs); stage
pâlir   to become pale
palmier *m.*   palm tree
palpiter   to throb
pampre *m.*   vine
pan *m.*   flap
panier *m.*   basket
panneau *m.*   panel; hatch
panser   to dress (a wound)
pantalon *m.*   trousers
pantin *m.*   puppet
pantoufle *f.*   slipper
paon *m.*   peacock
paperasses *f.pl.*   official papers
papeterie *f.*   stationery store
papier *m.*   paper
papillon *m.*   butterfly, moth
paquebot *m.*   steamer, liner
pâques *f.pl.*   Easter
paquet *m.*   package
parachever   to perfect
paraître   to appear
parapher   to initial
parapluie *m.*   umbrella
paravent *m.*   screen
parchemin *m.*   parchment
parcourir   to run through; to scan
pardessus *m.*   overcoat

pardonner   to forgive
pareil   of that sort, same
parent *m.*   relative; parent
parer   to adorn
paresse *f.*   laziness
paresseux   lazy
parfait   perfect
parfois   sometimes
parfum *m.*   perfume
parfumer   to season
parier   to bet
parler   to speak
parloir *m.*   reception room
paroi *f.*   partition-wall
paroisse *f.*   parish
paroissien *m.*   parishioner
parole *f.*   word
parquet *m.*   floor
part *f.*   share; **d'une — on the one hand; d'autre — on the other hand; faire —** to inform; **mise à —** aside from
partager   to share
parterre *m.*   flowerbed
parti *m.*   position
particulier   special, individual; **en — in private**
partie *f.*   part; game
partir   to leave
partout   everywhere
parvenir   to arrive; to succeed
pas *m.*   step
passage *m.*   hall; alley; **au — on the way**
passant *m.*   passer-by
passé *m.*   past
passer   to spend; to go; to pass; to cross; **se — to happen; se — de** to get along without
passeur *m.*   ferryman
pâte *f.*   paint
patiner   to skate
patrie *f.*   fatherland
patron, patronne *m.* or *f.*   boss, owner
patte *f.*   paw
pâturage *m.*   pasture
pâture *f.*   field
paturon *m.*   pastern

paume *f.* palm
paupière *f.* eyelid
pauvre poor
se pavaner to strut about
pavé *m.* pavement
payer to pay; to buy
pays *m.* country
paysage *m.* landscape
paysan, paysanne *m.* or *f.* peasant, country boy or girl
peau *f.* skin
péché *m.* sin
pécher to sin
pécheresse *f.* sinner
pécheur *m.* sinner
pêcheur *m.* fisherman
peigne *m.* comb
peigner to comb
peindre to paint
peine *f.* sorrow; difficulty; trouble; à — hardly, barely
peiné pained
peiner to toil
peintre *m.* painter
pélerin *m.* pilgrim
pellicule *f.* skin
pelouse *f.* lawn
peluche *f.* plush
penchant *m.* fondness
pencher to lean over
pendant hanging
pendeloque *f.* pendant
pendre to hang
pendule *f.* clock
pénétrer to enter
pénible painful
péniblement with difficulty
pénombre *f.* half-light
pensée *f.* thought; pansy
penser to think
pente *f.* slope
pépier to chirp
percer to pierce
percevoir to perceive
perchoir *m.* perch
perdre to lose; to undo; se — to get lost
perdreau *m.* partridge
père *m.* father

pérégriner to wander
péremptoire decisive
perfide false
périmé out of date
périr to perish
perle *f.* pearl
perler to form a bead
permettre to permit
perroquet *m.* parrot
persienne *f.* shutter
persiflage *m.* superciliousness
persil *m.* parsley
perte *f.* loss; à — de vue as far as the eye can see
pesant heavy
peser to weigh
pétard *m.* firecracker
pétiller to sparkle; to crackle
petit little
peu little
peuple *m.* people
peuplier *m.* poplar
peur *f.* fear; faire — frighten
phare *m.* lighthouse
pharmacien *m.* druggist
phoque *m.* seal
phrase *f.* sentence
piailler to squeal
pièce *f.* room; play; piece
pied *m.* foot
piège *m.* trap
pierre *f.* stone
pierreux stony
piétiner to trample
piètre wretched
pieux pious
pilier *m.* pillar
pin *m.* pine
pinceau *m.* brush
pincer to pinch; se — to become pinched
piocher to dig (with a pick)
piquer to poke; to hurt
pire worst
pis worse
piscine *f.* bath
piteux pitiful
pitié *f.* pity
pitoyable lamentable

pitre *m.* clown
pivoine *f.* peony
placard *m.* closet; poster
place *f.* square
plafond *m.* ceiling
plage *f.* beach
plaider to plead
plaie *f.* wound
plaindre to feel sorry for, to pity;
se — to complain
plainte *f.* moaning; **porter** — to
complain
plaire to please
plaisant pleasant, nice
plaisanter to joke
plaisanterie *f.* joke
plaisir *m.* pleasure; **faire** — to
make happy
planche *f.* board, plank
plancher *m.* floor
planchette *f.* small board
planer to float
plaque *f.* plate, slab
plaquer to paste
plat flat
plat *m.* dish
platane *m.* plane-tree
plateau *m.* tray; stage
plate-bande *f.* grass border
plâtre *m.* plaster
plein full; total
pleur *f.* tear
pleurard tearful
pleurer to cry
pleurnicher to whimper
pleuvoir to rain
pli *m.* fold; envelope
plier to bend; to fold
plomb *m.* lead
plonger to plunge
plongeur *m.* dishwasher
ployer to bend
pluie *f.* rain
plume *f.* pen; feather
plusieurs several
plutôt rather
poche *f.* pocket
poésie *f.* poetry
poids *m.* weight

poignard *m.* dagger
poignée *f.* door knob; handful;
— de main handshake
poignet *m.* wrist
poil *m.* hair
poilu hairy
poing *m.* fist
point *m.* stitch
poire *f.* pear
poisson *m.* fish
poitrine *f.* chest
poli polite
polir to shine
polisson *m.* scamp
Polonais *m.* Pole
poltron *m.* milksop
pomme *f.* apple
pommette *f.* cheekbone
pommier *m.* apple tree
pomper to pump
pompier *m.* fireman
ponceau *m.* flaming red
poncif *m.* banality
pont *m.* deck, bridge
porc *m.* pig
porcherie *f.* pigsty
porte *f.* door
porte-balle *m.* pedlar
porte-crayon *m.* pencil-holder
portée *f.* range
portemanteau *m.* suitcase
porter to carry; to wear
porte-voix *m.* megaphone
poser to place, to put, to install
posséder to own
poste *f.* post office
poster to place
postillon *m.* messenger
potage *m.* soup
potelé plump
pouce *m.* thumb; inch
poudre *f.* powder
poudré powdered
poule *f.* chicken
poulet *m.* chicken
poupe *f.* stern
poupée *f.* doll
poupon *m.* baby
pourpoint *m.* doublet

pourpre purple
pourrir to rot
poursuite *f.* pursual
poursuivre to continue; to chase;
to prosecute
pousser to emit; to push
poussière *f.* dust
poutre *f.* beam
poutrelle *f.* beam
pouvoir *m.* power
prairie *f.* meadow
pratique *f.* practice, experience
pratiquer to frequent; to realize
pré *m.* meadow
préau *m.* courtyard
précipitamment swiftly
précipiter to hurry
préciser to define; se — to
become clear
préconiser to advocate
prédicateur *m.* preacher
premier first
prendre to take; s'y — to go
about it
préoccuper to worry
près near
présenter to introduce
presque almost
pressentir to sense; to have a
premonition of
presser to hurry; to press
pressoir *m.* wine press
prestance *f.* bearing
prestement briskly
prêt ready
prétendre to assert, to claim
prétendu supposed
prêter to confer; to lend
prêtre *m.* priest
preuve *f.* proof
preux valiant
prévaloir to prevail
prévenir to warn
prévoir to foresee
prier to pray
prière *f.* prayer
principal main
principalement above all
principe *m.* principle

printemps *m.* spring
prise *f.* taking, hold
priser to take snuff
privation *f.* deprivation
priver to deprive
prix *m.* price
probité *f.* honesty
procédé *m.* method
prochain near; next; impending
prochainement in the near future
proche near; recent
procurer to obtain
prodiguer to lavish
produire to produce
profiter to take advantage of
profond deep
profondeur *f.* depth
proie *f.* victim
prolonger to extend
promenade *f.* walk
promener to walk; to pass
promesse *f.* promise
promettre to promise
promontoire *m.* cape
propice propitious
propos *m.* remark; à — by the
way; hors de — out of place
propre own; clean
proprement really; properly
propreté *f.* cleanliness
propriétaire *m.* landowner
propriété *f.* property
prosterner to bow down
protéger to protect
proue *f.* prow
provenir to come from
provision *f.* supply
prune *f.* plum
prunelle *f.* pupil (of eye)
prurit *m.* itching
pudeur *f.* modesty
pudique modest
puer to stink
puissance *f.* power
puissant powerful
punir to punish
pupitre *m.* desk
purin *m.* manure
putain *f.* whore

quai *m.* wharf, pier
qualifier to describe
quartier *m.* quarter, section
quasi almost
quelconque ordinary
querelle *f.* quarrel
quête *f.* search
quêter to ask for
queue *f.* tail
quittance *f.* receipt
quitte free
quitter to leave
quotidien everyday, daily

rabaisser to lower
rabattre to put down
râblé broad-backed
raccommodement *m.* reconciliation
raccommoder to mend
raccrocher to hang up
racine *f.* root
raconter to tell
radoter to talk nonsense
se radoucir to relent
raffermir to harden
raffoler to be delighted
rafraîchir to freshen
ragaillardi cheered up
ragoût *m.* stew
raide stiff
raideur *f.* stiffness
railler to mock
raisin *m.* grape
raison *f.* reason; **avoir —** to be right
rajeuni rejuvenated
râle *m.* death rattle
ralentir to slow down
râler to gasp
ramasser to pick up
rame *f.* oar
rameau *m.* branch
ramée *f.* boughs
ramener to bring back; to restore
rampe *f.* banister
ramper to crawl
ramure *f.* foliage
rançon *f.* ransom

rancune *f.* bitterness
rancunier vindictive
rang *m.* row, rank
rangée *f.* row
ranger to put away; to clean up; **se —** to line up
ranimer to rejuvenate
rappeler to recall
rapport *m.* connection, relationship, report
rapporter to bring back; to relate
rapprochement *m.* similarity
rapprocher to bring together; **se —** to approach
raser to shave
rasoir *m.* razor
rassembler to gather
rassurer to reassure
rater to miss
ravi delighted; seized
ravin *m.* gully
ravir to rob; to delight
se raviser to change one's mind
ravissant delightful
rayer to stripe
rayon *m.* shelf; ray
rayonner to shine
réagir to react
rebattu hackneyed
rebondi plump
receler to hide
récepteur *m.* receiver
recevoir to receive
réchauffer to warm up
recherche *f.* search; research
rechercher to seek out
rechigner to look sour
rechute *f.* relapse
récif *m.* reef
récit *m.* account
réclame *f.* advertising
réclamer to claim; to ask for; to lodge a complaint
récolte *f.* harvest
recommandation *f.* recommendation
recommander to recommend
recommencer to start over again
récompenser to reward

reconduire   to take home
réconforter   to comfort
reconnaissance *f.*   gratitude
reconnaissant   grateful
reconnaître   to recognize
se recoucher   to go back to bed
recourbé   curved
recouvrir   to cover up
recueil *m.*   collection
recueillement *m.*   composure
recueilli   withdrawn
recueillir   to collect, to take in
reculer   to step backward, to move
   back, to retreat
à reculons   backwards
rédiger   to draw up
redingote *f.*   frock coat
redire   to repeat
redouter   to fear, to dread
redresser   to straighten up
réduire   to reduce
réduit *m.*   corner
refaire   to redo
refermer   to reclose
réfléchir   to reflect
reflet *m.*   reflection
refléter   to reflect
réflexion *f.*   thought
refluer   to withdraw
refouler   to drive back
réfractaire   stubborn
refroidissement *m.*   cold
se réfugier   to hide
refus *m.*   refusal
regagner   to go back to
regard *m.*   gaze, look
regarder   to look at; — de travers
   to scowl
règle *f.*   ruler; rule; en — in
   order
régler   to put in order, to arrange;
   to take care of
régner   to rule
regorger   to overflow (with)
regretter   to miss; to be sorry
reharnacher   to reharness
rehausser   to enhance
reine *f.*   queen
reins *m.pl.*   back

rejaillir   to spatter
rejeter   to push back; to reject
rejoindre   to reach
se réjouir   to rejoice
relâche *m.*   pause
relâchement *m.*   slackening
se relayer   to take turns
reléguer   to relegate
relever   to lift, to raise
relier   to connect
religieuse *f.*   nun
relire   to read again
remarquer   to notice
remercier   to thank
remettre   to put back; to hand
   over; se — en marche to start
   up again; se — à to go back to;
   s'en — to get over it
remonter   to come back up
remords *m.*   remorse
remplacer   to replace
remplir   to fill up
remporter   to win
remuer   to move; to bustle about
renaître   to come to life again
rencontre *f.*   meeting
rencontrer   to meet
rendre   to give back; to render;
   se — à to go to; se — to surrender
renfermer   to enclose
rengorger   to boast
renier   to deny
renifler   to sniff
renoncer   to give up
renouveau *m.*   renewal
renouveler   to replace
renseignements *m.pl.*   informa-
tion
renseigner   to inform
rente *f.*   income
rentrer   to go home; to come back
renverser   to turn over; to knock
   over; to upset; se — to lean back
renvoyer   to reflect; to expel; to
   send back
répandre   to spread
raparaître   to reappear
réparation *f.*   repair
réparer   to fix

reparler to speak again
repartir to leave again
repas *m.* meal
repasser to iron; to rub
repêcher to recuperate
repentir *m.* repentance
répéter to repeat
répit *m.* respite
repli *m.* fold; complication
replier to fold up
répliquer to reply
répondre to answer
réponse *f.* answer
se reporter to refer
reposer to rest
reposoir *m.* altar
repousser to push back; to thrust aside
reprendre to regain; to start again; to take back
représenter to depict
réprimer to repress
reprocher to blame
reproduire to reproduce
répugner to detest
réseau *m.* network
résonner to resound
résoudre to solve, to resolve
respirer to breathe
resplendir to shine
ressaisir to take hold of
ressemblance *f.* similarity
ressentir to feel
ressort *m.* motive; **du — de** within the province of
ressortir to stand out
du reste moreover
rester to remain
restes *m.pl.* remains
rétablir to re-establish
retard *m.* delay; **être en —** to be late
retarder to delay
retenir to hold back; to remember; to secure; to hold; **se — to** keep oneself from, to practice restraint
retentir to resound, to echo
rétif stubborn

retirer to take off; to withdraw
retomber to fall back
retour *m.* return
retourner to go back; to turn over; to turn around
retraité in retirement
retrancher to cut off
rétrécir to shrink
retrousser to turn up; **— les manches** to roll up one's sleeves
retrouver to find again
réunir to gather
réussir to succeed
en revanche on the other hand
rêve *m.* dream
revêche cantankerous
réveil *m.* awakening; alarm clock
réveiller to wake up
révéler to reveal
revenant *m.* ghost
revendiquer to claim
revenir to come back
revenu *m.* income
rêver to dream
réverbère *m.* street lamp
rêverie *f.* dream
revêtir to adorn; to put on
rêveur dreamily
revoir to see again
révolu elapsed
revue *f.* periodical
rhabiller to dress again
rhéteur *m.* orator (*pejorative*)
rhum *m.* rum
ricaner to sneer, to laugh derisively
richesse *f.* wealth
ride *f.* wrinkle
ridé wrinkled
rideau *m.* curtain
rieur laughing
rigueur *f.* rigor; **à la —** if need be
rincer to rinse
rire to laugh
risée *f.* laughing-stock
risible laughable
risquer to venture
rive *f.* bank

rivière *f.* stream
robe *f.* dress
robinet *m.* faucet
roc *m.* rock
rocher *m.* rock
roi *m.* king
roman *m.* novel
romancier *m.* novelist
rompre to break
ronce *f.* root
rond round
ronde *f.* circle
ronfler to snore
ronger to gnaw
rosaire *f.* rosary
rosée *f.* dew
rosier *m.* rosebush
rôti *m.* roast
rotonde *f.* rotunda
roue *f.* wheel
rouet *m.* spinning wheel
rouge red
rouge-gorge *m.* robin
rougeur *f.* redness
rougir to blush
rouillé rusty
rouler to roll
roulis *m.* roll
rousse reddish-brown
route *f.* road; faire — to travel
rouvrir to open again
royaume *m.* kingdom
ruban *m.* ribbon
rudesse *f.* roughness
rue *f.* street
ruelle *f.* small narrow street
ruisseau *m.* stream
ruissellement *m.* dripping
rumeur *f.* noise; rumor

sable *m.* sand
sabot *m.* hoof; wooden shoe
sabotier *m.* shoemaker
sac *m.* bag
saccade *f.* jerk
saccadé jerky
saccager to sack, to ransack
sacré blessed
sadique cruel

sagacité *f.* wisdom
sage wise; well-behaved
sagesse *f.* wisdom; virtue
saigner to bleed
saillant jutting out
saillie *f.* projection
saint holy
sainteté *f.* holiness, sainthood
saisir to seize
saison *f.* season
sale dirty
salir to dirty
salle *f.* room, parlor; — à manger
  dining room
salon *m.* living room
salpêtre *m.* saltpeter
saluer to salute; to greet
salut *m.* greetings
samedi *m.* Saturday
sang *m.* blood
sang-froid *m.* composure
sanglant bloody
sanglot *m.* sob
sangloter to sob
sans-coeur heartless
santé *f.* health
sapin *m.* pine
sarcler to weed
satisfaire to satisfy
saucisson *m.* sausage
sauf except
sauge *f.* sage
saugrenu ridiculous
saupoudrer to sprinkle
sauter to break; to leap
sauterelle *f.* grasshopper
sautiller to hop
sauvage primitive
sauver to save; se — to run off
sauveur *m.* savior
savant wise
savate *f.* slipper
saveur *f.* taste
savoir to know
savon *m.* soap
scandé rhythmical
scélérat *m.* criminal
sceller to seal
scène *f.* stage; scene

scie *f.* saw
scintiller to sparkle
séance *f.* session
sec dry
sécher to dry
sécheresse *f.* aridity
séchoir *m.* dryer
secouer to shake
secourir to help
secours *m.* aid, help; de —extra
secousse *f.* shake; shock
séduire to seduce
seigneur *m.* lord
sein *m.* breast; bosom
séjour *m.* stay
sel *m.* salt
selle *f.* saddle
seller to saddle
sellette *f.* stool
selon according to
semailles *f.pl.* sowing
semaine *f.* week
semblable similar; fellow (man)
sembler to seem
semer to sow
sens *m.* sense, meaning; direction; bon — common sense
sensibilité *f.* sensitivity
sensible sensitive
senteur *f.* odor
sentier *m.* path
sentiment *m.* feeling
sentir to smell; to feel
seringue *f.* syringe
serment *m.* promise
sermonner to reproach
serrer to clutch, to press
serrure *f.* lock
serviable obliging
servir to serve; — à to be useful for; se — de to use
serviteur *m.* servant
seuil *m.* threshold
seul alone
sève *f.* sap
siècle *m.* century
siège *m.* seat
siffler to whistle
signaler to point out

se signer to cross oneself
signifier to mean
sillon *m.* furrow
singe *m.* monkey
singer to imitate
singulier strange
sinuosité *f.* bend (of a river)
situation *f.* position
situer to locate
socle *m.* pedestal
soeur *f.* sister
soie *f.* silk
soif *f.* thirst
soigner to take care of
soigneusement carefully
soin *m.* care, attention
soir *m.* evening
sol *m.* floor; ground
soldat *m.* soldier
soleil *m.* sun
solennel solemn
sombrer to founder
somme *f.* sum; en — in short
sommeil *m.* sleep; avoir — to be sleepy
sommet *m.* summit
somnambule *m.* sleepwalker
son *m.* sound
songe *m.* dream
songer to dream; to think
sonner to ring; to sound
sonnerie *f.* ringing
sonnette *f.* bell
sonore loud
sort *m.* fate, lot
sortie *f.* departure
sortir to go out; to emerge
sot stupid
sottise *f.* stupidity
soubresaut *m.* leap
souci *m.* care, worry
se soucier to concern oneself
soucieux worried
soudain suddenly
souffle *m.* breath
souffler to catch one's breath; to breathe; to blow out
soufflet *m.* bellows
souffrance *f.* suffering

souffrant sick
souffrir to permit; to suffer
soufre *m.* sulphur
souhait *m.* wish
souhaiter to wish
souiller to sully
souillure *f.* filth
soulagement *m.* relief
soulager to relieve
soulever to lift
soulier *m.* shoe
souligner to underline
soumettre to submit
soupçon *m.* suspicion
soupçonner to suspect
soupente *f.* loft
souper to sup
soupeser to weigh; to feel the weight of
soupir *m.* sigh
soupirer to sigh
souple flexible
source *f.* spring
sourcil *m.* eyebrow
sourd deaf
sourire to smile
souris *m.* smile
sournois sly
sous-sol *m.* basement
soustraire to withdraw
soutenir to maintain; to support
souterrain underground
soutien *m.* support
soutien-gorge *m.* brassiere
se souvenir to remember
souvenir *m.* memory; reminder
souvent often
souverain sovereign
spectacle *m.* show
squelette *m.* skeleton
stalle *f.* box
stupéfier to astonish
stupeur *f.* astonishment
stupide bemused
suaire *m.* shroud
suave sweet
subir to undergo
subit sudden
succéder to follow

sucer to suck
sucre *m.* sugar
sucrier *m.* sugar bowl
suédois Swedish
suer to sweat
sueur *f.* sweat
suffire to be sufficient
suffisance *f.* adequacy
Suisse *f.* Switzerland
suite *f.* continuation; **par la —** subsequently, later on; **tout de —** at once; **ainsi de —** and so on; **par — de** as a result of
suivant next
suivre to follow
sujet *m.* subject
supercherie *f.* hoax
superposer to superimpose
supplice *m.* torture
supplier to beg
support *m.* prop
supporter to tolerate; to hold up
supprimer to suppress
surabondance *f.* excess
surcroît *m.* increase
surdité *f.* deafness
surfait overrated
surgir to arise; to appear suddenly
surlendemain *m.* day after tomorrow
surmonter to dominate
surnaturel supernatural
surplis *m.* surplice
surplomber to hang over
au surplus moreover
surprendre to catch, to surprise
sursaut *m.* start; jump
sursauter to be startled
surveillance *f.* supervision
surveiller to observe, to watch over
survenir to arrive
survivre to survive, to outlive
survoler to fly over
susceptible touchy
susciter to give rise to
suspendre to hang
sympathie *f.* feeling
sympathique likable

tabac *m.* tobacco
tableau *m.* painting
tablette *f.* notebook; shelf
tablier *m.* apron
tabouret *m.* stool
tache *f.* spot
tâche *f.* task
tâcher to try
taille *f.* height; size; waist; bearing
tailler to trim
taire to silence; se — to be silent, to be quiet
talon *m.* heel
talus *m.* slope, bank
tambour *m.* drum
tampon *m.* buffer
tamponner to wipe; to hammer
tangage *m.* pitching (of a ship)
tant as much; so many; — soit peu somewhat
tante *f.* aunt
tantôt just now
tapage *m.* din
taper to drum; to pat; to beat
tapir to cower, to crouch
tapis *m.* rug
tapisserie *f.* tapestry
tapissière *f.* wagon
tapoter to drum
tard late
tarder to lose time; to delay
tardif delayed
se targuer de to take pride in
tarir to dry up
tas *m.* mound
tasse *f.* cup
tâter to feel
tâtonnement *m.* experiment
tatouage *m.* tattoo
taudis *m.* hovel
taupe *f.* mole
taureau *m.* bull
teint tinted
teinte *f.* hue
teinturier *m.* dry-cleaner
tel que such as
témoignage *m.* evidence
témoigner to bear witness

témoin *m.* witness
tempe *f.* temple
tempérer to moderate
tempête *f.* storm
temps *m.* time; moment; weather; de — en — from time to time
tendre to reach; to stretch out
tendresse *f.* fondness
tendu tense
ténèbres *f.pl.* darkness
tenir to hold; — à to want
tentation *f.* temptation
tentative *f.* attempt
tenter to try; to tempt
terni dim
terrasser to throw down (as in a fight)
terre *f.* earth; land par — on the floor
terrorisé terrified
testament *m.* will
tête *f.* head
têtu stubborn
thé *m.* tea
tiédi tepid
tiers *m.* third
tige *f.* stem
tillac *m.* deck
timbre *m.* tone; stamp
timon *m.* shaft
tinter to ring
tirer to draw; to pull; to shoot
tiroir *m.* drawer
tisser to weave
titre *m.* title
tituber to stagger
toile *f.* cloth; canvas; painting
toilette *f.* dress; faire sa — to dress
toit *m.* roof
toiture *f.* roofing
tombe *f.* tomb
tombeau *m.* tomb
tombée *f.* fall
tomber to fall
tombereau *m.* tip-cart
tonneau *m.* barrel
tonnelle *f.* arbor
tonnerre *m.* thunder

tordre to twist
torsade *f.* strap
tort *f.* wrong; **avoir** — to be wrong
tortillon *m.* twist
tortue *f.* turtle
tortueux sinuous
tôt early
touffe *f.* tuft, cluster
toupie *f.* top
tour *m.* trick; turn
tour *f.* tower
tourbillon *m.* whirlwind
tourbillonner to whirl around
tourmenter to torment
tourne-broche *m.* turnspit
tournesol *m.* sunflower
tourtereau *m.* young turtledove
tousser to cough
toutefois yet
toux *f.* cough
traduction *f.* translation
traduire to translate
trahir to betray
train *m.* pace; **en** — **de** in the act of
traîner to drag
trait *m.* feature
traité *m.* treaty; treatise
traiter to treat
traiteur *m.* caterer
traître *m.* traitor
trame *f.* web
tranche *f.* slice .
trancher to cut off; to settle
tranquille calm, peaceful; **laisser** — to leave alone
transi chilled
transiger to compromise
transparaître to show through
transport *m.* rapture
transporter to enchant
trappe *f.* trapdoor
travail *m.* work
travailler to work
à travers through
traversée *f.* crossing
traverser to cross; to go through; to soak

traversin *m.* bolster
trébucher to stumble
trèfle *m.* clover
tremper to soak; to dip
trépas *m.* death
trépasser to die
trépied *m.* three-legged stool
trépigner to prance
trésor *m.* treasure
tressaillir to tremble
tresser to braid
trêve *f.* respite
tricherie *f.* cheating
tricot *m.* jumper
tricoter to knit
triste sad
tristesse *f.* sorrow; sadness
trombe *f.* whirlwind
trompe *f.* (elephant's) trunk; horn
tromper to deceive; **se** — to make a mistake
tronc *m.* trunk
trône *m.* throne
trop too much
trottoir *m.* sidewalk
trou *m.* hole
troubler to disturb
troupe *f.* army
troupeau *m.* pack, herd
trousser to tuck up
trouver to find; **se** — to be
truchement *m.* go-between
truffe *f.* truffle
tuer to kill
tumeur *f.* tumor
turpitude *f.* evilness
tuteur *m.* tutor
tutoyer to address familiarly
typographe *m.* printer

unir to unite
user to wear out
usine *f.* factory
ustensile *m.* utensil

vacances *f.pl.* vacation
vacarme *m.* din
vache *f.* cow

vague *f.* wave
vaincre to overcome
vainqueur *m.* victor
vaisseau *m.* vessel
vaisselle *f.* dishes
valet *m.* servant
valeur *f.* value
vallonné undulating
valoir to be worth; — **mieux** to be better
valser to waltz
vaniteux vain
vantard boastful
vanter to boast
vapeur *f.* steam
vautrer to wallow
veille *f.* night before; day before; wake
veiller to watch over; to see to it
velléité *f.* slight desire
velours *m.* velvet
velouté velvet-like
venaison *f.* venison
vendange *f.* harvest
vendeur *m.* seller
vendre to sell
venelle *f.* alley
venin *m.* poison
venir to come
vent *m.* wind
vente *f.* sale
ventre *m.* stomach, belly; **à plat** — flat on one's belly
venue *f.* coming
vêpres *f.pl.* evensong
ver *m.* worm
verdir to turn green
verdure *f.* greenery
verger *m.* orchard
véridique true, truthful
vérificateur *m.* inspector
vérité *f.* truth
vermeil vermilion
vermoulu worm-eaten
vérole *f.* smallpox
verre *m.* glass
verrière *f.* window
verrou *m.* bolt

vers *m.* verse
versant *m.* slope
verser to pour
vert green
vertige *m.* dizziness
vertu *f.* virtue
veste *f.* jacket
vestibule *f.* hall
veston *m.* jacket
vêtement *m.* garment
vêtir to dress
veuf(ve) *m.* or *f.* widower, widow
viande *f.* flesh, meat
vibrer to vibrate
vicieux depraved
victoire *f.* victory
vide empty
vider to empty
vie *f.* life
vieillard *m.* old person
vieillerie *f.* old thing
vieillesse *f.* old age
vieillir to become old
vierge virgin
vieux old
vif lively
vigie *f.* look-out
vil base
vilain horrid
ville *f.* city
vin *m.* wine
vinaigre *m.* vinegar
vinaigrette *f.* salad dressing
violenter to do violence to
violer to rape
violon *m.* violin
virevolter to spin around
vis *f.* screw; spiral staircase
visage *m.* face
viser to aim
visser to screw
vite quickly
vitrage *m.* window
vitrail *m.* stained-glass window
vitre *f.* windowpane
vitré glazed
vitrier *m.* glazier
vitrine *f.* show window
vivace vivacious

vivant living
vivre to live
voeu *m.* wish
voie *f.* way
voile *m.* veil
voile *f.* sail
voir to see
voisin *m.* neighbor
voisiner to be next to
voiture *f.* vehicle; — à **bras** barrow
voix *f.* voice; **à haute** — out loud
vol *m.* theft; flight
volaille *f.* fowl, poultry
volée *f.* flight (of stairs); **à pleine** — with full force
voler to fly; to steal; to rob
volet *m.* shutter
voleter to flutter
voleur *m.* thief

volonté *f.* will
volontiers willingly
faire **volte-face** to turn around
voltiger to flutter; to fly
vomissement *m.* vomiting
vouer to dedicate
vouloir to wish; **en** — à to hold a grudge against
voûte *f.* vault
voûté bowed, vaulted
voûter to arch
voyager to travel
voyant gaudy
voyelle *f.* vowel
voyou *m.* hooligan
vrai true; real
vu in view of
vue *f.* sight, view

yeux *m.pl.* eyes